Contraste insuffisant des couvertures
supérieure et inférieure

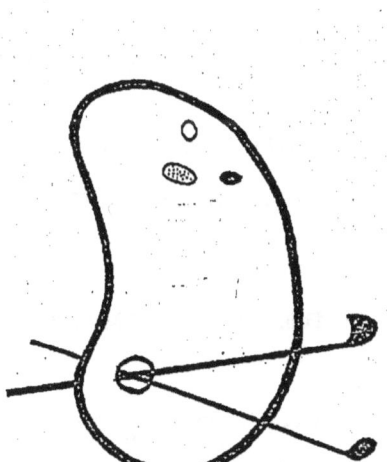

COUVERTURE SUPERIEURE ET INFERIEURE
EN COULEUR

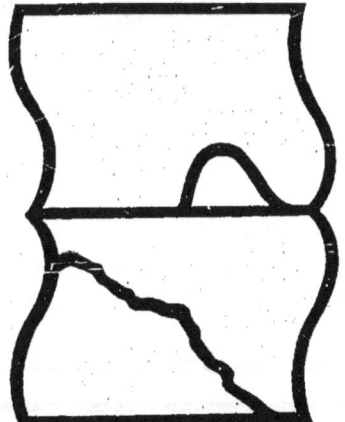

Texte détérioré — reliure défectueuse

NF Z 43-120-11

LISTE DES ADRESSES

DE LA

VILLE DE NANTES

PAR ORDRE ALPHABÉTIQUE

DE NOMS

AVEC LE TABLEAU

DES PLACES, QUAIS, RUES, ETC.

PAR

VINCENT FOREST ET ÉMILE GRIMAUD

Prix : 3 Fr. 50

NANTES

VINCENT FOREST ET ÉMILE GRIMAUD

IMPRIMEURS-ÉDITEURS

Place du Commerce, 4, à l'angle de la rue de Gorges.

J. PÉROCHAUD, Cirier

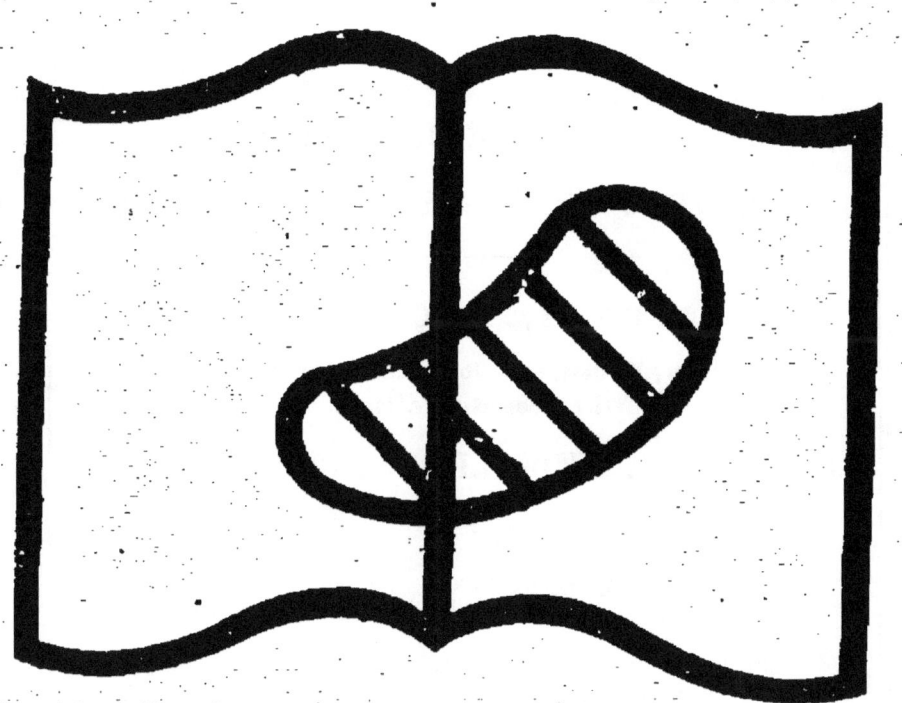

Illisibilité partielle

VINCENT FOREST & ÉMILE GRIMAUD

IMPRIMEURS-ÉDITEURS

A NANTES, PLACE DU COMMERCE, 4

IMPRESSION
DE LIVRES FRANÇAIS ET ÉTRANGERS

ÉTATS, REGISTRES

Circulaires, Factures, Connaissements, Mandats, Lettres de Voiture.

LITHOGRAPHIE, AUTOGRAPHIE, CARTES DE VISITES

REVUE DE BRETAGNE ET DE VENDÉE

Recueil littéraire, historique et scientifique. — Vingt-deuxième année. — *Directeur :* M. ARTHUR DE LA BORDERIE. — *Secrétaire de la Rédaction :* M. ÉMILE GRIMAUD.

La Revue paraît tous les mois, du 15 au 20, par livraisons d'au moins 80 pages in-8°, et forme par année deux beaux volumes de 500 pages chacun.

On s'abonne en adressant un mandat de 15 fr. sur la poste à M. ÉMILE GRIMAUD, secrétaire de la Rédaction, place du Commerce, 4, à Nantes.

L'abonnement part du 1er janvier.

ALMANACH
ADMINISTRATIF ET COMMERCIAL DE NANTES

Un vol. in-18, 1 fr. 50.

LISTE
DES ADRESSES
DE LA
VILLE DE NANTES
PAR ORDRE ALPHABÉTIQUE
DE NOMS
AVEC LE TABLEAU
DES PLACES, QUAIS, RUES, ETC.
PAR

VINCENT FOREST ET ÉMILE GRIMAUD

NANTES

IMPRIMERIE VINCENT FOREST ET ÉMILE GRIMAUD

Place du Commerce, 4, à l'angle de la rue de Gorges.

—

1879

AVERTISSEMENT

Cette liste, aussi exacte que possible, des adresses des habitants de notre ville, complète l'*Almanach administratif et commercial* que nous publions chaque année.

Pour faciliter les recherches, il convient d'indiquer ici la marche que nous avons cru devoir suivre.

Nous avons donné une liste des rues, places, quais, etc., avec l'indication des endroits où ils commencent et où ils finissent; puis les adresses, par ordre alphabétique de noms.

Dans les rues parallèles à la Loire, le numérotage des maisons suit le cours du fleuve. Dans celles qui lui sont perpendiculaires, le numérotage part de l'extrémité la plus rapprochée de la Loire. — Ainsi, pour la rue Jean-Jacques, les numéros commencent au quai de la Fosse et finissent à la place Graslin ; tandis qu'à la Chaussée de la Madeleine, ils partent du pont de la Belle-Croix, pour finir au pont de la Madeleine.

Les numéros pairs sont à droite et les numéros impairs à gauche, à partir du commencement de chaque rue, tel qu'il est indiqué sur le tableau.

Pour rendre la recherche d'un certain nombre de petites rues plus facile, nous avons indiqué les numéros entre lesquels ces rues ont leur accès.

Malgré tout le soin que nous y avons apporté, on comprendra que cet ouvrage, par sa nature même, et en raison du temps nécessaire pour l'exécuter, ne peut être d'une exactitude parfaite, à cause des changements de demeures ou d'emplois, des décès, etc., survenus pendant l'impression et dont nous n'avons pu avoir connaissance.

TABLEAU

DES

RUES, PLACES, QUAIS, ETC.

DE LA

VILLE DE NANTES.

TABLEAU des Rues, Places, Quais, Promenades, Ruelles, Impasses, etc., de la Ville de Nantes.

NOMS	ARR.	COMMENCE	FINIT
Abbé-de-l'Épée........(rue de l')	6	Avenue Allard....................	Rue Mellier.
Abreuvoir...............(rue)	1	Place du Cirque...................	Place Bretagne.
Affre..................(rue)	3	Place Saint-Nicolas...............	Rue de Feltre.
Aguesseau..............(rue d')	2	Rue Saint-Jean....................	Place de la Préfecture.
Aiguillon..............(pont d')	3.4	Quai Flesselles...................	Rue de Bon-Secours.
Aiguillon..............(quai d')	6	Quai des Constructions............	Quai Saint-Louis.
Alain-Barbe-Torte......(rue)	4	Quai André-Rhuis..................	Grande-Rue de la Prairie-au-Duc.
Alger..................(rue d')	5.6	Rue de Flandres...................	Place du Sanitat.
Allard.................(avenue)	6	Place Launay......................	Rue de la Ville-en-Bois.
Allonville.............(rue d')	2	Chemin de Toutes-Aides............	Rue Frédéric Caillaud.
Amont..................(rue prairie d')	4	Rue de Vertais (entre les nos 69 et 71.)	
Ancienne-Monnaie.......(rue de l')	1.3	Rue du Port-Maillard..............	Place du Bouffay.
Ancin..................(rue d')	5	Quai de la Fosse (entre les nos 39 et 40)...	Rue de l'Héronnière.
Angle..................(rue de l')	3	Rue du Couëdic....................	Rue Lapeyrouse.
Anguille...............(rue d')	6	Quai d'Aiguillon..................	Rue de l'Hermitage.
Anizon.................(rue)	6	Rue de Gigant.....................	Place de la Monnaie.
Anne-de-Bretagne.......(rue)	4	Quai André-Rhuis..................	Grande-Rue de la Prairie-au-Duc.
Arche-de-Grande-Biesse.(rue)	4	Rue Grande-Biesse.................	Rue Conan-Mériadec.
Arche-Sèche............(rue de l')	3	Place Royale......................	Place du Cirque.
Arche-Sèche..(rue du pont de l')	3	Echelle des Petits-Murs...........	Place Bretagne.
Argentré...............(rue d')	2	Rue Tournefort....................	Place de la Préfecture.
Arthur-III.............(rue)	4	Quai André-Rhuis..................	Grande-Rue de la Prairie-au-Duc.
Arts...................(rue des)	1	Place Saint-Similien..............	Place Lafayette.
Athenas................(rue)	5.6	Rue Voltaire......................	Place de la Monnaie.
Audran.................(impasse)	2	Rue Sully (entre les nos 3 et 4).	
Auvours................(rue d')	1	Place Viarmes.....................	Cimetière de Miséricorde.
Aval...................(prairie d')	4	Rue de Vertais.	
Aval...................(rue prairie d')	4	Rue Petit-Pierre..................	En Vertais.
Baclerie...............(rue)	3	Place du Bouffay..................	Place Sainte-Croix.
Baco...................(quai)	4	Pont de la Rotonde................	Quai de la Maison-Rouge.
Bacqua.................(rue)	4	Rue Bias..........................	Quai Moncousu.
Balen..................(rue)	4	Quai Duguay-Trouin................	Rue Kervégan.
Balet..................(rue du)	1	Saint-Félix.......................	Place du Croisic.
Banier.................(rue)	4	Rue Haudaudine....................	(Ile Gloriette.)
Barbin.................(chaussée de)	2	Quai de Barbin....................	Rue de Barbin.
Barbin.................(quai)	2	Cours Saint-André.................	Chaussée de Barbin.
Barbin.................(rue de)	2	Chaussée de Barbin................	Chemin de la Basse-Creuse.
Barbin.................(place de)	2	Chemin des Ecachoirs..............	Quai de Barbin.
Barillerie.............(rue)	3	Carrefour Casserie................	Pont d'Orléans.
Baron..................(rue)	4	Rue Columelle.....................	Rue des Olivettes.
Baron..................(cour)	1	Rue Saint-Similien (entre les nos 7 et 9).	
Barrière Couëron.......(rue)	1	Place Sainte-Elisabeth............	Place Brancas.
Bas-Chemin-du-Coudray.(chemin)	2	Chemin du Coudray.................	Chemin des Ecachoirs.
Bas Chemin-de-St-Donatien.....	2	Rue du Coudray....................	Trémissinière.
Bastille...............(rue de la)	5	Place Brancas.....................	Chemin des Dervallières.
Bayard.................(rue)	6	Rue de La Morcière................	Rue Linnée.
Beaumanoir.............(rue)	6	Place de la Monnaie...............	Rue Rosière.
Beauregard.............(rue)	3	Place Sainte-Croix................	Rue de la Poissonnerie.
Beau-Séjour............(rue)	4	Rue Petite-Biesse (au no 22).	
Beau-Soleil............(rue)	2	Rue de Strasbourg.................	Place St-Vincent.
Bel-Air................(rue)	1	Place Saint-Similien..............	Route de Rennes.
Bel-Air................(ruelle)	1	Rue Bel-Air.......................	Rue des Hauts-Pavés.
Belle-Croix............(pont de la)	4	Rue de Bon-Secours................	Chaussée Madeleine.
Belle-Image............(rue)	3	Rue du Bouffay....................	Place Sainte-Croix.
Belleville.............(rue)	6	Place Launay......................	Rue Catinat.
Belsunce...............(rue)	6	Rue Notre-Dame....................	Rue Sainte-Marie.
Bertrand-Geslin........(rue)	2.5	Boulevard Delorme.................	Place de Gigant.
Biaise.................(rue)	6	Quai de la Fosse (entre les nos 86 et 87....	Rue Launay.
Bias...................(rue)	4	Rue Haudaudine...................	(Impasse).
Biesse.................(grande rue)	4	Pont de la Madeleine..............	Pont de Toussaint.
Biesse.................(ruelle de Grande)	4	Rue Grande-Biesse (entre les nos 23 et 25).	
Biesse.................(rue Petite)	4	Pont de Toussaint.................	Pont des Récollets.

NOMS	ARR.	COMMENCE	FINIT
Bisson................(rue).	6	Quai des Constructions................	Vieux chemin de Couëron.
Bléterie................(rue).	3	Quai Flesselles................	Rue Barillerie.
Blois................(rue de).	5	Rue J.-J.-Rousseau (entre les nos 1 et 3)..	Rue du Chêne-d'Aron.
Bocage................(rue du).	5.6	Boulevard Delorme................	Pont de Gigant.
Boileau................(rue).	5	Rue Crébillon................	Rue du Calvaire.
Bois-Tortu................(rue).	3	Rue d'Orléans................	Rue Saint-Nicolas.
Bon-Pasteur........(place du).	3.5	Rues de Feltre, du Calvaire, Contrescarpe, Paré et Echelle-Saint-Nicolas.	
Bonne-Garde........(chemin).	4	Rue Saint-Jacques (entre les nos 87 et 89)..	
Bonne-Louise........(rue).	6	Place Gigant................	Rue du Bocage.
Bon-Secours........(rue).	4	Pont d'Aiguillon................	Pont de la Belle-Croix.
Bon-Secours........(Petite rue).	4	Rue Bon-Secours................	Place Neptune.
Bons-Enfants........(cour).	6	Quai des Constructions (entre les nos 9 et 10)	
Bons-Français........(rue).	3	Rue du Moulin................	Petite-Rue des Carmes.
Bouchaud........(passage).	3	Rue de la Juiverie................	Basse-Grand'Rue.
Boucherie................(rue).	3	Rue de Feltre................	Pont Sauvetout.
Bouillé................(rue de).	1	Rue de Rennes................	Quai de Versailles.
Bouffay................(place).	3	Quai du Bouffay, rues de l'Ancienne Monnaie, Baclerie et du Bouffay.	
Bouffay................(rue).	3	Place du Bouffay................	Rue de la Poissonnerie.
Bouffay........(quai du).	3	Quai Flesselles................	Place du Bouffay.
Boule-d'Or........(cour).	4	Chaussée de la Madeleine (entre les nos 13 et 15)	
Bourget........(rue du).	2	Rue Miséricorde................	Rue des Hauts Pavés.
Bourgneuf........(rue du).	1	Rue Moquechien................	Rue Le Nôtre.
Bourse................(pont).	3.4	Place du Commerce................	Place Petite-Hollande.
Bourse........(promenade).	3	Quai de la Bourse................	Rue de la Fosse.
Bourse........(rue de la).	3	Rue Thurot................	Rue de la Fosse (pass. Pommeraye.
Bouye................(cour).	4	Rue Grande-Biesse (entre les nos 36 et 38).	
Brancas................(place).	1.5	Rues Mercœur, Menou, Harrouys, Bastille, petite rue Brancas et rue Barrière-de-Couëron.	
Brancas................(quai).	3	Place du Commerce................	Pont d'Erdre.
Brancas........(petite rue).	1	Place Viarmes................	Place Brancas.
Brassereau................(rue).	4	Rue Dos-d'Ane................	Rue Saint-Jacques.
Brasserie................(rue).	6	Rue Lavoisier................	Vieux chemin de Couëron.
Brasserie........(ruelle du quai).	4	Rue de Vertais................	La Loire.
Bréa................(rue de).	5.6	Rue des Cadeniers................	Rue de Flandres.
Breil................(rue du).	6	Quai de la Fosse (entre les nos 94 et 95)....	Rue Brasserie.
Bretagne................(place).	1.3.5	Rues Guépin, Paré, Mercœur, du Marchix, de l'Abreuvoir, du Pont-Sauvetout et de l'Arche-Sèche.	
Briord................(rue de).	2.3	Place du Pilori................	Place Saint-Vincent.
Brosse................(rue de).	6	Avenue Launay (entre les nos 8 et 10)......	Rue Linnée.
Cacault................(rue).	2.3	Rue de Feltre................	Rue du Pont-de-l'Arche-Sèche.
Cadeniers................(rue).	5	Rue de l'Héronnière................	Rue Voltaire.
Calot................(rue).	1	Petite rue Brancas................	Rue Menou.
Calvaire........(rue du).	5	Place du Bon-Pasteur................	Place Delorme.
Cambronne................(rue).	5	Rue des Cadeniers................	Rue de Flandres.
Camus................(avenue).	5	Rue Mondésir................	Chemin des Dervallières.
Canal de Chantenay........	6	La Grenouillère................	Les Plons.
Canclaux................(rue).	6	Rue de La Moricière................	Ville-en-Bois.
Capucins......(place des petits).	6	Rue de l'Hermitage................	Avenue Sainte-Anne.
Capucins......(rue neuve des).	5	Quai de la Fosse (entre les nos 28 et 29)....	Rue de l'Héronnière.
Cardine................(rue).	5	Quai de la Fosse (entre les nos 70 et 71)....	(Impasse).
Carmélites........(rue des).	2	Rue de Strasbourg................	Haute-Grand'Rue.
Carmes................(rue des).	3	Place du Change................	Rue Saint-Léonard.
Carmes........(petite rue des).	3	Rue du Moulin................	Rue des Carmes.
Carterie........(rue de).	1	Route de Rennes (entre les nos 64 et 70)....	Rue de l'Ouche de Versailles.
Cassard................(quai).	3	Quai Brancas................	Pont d'Orléans.
Casserie........(rue haute).	3	Carrefour Casserie................	Quai Penthièvre.
Casserie........(rue basse).	3	Quai d'Orléans................	Rue Saint-Nicolas.
Casserie........(carrefour).	3	Place du Change................	Rue Barillerie.
Cassini................(rue).	6	Rue de Gigant................	Boulevard Delorme.
Catherinettes........(rue des).	6	Place des Irlandais................	Rue Beaumanoir.
Catinat................(rue).	6	Rue de La Moricière................	Rue Fabert.

NOMS	ARR.	COMMENCE	FINIT
Ceineray............(quai).	2	Place du cours Saint-André............	Place du Port-Communeau.
Chalûtres.........(chemin des).	2	La Mitrie................................	Route de Paris.
Chalotais..........(rue de la).	5	Rue Jean-Jacques Rousseau............	Rue de l'Héronnière.
Change............(place du).	3	Basse-Grand'Rue, rues Travers, de la Poissonnerie, Barillerie, des Halles et des Carmes.	
Chapeau-Rouge........(rue du).	5	Rue Contrescarpe......................	Rue du Calvaire.
Chapeliers............(rue des).	5	Rue du Port-Maillard..................	Place du Pilori.
Chapelle..........(place de la).	6	Boulevard Saint-Aignan................	Rue Monthyon.
Chaptal................(rue).	6	Avenue Launay........................	Rue Daubenton.
Château........(rue basse du).	2.3	Place du Château....................	Place du Pilori.
Château........(rue haute du).	2	Rue Prémion..........................	Place Saint-Pierre.
Châteaubriant...........(rue).	1	Quai de Versailles....................	Rue de Rennes.
Châteaudun..........(rue du).	2	Place St-Pierre......................	Rue de la Commune.
Chauvin................(rue).	2	Place Louis XVI......................	Rue Royale.
Cemin de fer.........(gare du).	2	Quai Malakoff........................	
Chêne-d'Aron........(rue du).	5	Rue J.-Jacques Rousseau (entre les nos 3 et 5)	Rue Levesque.
Cheval-Blanc........(rue du).	3	Rue Saint-Léonard....................	Place des Petits-Murs.
Cheveri................(rue).	6	Rue Bayard............................	Rue Catinat.
Cirque..............(place du).	1	Pont de la Mairie, rues de l'Abreuvoir, de l'Arche-Sèche, quais d'Orléans et des Tanneurs.	
Clavurerie..........(rue de la).	2	Rue Saint-Nicolas......................	Rue de Feltre.
Clermont..........(chemin de).	3	Bas-Chemin-du-Coudray................	Chemin du Haut-Moreau.
Clisson............(route de).	4	A la suite de la rue Saint-Jacques.......	
Clisson............(rue de).	4	Quai Duguay-Trouin..................	Quai Turenne.
Colbert................(rue).	6	Rue de Gigant........................	Rue du Bocage.
Colombel..............(rue).	1	Rue Félonneau........................	Rue Saint-Félix.
Columelle..............(rue).	4	Rue Fouré............................	Rue Baron.
Commerce........(passage du).	5	Rue de la Fosse, au n° 30..............	Rue Santeuil.
Commerce..........(place du).	3	Quais Brancas et de la Bourse, Pont de la Bourse, rues de Gorges, du Port-au-Vin, petite rue de la Bourse et Turot.	
Commune..........(rue de la).	3	Rue du Moulin........................	Place Saint-Jean.
Conan-Mériadec........(rue).	4	Quai Hoche..........................	Boire de Toussaint.
Constantine............(rue).	6	Place du Sanitat......................	Place de La Moricière.
Constructions........(quai des).	6	Petite rue Launay....................	Rue des Salorges.
Contrescarpe............(rue).	3.5	Rue Crébillon........................	Place Bretagne.
Copernic................(rue).	5	Place Delorme........................	Rue de Gigant.
Corneille..............(rue).	5	Place Graslin........................	Rue Rubens.
Cornulier..............(rue).	5	Prairie de Mauves....................	Quai de Lourmel à la Loire.
Coudray............(chemin du).	2	Rue Saint-André......................	Chemin du Haut-Moreau.
Couëdic............(rue du).	2	Quai Brancas........................	Rue Saint-Nicolas.
Gouëron......(vieux chemin de).	6	Rue Brasserie........................	Village de Pilleux.
Coulées............(rue des).	6	Rue d'Obrée..........................	Rue de La Moricière.
Coulmier..............(rue de).	2	Boulevard Sébastopol..................	Rue de Paris.
Courson................(rue).	2	Rue des Orphelins....................	Rue Saint-Rogatien.
Coustou................(rue).	2	Rue Richebourg......................	Rue Malherbe.
Courtine................(rue).	5	Quai de la Fosse (entre les nos 59 et 60).	
Coutances............(rue de).	1	Rue de Bel-Air........................	Place Viarmes.
Coutancinières.(petit chemin de).	4	Rue Saint-Jacques (entre les nos 121 et 123).	
Crébillon..............(rue).	3.5	Place Royale..........................	Place Graslin.
Croisic............(place du).	1	Chemins du Ballet, de la Petite-Forêt et du Croisic................................	
Croisic................(rue du).	1	Place du Croisic......................	Route de Rennes.
Crucy..................(rue).	4	Rue Fouré............................	Quai de la Maison-Rouge.
Cuvier................(rue).	6	Rue Catinat..........................	Avenue Launay.
Damrémont..............(rue).	6	Place du Sanitat......................	Rue Dobrée.
Daubenton..............(rue).	6	Petite rue Launay....................	Rue Rollin.
De la Salle............(rue).	2	Quai de Richebourg..................	Rue Richebourg.
Delorme..........(boulevard).	5	Place Delorme........................	Rue Mondésir.
Delorme............(place).	5	Rues du Calvaire, Newton, boulevard Delorme, rues Copernic et Franklin.	
Deloyne................(rue).	2	Quai de Richebourg (entre les nos 17 et 19).	Rue Richebourg.

NOMS	ARR.	COMMENCE	FINIT
Dervallières............(chemin).	5	Rue de la Bastille......................	Chemin de la Contrie.
Descartes................(rue).	5	Place Lafayette........................	Boulevard Delorme.
Deshoulières............(rue).	5	Rue Marceau...........................	Rue de la Bastille.
Deurbrouck..............(rue).	4	Quai de l'Ile-Gloriette.................	Quai Moncousu.
Diderot..................(rue).	4	Rue Kervégan..........................	Quai Turenne.
Didienne.................(rue).	1	Quai des Tanneurs.....................	Rue Saint-Similien.
Distillerie............(rue de la).	1	Rue de Versailles......................	Rue de la Carterie.
Dobrée...................(rue).	6	Place Notre-Dame......................	Place de l'Entrepôt.
Dos-d'Ane...............(rue).	4	Place Pirmil...........................	Pont-Rousseau.
Douard..................(cour).	4	Rue des Olivettes......................	Chaussée de la Madeleine au n° 13.
Drouin..................(cour).	6	Rue du Roi-Baco (entre les n°s 28 et 30).	—
Dubois.................(impasse).	3	Rue Dubois (au n° 5).	
Dubois..................(rue).	3	Quai du Port-Maillard.................	Place du Port-Maillard.
Dubois..................(cour).	5	Rue des Trois Matelots (entre les n°s 5 et 7).	
Duc....................(prairie au).	4	Rue Grande-Biesse, canal de la Madeleine, boire de Toussaint et île Lemaire.	
Duchesse-Anne..........(place).	3	Quai de Richebourg, rues Richebourg et Félix, cours Saint-Pierre, rue Prémion et quai du Port-Maillard.	
Dudrézène.............(rue du).	6	Rue Chaptal...........................	Rue Rollin.
Dufou...................(rue).	1	Place Saint-Félix......................	Chemin des Sables-Rouges.
Dugommier.............(rue).	5	Rue Lafayette.........................	Place Newton.
Duguay-Trouin........(quai).	4	Pont d'Aiguillon.......................	Pont de la Bourse.
Du Guesclin............(rue).	4	Quai Duguay-Trouin...................	Quai Turenne.
Dumé..................(ruelle).	4	Rue Grande-Biesse.	
Dumoustier............(place).	2	Rues Notre-Dame, Ogée et du Refuge.	
Duquesne..............(quai).	3	Place des Petits-Murs..................	Rue du Muséum.
Duvoisin...............(rue).	3	Place Saint-Nicolas....................	Rue de Feltre.
Ecacloirs..........(chemin des).	2	Pont de Barbin........................	Bas chemin du Coudray.
Echappée..............(rue).	4	Ponts des Récollets....................	Pré Dubois-Joly.
Echelle..............(rue de l').	3	Place Royale...........................	Place du Bon-Pasteur.
Ecluse..............(place de l').	3	Quai Penthièvre, rue de l'Ecluse, quai de l'Ecluse.	
Ecluse..............(pont de l').	3	Place de l'Ecluse.......................	Rue de Feltre.
Ecluse.............(rue de l').	3	Rue des Carmes.......................	Place de l'Ecluse.
Emery..................(rue).	3	Place du Port-Maillard.................	Rue de la Juiverie.
Enfants-Nantais......(rue des).	3	Rue de Paris...........................	Chemin du Coudray.
Enfants-Nantais.....(place des).	2	Rues St-Donatien, d'Espagne et Guillet de la Brosse.	
Enfer..................(rue d').	3	Rue Garde-Dieu.......................	Place du Port-Communeau.
Erdre..................(rue).	2	Place des Petits-Murs..................	Quai du Marais.
Erdre................(pont d').	3	Quai Flesselles........................	Quai Brancas.
Erlon..................(rue d').	1	Rue du Marchix.......................	Rue Mercœur.
Espagne................(rue d').	2	Place du Carois........................	Chemin du Coudray.
Esprit-des-Lois........(rue).	5	Rue Franklin..........................	Rue Copernic.
Etats.................(rue des).	2	Quai du Port-Maillard.................	Place du Château.
Evêché..............(rue de l').	2	Place Louis XVI.......................	Rue Saint-Pierre.
Evêque..............(rue de l').	5	Quai de la Fosse (entre les n°s 13 et 14)...	Rue du Chêne-d'Aron.
Evêque-Emilien....(rue de l').	2	Rue de Paris...........................	Place des Enfants-Nantais.
Fabert.................(rue).	6	Rue Gassion...........................	Rue Catinat.
Falconnet.............(rue).	5	Quai de la Fosse (entre les n°s 53 et 54)..	Rue des Trois-Matelots.
Faïencerie..........(rue de la).	4	Chaussée Madeleine....................	Quai Moncousu.
Félix..................(rue).	2	Quai de Richebourg....................	Place Louis XVI.
Felloneau..............(rue).	1	Chemin de Loquidy....................	Chemin des Sables-Rouges.
Feltre................(rue de).	3	Pont de l'Ecluse.......................	Place du Bon-Pasteur.
Fénelon.................(rue).	3	Place Saint-Vincent....................	Rue de la Commune.
Fénelon...........(petite rue).	3	Rue Fénelon...........................	Petite rue Saint-Vincent.
Ferdinand-Favre......(quai).	4	Quai Baco.............................	Quai de la Madeleine.
Filibien................(rue).	5	Rue de Miséricorde....................	Rue Saint-Yves.
Flandres.............(rue de).	5	Quai de la Fosse (entre les n°s 63 et 64)..	Rue Voltaire.
Flesselles..............(quai).	3	Quai du Bouffay.......................	Quai Brancas.
Folies-Chaillou....(avenue des).		Chemin des Dervallières.	
Fontaine-de-Barbin....(rue).	1	Rivière d'Erdre........................	Ruelle du Mont-Goguet.
Fosse................(quai de la).	5.6	Promenade de la Bourse................	Quai des Constructions.
Fosse................(rue de la).	3.5	Place Royale...........................	Rue Jean-Jacques-Rousseau.

NOMS	ARR.	COMMENCE	FINIT
Fourcroy....................(rue).	5	Quai de la Fosse (entre les nos 19 et 20)....	Rue de l'Héronnière.
Fouré.....................(rue).	4	Quai Magellan.........................	Pont Saint-Félix.
François-II...............(place).	4	Rues Latour-d'Auvergne, Alain-Barbe-Torte et Lanoue-Bras-de-Fer.	
François-Bruneau..........(rue).	1	Rue de Rennes.	Chemin du Ballet.
Franklin..................(rue).	5	Rue Racine............................	Place Delorme.
Frédéric-Caillaud.........(rue).	2	Boulevard Sébastopol..................	Rue Grou.
Fredureau................(rue).	1	Rue Sarrazin..........................	Rue de Coutances.
Fulton...................(rue).	6	Rue Daubenton.........................	Boulevard Saint-Aignan.
Gaillard..................(cour).	3	Rue des Carmes (au n° 15).	
Galissonnière........(rue de la).	6	Rue Urvoy de Saint-Bédan..............	Rue de Gigant.
Garde-Dieu...............(rue)	3	Rue Saint-Jean........................	Rue Saint-Léonard.
Garennes...............(place des).	6	Rues du Roi-Baco, des Perrières, des Grands-Jardins, de Misery et des Garennes.	
Garennes...............(rue des).	6	Place des Garennes....................	Avenue de Luzançay.
Gassendi..................(rue).	6	Quai Saint-Louis......................	Rue de Luzançay.
Gaudine...............(impasse).	3	Place du Pilori (au n° 2).	
Général Meunier...........(rue).	5	Place Lafayette.......................	Rue Mercœur.
Gigant................(place de).	6	Rues de Gigant, Bertrand-Geslin, Bonne-Louise et Rosière.	
Gigant..................(rue de).	5.6	Rue Franklin..........................	Pont de Gigant.
Gorges...................(rue).	3	Place du Commerce....................	Place Royale.
Grand'Rue...............(haute).	3.2	Place Saint-Pierre....................	Place du Pilori.
Grand'Rue...............(basse).	3.2	Place du Pilori.......................	Place du Change.
Grands-Jardins......(ruelle des).	6	Petit chemin du Moulin-des-Poules.....	Rue des Perrières.
Graslin.................(place).	5	Rues Jean-Jacques, Crébillon, Molière, Corneille, Racine, Voltaire, Gresset, Piron et Regnard.	
Grenouillère...........(rue la).	6	Quai de la Piperie...................	Canal de Chantenay.
Gresset..................(rue).	5	Place Graslin.........................	Rue des Cadeniers.
Grétry...................(rue).	5	Rue Suffren...........................	Rue Crébillon.
Giou......................(rue).	2	Chemin de l'Eperonnière...............	Rue des Orphelins.
Guépin....................(rue).	3.5	Place du Bon-Pasteur..................	Place Bretagne.
Guérande...............(rue de).	3.5	Rue de la Fosse......................	Rue Crébillon.
Guichen...............(rue de).	6	Rue Lamotte-Piquet....................	Rue Canclaux.
Guillet de la Brosse.......(rue).	2	Place des Enfants-Nantais.............	Chemin du Coudray.
Halles................(rue des).	3	Place du Change.......................	Quai Penthièvre.
Harrouys.................(rue).	5	Place Brancas.........................	Boulevard Delorme.
Haudaudine..............(rue).	4	Quai de l'Hôpital....................	Quai Moncousu.
Haute-Roche.............(rue).	1	Rue de Bel-Air........................	Rue Noire.
Hautière..........(chemin de la).	6	Chemin du Moulin-des-Poules...........	Chemin de la Bourdinière.
Hauts-Pavés.........(rue des).	1	Place Viarmes.........................	Route de Vannes.
Havane...............(rue de la).	2	Manufacture des tabacs.	
Hercé..................(rue de).	4	Rue Michel-Columb.....................	Grande-Rue de la Prairie-au-Duc.
Hermitage............(rue de l').	6	Quai des Constructions...............	Place des Petits-Capucins.
Héronnière..............(rue).	5	Rue la Chalotais......................	Rue des Cadeniers.
Herse.............(chemin des).	5	Chemin des Dervallières..............	Chemin de Miséricorde.
Hervés.................(cour).	6	Rue de l'Ermitage (entre les nos 46 et 48).	
Hoche..................(quai).	4	Pont de la Madeleine.................	Rue la Tour-d'Auvergne.
Hôpital................(quai).	4	Pont de la Belle-Croix...............	Quai de l'Ile-Gloriette.
Hôtel-de-Ville.......(rue de l').	3	Rue de la Commune....................	Quai Duquesne.
Hôtel-de-Ville......(pont de l').	3	Quai Duquesne.........................	Place du Cirque.
Ile-Gloriette........(quai de l').	4	Quai de l'Hôpital....................	Pointe de l'Ile-Gloriette.
Industrie............(rue de l').	1	Rue du Marchix........................	Rue Mercœur.
Irlandais............(place des).	6	Rue Voltaire..........................	Rue des Catherinettes.
Jardins.............(rue des).	1	Rue de Versailles.....................	Rue de Rennes.
Jardin-des-Plantes......(rue du).	2	Rue Grou..............................	Rue du Lycée.
Jean-Bart..............(quai).	3	Quai Flesselles.......................	Rue Barillerie.
Jean-Jacques-Rousseau....(rue).	5	Quai de la Fosse.....................	Place Graslin.
Jenner..................(rue).	6	Rue Fulton............................	Rue Lemot.
Juiverie................(rue).	3	Rue du Port-Maillard.................	Rue de la Baclerie.
Jussien.................(rue).	3	Place du Port-Maillard...............	Rue Basse-du-Château.
Kervégan...............(rue).	4	Rue Bon-Secours......................	Place de la Petite-Hollande.
Kléber..................(rue).	6	Place de la Monnaie..................	Rue de Gigant.
Lafayette...............(rue).	5	Rue du Calvaire.......................	Place Lafayette.

NOMS	ARR.	COMMENCE	FINIT
La Fontaine............(rue).	5	Rue la Chalotais...................	(Pas encore ouverte.)
Lambert................(rue).	3	Rue Dubois........................	Rue du Port-Maillard.
Lamoricière...........(place).	6	Rues de Launay, Constantine, Dobrée, de Lamoricière et avenue Launay.	
Lamoricière............(rue).	6	Place Lamoricière..................	Rue de Gigant.
Lamotte-Piquet.........(rue).	6	Rue Gatinat........................	Boulevard Saint-Pern.
Lanoue-Bras-de-Fer....(rue).	4	Place François II.	
La Peyrouse............(rue).	3	Quai Brancas......................	Place Royale.
La Tour-d'Auvergne....(rue).	4	Quai Hoche........................	Canal de la Prairie-au-Duc.
Launay................(rue).	6	Quai de la Fosse..................	Place de l'Entrepôt.
Launay..............(avenue).	6	Place de l'Entrepôt................	Place de Launay.
Launay..............(place).	6	Avenue Launay, rue Belleville, boulevard Saint-Pern, rue Richer, avenue Allard, rue Mellier, boulevard Saint-Aignan, rue Rollin.	
Launay..........(petite rue).	6	Quai des Constructions............	Rue Daubenton.
Lavoisier.............(rue).	6	Avenue Launay....................	Rue du Breil.
Lebrun.................(rue).	2	Rue Saint-Clément.................	Rue Sully.
Lekain.................(rue).	5	Rue Scribe........................	Rue du Calvaire.
Lelasseur...........(boulevard)	1	Route de Rennes...................	Route de Vannes.
Le Lorain...........(impasse).	6	Rue Voltaire (entre les nos 14 et 16).	
Le Mot................(rue).	6	Rue Jenner........................	Boulevard Saint-Aignan.
Le Nôtre..............(rue).	1	Quai des Tanneurs.................	Place Saint-Similien.
Le Pays...............(rue).	6	Rue Mellier.......................	Chemin de Plaisance.
Leroux................(cour).	1	Rue Saint-Similien (entre les nos 13 et 14).	
Leroy...............(passage).	5	Rue de la Bastille (au no 44).....	Rue Filibien.
Le Sage...............(rue).	2.5	Rue Voltaire.......................	Place de la Monnaie.
Linnée................(rue).	6	Rue Bayard........................	Rue Cuvier.
Louis-Levesque.....(passage).	6	Rue Menou........................	Rue Filibien.
Louis XVI............(place).	2	Cours Saint-Pierre et Saint-André, rues Félix, Traversière, Saint-Clément, Sully, Tournefort, Chauvin et de l'Evêché.	
Lourmel............(quai de).	2	Pont de Traktir...................	Prairie de Mauves.
Lusançay.........(avenue de).	6	Rue du Pavillon...................	Rue du Moulin-des-Poules.
Lusançay..........(rue de).	6	Quai d'Aiguillon...................	Quai de la Piperie.
Lycée.............(rue de).	2	Rue du Jardin des Plantes.........	Rue Félix.
Madeleine......(chaussée de la)	4	Pont de la Belle-Croix.............	Pont de la Madeleine.
Madeleine.........(pont de la)	4	Chaussée de la Madeleine.........	Rue Grande-Biesse.
Madeleine.......(prairie de la).	4	Canal Saint-Félix, chaussée de la Madeleine, quai de la Madeleine.	
Madeleine..........(quai de la).	4	Extrémité Est de la prairie de la Madeleine.	Quai Magellan.
Magellan...............(quai).	4	Pont de la Madeleine.............	Quai de la Madeleine.
Maison-Rouge.....(quai de la).	4	Quai Baco........................	Pont de la Belle-Croix.
Malakoff.............(quai).	2	Quai de Richebourg...............	Pont de Traktir.
Malherbes...........(rue).	2	Église de l'Immaculée-Conception..	Rue Saint-Félix.
Manille..............(rue).	2	Manufacture des Tabacs.	
Marais..........(quai du).	2	Place du Port-Communeau.........	Quai Duquesne.
Marais.......(petite rue du).	2	Rue Saint-Léonard.................	Quai Duquesne.
Marceau............(rue).	5	Place du Palais-de-Justice.........	Boulevard Delorme.
Marchix..........(rue de).	1	Place Bretagne....................	Place Sainte-Elisabeth.
Marins............(rue des).	5	Quai de la Fosse (entre les nos 48 et 49).	Rue de l'Héronnière.
Marivaux............(rue).	5.6	Rue Racine........................	Place de la Monnaie.
Marmontel..........(rue)	4	Rue des Olivettes.................	Chaussée de la Madeleine.
Martray.........(place du).	1	Rue Sarrazin......................	Rue du Martray.
Martray..........(rue du).	1	Place du Martray.................	Place Sainte-Elisabeth.
Maryland...........(rue).	2	Manufacture des Tabacs.	
Mascara............(rue).	6	Place du Sanitat..................	Rue Dobrée.
Massillon...........(rue).	6	Place Notre-Dame.................	Rue Sainte-Marie.
Maudit............(pont).	4	Place de la Petite-Hollande........	Rue Haudaudine.
Maurice-Duval.......(rue).	2	Place de la Préfecture.............	Place du Port-Communeau.
Mauves........(prairie de).	2	Canal de la gare..................	La Loire.
Mazagran...........(rue).	6	Quai de la Fosse..................	Place du Sanitat.
Mellier.............(rue).	6	Rue Launay.......................	Rue Le Pays.
Menou.............(rue).	1.5	Place Viarmes.....................	Place Brancas.
Mercœur..........(rue).	1.5	Place Bretagne....................	Place Brancas.
Michel-Columb......(rue).	6	Quai André-Rhuis.................	Eglise de la Madeleine.

NOMS	ARR.	COMMENCE	FINIT
Miséricorde..........(chemin de).	1.5	Rue de Miséricorde................	Chemin du Doucet-Garnier.
Miséricorde............(rue de).	1.5	Place Viarmes.....................	Cimetière de Miséricorde.
Miséry...............(rue de).	6	Rue de l'Hermitage................	Place des Garennes.
Mitrie...........(chemin de la).	2	Chemin de Toutes-Aides............	Chemin des Chalâtres.
Molac................(rue).	1	Rue de Rennes.....................	Rue Haute-Roche.
Molière..............(rue).	5	Place Graslin.....................	Rue Rubens.
Moncousu............(quai).	4	Pont de la Madeleine..............	Pointe de l'Ile Gloriette.
Mondésir.............(rue).	5	Rue du Bocage.....................	Rue de la Bastille.
Monfoulon........(chemin du).	2	Rue du Coudray....................	Chemin des Ecachoirs.
Monnaie........(place de la).	5	Rues Athenas, Le Sage, Marivaux, Anizon, Kléber et Beaumanoir.	
Montaudouine.........(rue).	5	Quai de la Fosse (entre les nos 55 et 56)...	Rue des Vignes.
Montaudouine......(petite rue).	5	Quai de la Fosse (entre les nos 57 et 58)...	Rue Montaudouine.
Monteil..............(rue).	4	Quai de la Maison-Rouge...........	(Pas encore ouverte).
Mont-Goguet.........(rue du).	1	Rue Ouche-de-Versailles...........	Ruelle du Mont-Goguet.
Mont-Goguet.......(ruelle du).	1	Rue Ouche-de-Versailles...........	Rue du Mont-Goguet.
Monthyon.............(rue).	6	Boulevard Saint-Aignan............	Rue Mellier.
Moquechien...........(rue).	1	Quai des Tanneurs.................	Place Saint-Similien.
Moquechien........(petite rue).	1	Rue de Rennes.....................	Rue Moquechien.
Morand...............(rue).	2	Route de Paris....................	Chemin du Haut-Moreau.
Moulin............(rue du).	3	Basse-Grand'Rue...................	Rue de la Commune.
Moulin-des-Poules.(rue du).	6	Vieux chemin de Couëron...........	Chemin de la Hautière.
Moulin-des-Poules (petit-chemin).	6	Ruelle des Grands-Jardins.........	Rue du Moulin-des-Poules.
Moutonnerie......(village de la).	2	Rue Arches-de-Mauves.	
Muséum.............(rue du).	3	Rue Saint-Léonard.................	Quai du Marais.
Musse..........(village de la).	6	Entre la Ville-en-Bois et La Chesnaie.	
Musse......(village de la petite).	6	Entre la Ville-en-Bois, la Chézine et Grillaud.	
Neptune.............(place).	4	Quai Duguay-Trouin, petite rue Bon-Secours, quai Turenne.	
Neuf-Ponts........(rue des).	4	Rue de Vertais....................	Port-la-Parée.
Neuve-des-Capucins......(rue).	5	Quai de la Fosse (entre les nos 28 et 29)...	Rue de l'Héronnière.
Newton..............(place).	5	Rue Newton, Dugommier, Marceau et Deshoullières.	
Newton...............(rue).	5	Place Delorme.....................	Place Newton.
Noire................(rue).	1	Route de Rennes...................	Rue des Hauts-Pavés.
Normand.............(cour).	5	Rue Rubens (au n° 31).	
Notre-Dame-de-Bon-Port.(place).	5.6	Rues Voltaire, Belzunce, Massillon, Dobrée et de la Verrerie.	
Notre-Dame...........(rue).	2	Place Saint-Pierre................	Place Saint-Jean.
Notre-Dame........(petite rue).	3	Petite rue des Carmes.............	Rue de la Commune.
Nouveau-Pont........(rue).	4	Quai André-Rhuis..................	Grande-Rue de la Prairie-au-Duc.
Ogée.................(rue).	2	Rue Royale........................	Place Dumoustier.
Olivettes.........(rue des).	4	Quai de la Maison-Rouge...........	Quai Magellan.
Orléans...........(passage).	3	Rue d'Orléans.....................	Rue Saint-Nicolas.
Orléans...........(pont d').	3	Rue Barillerie....................	Rue d'Orléans.
Orléans...........(quai d').	1.3	Pont d'Orléans....................	Place du Cirque.
Orléans............(rue d').	3	Rue Barillerie....................	Place Royale.
Orphelins.........(rue des).	2	Rue Malgouverne...................	Petite rue Saint-Clément.
Ouche de Versailles...(rue de l').	1	Rue de la Carterie................	Rue de Barbin.
Oudry................(rue).	4	Quai de l'Hôpital.................	Rue Haudaudine.
Pagan................(rue).	4	Rue Bon-Secours...................	Rue Diderot.
Paix..............(place de la).	4	Rues Haudaudine, Banier et Bias.	
Palais de Justice.......(place).	5	Rues Lafayette, Mercœur, Descartes et Marceau.	
Paré.................(rue).	5	Place du Bon-Pasteur..............	Place Bretagne.
Paris.............(rue de).	2	Route de Paris....................	Rue Saint-Clément.
Paris................(rue).	1	Place Saint-Félix.................	Chemin des Sables-Rouges.
Parmentier...........(rue).	6	Boulevard Saint-Aignan............	Chemin de Pilleux.
Pas-Périlleux........(rue).	3	Rue de la Poissonnerie............	Quai Jean-Bart.
Pavillon..........(rue du).	6	Quai de la Piperie (entre les nos 3 et 4)....	Avenue de Luzançay.
Pavillon........(ruelle du).	6	Quai de la Piperie (entre les nos 1 et 3)....	Rue du Pavillon.
Pêcheurs.........(cour des).	4	Rue de Vertais (entre les nos 113 et 115).	
Pélisson.............(rue).	4	Rue des Olivettes.................	Chaussée Madeleine.
Pénitentes........(rue des).	2.3	Rue Saint-Jean....................	Place du Port-Communeau.
Penthièvre..........(quai).	2.3	Pont d'Orléans....................	Place des Petits-Murs.

NOMS	ARR.	COMMENCE	FINIT
Perrault.................(rue).	4	Rue des Olivettes....................	Chaussée Madeleine.
Perrelle.................(rue).	4	Rue Fouré...........................	Rue des Olivettes.
Perrières...............(rue des).	6	Place des Garennes...................	Rue du Moulin-des-Poules.
Perrière-Duval.........(cour).	6	Ruelle des Grands-Jardins (entre les nos 5 et 7)	
Petit-Bachus...........(rue du).	3	Rue du Port-Maillard.................	Rue de la Baclerie.
Petit-Pierre...........(rue).	4	Rue de Vertais.......................	Rue de Prairie d'Aval.
Petite-Biesse..........(rue).	4	Pont de Toussaint....................	Pont des Récollets.
Petite-Hollande.......(place de la)	4	Pont de la Bourse....................	Pont Maudit.
Petits-Murs...........(escaliers).	1	Quai d'Orléans.......................	Rue du Pont-de-l'Arche-Sèche.
Petits-Murs...........(place des).	3	Quais Penthièvre et Duquesne, rues du Marais et du Cheval-Blanc.	
Pierre-Nantaise.......(rue de la).	6	Place des Petits-Capucins............	Rue des Garennes.
Pilori................(place du).	2.3	Haute et Basse Grandes-Rues, rues des Chapeliers, Basse du Château, Briord et impasse Gaudine.	
Piperie...............(quai de la).	6	Rue de Luzançay......................	Rue de la Grenouillère.
Pirmil................(place).	4	Pont de Pirmil, côte Saint-Sébastien, rue Saint-Jacques et rue Dos-d'Ane.	
Pirmil................(pont)	4	Rue de Vertais.......................	Place Pirmil.
Piron.................(rue).	5	Rue Lachalotais......................	Place Graslin.
Plaisance.............(chemin de).	6	Chemin de Pilleux....................	Mont Saint-Bernard.
Poissonnerie..........(rue de la).	3	Quai Flesselles......................	Place du Change.
Pommeraye.............(passage).	3	Rue de la Fosse (entre les nos 20 et 22)	Rue Santeuil.
Pont-Rousseau.........(pont).	4	Rue Dos-d'Ane........................	Chaussée de Pont-Rousseau.
Pont-Rousseau.........(chaussée).	4	Pont-Rousseau........................	Route de la Rochelle.
Porcher...............(cour).	6	Rue de l'Hermitage (entre les nos 36 et 38)	
Portail...............(rue).	2	Place Saint-Pierre...................	Place Dumoustier.
Port-au-Vin...........(rue du).	3	Place du Commerce....................	Rue de la Fosse (entre les nos 5-7).
Port-Communeau........(place du).	1.2.3	Rues du Port-Communeau, d'Enfer, des Pénitentes, Maurice-Duval, quai Ceineray, pont du Port-Communeau et quai du Marais.	
Port-Communeau........(pont du).	1.2.3	Place du Port-Communeau..............	Rue de Rennes.
Port-Communeau........(rue du).	3	Rue Saint-Léonard....................	Place du Port-Communeau.
Porte-Neuve...........(rue).	1	Place Ste Elisabeth..................	Place Viarmes.
Port-Maillard.........(place du).	3	Rues Dubois et de l'Emery.	
Port-Maillard.........(quai du).	3	Place Duchesse-Anne..................	Place du Bouffay.
Port-Maillard.........(rue du).	3	Quai du Port-Maillard................	Rue des Chapeliers.
Port-la-Parée.........(rue du).	4	Rue de Vertais (entre les nos 106 et 108).	
Poudrière.............(rue de la).	2	Rue Saint-André......................	Quai de Barbin.
Prairie au Duc (Grand-Rue de la).	2	Rue Conan-Mériadec...................	Pointe de l'Ile.
Prairie d'Amont.......(rue Neuve).	4	Prairie d'Amont......................	Rue de Vertais (entre les nos 69-71)
Prairie d'Amont.......(ruelle).	4	Prairie d'Amont......................	Rue de Vertais (entre les nos 103-105)
Prairie d'Aval........(rue).	4	Boire des Récollets..................	Quai du Port-la-Parée.
Préfecture............(place de la).	2	Rues Royale, d'Argentré, Maurice-Duval, d'Aguesseau et petite rue du Refuge.	
Prémion...............(rue).	2.3	Rue Félix............................	Rue Haute-du-Château.
Pré-Nian..............(rue du).	3	Quai d'Orléans.......................	Rue Affre.
Puits-d'Argent........(rue du).	5	Rue de la Fosse (entre les nos 12 et 14).	Rue Santeuil.
Quarts de Barbin......(rue des).	1	Chemin de la Tortière................	Rue de Barbin.
Rabelais..............(rue).	2	Rue Richebourg.......................	Rue Malherbes.
Racine................(rue).	6	Place Graslin........................	Rue de Gigant.
Raffinerie............(rue de la).	4	Rue Grande-Biesse....................	Rue Conan-Mériadec.
Raimond...............(passage).	5	Rue Rubens (au no 42)................	Rues Lekain et du Chapeau-Rouge.
Rameau................(rue).	6	Rue Santeuil.........................	Rues Suffren et Grétry.
Récollets.............(pont des).	4	Rue Petite-Biesse....................	Rue de Vertais.
Récollets.............(rue des).	4	Rue Petite-Biesse....................	Rue Saint-Joseph.
Refuge................(rue du).	2	Petite rue du Refuge.................	Rue Saint-Jean.
Refuge................(petite rue du).	2	Place Dumoustier.....................	Place de la Préfecture.
Regnard...............(rue).	5	Rue La Chalotais.....................	Place Graslin.
Regnier...............(rue).	5	Rue Crébillon........................	Rue du Puits-d'Argent.
Rennes................(rue de).	1	Pont du Port-Communeau...............	Boulevard Lelasseur.
République............(cours).	5	Rue Piron............................	Rue des Cadeniers.
Richebourg............(rue de).	2	Rue de Flore.........................	Place Duchesse-Anne.
Richebourg............(quai de).	2	Boulevard Sébastopol.................	Place Duchesse-Anne.
Richer................(rue).	6	Place Launay.........................	Rue de la Ville en Bois.

NOMS	ARR.	COMMENCE	FINIT
Rieux............(rue de).	4	Quai de la Madeleine................	Rue Fouré.
Roi-Baco...........(rue du).	6	Rue des Salorges..................	Place des Garennes.
Roi-Baco..........(cour du).	6	Rue du Roi-Baco.................	(Caserne des Douanes).
Rollin................(rue).	6	Rue Daubenton....................	Place Launay.
Rose.................(rue).	6	Rue Catinat.......................	Rue Canclaux.
Rosière..............(rue).	6	Rue Voltaire......................	Rue de Gigant.
Rousseau...........(pont).	6	Rue Dos-d'Ane....................	Chaussée de Pont-Rousseau.
Royale..............(place).	3	Rues d'Orléans, Saint-Nicolas, de l'Échelle, Saint-Julien, des Vieilles-Douves, Crébillon, de la Fosse, de Gorges et Lapeyrouse.	
Royale...............(rue).	2	Rue de l'Evêché..................	Place de la Préfecture.
Rubens..............(rue).	5	Rue Contrescarpe................	Rue Boileau.
Russeil............(avenue).	1	Rue Bel-Air.......................	Rue des Hauts-Pavés.
Saget................(rue).	1	Quai de Versailles................	Rue de la Distillerie.
Saint-Aignan.....(boulevard).	6	Place Launay.....................	Pont de Pilleux.
Saint-André.........(cours).	2	Place Louis XVI..................	Quai de Barbin.
Saint-André.........(place).	2	Chemin du Coudray, petite rue Saint-André, rue Saint-André.	
Saint-André.........(rue).	2	Chemin du Coudray..............	Rue Sully.
Saint-André–Bas-du-Cours.(rue).	2	Rue Sully........................	Chaussée de Barbin.
Sainte-Anne.......(avenue).	2	Escalier Sainte-Anne..............	Place Sainte-Anne.
Sainte-Anne.......(escalier).	6	Quai d'Aiguillon..................	Place des Petits Capucins.
Sainte-Anne........(place).	6	Avenue Sainte-Anne, rues Saint-Pasquier, Ste-Elisabeth, Ste-Marthe, St-Gohard.	
Sainte-Anne.......(passage).	1	Rue Bel-Air.......................	Rue Frédureau.
Saint-Charles........(rue).	2	Rue des Orphelins................	Rue Saint-Clément.
Saint-Clair..........(rue).	6	Rue des Perrières.................	Rue Sainte-Elisabeth.
Saint-Clément.......(rue).	2	Rue Saint-Donatien...............	Place Louis XVI.
Saint-Clément...(petite rue).	2	Rue du Jardin des Plantes........	Rue Saint-Clément.
Sainte-Catherine.....(rue).	3	Quai Cassard.....................	Rue du Couëdic.
Sainte-Croix........(place).	3	Rues Belle-Image, de la Baclerie, Sainte-Croix, Travers et Beauregard.	
Sainte-Croix.........(rue).	3	Place Sainte-Croix................	Basse-Grand'Rue.
Saint-Denis..........(rue).	2	Haute-Grand'Rue.................	Place Dumoustier.
Saint Donatien.......(rue).	2	Place des Enfants Nantais........	Rue Saint-Clément.
Sainte-Elisabeth.....(place).	1	Rues du Marchix, du Martray, Porte-Neuve, barrière Couëron et rue d'Erlon.	
Saint-Félix..........(place).	1	Rues Colombel, Félix et Dufou.	
Saint-Félix..........(pont).	2.4	Place Duchesse-Anne.............	Rue Fouré.
Saint-François.......(rue).	2	Rue Richebourg (entre les nᵒˢ 73 et 74).	(Pas entièrement ouverte).
Saint-Gohard........(rue).	6	Place Sainte-Anne................	Grande-Rue de la Prairie au Duc.
Saint-Hermeland.....(rue).	4	Rue Michel Columb...............	Route de Clisson.
Saint-Jacques........(rue).	4	Place de Pirmil...................	Rue des Pénitentes.
Saint-Jean...........(rue).	2.3	Place Saint-Jean..................	Boire des Récollets.
Saint-Joseph.........(rue).	4	Rue de l'Echappée................	Rue des Vieilles-Douves.
Saint-Julien..........(rue).	3	Place Royale......................	Rue du Port-Communeau.
Saint-Laurent......(impasse).	2	Rue Saint-Pierre.	
Saint-Léonard........(rue).	3	Rue des Carmes..................	Quai de la Piperie.
Saint-Louis.........(place).	6	Rues Voltaire, Dobrée et de la Verrie.	
Saint-Louis..........(quai).	6	Quai d'Aiguillon..................	Rue des Coulées.
Sainte-Marie.........(rue).	6	Rue Rosière......................	Rue Saint-Vincent-de-Paul.
Sainte-Marthe........(rue).	6	Place Sainte-Anne................	Place Royale.
Saint-Nicolas........(rue).	3	Rue Casserie.....................	Place Sainte-Anne.
Saint-Pasquier.......(rue).	6	Rue des Perrières.................	Place Launay.
Saint-Pern.......(boulevard).	6	Rue Canclaux....................	Place Louis XVI.
Saint-Pierre.........(cours).	2	Place Duchesse-Anne.............	
Saint-Pierre.........(place).	2	Rue de l'Evêché, impasse Saint-Laurent, rues Haute du Château, Saint-Pierre, Ferdinand-Favre et Portail.	
Saint-Pierre..........(rue).	2	Place Saint-Pierre................	Haute-Grand'Rue.
Saint-Sébastien......(côte).	4	Place de Pirmil.	
Saint-Similien.......(place).	1	Rues Moquechien, Bel-Air, Sarrazin, des Arts, Saint-Similien et Le Nôtre.	
Saint-Similien........(rue).	1	Place Saint-Similien...............	Rue du Marchix.

NOMS	ARR.	COMMENCE	FINIT
Saint-Vincent............(place).	2.3	Rues de Briord, Beau-Soleil, Saint-Vincent, petite rue Saint-Vincent, rue Fénelon.	
Saint-Vincent........(impasse).	6	Petite rue Saint-Vincent.	
Saint-Vincent......(petite rue).	3	Place Saint-Vincent.................	Rue de la Commune.
Saint-Vincent............(rue).	3	Place Saint-Vincent.................	Place Saint-Jean.
Saint-Vincent-de-Paul....(rue).	6	Rue Sainte-Marthe.................	(Pas encore ouverte).
Saint-Yves..........(passage).	5	Rue de la Bastille (n° 22)........	Rue Félibien.
Saint-Yves..............(rue).	5	Rue de la Bastille.................	Rue Félibien.
Salorges..............(rue des).	6	Quai des Constructions...........	Rue du Vieux-Chemin-de-Couëron.
Sanitat................(place).	6	Rues Mazagran, d'Alger, Mascara, Damrémon, Constantine.	
Sanitat................(rue).	6	Quai de la Fosse (entre les n°s 81 et 82)..	Rue d'Alger.
Sanlecque..............(rue).	4	Rue Perrault.....................	Cour Massé.
Santeuil................(rue).	5	Rue Crébillon.....................	Rue Jean-Jacques-Rousseau.
Sarrazin................(rue).	1	Place Saint-Similien...............	Place Viarmes.
Saulzaye..........(rue Basse).	4	Rue de Clisson...................	(Impasse).
Saulzaye..........(rue Haute).	4	Rue Bon-Secours.................	Rue Balen.
Sauvetout........(rue du Pont).	1.3	Rue du Pont-de-l'Arche-Sèche.....	Place Bretagne.
Scribe(précédemment partie de la rue Rubens)............(rue).	5	Rue Boileau......................	Rue Franklin.
Sébastopol..........(boulevard).	2	Rue de l'Arche-de-Mauves.........	Quai de Richebourg.
Sécherie..........(rue de la).	6	Quai Saint-Louis..................	Rue de Luzançay.
Seil................(rue du).	2	Quai de Richebourg (entre les n°s 1 et 3)..	Rue Richebourg.
Séjour..............(rue du).	6	Quai de la Fosse (entre les n°s 78 et 79).	
Sentier..............(rue du).	1	Rue des Jardins.................	Rue de Rennes.
Sévigné................(rue).	5.6	Rue de Gigant...................	Rue du Bocage.
Soubzmain..............(rue).	1	Rue du Balet.	
Sourdéac............(rue de).	4	Quai André-Rhuis.................	Rue Latour-d'Auvergne.
Strasbourg..........(rue de).	2.3	Port-Maillard.....................	Place du Port-Communeau.
Suffren................(rue).	5	Rue Grétry.......................	Rue Jean-Jacques.
Sully..................(rue).	2	Place Louis XVI..................	Rue Saint-André.
Surcouff..............(rue).	2	Quai de Richebourg (entre les n°s 8 et 11)..	Rue Richebourg.
Talensac..............(rue).	1	Rue de Rennes...................	Rue Bel-Air.
Tanneurs..........(quai des).	1	Pont du Port-Communeau..........	Place du Cirque.
Tanneurs..........(ruelle des).	1	Quai des Tanneurs................	Petite rue de Bourgneuf.
Tenue Camus......(avenue).	5	Rue Mondésir....................	Chemin des Dervallières.
Thurot................(rue).	3	Place du Commerce................	Promenade de la Bourse.
Tour-d'Auvergne....(rue de la).	4	Quai Hoche......................	Canal de la Prairie-au-Duc.
Tournefort............(rue).	2	Place Louis XVI..................	Quai Cêneraye.
Toussaint............(pont).	4	Rue Grande-Biesse................	Rue Petite-Biesse.
Tractir................(pont).	2	Canal de la Gare de Mauves.	
Travers................(rue).	3	Place Sainte-Croix................	Place du Change.
Traversière............(rue).	2	Place Louis XVI..................	Rue Saint-Clément.
Trépied............(rue du).	1	Rue Saint-Similien................	Rue du Marchix.
Trois-Barils..........(rue des).	5	Quai de la Fosse (entre les n°s 67 et 68).	
Trois-Matelots........(rue des).	5	Quai de la Fosse (entre les n°s 52 et 53)...	Rue des Marins.
Trois-Ormeaux....(chemins des).	1	Chemin de Miséricorde............	Route de Vannes.
Turenne..............(quai).	4	Pont de la Belle-Croix............	Place de la Petite-Hollande.
Union............(rue de l').	3	Rue des Etats...................	Rue de Strasbourg.
Urvoy-de-Saint-Bedan....(rue).	6	Rue Beaumanoir..................	Rue Rosière.
Vallée................(cour).	3	Rue des Carmes (au n° 19).	
Vauban................(rue).	3	Rue de l'Echelle..................	Rue Saint-Julien.
Vaudreuil..............(rue).	2	Quai de Richebourg (entre les n°s 12 et 13).	Rue Richebourg.
Vauquelin..............(rue).	6	Boulevard Saint-Pern..............	Ville-en-Bois.
Verrerie........(place de la).	5	Petite rue de Flandre.............	Rue de la Verrerie.
Verrerie..........(rue de la).	5.6	Quai de la Fosse (entre les n°s 73 et 74)...	Place Notre-Dame.
Verrerie........impasse de la).	5	Rue de la Verrerie (entre les n°s 4 et 6).	
Versailles..........(quai de).	1	Pont du Port-Communeau..........	Quai l'Ouche de Versailles.
Versailles..........(rue de).	1	Rue Châteaubriant................	Quai de Versailles.
Vertais............(rue de).	4	Pont des Récollets................	Pont de Pirmil.
Vert-Bâton........(rue du).	6	Quai de la Fosse (entre les n°s 79 et 80).	
Vertou............(rue de).	4	Rue Saint-Jacques (entre les n°s 78 et 80).	Chemin de Sèvres.
Viarmes............(place).	1.5	Rues Porte-Neuve, Sarrazin, Hauts-Pavés, Miséricorde, Menou et petite rue Brancas.	
Videment..............(île).	4	Prairie au Duc....................	Pointe ouest de l'île.

NOMS	ARR.	COMMENCE	FINIT
Vieilles-Douves........(rue des)	3	Rue de l'Arche-Sèche.	
Vieil-Hôpital............(rue du)	3	Rue de la Poissonnerie................	Place Royale.
Vierge................(impasse de la)	6	Quai de la Fosse (entre les nos 74 et 75).	Quai Jean-Bart.
Vierge-Marie..............(rue)	6	Église Sainte-Anne.	
Vignes..................(rue des)	5	Rue de Flandres (entre les nos 4 et 6).....	Rue du Moulin-des-Poules.
Vignes................(impasse)	2	Rue Sully (entre les nos 5 et 6).	Rue Courtine.
Vignole..................	1	Route de Rennes, près de la rue du Croisic.	
Villa-Maria.............(avenue)	1	Rue du Croisic.........................	Route de Rennes.
Ville-aux-Roses........(avenue)	5.6	Place Graslin.........................	Place Notre-Dame.
Voltaire..................(rue)			

ADRESSES DE NANTES

PAR ORDRE ALPHABÉTIQUE

AAG

Vº Aage (d'), Charles, prop., rue Saint-Clément, 28.
Abat, rentier, rue Affre.
Abadie, Bernard, vétérinaire, rue Franklin, 5.
Abadie, Fernand, fils, vétérinaire, rue Franklin, 5.
Abbat, Jules, r. Galissonnière, 7-9.
Mme Abeilard, Edmond, maît. de pens., rue du Boccage, 6.
Abeilard, Edmond, chef de bur. à la mairie, rue du Boccage, 6.
Abeille (l'). Comp. d'assur. contre l'incendie, représentée par M. Moreau, rue Gresset, 3.
Abraham, Michel, fabric. de casquettes, q. Duguay-Trouin, 16.
Abraham, machiniste au théâtre, rue de Gigant, 14.
Accard, Charles, architecte, place du Commerce, 12.
Adam, Julien, receveur de l'octroi, rue de Rennes.
Adoration perpétuelle (communauté des dames de l') rue de Paris, 94.
Adriaenssens, Antoine, boulanger, rue Port-Maillard, 11.
Adrias, charp., quai Fosse, 76.
Mme Advise, Mathurin, mᵈ de tissus, quai Fosse, 100.
Vº Affilé, rue Saint-Clément, 41.
Mme Agnan, quai Fosse, 54.
Agnelli, prof. de musique, rue de Gigant, 36.
Agrumet (d'), Evellin, horloger, Basse-Grand'Rue, 16.
Aguesse, grains, à Pont-Rousseau.

ALB

Aguesse, Etienne, mᵈ de literie, pl. du Pilori, 12.
Vº Aguesse, Jean, r. Kervégan, 10.
Aguesse, Julien, jardinier, route de Clisson.
Aigle (l'). Comp. d'assur. contre l'incendie, représentée par M. Hermann, rue de la Verrerie, 13.
Aignan, Charles, rent., r. Richer, 4.
Aigron, Célestin, fabr. de cardes, rue du Marchix, 62.
Aimond, Auguste, fils, rue de Flandres, 2.
Vº Aimond, Emilie, maît. d'hôtel, rue de Flandres, 2.
Ain, Louis, empl. aux tabacs, rue de Coulmiers.
Aimault, Jacques, mᵈ de parapluies, Basse-Grand'Rue, 7.
Alaberte, père, prof. d'écriture, à Grillaud.
Alaberte, Étienne, commissionnaire en marchandises, q. de la Fosse, 18.
Alaberte, Jérémie, commissionnaire en marchandises, q. de la Fosse, 18, hab. rue Jean-Jacques, 7.
Alanic, François, tailleur, rue Pont-Sauvetout, 1.
Alauzet, empl. des Douanes, quai Fosse, 86.
Albert, Charles, place Petite-Hollande, 3.
Albert, Baptiste, épicier, rue de Strasbourg.
Albert, Charles, épicier en gros. (associé), rue Duguesclin, 3, hab. place Petite-Hollande, 3.

Albert, Félix, m⁴ de chevaux, rue Callot, 1.
Albert, Henri, boulanger, rue Saint-Jacques, 66.
Albert, Jean, épicier, rue Gresset, 1.
Albert, Myrtil, m⁴ de tapis, rue Boileau, 12.
Albert, Pierre-Henri, rue Guépin, 6.
Alet, Victor, père Jésuite, rue Dugommier, 13.
Alibert, Pierre, charcutier, rue Arche-Sèche, 8.
Aliez, Hugues, m⁴ tailleur, rue Crébillon, 11.
Vᵉ Alioth, Auguste, r. Crébillon, 6.
Alix, Jean-Marie, cordonnier, rue de Gigant, 22.
Alix, David, rent., q. d'Orléans, 5.
Alix, commission., r. Dobrée, 11.
Alix, Benjamin, m⁴ de chaussures, rue Guépin, 1, habit. Basse-Grand'Rue, 12.
Alix, Mathieu, m⁴ de tissus, rue Arche-Sèche, 2.
Alizon, Émile, notaire, rue de la Fosse, 2.
Allain, Auguste, linger, boulevard Sébastopol, 7.
Vᵉ Allaire, rue de Rennes, 39.
Allaire, Alexandre, menuisier, rue Flandres, 10.
Allaire, Benjamin, agent de change, rue J.-J. Rousseau, 16.
Vᵉ Allaire, Louis, bimbelotière, rue de l'Évêché, 2.
Allaire-Chauvelon, capitaine du Bureau du Port, quai Fosse, 64.
Allaire, Mathurin, sellier-carros. (associé), rue d'Alger, 1-3.
Allais, François, chapelier, chaussée Madeleine, 57.
Mlle Allard, Lucie, rentière, rue de la Boucherie, 4.
Allard, quai de la Fosse, 10.

Allard, Henri, armateur, rue de Gigant, 32, hab. chem. de Couëron, 12.
Allard, Benjamin, professeur de musique, rue du Moulin, 3.
Vᵉ Allard, Benjamin, avenue Launay, 2.
Allard, Miguel, rentier, place de la Monnaie, 1.
Allard, Henri, père, boulevard Sébastopol, 9.
Allard, Henri, fils, serrurier entrep., boulevard Sébastopol, 9.
Allard, Jules, chanoine, r. Royale, 9.
Allard, Léon, serrurier, quai du Port-Maillard, 1.
Allard, Louis, fils, ferblantier, pl. Viarmes, 2.
Allard-Aguesse, Pierre, mercier et menuisier, rue de Vertais, 79-81.
Allard de Grandmaison, courtier d'assurances, quai de la Fosse, 5, hab. place Dumoustier.
Vᵉ Allard de Grandmaison, rue de Rennes, 15.
Allard de Grandmaison, Paul, rue du Lycée, 9.
Mlle Allard de Grandmaison, rue de Strasbourg, 22.
Alleau, Eugène, constructeur de navires, quai Piperie, hab. à la Grenouillère (Chantenay).
Allegret, Paul, courtier d'assur., rue Boileau, 6, hab. boulevard Delorme, 27.
Allegret, Théodore, boulevard Delorme, 27.
Allegret, Paul, courtier, boulevard Delorme, 27.
Allegret, Eugène, rentier, rue d'Erlon, 14.
Allegret, Joseph, r. Lafayette, 18.
Allegret, Camille, pl. Lafayette, 1.
Allegret, Émile, rentier, rue des États, 15.

Allegret, Joseph, assur. maritime, rue des Cadeniers, 13, hab. rue Lafayette, 18.

Alliez, Jean-Jacques, prof. au Lycée, rue des Orphelins, 10.

Alliot, Félix, prop., quai Malakoff.

Alliot, retraité, rue des Halles, 21.

Vᵉ Allioth, rue Cambronne, 13.

Allioth, Léon, ingénieur, chemin de Miséricorde, 9.

Vᵉ Alliou, Ange, mᵈᵉ de bière en gros, route de Clisson.

Alloen, Besnard et Cⁱᵉ, mᵈˢ tailleurs (Belle Jardinière), rue Héronnière, 6.

Allonneau, Théophile, rue Paré, 1.

Vᵉ Allory, Jean, prop., rue du Bouffay, 2.

Allory, Victor, rue d'Orléans, 8.

Allot, François, peintre en bâtiments, rue de Briord, 5.

Allotte, empl. à la Préfecture, rue Bonne-Louise, 2.

Vᵉ Allotte de la Fuye, rue Franklin, 2.

Allumettes chimiques, Comp. générale représentée par M. Maugras, rue Guépin, 7.

Alluy, Cyrille, caissier de la Banque, rue Lafayette, 14.

Alphonse (d'), officier de recrutement, rue de Rennes, 45.

Amasy (d'), rentier, rue Sainte-Catherine, 2.

Amelineau, père, propriétaire, rue Lafayette, 2.

Amelineau, Charles, rue Jean-Jacques, 17.

Vᵉ Amelot, Auguste, rentière, rue Châteaubriant, 2.

Amicaud, Henri, mᵈ d'engrais, à Rezé.

Amiaud, Jules, drog., q. Brancas, 4.

Amieux, Maurice, fabr. de conserves, place de la Paix.

Amieux, Emile, fabr. de conserves, place de la Paix, hab. à Paris.

Amio, Narcisse, rentier, rue de l'Echelle, 3.

Amiot, Pierre, menuisier, rue d'Erlon, 5.

Amirault, capitaine de frégate, place Delorme, 1.

Amisse, chef de bureau à la Mairie, place Saint-André, 8.

Vᵉ Amouroux, rue des Arts, 18.

Amouroux, Jean, officier de paix du 2ᵉ canton, rue Beau-Soleil, 9.

Amouroux, Félix-Alfred, rue de Gigant, 8.

Amouroux, Louis-Ernest, rue de Gigant, 8.

Amprou, Pierre, charcutier, rue Richebourg, 20.

Andiande, François, carreleur, pl. du Bouffay, 1.

Andigné (d'), prop., Haute-Grand'-Rue, 1.

Andouard, Ambroise, chimiste, rue Guépin, 2.

Andouard, retraité des Douanes, ruelle des Grands-Jardins.

Vᵉ Andouard, Ambroise, rue Saint-Jean, 10.

André, François, fab. de parapluies, rue D'os-d'Ane, 16.

André, François, tailleur, rue Crébillon, 6.

André, Jules, mᵈ de laines, rue du Moulin, 22.

Angebaud, Donatien, commission. en grains (assoc.), rue Fosse, 44, hab. rue Lapeyrouse, 2.

Angebaud, Ferdinand, commission. en grains (assoc.), rue Fosse, 44, hab. rue Lapeyrouse, 2.

Mlle Angebault, Amélie, rue des Orphelins, 19.

Angebault, Baptiste, avocat, rue Royale, 5.

4

Mlle Angebault, prop., rue Saint-Clément, 1.

Angebault, Louis, épicier en détail, pl. La Moricière, 1.

Angebault, Julien, mercier, rue Port-Maillard, 18.

Angebaut, Alfred, machines à coudre, rue Mercœur, 7 *bis*.

Angelini, Louise, march. de porcelaines, Basse-Grand'rue, 11.

Anger, Emile, mercier, rue Cacault, 4.

Angevin, Stéphane, surveillant général au Lycée, rue du Lycée, 1.

Vᵉ Anglebert, Emile, r. Menou, 2.

Angot, Henri, mᵈ de vins en gros, rue Moquechien, 5, hab. rue St-André, 15.

Angot, Auguste, tonnelier, rue St-Clément, 54.

Anison, Rogatien, rue Poissonnerie, 2.

Anizon, Laurent, mᵈ de vins en gros, rue Hauts-Pavés, 47.

Anizon, Paul, docteur-médecin, rue des Halles, 22.

Anizon, Paul-Marie, avocat, rue des Halles, 22.

Vᵉ Anneau, rent., pl. du Sanitat, 3.

Anneau, Pierre, cloutier, rue Port-Communeau, 1.

Anneix, Michel, frip., r. Guépin, 7.

Vᵉ Anthus, Childéric, rue Marceau, 7-9.

Vᵉ Antier, René, propriétaire, tenue de l'Aumônerie.

Antier, Félix, fabr. de parapluies, rue Saint-Similien, 45.

Antoine, Hippolyte, charcutier, rue du Marchix, 31.

Appert, fabricant de boutons, rue Perrault, 1.

Vᵉ Aramburu-Gaillard, mᵈᵉ de tissus, rue d'Orléans, 13.

Arbeille, Louis, mercier, rue Saint-Clément, 40.

Archambaud, Jean-Baptiste, menuisier, rue Beaumanoir, 1.

Archambeaud, Eugène, boucher, rue Grande-Biesse.

Ardial, Joseph, comptable, rue Abbé-de-l'Epée, 6.

Ardial-Levron, Louis, chaussée Madeleine, 15.

Arène, Florent, officier de paix du 1ᵉʳ canton, rue de Versailles, 14.

Vᵉ Argnon, rentière, avenue de Launay, 10.

Arhens, Charles, ébéniste, rue du Muséum, 10.

Arin, E., bois, canal de Chantenay.

Vᵉ Arlange (d'), rue Sully, 6.

Mlle Armagnac, Françoise, rue Molac, 9.

Armand, Henri, ferblantier-lampiste, place du Bouffay, 6.

Vᵉ Armand, prop., rue de Paris, 38.

Armange, Emile, courtier de navires, quai Fosse, 33, habit. passage Sanitat.

Mme Armansin, passage Leroy.

Armenou, Pierre, propriétaire, rue de Clisson, 6.

Vᵉ Arnaud, quai Turenne, 10.

Vᵉ Arnaud, mercière, q. Fosse, 11.

Vᵉ Arnaud, Jean-Joseph, rue d'Allonville, 17.

Arnaud, Louis, marchand tailleur, rue Regnard, 3.

Arnaud-Grenet, Pierre, chapelier, rue de l'Echelle, 2.

Arnaud, Jean-Baptiste, menuisier, rue de Rennes, 44.

Arnaud, Eugène, menuisier, rue de Rennes, 80.

Vᵉ Arnaud, mercière, rue de la Fosse, 11.

Arnaud-Fruchard, av. Luzançay.

Vᵉ Arnault-Grossetière, Hippolyte, boulevard Delorme, 25.

Arnault-Lionnel, rentier, boul. Delorme, 31.

Arneaudeau, Adrien-Louis, saleur associé, hab. q. de la Fosse, 82.

Arneaudeau, Louis, menuisier, rue Grande-Biesse, 18.

Mlles Arnous, rue Félix, 9.

Arnous-Rivière, prop., rue de Strasbourg.

V° Arondel (d'), Benjamin, rue Hôtel-de-Ville, 3.

V° Arondel (d'), Charles, rue Maurice-Duval, 4.

Arondel (d'), Théodore, rue du Bocage, 12.

Arrivoal, François, propr., rue Saint-Jacques, 57.

Arrouet, Théodore, chemin du Coudray, 24.

Artaud, chandelier, à Pont-Rousseau.

Artaud, René, ép., rue Franklin, 5.

Artaud, Jules-Charles, plombier, rue des Salorges, 7.

V° Assailly, rue Voltaire, 17.

Assenmacher, Henri, ferblantier, rue Beau-Soleil, 7.

Assurances agricoles (Caisse générale des), représentée par M. Gilée, pl. du Commerce, 13.

Assurance française (l'), Comp. d'assurances contre l'incendie, représentée par M. Estingoy, rue Contrescarpe, 23.

Assurances générales contre l'incendie (C¹ᵉ des), représentée par M. Clémenson, rue J.-J. Rousseau, 5.

Assurances générales fluviales, Comp. d'assurances maritimes, représentée par M. Ranqué, rue Santeuil, 4.

Assurances générales maritimes, représentée par M. Sellier, Ulric, rue du Chapeau-Rouge, 10.

Astier, Jean-Baptiste, fondeur de cloches, rue Fouré.

Astoin, Michel, Pascal, armateur, rue Rosière, 18.

V° Astoin, Paul, ch. Madeleine, 21.

V° Astugue (d'), r. de Rennes, 104.

V° Athénas, entrepreneur de bains publics, rue Paré, cour Sainte-Marie.

Athénas, Albert, commis de l'Administration des Hospices, rue Paré, 7, bains Sainte-Marie.

Athimon, Jean, maître couvreur, rue Saint-André, 13.

Mlle Atkinson, professeur d'anglais, rue Lafontaine, 2.

Attimon, Jules, couvreur, rue Saint-André, 18.

Attimon fils, couvreur, rue Saint-André, 46.

Mlle Auber, Marie, rue des Orphelins, 19.

Auber, Adolphe, rentier, chemin du Coudray, 17.

V° Aubernon, Pierre, chaussée de la Madeleine, 41.

Mlle Aubert, Marie, modiste, rue Newton, 3.

Aubert, Claude, rue Dudrezène, 4.

Aubert, Louis, armateur, rue Gresset, 8.

V° Aubert, Achille, place des Irlandais, 1.

Aubert, Constant, employé des Contributions indirectes, rue de la Verrerie, 5.

Aubert, Claude, fondeur (associé), rue Daubenton, 2, habit. rue Dudrezène, 4.

Aubert, plâtrier, Ville-en-Bois.

Aubert, Julien-Prosper, avenue Luzançay.

Aubert, Henri, propriétaire, à la Greneraie.

Aubert, Joseph, constr. de navires (associé), quai Piperie, habitant chemin de la Tannerie (Chantenay.)

Aubert, Louis, bourrelier, chaussée Madeleine, 13.
Mlle Aubert, pas. Louis-Levesque.
Aubert, boucher, Ville-en-Bois.
Mlle Aubin, Marie, rue Saint-Clément, 20.
Aubin, Jean, serrurier, petite rue Saint-Vincent, 5.
Mlle Aubin, rentière, rue du Port-Communeau, 7.
Aubin, Urbain, commission^{re} en grains, rue Menou, 2 bis.
Mlles Aubin, mercières, rue de Feltre, 2.
Aubin, Henri, m^d épicier en gros, rue Châteaubriant, 1.
Aubin, Henri, ferronnier, rue Sainte-Catherine, 7-9.
Aubin, François, menuisier, rue Bel-Air, 35, hab. rue Châteaubriant, 13.
Ve Aubin, rue Beau-Soleil, 7.
Aubin, Julien, vétérinaire, rue Marivaux, 1.
Aubin-Myrtil, commission^{re} en marchandises, rue Racine, 2.
Ve Aubin, Urbain, propr., rue Grande-Biesse, 10.
Ve Aubin-Salles et Chatellier, boîtes à conserves, à la Ville-en-Bois.
Aubinais, Pitre, docteur-médecin, rue Crébillon, 17.
Aubineau, René-Émile, chef d'institution, rue Ogée, 10.
Aubray, François, épicier, rue Bel-Air, 9.
Aubron, Théophile, armurier, rue Contrescarpe, 11.
Aubron, Jules, rentier, rue de la Fosse, 10.
Aubron, Pierre, comptable, rue de Vertais, 68.
Aubron, Félix, chamoiseur, ruelle du quai Brasserie, 3, hab. rue du Ballet, 11.

Ve Aubron, Eugène, m^{de} peaussier, rue des Carmes, 12.
Aubron, Félix, mégissier, quai de Barbin, 10.
Ve Aubron, r. de la Boucherie, 2-4.
Aubry, Napoléon, fripier, rue Franklin, 11.
Aubry, Victor-Édouard, menuisier, q. Turenne, 7.
Aubry, Léon, quai Brancas, 7.
Aubry, architecte, q. de la Fosse, 5.
Aubry, Nicolas, modiste, rue Crébillon, 5.
Mme Aubry, rue Kervégan, 13.
Aubry, Charles-Pierre, teinturier, place du Pilori, 3.
Aubry, François, arpenteur, rue J.-J. Rousseau, 1.
Aubry, menuisier, Chaussée-Madeleine, 24.
Aubry, Jean, charpentier, rue du Muséum, 1, hab. rue Port-Communeau, 3.
Aubry de Maromon, r. de Glisson, 7.
Mme Aubry de Maromon, rue Saint-André, 13.
Ve Auclerc-Dupuy, Théodore, fabr. de liqueurs, q. Turenne, 8.
Andap, Hyacinthe, q. Jean Bart, 1.
Audap, Edmond, recev. de rentes, quai Jean Bart, 1, hab. q. Port-Maillard, 5.
Mlle Audfray, Marie, modiste, rue Deshoulières, 1.
Mlle Audet, Victorine, professeur, petite rue du Marais, 3.
Audeville (d'), Alfred, rue Félix, 7.
Audibert, Auguste-Gabriel, rue d'Alger, 1.
Audibert, Léopold, agent de librairie, rue Scribe, 6.
Audic, Apollinaire, quai Ile-Gloriette, 2.
Audigan, Joseph, propriétaire, rue Notre-Dame, 6.

Audigan et Gasnier, bougies, quai Duguay-Trouin, 5.
Audigan, Henri, fabr. de bougies, rue Beauséjour, 3, hab. rue de Versailles, 7.
Audigan, Joseph, pharmacien, rue Saint-Léonard, 12.
Audigier, François, conducteur des Ponts et Chaussées, rue Kervégan, 22.
Mlle Audinot, Jeanne, rue Contrescarpe, 4.
Audion, Laurent, cordier, rue des Perrières, 10.
Audion, Auguste, cordier, rue Saint-Pasquier, 1.
Audouy, Jean-Baptiste, place de la Monnaie, 4.
Audrain, Etienne, père, aux Écachoirs, 1.
Audrain, Émile, fils, cafetier, rue du Chapeau-Rouge, 7.
Audrain, Alphonse, m^d de vins, q. Ile-Gloriette, 11.
Ve Audrain-Belon, rue de Versailles, 25.
Audrain, Ed., teinturier, rue de l'Écluse, 4.
Audrain, Armand, saleur de viandes (associé), passage du Sanitat, 8, hab. rue Mazagran, 6.
Audrain, Benjamin, rentier, avenue Allard, 4.
Audrain, essayeur de la garantie des matières, à Pont-Rousseau.
Audrain, pharmacien, à Pont-Rousseau.
Audrain, fils, vins en gros, canal de Chantenay.
Audrain, vinaigrerie, à Chantenay
Audrain, Joseph, m^d de tissus, rue des Halles, 11.
Ve Audrain, Jules, rue Scribe, 15.
Audrain Joseph, poulieur, quai Fosse, 65.

Audrain, Jean, prop., à la Haute-Forêt.
Audrain, capitaine au long-cours, rue Malherbes, 10.
Audrain, Louis, pâtissier, rue de l'Echelle, 4.
Mme Audrain, rue Boileau, 12.
Mlle Audrain, Amélie, épicière, rue Flandres, 10.
Audureau, Jacques, prop. au Mont-Goguet.
Audusseau, Victor, tripier, rue S.-Jacques, 72.
Audusseau, Auguste, ferblantier. Chaussée-Madeleine, 15.
Auffray, Alexandre, boulanger, rue Port-Communeau, 13.
Auffray, Jacques, épicier, rue de Strasbourg, 1.
Augé, professeur au Lycée, rue Saint-Clément, 20.
Mlle Auger, Marie-Henriette, prop., rue Miséricorde, 12.
Auger, Auguste, fondeur en cuivre, (associé), Haute-rue du Trépied, 3, hab. rue des Arts, 20.
Ve Auger, Henri, rue Gresset, 9.
Auger, Auguste, juge de paix à l'Ile-Dieu, pl. S.-Pierre, 3.
Augereau, Mathurin, rue Saint-Jacques, 39.
Augereau, Louis, comptable, rue Saint-Jacques, 39.
Auguste, Armand, sculpteur, pl. S.-Pierre, 3.
Augustines, (communauté des sœurs), rue de Rennes, 54.
Aumaître, ingénieur des Ponts et Chaussées, rue Jean-Jacques Rousseau, 13.
Aumont, fab. de corsets, rue du Calvaire, 8.
Auneau, Jacques, prêtre, impasse Vignole, 1.
Auray, Louis, jardinier, rue de la Poudrière, 2,

Aurelle, ancien capitaine de navires, rue de Bréa, 2.

Vᵉ Aurore, rue Voltaire, 20.

Autin, François, menuisier, rue Châteaubriant, 7.

Auvigue, Auguste, prop., quai Cassard, 7.

Vᵉ Auvray, Louis, rue Dos-d'Ane, 3.

Auzary, forgeron, canal de Chantenay.

Auzary, Adolphe, épicier en gros (associé), r. du Guesclin, 1, hab. rue Voltaire, 3.

Avecque, officier d'administration, rue de Rennes (la Carterie).

Avenard, Jules, mᵈ de tissus en gros, rue du Moulin, 10 et 20, hab. rue du Moulin, 23.

Avenard, Jules, mᵈ de tissus (associé), rue du Moulin, 8 et 10, hab. au n° 23.

Aveniez-Viaud, Jules, avocat, quai Turenne, 9.

Avril, Louis, armateur, mᵈ d'engrais, rue Anne de Bretagne.

Avril, Henri, rue Boileau, 16.

Avrouin, Louis, rue Gresset, 11.

Avrouin, Charles, rue Gresset, 15.

Aymard, Joachim, officier de paix, rue Colbert, 18.

Aymon, Emile, chemin Morand.

Aymon, Adolphe, rentier, rue de Gigant, 42.

Mme Aymond-Gaillard, rue Poissonnerie, 2.

Ayrault, Joachim, cartonnier, rue Félibien, 36.

B

Babin, Louis, rue Voltaire, 14.

Vᵉ Babin, Georges-Gabriel, quai des Tanneurs, 29.

Babin, Henri, quai Cassard, 4.

Babin, chimiste expert, place du Commerce, 4, hab. r. Bastille, 74.

Vᵉ Babin, Pierre, marchᵉ bouchère, rue Porte-Neuve, 21.

Babin, François, passage Raymond.

Babin, Gustave, rue Santeuil, 1.

Babin, Jules Vincent, r. Bastille, 74.

Babin, Mathurin, march. d'eaux minérales, rue Boileau, 11.

Babin, Louis, const. de navires, île Videment, hab. rue Voltaire, 4.

Babin, rentier, rue d'Allonville, 17.

Babin, Auguste, brocanteur, rue Moquechien, 4.

Babonneau, Célestin, march. de meubles, rue Guépin, 1.

Babonneau, Jean-Baptiste, rue de Gigant, 7.

Vᵉ Babonneau, Pierre, prop. rue du Marchix, 4.

Bach, Léonce, capit. d'Etat-major, rue du Lycée, 4.

Bachelier, Jean, rue de Bréa, 2.

Vᵉ Bachelier, quai Fosse, 9.

Vᵉ Bachelier, r. Saint-Léonard, 14.

Bachelier, rentier, rue Pas-Périlleux, 10.

Bachellerie, Léonard, march. de chiffons en gros, rue des Olivettes, 31.

Bachereau, crieur, pl. Bretagne, 5.

Mme Bachmann, Georges, rue Crucy, 15.

Bâcle, Baptiste, fripier, rue de la Boucherie, 30.

Baconnet, Michel, quai Fosse, 88.

Vᵉ Baconnet, quai Brancas, 6.

Bacqua, Xavier, r. d'Aguesseau, 6.

Bacqua, Auguste, pl. Louis XVI, 1.

Baffé, Lucien, menuisier, rue des Arts, 9.

Baffet, Alexis, menuisier, Haute-Grand'rue, 41-43.

Baffet, François, prop., rue Lenôtre, 21.

Bageon, Jean-Baptiste, menuisier entrepr., rue Conan-Mériadec.
Bahon, Pierre, propriétaire, rue de Guérande, 5.
Bahon, Yves, aubergiste, r. Hauts-Pavés, 10.
Bahuaud, Armand, r. de Clisson, 4.
Bahuaud, Eugène, prop., r. Crucy.
Bahuaud, Louis, jardinier, chemin de Bonne-Garde.
Bahuaud, Philippe, épicier, place de l'Écluse, 3.
Bahuaud, Louis, sabotier, rue Latour-d'Auvergne.
Bailhache, horloger, rue Jean-Jacques, 15.
Vᵒ Bailhache, François, rue de la Fosse, 13.
Vᵉ Baillergeau, propriétaire, rue d'Erlon, 11.
Vᵉ Baillergeau, Joseph-Pierre, rue Marceau, 7-9.
Vᵉ Baillon, rue Mazagran, 7.
Baillot, Louis, lieutenant de dragons, place de la Préfecture, 2.
Bains et Lavoirs publics, quai Maison-Rouge.
Baise, fils, mécanicien, à la Ville-en-Bois.
Baissière, voiturier, à la Ville-en-Bois.
Balathier (de), Charles-Nicolas, r. Crébillon, 17.
Vᵉ Ballan, Ludovic, rue Châteaubriant, 1.
Vᵉ Ballet, quai Fosse, 66.
Ballot, Athénaïs, rue de Paris, 69.
Ballot-Beaupré, Ernest, bonnetier, rue d'Erdre, 22-24.
Ballot-Beaupré, Alfred, rentier, au Petit-Hermitage.
Ballu, Pierre, pharmacien, quai d'Orléans, 10.
Vᵉ Balluet, François, bouchère, r. Bacleric, 10.

Vᵉ Balot, boulevard Delorme, 4.
Baltzinger, Chrétien, commis des contributions indirectes, rue de Versailles, 27.
Vᵉ Balu, Pierre, quai d'Orléans, 10.
Vᵉ Bancenel (de), rue des Orphelins, 19.
Vᵉ Banchais, Eugène, r. Dobrée, 4.
Bancherau, René, quincaillier, chaussée Madeleine, 20.
Banchereau, Pierre, rue de Coulmiers.
Banctel, Mathurin, prop., r. Saint-Jacques, 28.
Banque de France (succursale de la), Robert, directeur, rue Lafayette, 14.
Banque Générale de Crédit, représentée par M. A. Moron, rue du Calvaire, 17.
Banzain, Constant, mᵈ droguiste (assoc.), rue d'Alger, 9, habit. rue Jean-Jacques-Rousseau, 14.
Baranger, prêtre professeur, rue Saint-Donatien, 22.
Baranger, Alfred, commission. en grains, quai des Tanneurs, 5.
Baranger, Pitre, entrepreneur de menuiserie, rue Sully prolongée, habit. Haute-Grand'-Rue, 39.
Baranger, Alfred, commission. en grains, place du Commerce, 6.
Vᵉ Barat, Auguste, q. Turenne, 8.
Barat, Théophile, mᵈ de bouchons, quai Cassard, 1, habit. rue Belle-Image, 1.
Barateau, Alexandre, serrurier, r. Gigant, 24.
Mlle Barbary, place Bretagne, 23.
Barbe, Adolphe, plafonneur, passage Sanitat, 8.
Barbé, Michel, ferrailleur, rue du Marchix, 5.
Barbeau, François, tailleur, rue de la Commune, 20.

Mlle Barbelais (de la), Anicie, r. de Rennes, 7.

V° Barbelais (de la), rue Strasbourg, 24.

Barbelais (de la), r. Malherbes, 16.

Barbelet, René, tourneur, Haute-Grand'Rue, 5.

Barberelle, Eugène, comptable, escalier des Petits-murs.

Mlle Barberelle, Marie-Joséphine, rentière, rue de Rennes, 45.

Barberelle, Alexandre, rentier, r. de Rennes, 57.

Mlle Barberelle, Marie, rue Saint-Jean, 1.

Mlle Barberel, Marie, m^{de} gantière, rue Crébillon, 5.

Barberel, Auguste, prop., bas chemin Saint-Donatien, 19.

Barbet, Pierre, fils, rue Porte-Neuve, 9.

Barbet, économe des fourneaux municipaux, pas. Saint-Yves, 5.

Barbet, Jean-Baptiste, grillageur, impasse Saint-Clément, 3.

Barbier, relieur, rue Lafayette, 3.

Barbier, Joachim, prop., quai Duquesne, 6.

Barbier, Abel, ancien percepteur, boulevard Sébastopol, 8 *bis*.

V° Barbier, Pierre, rue Châteaubriant, 15.

Barbin, François, rue Ogée, 10.

V° Barbin, François, pharmacien, quai d'Aiguillon, 3.

Barbotin, Joseph, ajusteur, Basse-Grand'-Rue, 17.

Bardet, sous-chef de dépôt à la grande gare.

Bardon, Charles, chemin des Garennes.

V° Bardon, Alexandre, rue Crébillon, 17.

Mlle Bardon, Céline, rue Grétry, 2.

Bardon, Alexandre, fils, saleur de viande, rue du Séjour, 2, hab. au Lion-d'Or, route de Clisson.

Bardot, Marius, rue Racine, 11.

Bardot, Alphonse, avoué, rue Poissonnerie, 2.

Bardot, Pierre-Léopold, négociant, boulevard Delorme, 17.

Bardot, Lucien, boul. Delorme, 7.

Bardoul, prop., rue des Carmes, 2.

Bardoul, François, rentier, rue J.-J. Rousseau, 12.

Bardoul-Halgan, Elie, boulevard Delorme, 5.

Baré, Théophile, représ. de com. rue de Flandres, 7 *bis*.

Bareau, Hippolyte, vannier, rue de la Fosse, 14.

Bareau, Auguste, agent d'assurances, tenue Camus, 44.

Bareau et Firmin, Colas, boîtes à conserves, Ville-en-Bois.

Baudouin, entrepr., à la Chesnaie.

V° Bareau, Louis, tenue Camus, 29.

Bareau, Léon, r. de l'Héronnière, 7.

Barême, Emilien, rentier, rue Saint-Similien, 30.

Baret, Charles, pharmacien, place Delorme, 2.

Baret, rentier, quai Fosse, 100.

Barillé, Léon, vicaire à Notre-Dame, rue Dobrée, 1.

Barillé, Alfred, quai Turenne, 6.

Bariller, Henri, m^d de tissus, rues du Cheval-Blanc, 3, et Arche-Sèche, 2.

Bariller, Adolphe, grainetier, quai de la Fosse, 8.

Mlle Barillet, Marie, av. Allard, 9.

Barillon-Barrat, Jacques, modiste, rue Piron, 3.

Barrion, Isidore, rue de Gigant, 29.

Barjolle, chef des entrepôts, quai des Constructions, 18.

Barjolle, Eugène, capitaine au long cours, quai des Tanneurs, 2.

Barjolle, Marie, fabricant à métiers, rue Menou, 17.

Vᵉ Barjolle, Théophile, rue Lafayette, 10.

Barjolle, Félix, rue Boileau, 12.

Barland-Régis, commissionᵣᵉ, quai Brancas, 5, hab. rue Crucy, 11.

Barlange, Auguste, mᵈ de parapluies, Basse-Grand'-Rue, 28.

Baron, Jean, brocanteur, rue Voltaire, 1.

Baron, ingénieur, rue Kléber, 5.

Baron, Jean, chaisier, rue de la Fosse, 2.

Baron, François, boulanger, rue de l'Evêché, 4.

Mlles Baron, rue Newton, 3.

Baron, François, boulanger, rue des Halles, 5.

Baron, Louis-Henri, menuisier, rue de Launay, 6.

Baron, Adolphe, menuisier, rue Chaptal, hab. rue d'Alger, 13.

Mlle Baron, Laurence, rue de la Fosse, 6.

Vᵉ Baron, Jean, cour des Bons-Enfants, 4.

Baron, Jean-Baptiste, ferblantier, rue Saint-Jacques, 84.

Baron, Hippolyte, directeur des bains et lavoirs, quai Maison-Rouge.

Baron, Jules, restaurateur, place de l'Ecluse, 5.

Barrabé, colonel du Génie, rue Lafayette, 10.

Barrais, Joseph, rue de la Bastille.

Barrais, Louis, mᵈ de tissus, rue Guépin, 6 et 12.

Barrat, profes. à Saint-Stanislas, rue des Jardins.

Vᵉ Barrat - Vantroyen, rue des Neuf-Ponts.

Barrau, ferblantier, à Chantenay, hab. chemin de Couëron, 1.

Vᵉ Barrau, Louis, rue Voltaire, 32.

Barre (de la), rue de Strasbourg.

Mlles Barre (de la), rue de la Commune, 28.

Mlle Barre (de la), Elisa, rue Saint-Donatien, 11.

Mlle Barre (de la), Eulalie, rue Saint-Clément, 80.

Barre (de la), ch. de la Contrie, 3.

Barré, Alphonse, doct.-médecin, quai de la Fosse, 41.

Barré, Adolphe, mᵈ corroyeur, rue de Launay, 10, hab. avenue de Launay, 2.

Barré, Adolphe, mᵈ corroyeur, avenue de Launay.

Barré, Emile, fils, rue Voltaire, 9.

Barré, Marcellin, mᵈ de tapis, place Neptune, 1.

Barré, Jacques, forgeron, chemin des Herses, 9.

Barré, Benjamin, fondᵣ en cuivre, quai Ile-Gloriette, 16.

Vᵉ Barré, François, r. Soubzmain.

Mlle Barré, Marie, chef d'institution, rue de Rennes, 112.

Barré, René et Louis, exploit. une carrière, rue de la Piperie.

Barreau, Gustave, carreleur, quai Turenne, 6.

Barreau, carreleur, quai Brancas, 2.

Mlle Barreau, Félicie, institutrice, rue Dugommier, 6.

Mlle Barreau, grainetière-fleuriste, rue des Halles, 21.

Mlle Barreau, Delphine, rentière, rue Sarrazin, 1.

Mme Barret-Eygnère, fripière, rue de la Juiverie, 15.

Barret-Marier, expl. une carrière à la Jonnelière.

Barteau, Jean-Baptiste, rue du Marchix, 8.

Bartet, professeur de musique, rue Dobrée, 16.

Barthélemy, Auguste, m^d de bateaux, rue Conan-Mériadec.

Barthélemy père, médecin, avenue de Launay, 15.

Barthélemy, François, fils, méd., rue Mercœur, 20.

Ve Barthélemy, quai Fosse, 72.

Barthélemy, Pierre-Ferd., m^d droguiste, rue Dugommier, 7 et 6.

Barthez, Jean, m^d tailleur, rue Guépin, 4.

Bartissol, Louis, m^d de sabots en gros, chaussée Madeleine, 39.

Bartra, Nicolas, serrurier, rue Neuve-des-Capucins, 9.

Bartra, Jules, fils, balancier, quai d'Orléans, 8.

Bascher, Frédéric, propriétaire, à la Greneraie.

Ve Bascher-l'Enfant, Paul, rue Félix, 7.

Bascher, employé de la Comp. d'Orléans, rue d'Allonville, 3 ter.

Bascher, Alfred, r. St-Laurent, 8.

Bascle, Louis-Daniel, avocat, rue Parmentier, 2.

Basile, Pierre, quai Fosse, 22.

Mme Basile, rue Suffren, 2.

Basset, Villéon, ancien négociant, passage Saint-Yves, 9.

Basset, prop., à la Ville-aux-Roses.

Bassi, Antoine, outilleur, rue des Halles, 18.

Bassin-Lebot, Guillaume, rue Lekain, 5.

Bastard, Georges, rue Voltaire, 11.

Bastard, Victor-Emile, avenue de Launay, 26.

Bastard, François-Eugène, place La Moricière, 2.

Ve Bastard, René, quai Hôpital, 8.

Bastard, François, m^d de vins en gros, boulev. Sébastopol, 2 et 3.

Ve Bastet, Jacques, rentière, rue Contrescarpe, 22.

Bastet, Pierre, r. de Versailles, 27.

Ve Bastière (de la), rue Tournefort, 7.

Bastière (de la), Adolphe, place Louis XVI, 4.

Bastin, Gustave, mercier, rue d'Orléans, 14.

Mlles Bataillard, rentières, rue Grande-Biesse, 23.

Batard, Auguste, bains publics, rue de Clisson, 3.

Batard, François, m^d de vins, boulevard Sébastopol, 2, hab. quai Richebourg, 3.

Batard, Henri, m^d de vins en gros, rue Barrière de Couëron, 3-5.

Ve Batard, Félix, rue Sarrazin, 7.

Ve Batard, Jean, épicière, rue J.-J. Rousseau, 9.

Ve Batard, q. Port-Maillard, 7.

Batard, Léon, pâtissier, Basse-Grand'Rue, 24.

Batard, Francis, m^d de verroterie, pl. du Bouffay, 5.

Batard, Henri, à la Greneraie.

Mlle Batel, Lucie, m^{de} de faïence, quai Fosse, 92.

Bati, Louis, huissier, rue des Carmes, 5.

Baticle, Charles, rue Beauséjour, 2.

Baud, Aimé-Jean, boulevard Saint-Aignan, 3.

Baude, Édouard, quai Fosse, 85.

Ve Baudet, Joseph, r. Kervégan, 24.

Ve Baudet, Joseph, quai Duguay-Trouin, 4.

Baudet-Barrat, Armand, chemin des Garennes.

Baudin, Armand, rue de Rennes, 18.

Baudoin, marbrier, rue Bâclerie, 4.

Baudoin, Auguste, place Saint-Pierre, 2.

Baudot, Paul, rue de Gigant, 60.
Mlle Baudot, Joséphine, q. Fosse, 21.
Baudot, Jules, inspect. des forêts, en retraite, rue Talensac, 9.
Baudot, Jules, contrôleur de l'enregistrement, rue Talensac, 9.
Baudot, Gustave, m^d de tissus, rue de la Boucherie, 2.
Baudot, Félix, m^d de vins en gros, rue S.-Nicolas, 21.
Mlle Baudot, Marie, rue Saint-Nicolas, 21.
Baudouin, Auguste, mercier, rue des Carmes, 2.
Mlle Baudouin, Anne, r. de Paris, 4.
Mlle Baudouin, r. Harrouys, 14.
Ve Baudoux, rue Franklin, 18.
Baudrier, Alfred-Ambroise, carrossier, fabr., rue Dobrée, 10.
Ve Baudrier, Jean-Baptiste, rue Chaptal.
Ve Baudrier, q. de la Fosse, 97.
Baudry, Jean-François, prop., rue du Sentier, 1.
Baudry, François, rentier, au Mont-Goguet.
Baudry, Pierre-Auguste, place du Commerce, 2.
Baudry, Eugène, m^d d'huiles, pl. du Commerce, 2.
Ve Baudry, Jean-Jacques, peintre en bâtiments, r. S.-Clément, 91.
Ve Baudry, Louis, r. des Carmes, 2.
Baudry (de), prop., r. Royale, 14.
Baudry d'Asson (de), fils, prop., pl. S.-Pierre, 3.
Mlle Baudry du Plessis, rue Saint-Clément, 33.
Baudry du Plessis, Hippolyte, prop., rue Royale, 2.
Bauduz, Gilbert, prêtre, à Bethléem.
Baulard, Thomas, papetier, Haute-Grand'Rue, 51.

Ve Baulny, q. Fosse, 72.
Bauquin, Francis, boucher, chaussée Madeleine, 24.
Bauquin, frères, fondeurs, quai Moncousu, 17.
Mme Bauquin, Alexandre, rue du Boccage, 16 *bis*.
Bauquin, Alexandre, rue Lafontaine, 2.
Bauquin, aumônier des sœurs Clarisses, rue Molac, 4.
Bayeurthe, Adolphe, prop., quai Moncousu, 19.
Bayon, Paul, quincaillier, rue Ducouëdic, 1.
Bazelais, Gustave, m^d de vins en gros, (associé), r. Mercœur, 9.
Ve Bazelais, rentière, r. du Bouffay, 3.
Ve Bazin, rue de la Bourse, 2.
Ve Bazin, Thomas, rue des Carmélites, 22.
Bazin, négociant, (associé), rue J.-J. Rousseau, 14.
Bazin, Ferdinand, ferblantier, rue Dos-d'Ane, 29.
Bazin-Bintinays, direct. de la comp. d'assurances *le Monde*, r. Gresset, 5, hab. rue des Arts, 28.
Bazin-Bintinays, Adolphe-Hyacinthe, fabr. de chaussures, rue du Calvaire, 22, hab. rue Cassini, 5.
Bazin-Bintinays, Adolphe, fabr. de chaussures, (associé), hab. rue S.-Similien, 16.
Ve Bazin-Joncours, rentière, rue des Arts, 26.
Bazoche, Jules, empl. du télégraphe, rue Félix, 8.
Béal, Jacques, m^d de chiffons, rue de la Verrerie, 2.
Béatrix, Arsène-Charles, rue Deshoulières, 6.
Ve Béatrix, Athénaïs, rentière, rue Guépin, 8.

Beaucé, Auguste, vicaire à Notre-Dame, rue Dobrée, 1.

Vᵉ Beaucé, François, prop., rue Roi-Baco, 21.

Mlle Beauchêne (de), rentière, rue Félix, 13.

Beaudouin, François, au Mont-Goguet.

Vᵉ Beaudrier, directrice de l'établissement de Nazareth, rue Talensac, 16.

Beaufils, empl. à la gare, rue S.-Nicolas, 15.

Vᵉ Beaufils, r. Haute du Château, 9.

Beaufreton, Tranquille, bourrelier, Chaussée-Madeleine, 9.

Beaugé, Simon-Jules, rue de la Verrerie, 19.

Vᵉ Beaugé, Jules, rue de la Verrerie, 19.

Beaulieu, Albert, capitaine du génie, rue du Calvaire, 26.

Beaulieu (de), capitaine du génie, rue Gresset, 10.

Mlle Beaulieu, Valentine, maîtresse de pension, rue des Coulées, 13.

Beaumarchais (de), rentier, rue Strasbourg, 5.

Mlle Beaumier, r. de Clisson, 1.

Beaumont, Léon, mᵈ boucher, rue Voltaire, 15.

Beauperrin, Hippolyte, sellier-carrossier (associé), rue d'Alger, 1, hab. rue de Bréa, 2.

Beauquin, Léon, boucher, rue S.-Jacques, 13.

Vᵉ Beauregard (de), rue du Moulin, 15.

Mme Beaurepaire (la comtesse de), rue du Lycée, 9.

Beaussire, Charles, professeur, impasse de la Rosière.

Beauvais (de), Arsène, rue Saint-Denis, 1.

Beauvallet, Louis, tailleur, pl. du Commerce, 10.

Vᵉ Beauvis, rue d'Alger, 15.

Beaux-Arts (société des), rue Voltaire, 4.

Beccaria, Jean-Thomas, rentier, rue Crébillon, 19.

Mlle Bécel, Marie, rue Sarrazin, 6.

Bécel, empl. au chemin de fer, rue d'Allonville.

Vᵉ Bécel, rue des Orphelins, 19.

Vᵉ Bécel, rue S.-Clément, 70.

Vᵉ Bécel, rue de Paris, 14.

Becdelièvre, Aloys, rue Sully, 3.

Becdelièvre (de), Amaury, rue Sully, 5.

Vᵉ Bécheux, née Vallée, rue de Rennes, 3 *bis*.

Bécheux, Louis, fils, mercier, Basse-Grand'Rue, 26.

Bécheux, Joseph, inspecteur d'assurances, ch. de la Contrie, 12.

Bécheux, Olivier, pharmacien, rue des Carmes, 8.

Bécheux, Denis, ferblantier, rue Prémion, 2.

Vᵉ Bécheux, ch. des Écachoirs, 5.

Bécigneul, Hippolyte, notaire, passage Russeil, 19.

Vᵉ Bécot, François, rue petite Biesse, 17.

Bectol, Joseph, empl. des Ponts et Chaussées, rue Contrescarpe, 5.

Vᵉ Bedeau de l'Ecochère, rue S.-Clément, 35.

Vᵉ Bedeau de l'Ecochère, Guillaume, rue de Gigant, 46.

Bedel, Jean, cordonnier, rue S.-Nicolas, 2.

Bedouin, Joseph, r. Barillerie, 6.

Vᵉ Bedouin, Charles, boulevard Delorme, 23.

Beduneau, Michel, boulanger, rue S.-Léonard, 9.

Beens, François, rue Hôtel-de-Ville, 3.
Vᵉ Beens, François, pl. Bretagne, 1.
Bégaric, Nicolas, menuisier, rue Faïencerie, 1.
Bégaud, Auguste, r. Gresset, 10.
Begué, Jean-Louis, père, rue Fosse, 40.
Mlle Begueneau, Jeanne, mᵈᵉ de laine filée, pl. Petite-Hollande, 1.
Beguet, Benoist, forgeron, quai Saint-Louis, 5.
Béhic, Charles-François, capitaine de frégate, rue Bastille, 76.
Béhic, James, boulev. Delorme, 33.
Mlle Beilvert, Thérèse, quai de la Fosse, 8.
Béjary (de), Amédée, prop., rue Tournefort, 7.
Belay, Auguste, q. de Versailles, 17.
Bélédin, Albert, mᵈ de musique, rue Santeuil, 7.
Belet, Jules, cordonnier, quai d'Orléans, 10.
Beligond, Jean, contrôleur des contributions indirectes, passage Ste-Anne, 10.
Bélineau, Gustave, q. Turenne, 9.
Bélineau, Aristide-Toussaint-Louis, à la Raudière.
Bellache, Auguste, ferblantier-lampiste, q. Duguay-Trouin, 14.
Mlle Bellain, Victorine, rue Bon-Secours, 13.
Bellain, Auguste, prop., rue de la Commune, 23.
Bellamy, Édouard, greffier du Tribunal civil, r. de Miséricorde, 6.
Mme Bellanger-Gérard, rue J.-J. Rousseau, 1.
Mme Bellanger, rue de Gigant, 34.
Vᵉ Bellanger, rentière, passage Russeil, 13.
Bellaud, Louis, menuisier, passage Raymond, habit. r. Crébillon, 24.

Bellaud, François, quai Duguay-Trouin, 1.
Bellet, Charles, mercier, rue de Strasbourg, 30.
Mlle Belliais, Augustine, mᵈᵉ de déchets de laine, rue Grande-Biesse, 43.
Belliau, Louis, tailleur, r. Cassini, 1.
Vᵉ Bellier, rentière, q. Fosse, 54.
Vᵉ Bellier, Jean, mᵈᵉ de verroterie, pl. du Bouffay, 5.
Bellinger, père et fils, imprimeurs, rue Santeuil, 8.
Bellion, mécanicien, rue Latour-d'Auvergne.
Belloc, Émile, quai Fosse, 88.
Vᵉ Belœil, Pierre, rue Haute-du-Château, 12.
Bellœuvre, Auguste, commissionnaire en grains, rue J.-J. Rousseau, 11.
Bellouin, Eugène, peintre, quai Duguay-Trouin, 10.
Mme Belluot, Henri, lingère, rue Contrescarpe, 10.
Belon, Pierre, père, rue de Versailles, 25.
Belon, Baptiste, rue des Arts, 14.
Vᵉ Belond, Pierre, rue Saint-Nicolas, 21.
Belond, François, entrep. charpentier, rue Saget, habit. rue de Châteaubriant, 2.
Vᵉ Belot, rue S.-Clément, 37.
Belouze, Alfred, horloger, rue Voltaire, 1.
Benard, professeur, avenue de Launay, 15.
Benard, Alphonse, bijoutier, rue Puits-d'Argent, 2.
Bénard, Alfred, bijoutier, rue Contrescarpe, 14.
Benard, Joseph, charcutier, rue de Clisson, 3.

Benesteau, Ferdinand, m^d de tissus, rue Saint-Jacques, 9.
Beneteau, Alexandre, coutelier, rue des Carmes, 16.
Benéteau, Grégoire, maître terrassier, rue Châteaubriant, 10.
Benéteau, François, petite rue Brancas, 11.
Bénis, Pierre, mercier, r. Franklin, 2.
Bennchet, inspecteur du télégraphe, au chemin de fer, boulevard Sébastopol, 8 bis.
Bennett, dentiste, r. Dugommier, 3.
Benoist-Lechat, boulevard Saint-Aignan, 2.
Benoist, Gustave, chapelier, rue du Calvaire, 2.
Ve Benoist, Edouard, rue du Chapeau-Rouge, 6.
Benoist, Louis-Frédéric, rue de la Verrerie, 5.
Ve Benoist, rue de Launay, 6.
Mlle Benoist, rue Bertrand-Geslin, 1.
Mme Benoist, q. Fosse, 70.
Ve Benoist, r. Copernic, 7.
Mlle Benoist, prop., rue des Pénitentes, 3.
Benoit-Gallet, Auguste, r. Fouré.
Mme Benoit de la Fresnaye, René, bas-chemin du Coudray, 10.
Benoit, Félix, rue de Paris, 87.
Benoit-Richard, conserves, chemin de Plaisance.
Mlle Benoit, Cécile, rue Royale, 11.
Ve Benoit, Gabriel, rue Royale, 11.
Benoiton, Louis, tonnelier, rue Lamotte-Piquet, 15.
Mme Benoiton, sage-femme, rue S.-Clément, 90.
Beranger, capitaine de frégate, rue de Gigant, 30.
Beranger, Pierre, Basse-Grand'-Rue, 6.

Mlle Bérard, Malvina, Basse-Grand'Rue, 11.
Beraud, Alphonse, plâtrier, pl. Petite-Hollande, 1.
Berault, Alphonse-Xavier, rue Rubens, 15.
Berenger-Levêque, Jean-Marie, m^d de meubles, pl. Bretagne, 20.
Ve Bergeal, Jean-Baptiste, pl. du Bouffay, 2.
Berger, Jean-Marie, rent., rue de la Boucherie, 28.
Berger-Guilley, rentier, rue de Gigant, 23.
Bergeron-Danguy, Henri, contrôleur des Douanes, r. Voltaire, 24.
Berges, Jules, vérificateur des Douanes, rue de Gigant, 36.
Ve Bergette, François, place Bretagne, 2.
Bergevin, Arsène, rue de la Boucherie, 6.
Berloquet, rue Boileau, 2.
Ve Bern (du), pl. S.-Pierre, 2.
Bernachon, Jacques, mercier et menuisier, rue S.-Jacques, 4.
Bernais, Auguste, recev. d'octroi, boulev. Sébastopol.
Bernard, Rémy, courtier d'assurances, pl. du Commerce, 12, habit. rue Montyon.
Bernard, prop., chem. de Vertou.
Bernard, François, r. d'Argentré, 4.
Bernard, Félix, m^d de tissus (associé), rue du Moulin, 19.
Bernard, Jules, rue Félix, 2.
Bernard, Félix, r. Félix, 2.
Bernard, Constant, rue Félix, 2.
Mme Bernard, rue S.-Pierre, 1.
Bernard, Jules, ferblantier, r. de La Moricière, 18.
Bernard, Auguste, coutelier, rue Dos-D'Ane, 19.
Ve Bernard, Jean, tailleuse, rue Dos-d'Ane, 5.

Vᵉ Bernard, Alexandre, avenue Ste-Anne, 18.
Bernard, Isidore, rue de la Bastille, 47.
Bernard, Auguste, cordonnier, rue Voltaire, 5.
Mlle Bernard, boulev. Delorme, 12.
Bernard, Alfred, prof. de musique, rue Kléber, 5.
Vᵉ Bernard-Laduquerie, François, rue Piron, 3.
Bernard, mᵈ de nouveautés, rue du Calvaire, 13-15.
Bernard, Mathurin, jardinier, rue Noire, 14.
Mlles Bernard, petite rue Moquechien, 5-7.
Bernard, François, prop., rue des Carmélites, 21.
Mlles Bernard, Joséphine et Marie, prop., q. des Tanneurs, 28.
Bernard, caissier, quai des Tanneurs, 5.
Bernard, Henri, bourrelier, place Bretagne, 5.
Bernard, Eugène, passage Saint-Yves, 26.
Bernard, Jean-Baptiste, charpentier, rue Fouré.
Bernard, Louis, sculpteur, rue de Coutances, 14.
Bernard, Denis, rue de Barbin.
Bernard, Urbain, rentier, rue Feltre, 6.
Bernard des Champs-Neufs, prop., pl. Dumoustier, 5.
Berneaudeau, Denis, prop., quai Ceineray, 7.
Berneaudeau-Lasnier, docteur-médecin, rue Bon-Secours, 11.
Mlle Berneaudeau, r. Cacault, 12.
Berneaudeau, courtier, au Plessis-la Musse.
Vᵉ Bernier-Lenoir, pl. Neptune, 6.
Bernier, Jean-Marie, employé à la poissonnerie, quai Moncousu, 4.

Bernier, Louis, aubergiste, rue S.-Jacques, 101.
Vᵉ Bernier, Jacques, ruelle des Grands-Jardins, 14.
Bernier, Auguste-François, avenue Ste-Anne, 1.
Bernier, peintre décorateur, place Graslin.
Bernier, Antoine, chef d'orchestre, chemin de la Contrie, 11.
Bernier, Paul, représentant, pl. du Commerce, 4, habit. q. Fosse, 68.
Bernier, Auguste, capitaine, rue Belleville.
Bernier, Joseph, mᵈ de pâtes alimentaires, q. Port-Maillard, 10.
Bernier, Joseph, plâtrier, entrepreneur, rue Talensac, 19.
Vᵉ Bernon, Jean-Baptiste, prop., q. Richebourg, 15 *bis*.
Mlle Bernon, Marie, chaussée Madeleine, 51.
Mlle Bernus, Eugénie, mᵈᵉ de parapluies, passage Pommeraye.
Mme Bérot, rue Puits-d'Argent, 1.
Berot, Alexis, aubergiste, rue Petit-Bacchus, 5.
Berra, père, rentier, q. Fosse, 20.
Berra, Jules-Henri, mᵈ de vins en gros, rue de Versailles, 17 *bis*.
Berranger, Auguste, sculpteur, r. de Gorges, 6.
Mme Berreau, première allée des Folies-Chaillou.
Berrué, Alexis, linger, quai du Marais, 8.
Berruyer, Camille, médecin, rue Franklin, 20.
Mme Berry, Charles, chemin de la Contrie.
Bert, Jules, vice-président du tribunal civil, passage Saint-Yves, 5.
Bertau, Jean-Alfred, mercier, rue Lafayette, 2., habit. rue de Gigant, 44.

Berté, François, rue Barillerie, 3.

Berteaudeau, Edmond, tailleur, r. de Strasbourg, 5.

Berteaux, Hippolyte, artiste peintre, rue de Versailles, 27.

Bertet, secrétaire de l'École de Médecine, rue Blèterie, 21.

Bertet, Henri, aubergiste, rue du Marchix, 39.

Bertet, Charles, rue des Arts, 26.

Berthaud, Eugène, rue des Orphelins, 24.

Berthaud, Honoré, coiffeur, rue Boileau, 10.

Berthaud, Jules, pharmac., Basse-Grand'Rue, 25.

Berthaud du Marais, Jules, quai Richebourg, 15.

Vᵉ Berthault, Jean, passage Louis-Levesque.

Berthault, Jacques-Yves, directeur de la société des Dunes d'Escoublac, passage Louis-Levesque.

Berthault, Yves, fils, négociant, rue Lafayette, 18.

Berthault, René, couvreur, rue Miséricorde, 22.

Mlle Berthault, Sophie, r. de Bréa, 4.

Berthault, Paul-Émile, avocat, pl. Lafayette, 2.

Berthault, Adrien, rue Esprit-des-Lois, 17.

Bertheau, Jean-Alfred, bonnetier, rue Lafayette, 2.

Berthelin, chef du cabinet du Préfet, à la Préfecture.

Berthelot, Jean-Baptiste, fab. de chocolat, rue Voltaire, 7.

Berthelot, Émile, q. de la Fosse, 18.

Vᵉ Berthelot, Louis-Auguste, rue Voltaire, 7.

Vᵉ Berthelot, Léon, commission. en marchandises, rue Voltaire, 24.

Berthelot, Napoléon, épicier, rue Voltaire, 17.

Vᵉ Berthelot, quai Fosse, 18.

Berthet, Laurent, inspecteur principal de la comp. d'Orléans, quai Richebourg, 12.

Berthet, fils, avoué, r. Franklin, 2.

Vᵉ Berthet, Pierre, prop., r Grande-Biesse, 9.

Berthier, frères, agents d'affaires, passage Pommeraye.

Bertho, René, maréchal ferrant, loueur de voitures, rue de Vertais, 80.

Bertho, Jean, prop., rue de Vertais, 96.

Bertho, Jean, capitaine au long cours, rue Saint-Donatien, 12.

Bertholeau, Eugène, fab. de chaussures (assoc.), rue Belleville.

Vᵉ Berthomé, Edmond, rue Barillerie, 15.

Vᵉ Berthou, rentière, r. Bréa, 6.

Berthou de la Galissonnière (de), quai de Versailles, 5.

Bertin, Marcel, visiteur de navires, rue Chaptal, 3.

Bertin, capitaine au long cours, chemin du Coudray, 15.

Bertin, Aimé-Vincent, pas. Louis-Levesque.

Mlles Bertin, Andrée et Célina, rue des Arts, 2.

Bertin frères, colle-forte, r. Petite-Biesse, 21.

Bertin, Louis, rue Scribe, 9.

Bertin, Georges, docteur-médecin, rue Franklin, 2.

Bertin, Aimé-Vincent, q. Fosse, 72.

Bertin, Joseph, menuisier-mécanicien, rue Bayard, 2.

Bertin, Marcel, visiteur de navires, avenue de Launay, 15.

Bertin, Julien, mᵈ d'eaux minérales, rue de la Bastille, 6.

Mlle Bertin, Joséphine, rue des Arts, 20.

Vᵉ Bertineau, rue Fouré.

Bertrand, inspecteur des Cimetières, passage Sainte-Anne, 10.

Bertrand, Alfred, bimbelotier associé, rue des Arts, 29.

Bertrand, Frédéric, r. des Arts, 31.

Vᵉ Bertrand, Louis, boulevard Delorme, 15.

Bertrand, conducteur des Ponts et Chaussées, rue d'Alger, 15.

Bertrand, directeur des lits militaires, rue de Gigant, 44.

Bertrand-Froment, Pitre, rue Anizon, 10.

Vᵉ Bertrand-Geslin, Henri, la baronne, boulevard Delorme, 19.

Bertreux-Talva, Aristide, objets en caoutchouc, rue du Calvaire, 4.

Besnard, Frédéric, caissier de la caisse d'épargne, rue de Strasbourg.

Besnard, inspecteur des Contributions Directes, rue de Gigant, 36.

Vᵉ Besnard, Eugène, voilier, place Petite-Hollande, 3.

Besnard, Pierre-Louis, mécanicien, rue Crucy, 2-17.

Besnard, François, mécanicien, (associé), rue Crucy, 2-17.

Mlle Besnard, Clarisse, rue des Olivettes, 32.

Besnard, Auguste, agent d'affaires, place du Commerce, 12.

Besnard, Marie-Jules, tailleur, pl. du Commerce, 8.

Besnard, Auguste, cordonnier, rue Saint-Nicolas, 17.

Besnard, Marie-Jules, tailleur, rue Hauts-Pavés, 105-107.

Besnard, tapissier, q. d'Orléans, 11.

Besnard, Félix, mᵈ tapissier, rue du Calvaire, 27.

Besnard, Félix, père, rue du Calvaire, 27.

Besnard de la Giraudais, père, avocat, rue Lafayette, 1.

Besnard de la Giraudais, fils, rue Bonne-Louise, 10.

Besnier, Désiré-Jacques, rue des Coulées, 1.

Besnier, Athanase, pharmacien, r. Saint-Clément, 66.

Besnier, Alphonse, pharmacien, pl. du Port-Communeau, 5.

Mlle Besnier, Anna, rue Franklin, 20.

Vᵉ Bessard, Jean, boulangère, rue Saint-Clément, 46.

Bessard-Duparc, Henri, pas. Russeil, 15 bis.

Bessard-Duparc, fils, r. d'Erlon, 11.

Vᵉ Bessaux, vieux chem. de Couëron.

Besse, Jean, fripier, rue de la Boucherie, 5.

Bessé, Désiré, r. Saint-Similien, 21.

Besson, Alexandre, peintre, rue Anizon, 6.

Vᵉ Besson, François, restaurateur, quai Fosse, 8.

Besson, Auguste, place de la Monnaie, 3.

Vᵉ Besson, Louis-Auguste, rue Lapeyrouse, 13.

Besson, Alexandre, peintre en voitures, rue Racine, 10.

Mme Bessy, r. de la Fosse, 16.

Bestchla, Lucien, traiteur, rues de la Fosse, 4, et du Boccage, 18.

Beucher, raffineur, chaussée Madeleine, 22.

Beucher, Victor, greffier, petite r. Saint-André, 7.

Beuchet, Joseph, fabt. de conserves, assoc., avenue Allard, 4-6.

Beuchet, Emile, charpentier entrepreneur, rue Saint-André, 27.

Vᵉ Beuchet, François, petite rue Fénelon, 2.

Beuchet, Alexandre, r. Félix, 8.

Beuchet, professeur à S.-Stanislas, rue Malherbes, 8.

Beuchet, Édouard, quai Port-Maillard, 5.
Beuchet, Victor, r. Hauts-Pavés, 32.
Beuchet, Henri, rue Barillerie, 8.
Ve Beurier, Julien, bouchère, rue Marceau, 4-6.
Mlles Beurrey-Châteauroux, place du Commerce, 3.
Beurrier, Charles, fils, serrurier, rue Copernic, 2.
Beurrier, Théodore, plâtrier, rue d'Erlon, 11.
Bezamat, Louis, rentier, quai Flesselles, 1.
Bezamat, François, prop., chaussée Madeleine, 35.
Bezard, Alexandre, rue Boileau, 7.
Mlle Beziau, rentière, rue Saint-Denis, 5-7.
Ve Beziaux, rue Félix, 3-4.
Mme Beziaux, quai Fosse, 24.
Bezier, jardinier, r. Félibien, 12.
Beziers, Auguste, prop. à la Marière.
Beziers, François, rue Sarrazin, 11.
Biard, Jean-Georges, employé des Douanes, r. Crébillon, 5.
Biarnès, employé de la Marine, rue de Gigant, 36.
Biarnès, rentier, au Plessis-de-la-Musse.
Biarnès, Charles, courtier de marchandises, place du Commerce, 13, habit. rue Colbert, 11.
Ve Biarnès, Armand, pl. Royale, 6.
Biays, professeur au Lycée, rue Saint-Pierre, 2.
Bibard, Louis, m^d de tissus, chaussée-Madeleine, 45.
Bibard, Paul, teinturier, rue Barillerie, 13.
Bibard-Régis, mercier, rue de Briord, 3.
Bicheron, employé à la recette générale, rue du Guesclin, 2.

Ve Biclet, rue J.-J. Rousseau, 10.
Mlles Biclet, pl. Bretagne, 5.
Bidan, Alexis, fumiste, rue du Marchix, 41.
Bidault, Armand-Bernard, rue Bonne-Louise, 2.
Bidault, Alfred, mécanicien, place des Petits-Capucins, 6.
Bidault, Isidore, m^d de tissus (associé), rue Affre, habit. rue de Rennes, 12.
Bidaux, Félix, employé au chemin de fer, q. Fosse, 43.
Bideau, m^d de grains, rue Saint-Clément, 59.
Bidet, Louis, poulieur, quai de la Fosse, 99, hab. à la Brianderie (Chantenay).
Bidouet, Eugène, pharmacien, rue Lafayette, 4, habit. r. Bel-Air, 26.
Bienfait, Henri, r. Dugommier, 7.
Biet, Alexis, cafetier et maître de barques, quai Turenne, 2.
Ve Bigeard, rue des Orphelins, 19.
Bigeard, Jean, m^d de cordages, rue Saint-Léonard, 27.
Bigeon, Alphonse, rue Saint-Similien, 24.
Bigeon, Alphonse, épicier (associé), quai des Tanneurs, 4, habit. rue Saint-Similien, 24.
Bignon, Stanislas, prop., rue du Marchix, 28.
Bignon, sabotier, petite rue Brancas, 11.
Bignon, Baptiste, gaiochier, rue Guépin, 2.
Bignonneau, André, r. Racine, 7.
Bignonneau, Jules, commis-négociant, q. Fosse, 69.
Bigot, Aristide, m^d de chapeaux de feutre (associé), chaussée-Madeleine, 47-49.
Bigot, Eugène, commis greffier, rue des Arts, 8.

Bigot, Alphonse, greffier au Tribunal, rue Porte-Neuve, 14.
Bigot, Amédée, rentier, rue de Coutances, 13.
Bigot, Jean-Baptiste, m^d de tissus, q. Fosse, 50.
Bigot, Marie, charcutière, r. Franklin, 2.
Mlle Bigot, Eugénie, mercière, rue Voltaire, 14.
Biguey, Guillaume, ancien négociant, chaussée-Madeleine, 13.
Biliais (de la) Henri, rue d'Aguesseau, 6.
Ve Biliais F^{ric} (de la), r. Royale, 17.
Mlle Billard, rue Santeuil, 3.
Mme Billerit, Alcide, 2e allée des Folies-Chaillou, 15.
Billette de Villeroche, rue Lafayette, 16.
Ve Billion, François, m^{de} de chocolat, rue de l'Échelle, 1.
Billion, Louis, tonnelier, r. Urvoy-de-Saint-Bédan, 5.
Billot, Henri, notaire, rue des Halles, 22.
Ve Billot, Pierre, r. des Halles, 22.
Billot, Geoffroy-Auguste, rue Rosière, 27.
Billy, aîné, cordonnier, place Lafayette, 2.
Mlle Bineau, Marie, prop., rue Saint-Donatien, 59.
Ve Binet, Jules, rue des Halles, 18.
Binet, Auguste, m^d de tissus en gros, rue du Moulin, 21-23, habit. rue de Strasbourg.
Binet-Delaunay, Auguste, m^d de tissus, habit. rue de Strasbourg.
Ve Binsse, Charles, m^{de} de graines, quai Flesselles, 3.
Binsse, Albert, quai Flesselles, 3.
Biou, Olivier, juge de paix, rue des Arts, 1.
Biré, Edmond, boulev. Delorme, 16.

Biré, Léonce, tenue Camus, 25.
Biré (de), Georges, rue Félix, 10.
Birgaud, Joseph, m^d d'engrais, (associé), rue Lanoue Bras de fer, habit. pl. du Sanitat.
Mlle Birochet, Berthe, rue Urvoy-de-Saint-Bédan, 2.
Biron, comptable, q. Hôpital, 9.
Biron, Louis-Marie, peintre en bâtiments, pl. de la Monnaie, 4.
Biron, Jules, q. Port-Maillard, 9.
Biron, prêtre, rue S.-Donatien, 22.
Biron, Jules, fils, épicier, rue de l'Ecluse, 4.
Biry, Auguste, r. de la Verrerie, 10.
Biry, Jean, tonnelier, rue de Guichen, habit. rue Lamotte-Piquet.
Biry, Julien, tonnelier, rue Belleville, 6.
Biry, Philippe, boisselier, rue du Bouffay, 2.
Ve Bisson, Pierre, r. Copernic, 12.
Biton, François, prop., rue Saint-Jacques, 33.
Biton, Jean-Baptiste, mécanicien, rue des Olivettes, 5, habit. quai Baco.
Ve Biton, André, rue de Rennes, 114.
Biton, Jules, m^d de fourrages, rue de Rennes, 114.
Biton, prop., rue de Paris, 81.
Biton, Julien, horticulteur, rue de Paris, 57.
Mlle Biton, Marie, m^{de} de tissus, rue Hauts-Pavés, 1.
Biton, Joseph, r. Hauts-Pavés, 1.
Mlle Biton, Pélagie, rentière, quai Duguay-Trouin, 3.
Biveau, Gustave, r. du Calvaire, 3.
Mlle Bizeul, rue de Strasbourg, 30.
Bizeul, Jean, tisserand, rue Hauts-Pavés, 26.

Bizeul, Gustave, mercier, r. Poissonnerie, 4-6.
Bizeul, Louis, prop., à la Gilarderie.
Mme Bizey, directrice de Nazareth, rue Talensac, 18.
Blachier, Théodore, représentant de commerce, r. de Sévigné, 4.
Mlle Blain, Julie, rue Bastille, 52.
Blain, Joseph, parfumeur, rue de l'Ecluse, 4.
Vᵉ Blair (de), la baronne, tenue Camus, 27.
Blais, Joseph, gabarier, rue de Launay, 14.
Blais, Pierre-Louis, menuisier entrepreneur, r. Lamotte-Piquet, 17.
Blanc, Jean, mᵈ de filets, rue Bon-Secours, 13.
Blanc, Jean-Baptiste, mᵈ de filets, hab. place Petite-Hollande, 2.
Blanc, Georges, avocat, place Petite-Hollande, 2.
Blanc, Lucien, mᵈ tailleur, place du Pilori, 11.
Blanchard, Alexandre, greffier, r. Fénelon, 4.
Mlles Blanchard, rue du Moulin, 6.
Blanchard, Louis, mercier (assoc.), rue du Moulin, 5.
Blanchard, Pierre, rentier, rue de la Commune, 3.
Blanchard, Louis, rentier, quai Turenne, 12.
Blanchard, Pierre, petite rue Saint-Donatien, 7.
Blanchard, Jean, voiturier, quai Fosse, 100.
Blanchard, Pierre, boucher, rue Franklin, 6.
Vᵉ Blanchard, pl. Bouffay, 5.
Vᵉ Blanchard, Adolphe, chaussée Madeleine, 25.
Blanchard, Georges, commissionnaire en grains, quai Maison-Rouge, 8.

Vᵉ Blanchard, Henri, rentière, q. Maison-Rouge, 8.
Blanchard, René, pharmacien, pl. Pirmil.
Blanchard, François, mᵈ de grains, route de Clisson.
Blanchard, rentier, r. de Gigant, 44.
Blanchard, Auguste, fondeur, quai de la Madeleine, hab. r. Fouré.
Blanchard, Céline, chapelière, quai Fosse, 43.
Blanchard, Alfred-Théodore, rue Bertrand-Geslin, 4.
Blanchard, François, mᵈ boucher, rue Contrescarpe, 23.
Mlle Blanchard, Adélaïde, rue du Calvaire, 26.
Vᵉ Blanchard, rentière, quai du Marais, 3.
Blanchard, Pierre, rentier, rue Deshoulières, 10.
Blanchard, Ferdinand, ancien armateur, rue Dugommier, 7.
Blanchard, Joseph-Vincent, ancien avocat, rue Dugommier, 7.
Blanchard, Pierre-Charles, rue Lafayette, 9.
Vᵉ Blanchard, Claude, r. Lafayette, 9.
Blanchard, Hippolyte, rue Arche-Sèche, 8.
Blanchard, boulanger, Ville-en-Bois.
Blanchard, représentant de commerce, au Chemin-Creux, Ville-en-Bois.
Vᵉ Blanchard, pl. Saint-Pierre, 7.
Blanchard, Louis-Paul, au Petit-Ermitage.
Blanchard, Prosper, employé au chemin de fer, rue Feltre, 10.
Blanchard-Blanchet, prop., place du Port-Communeau, 3.
Mme Blanche, r. des Cadeniers, 5.
Vᵉ Blanchet, Jean, épicière, chaussée Madeleine, 27.

Blanchet, Auguste, bourrel., chaussée Madeleine, 27.

Vᵉ Blanchet, Jean, rue Saint-Jacques, 19.

Blanchet, Emile, rue Boileau, 4.

Blanchet, Philbert, mᵈ de couleurs, rue Boileau, 4.

Blanchet, Léon, rue de Gigant, 46.

Blanchet, Ferdinand, docteur-médecin, rue du Calvaire, 3.

Blanchet, René, conducteur des Ponts et Chaussées, r. Menou, 11.

Vᵉ Blanchet, quai Cassard, 5.

Blanlœil, Pierre, père, rue Saint-Jean, 1.

Blanlœil, Pierre, prop., pl. Saint-Pierre, ancien numéro 1.

Blanlœil, Pierre, fils, droguiste, r. de la Commune, 23.

Vᵉ Blanlœil, Frédéric, r. Grande-Biesse, 17.

Mme Blanpin, rue de Paris, 92.

Vᵉ Blaquière, boul. Delorme, 34.

Blasse, chaudronnier, à la Grenouillère.

Blasse, Pierre, menuisier, rue La-Moricière, 3 et 9.

Blatier, Eugène, mᵈ de vins en gros, rue Paré, hab. r. Kervégan, 11.

Blavette, Gervais, r. Cambronne, 1.

Blayot, Louis, peintre, rue de la Boucherie, 8.

Bligné, François, r. Saint-Denis, 9.

Bligné, Armand, bijoutier, place Saint-Vincent, 3.

Bligné, François, rentier, r. Saint-Denis, 9.

Bliguet, Louis, curé de Saint-Pierre, impasse Saint-Laurent, 7.

Vᵉ Blineau, rentière, quai des Tanneurs, 16.

Blineau, Armand fils, mᵈ de grains, rue Bléterie, 9.

Vᵉ Blineau, Louis, rue Alain-Barbe-Torte.

Blineau, Aristide, atelier de mâture, quai Moncousu, 15.

Blineau, directeur de l'école communale, rue du Moulin, 18.

Block, mᵈ de bijoux, passage Pommeraye.

Blon, Elie, fab. de conserves, rue Félix, 6, hab. rue Rubens.

Blon, François, père, fab. de conserves alimentaires, rue Rubens, 2.

Blon, Jean, fils, fab. de conserves alimentaires, hab. r. Rubens, 2.

Blondel, Alfred, percepteur au Loroux, rue Kervégan, 10.

Vᵉ Blondel, née Riallan, passage Saint-Yves, 7.

Blondel, Julien, rentier, quai Turenne, 7.

Blondel, Henri-Charles-Louis, rue Voltaire, 21.

Blondel, Auguste, contrôleur, des contributions directes, rue Bastille, 23.

Mlle Blordier, Jeanne, rue des Orphelins, 19.

Mlle Blossier, Françoise, rue Châteaubriant, 1.

Blot, lieutenant de vaisseau, directeur des mouvements du Port, rue Rosière, 2.

Blot, Emile, fleuriste, rue Prémion, 2.

Blot, François, rue Hôtel-de-Ville 11.

Vᵉ Blouin, rue Mazagran, 1.

Blouin, Jean, charpentier entrepreneur, rue de Cornulier.

Vᵉ Blount, Henri, r. Félix, 10.

Bobé, François, jardinier, rue de Rennes.

Bobierre, Adolphe, direct. de l'Ecole des Sciences, r. Voltaire, 12.

Bobot, Amédée, employé à la Préfecture, chemin du Coudray, 28.

Bodan, Pierre, fils, corroyeur, rue Grande-Biesse, 10.

Bodin, Henri, m^d tapissier, Haute-Grand'Rue, 39.

Bodin, Léon, prop., rue Hauts-Pavés, 6.

Bodin, Julien, employé des contributions indirectes, r. Racine, 8.

Ve Bodin, rue Guépin, 10.

Bodin-Omer, fabricant de casquettes, quai Hôpital, 10.

Ve Bodineau, Mathurin, rue des Carmes, 1.

Ve Body, voilier, r. du Séjour, 1-3.

Boëts, Alexandre, entrepreneur d'omnibus, rue des Olivettes, 26, habit. q. Maison-Rouge, 11.

Ve Boëts, Ludovic, prop., rue de Paris, 5.

Ve Bogaert, Armand, rue Saint-André, 36.

Bohy, Aimé, conducteur des Ponts et Chaussées, pl. Bretagne, 17.

Bohy, Émile, rue Barillerie, 19.

Boidron, Ferdinand, formier, rue Latour d'Auvergne, habit. ruelle Faïencerie.

Boidron, Louis, sabotier, chaussée Madeleine, 32.

Boiron, Émile, horloger, rue Mazagran, 1.

Boisdron, professeur, rue Hôtel-de-Ville, 1.

Ve Boiffin, Baptiste, m^{de} de bois à brûler, rue du Lycée, 6.

Mlle Boileau, Julie, et Mlle Boileau Élisa, avenue de Launay, 14.

Boin, Louis, m^d cordonnier, rue du Bouffay, 2.

Boiron, Louis, q. Fosse, 30.

Boiron, Jean, cordonnier, rue Mazagran.

Boiron, Jules, rue S.-Clément, 71.

Boisard, Auguste, relieur, rue Santeuil, 6.

Boisard, Paul, menuisier, place Saint-André, 8.

Mlle Boisard, Élisabeth, modiste (associée), rue du Calvaire, 29.

Boisard, Édouard, bijoutier, rue de Rennes, 80.

Ve Boisaubin (de), rue d'Aguesseau, 6.

Boiscourbeau, Prosper, notaire, rue Crébillon, 15.

Boiscourbeau, Paul, avocat, rue Gresset, 11.

Boisdechêne, François, r. Cassini, 1.

Boisgereaux, Jean-Marie, cordonnier, rue du Pré-Nian, 5.

Bois Guéhéneuc (du), Arthur, rue Royale, 4.

Ve Bois Guéhéneuc (du), Charles, rue de Paris, 19.

Bois Guéhéneuc (du), Rogatien, rue Malherbes, 10.

Mlle Bois Guéhéneuc (du), Rosa, rue Haute-du-Château, 4.

Bois Guéhéneuc (du), rue d'Argentré, 1.

Boishardi, brossier, rue Racine, 8.

Boishéraud (de), prop., rue Saint-Léonard, 29.

Boislard, Louis, sabotier, q. Duguay-Trouin, 4.

Mlle Boislard, Célestine, chef d'institution, rue de la Commune, 8.

Boismen, Eugène, architecte, place Saint-Pierre, 2.

Boismen, Charles, sculpteur, rue Fouré.

Ve Boisneau, rent., r. Barillerie, 1.

Boisneau, Georges, m^d de tissus, rue Barillerie, 7.

Boisnier, Christophe, quai de la Fosse, 30.

Boisriveau, Jean, m^d de cercles, route de Clisson.

Boisrobert, François, pharmacien, place Neptune, 7.

Ve Boisseau, François, r. des Bons-Français, 5.

Boisseau, Louis-Joseph, rue Clavurerie, 7.

Boisseau, Henri, serrurier, rue Neuve des Capucins, 12.

Boisseau, René, menuisier, rue de la Commune, 11.

Boisseau, François, md de tissus, rue des Bons-Français, 5.

Ve Boisselier, Auguste, rue Duguesclin, 2.

Boisselot, Auguste, rentier, rue de Rennes, 45.

Boisselot de la Rigaudière, Félix, pl. du Château, 2.

Boisselot de la Rigaudière, Eugène, rue Félix, 7.

Boissier, Antoine, md de bronzes et dorures, rue d'Orléans, 9.

Boissier, Jules, pharmacien, rue Saint-Pierre, 3.

Boissier, Victor, armateur, rue Gresset, 7, hab. r. Verrerie, 14.

Boissière, Frédéric, plâtrier, rue Richebourg, 12.

Boissière, Jacques, commissionnaire en grains, q. Fosse, 72.

Boissière, Clair, quincaillier, quai Cassard, 2, habit. q. Brancas, 1.

Boissière, Fernand-Joseph, quai de la Fosse, 72.

Mlle Boissière, Angelina, tenue Camus.

Boissière, Félix, cordonnier, rue de la Fosse, 3.

Boisson, Jean, transports par terre (associé), rue Arche-Sèche, 1, habit., rue Châteaubriant, 25.

Boisson, Jean, r. Châteaubriant, 21.

Boistard, Jules, capitaine de frégate, rue Basse-du-Château, 2.

Boistier, employé à la Banque, rue Racine, 8.

Boisvin, serrurier, r. Scribe, 13.

Boitard, rentier, rue Félix, 1.

Ve Boitard et Mlles Boitard, quai Brancas, 5.

Boitard, Eugène, rentier, rue de l'Emery, 9.

Boivin, Joseph, charcutier, quai Fosse, 19.

Bolot, Alphonse-Honoré, rue Scribe, 5-7.

Bolot, Jean-Sébastien, rue Rosière, 1.

Ve Bonamy, Auguste, rue de Gigant, 34.

Ve Bonamy, Édouard, rentière, rue Racine, 4.

Ve Bonamy, Charles, place Petite-Hollande, 3.

Bonamy, Louis, place Petite-Hollande, 3.

Bonamy, Léon, ingénieur des Ponts et Chaussées, pl. Petite-Hollande, 1.

Bonamy, Eugène, docteur-médecin, pl. Petite-Hollande, 1.

Bonamy de la Ville, Henri, rue Bertrand-Geslin, 9.

Ve Bondu, Édouard, coiffeur, rue Poissonnerie, 2.

Bonet, Félix, avoué, r. Crébillon, 1.

Bonfillon, sous-intendant militaire, rue de Versailles, 25.

Ve Bonhomme, Alexandre, place Saint-Pierre, 7.

Bonhomme, Joseph, curé de la Madeleine, rue de Hercé.

Mlle Bonhomme, René, prop., rue Richebourg, 37.

Mlle Bonhomme, Amélie, bimbelotière, rue S.-Clément, 94.

Mlle Bonhomme, Victorine, mde de chapelets, rue Malherbes, 7.

Mlle Bonin, rentière, place Petite-Hollande, 2.

Bonis, Antoine, cimentier, rue Châteaubriant, 27.

Bonjean, Jacques-Eugène, percepteur, rue Rollin, 2.

Bonjour, Charles, rentier, passage Saint-Yves, 23.

Bonnamen, Jean, entrepreneur de maçonnerie, au Mont-Goguet.

Bonnamen, Victor, entrepreneur de maçonnerie, q. de Barbin, 18.

Bonnamen, Léon, prop., au Mont-Goguet.

Bonnange, Pierre, ferblantier, rue Port-Communeau, 1.

Bonnarde, L.-Y., rue Belleville, 1.

Bonnarde, Jean-Baptiste, sellier-carrossier, rue des Coulées, 14.

Bonnaud, Henri, liquoriste, rue Hauts-Pavés, 27.

Bonne, Félix, chapelier, rue Crébillon, 15.

Bonneau, Victor, serrurier, rue Paré, 2.

Bonneau, Jean-Baptiste, horloger, r. Saint-Similien, 45.

Bonneau, Jean-Baptiste, pâtissier, rue Barillerie, 8.

Bonnefait, Félix, ferblantier, rue de Vertais, 29.

Bonnefoy, architecte, rue Crébillon, 1.

V° Bonnefoy, institutrice, Haute-Grand'Rue, 46.

Bonnement, Pierre-Hyacinthe, rue Cassini, 5.

Bonnement, Yves-Gabriel, armateur, rue Deshoulières, 7 bis.

Bonnet, Frédéric, boulanger, rue du Marchix, 13.

Bonnet, Félix-Victor, aubergiste, rue des Olivettes, 18.

Bonnet, savonnerie, canal de Chantenay.

Bonnet, Ernest, prêtre, rue Saint-Similien, 30.

Bonnet, Louis, huissier, place du Commerce, 14, habit. à S.-Clair.

Bonnet, Eugène, r. de la Juiverie, 14.

Bonnet, secrétaire général de la Préfecture, à la Préfecture.

Bonnet, Louis-Pierre, q. Fosse, 77.

Bonnet, Alfred, agent d'assurances, rue de la Chalotais, 4.

V° Bonnet, rue d'Alger, 10.

V° Bonneville (de), rue Bertrand-Geslin, 2.

Bono, Émile, bijoutier, rue Basse-Château, 21.

Bonraisin, Jules, tenue Camus, 8.

V° Bonraisin, rentière, rue Félix, 1.

Bonsergent, bourrelier, à Pont-Rousseau.

Bonsergent, Charles, fils, corroyeur, rue Conan-Mériadec (associé).

Bonsergent, Louis, corroyeur (associé), rue Dos-d'Ane, 18.

Bonté, chef de gare, rue Daubenton, 7.

Boquet, Abel, vannier, quai Port-Maillard, 10.

Boquet, François, artiste peintre, rue de Briord, 9.

Boquien, Gustave, saleur de viandes, rue du Séjour, 2, habit. pl. Brancas, 5.

Boquien, Isaac, chef de bataillon en retr., r. Chapeau-Rouge, 21.

Boquien, Victor-Émile, avocat, rue Cambronne, 4.

Borde, Abel, épicier, place du Bouffay, 1.

Bordeaux, Ferdinand, pâtissier, rue du Calvaire, 29.

Bordeaux, Victor, rue Scribe, 22.

Bordelaise (la), Compagnie d'assurances maritimes, représentée par M. Pennanech, rue de la Bastille, 45.

Bordes, rue Grétry.

Bordier, tailleur, q. Fosse, 32.

Bordier, Jean-Marie, maître couvreur, rue d'Erlon, 10, habit. pl. Bretagne, 4.

Bordier, Jacques, rentier, rue des Carmélites, 23.

Mlle Bordillon, institutrice, place de la Monnaie, 5.

Bordillon, Joseph, ingénieur, place La Moricière, 1.

Bordron, Alfred, m^d de tissus (associé), Haute-Grand'Rue, 49, habit. rue de Rennes, 2.

Bordron, Alfred, corroyeur (associé), rue Dos-d'Ane, 18, habit. rue Châteaubriant.

Bordron, Pierre, prop., rue de Rennes (Carterie).

Bordron, Louis, r. Hauts-Pavés, 24.

Bordron, François, sculpteur, rue Hauts-Pavés, 24.

Boré, Louis, plâtrier, rue Grande-Biesse, 18.

Boret, rue des Halles, 14.

Borget, François, pâtissier, rue Saint-Clément, 79.

Ve Borgogno, Joseph-Nicolas, m^d parfumeur, rue d'Orléans, 5.

Borner, Ernest, rentier, et Borner, Georges, rentier, quai de la Fosse, 25.

Borner, rentier, quai du Marais, 1.

Mlle Bornigal, maîtresse de pension, rue des Carmélites, 14.

Ve Bosch, rue Voltaire, 11.

Bosdecher, Frédéric, garde-mines, rue Neuve des Capucins, 8.

Ve Bosdecher, Jean-Marie, quai Fosse, 31.

Bosque, Frédéric, monteur d'agrès, quai Saint-Louis, 6, habit. rue Ermitage, 14.

Bossard, Baptiste, avenue Sainte-Anne, 12.

Bossard, ancien médecin, rue Châteaubriant, 23.

Bossard, François, restaurateur, rue Basse-Casserie, 7.

Bosseau, Louis-Joseph, plâtrier, place Saint-Vincent, 4.

Mlles Bosseau, r. du Bouffay, 2.

Bosseau-Lory, Joseph, plâtrier et m^d de tissus, rue du Bouffay, 2.

Bosset, Jean, aumônier de la Visitation, rue Saint-Clément, 6.

Ve Bosset, Charles, rue Héronnière, 8.

Mlle Bossis, Jeanne, rue haute du Château, 12.

Ve Bossis, Théophile, rue Arche-Sèche, 2.

Bossis, Eugène, pharmacien, rue de Gigant, 32.

Bossis, Jean-Auguste, avenue de Launay, 15.

Bossu, Anselme, commis d'économat, rue du Lycée, 1.

Mme Bossuet, née Aimond, rue Flandres, 2.

Bossy, Hyacinthe, rue Mondésir, 4.

Bossy, Joseph, charpentier, rue Bon-Secours.

Ve Bosviel, Amédée, r. de Rennes, 84.

Boterf, Jules-Joseph, cordonnier, rue des Bons-Français, 2.

Bothereau, Ernest, horloger, rue Crébillon, 14.

Bothereau, prop., pl. Bretagne, 4.

Bothereau, Jean-Marie, rue Boucherie, 10.

Ve Botineau, rue Héronnière, 8.

Ve Botineau-Seurre, François, rue Hauts-Pavés, 3.

Botru, Pierre, m^d boucher, rue Voltaire, 9.

Bouanchaud, rentier, r. Cacault, 4.

Bouanchaud, rue de Briord, 12.

Ve Bouanchaud, Henri, rue de la Fosse, 14.

Bouart, Théophile, employé aux tabacs, rue Saint-Clément, 94.

Boubée, Edouard-Antoine, rue Lafayette, 16.

Boubée, Bernard, rue Montyon, 1.

Boubée, Eugène, agent de change, quai Brancas, 8, habit. boulevard Delorme, 23.

V° Boucand, Félix, quai de la Fosse, 12.

Boucard, Toussaint, curé de Sainte-Croix, rue Belle-Image, 4.

Boucault, Pierre, m^d cordonnier, pl. Sainte-Croix, 3.

Boucaut, Pierre, chocolatier, rue Fourcroy, 6.

V° Bouchard, rue de Coutances, 4-6.

Mme Bouchard, Augustine, m^{de} de meubles, rue Fénelon, 3 bis.

Bouchaud, Mathurin, rue Crébillon, 9.

Bouchaud, Alfred, quai Turenne, 17 bis.

Bouchaud, Henri, prop., pl. Neptune, 1.

Bouchaud, Ludovic, m^d de porcelaine, rue de la Fosse, 46.

Bouchaud, Charles, prop., passage Russeil, 11.

Boucher, Charles, r. Linné, 1.

Boucher, Paul, pl. Bretagne, 19.

Boucher, Marcel, épicier, rue Voltaire, 15.

V° Boucher, Joseph, rue de Rennes, 94.

V°. Boucher-Ménard, rue Bon-Secours, 11.

Boucher, Victor, directeur d'assurances, rue de Clisson, 2.

Boucher de la Ville-Jossy, François, rue Menou, 7.

Boucher de la Ville-Jossy, Scylla, r. Menou, pas. Louis-Levesque.

Mlles Boucher de la Ville-Jossy, r. Miséricorde, 3.

Boucher de la Ville-Jossy, Paul, r. Miséricorde, 3.

Boucher de la Ville-Jossy, François-Samuel, assureur maritime, rue Miséricorde, 3.

Bouchereau, Auguste, m^d boucher, rue Arche-Sèche, 8.

Bouchereau, Auguste, cordonnier, rue Pont-Sauvetout, 5.

V° Bouchereau, Jean, rue de Vertais, 52.

V° Bouchereau, André, rue Bastille, 26-28.

Boucheron, Michel, m^d de tissus, r. des Halles, 14.

Bouchet, Pierre, q. Cassard, 3.

Boucheteau, René, avenue Luzançay.

Bouclon, Adrien, mercier, r. Jean-Jacques-Rousseau, 10.

V° Boucoskist, Pierre, peintre en bâtiments, Basse-Grand'rue, 26, et rue du Moulin, 1.

Boudet, Ferdinand, prop., rue de l'Emery, 8.

Boudet, Athanase, r. de l'Echelle, 2.

V° Boudet, Joseph, rue de l'Echelle, 2.

Boudrot, Alexis, avocat, rue Héronnière, 6.

Boudrot, Julien, rue Haute-du-Château, 17.

Bouëdron, Pierre, supérieur du petit séminaire, rue Saint-Donatien, 22.

Bouëdron, Louis, prop., rue Saint-Clément, 47.

Bouëdron, Louis, négociant (associé), bas du Cours Saint-André, 5.

Bouëdron-Petit-Jean, Louis, libraire, Haute-Grand'rue, 41-43.

Bouet, Alexis, charpentier entrepreneur, rue de l'Industrie, 10.

Bouet, Jules, charpentier, rue de l'Industrie, 10.

V° Bouet, Julien, rue de l'Industrie, 10.

V° Bougard, place Lafayette, 2.

Bougard, Ed., menuis., chaussée Madeleine, 19.

Bougault, Joseph, prop., au Mont-Goguet.

Bougouin, Auguste, prop., r. Saint-Pierre, 2.

Bougouin, François, architecte, r. Saint-Denis, 1.

Bougouin, Auguste, épicier, Haute-Grand'rue, 19, habit. rue des Etats, 15.

Bougouin, Alphonse, fils, place du Bouffay, 1.

Bougouin, François, épicier, rue des Etats, 15.

Mlle Bougouin, Amélie, rue des Etats, 13.

Mlle Bougouin, Virginie, lingère, rue Chapeau-Rouge, 21.

Vᵉ Bougouin, Alexis, rue Chapeau-Rouge, 21.

Bougouin, Charles, q. Fosse, 36.

Bougra, Armand, pension de chevaux, rue Scribe, 11.

Vᵉ Bouhalard, Victorine, quai d'Orléans, 6.

Mlle Bouhier, Amélie, rue des Orphelins, 19.

Bouhour, Pierre, serrurier, rue des Carmélites, 14.

Bouhour, Victor, fils, rue Basse-du-Château, 16.

Vᵉ Bouillaton, Jean, rue Saint-Jacques, 9.

Vᵉ Bouillé (de), Fernand, la comtesse, rue du Lycée, 17.

Bouillez, Pierre, cordonnier, rue de Vertais, 57.

Bouillon, Pierre, teinturier, r. Contrescarpe, 7.

Bouin, Victor, économe de la Philosophie, rue Saint-Clément, 3.

Bouin, Séraphin, prop., rue Saint-Léonard, 37.

Bouin, Pierre, prêtre professeur, r. Saint-Donatien, 22.

Bouin, Eloi, capit. au long-cours, rue Dobrée, 2.

Mme Bouin, r. de la Verrerie, 1-3.

Vᵉ Bouin, François, rentière, rue Châteaubriant, 1.

Boulaire, Edouard, mᵈ de tissus, r. Poissonnerie, 21.

Boulanger, Joseph, comptable au chemin de fer, r. Frédureau, 8.

Boulard, Jean, prêtre, rue du Marchix, 1.

Boulay, Eugène, boulanger, rue des Arts, 16.

Vᵉ Boulestreau, Emile, rue Copernic, 4.

Boulet, Charles, rentier, rue de Rennes, 112.

Bouliau, Ferdinand, serrurier, rue Voltaire, 30.

Boullaire, Charles, mᵈ de laine, q. d'Orléans, 10.

Boullaire, Victor, mᵈ de tissus, rue Poissonnerie; habit. rue Haute-Casserie, 4.

Boullaire, Charles, tonnelier, pont des Récollets, habit. quai d'Orléans, 10.

Boullay, Louis, mᵈ de tissus, rue Petite-Biesse, 9.

Boullay, Antoine, directeur des contributions directes, rue Jean-Jacques-Rousseau, 7.

Boullery, Julien, boucher, rue de Clisson, 1.

Boulvert, Jean-Marie, boulanger, rue Clavurerie, 5.

Vᵉ Bouquet, rent., rue des Arts, 8.

Mlle Bouquier, Pauline, r. Haute-du-Château, 8.

Bouquier, chef de bataillon en retraite, à la Ville-aux-Roses.

Bouquin, Julien, rue de Paris.

Mlle Bour (de), Aline, rue de Sévigné, 3.

Mme Bourasseau, Francis, quai Ile-Gloriette, 11.

Bourcard, Adolphe, ancien notaire, rue des Cadeniers, 3.

Bourcard, Henri, ancien agent de change, rue Voltaire, 1.
Bourcard, Eugène, raffineur, habit. rue du Calvaire, 8.
V⁰ Bourcard, Gustave, r. Dobrée, 13.
Bourcard, Marie-Thérèse, rue Dobrée, 13.
Bourdault, Charles, rue Héronnière, 4.
Bourdault, Henri, teinturier, quai de la Fosse, 10.
Bourdeau, François, prop., quai de Lourmel.
Bourdel, menuisier, r. Bastille, 16.
Bourdet, Emile, perruquier, rue Hôtel-de-Ville, 11.
Bourdin, Louis, inspecteur des Douanes, boulevard Delorme, 11.
Bourdin, Louis-Jean, quai d'Orléans, 17.
Bourdin, Joseph, tonnelier, quai Ile-Gloriette, 2.
Bourdin, Raphaël, ingénieur. rue Jean-Jacques-Rousseau, 14.
Bourdin, Jean-Baptiste, forgeron, r. Latour-d'Auvergne.
Bourdoiseau, Auguste, bonneterie, Haute-Grand'Rue, 53.
V⁰ Bourdon, Charles, rue Saint-Nicolas, 17.
Bourdon, Louis, comptable, boulevard Delorme, 4.
V⁰ Bourdonnais (de la), rentière, avenue Launay, 10.
Boureau, Antoine, rue Malherbes, 15.
Boureau, Émile, prop., r. du Chapeau-Rouge, 7.
Bourel de la Roncière, contrôleur des postes, rue S.-Léonard, 37.
Bourgault–Ducoudray, Henri-Louis, mᵈ d'engrais, rue du Bocage, 8, cabinet rue Chapeau-Rouge, 6.

Bourgaux, Joseph, rue Harrouys, 1.
Bourgeois, (le baron), officier supérieur du génie, rue Bonne-Louise, 8.
Bourgeois, Alfred, chef d'escadron d'état-major, rue Maurice-Duval, 4.
Bourgeois, Auguste, rue Kervégan, 26.
Bourgeois, Charles, passage Félibien.
Bourgeois, imprimeur-typographe, r. Saint-Clément, 57.
V⁰ Bourgeois, r. des Carmes, 11.
Mme Bourgerel, Alexandre, rue Franklin, 11.
Bourgerel, architecte, rue d'Orléans, 11.
Bourgerel, courtier, quai de la Fosse, 5.
Mlle Bourgerel, profess. de piano, chemin de Couëron, 7.
Bourget, Alexandre, père, loueur de voitures, rue Bon-Secours, 2.
V⁰ Bourget, rentière, rue Saint-André, 32.
Bourget, mᵈ de charbons de bois, rue Kervégan, 16, habit. quai Turenne, 9.
V⁰ Bourget, Alfred, r. Brasserie, 13.
Mlle Bourget, Noëmie, rue du Boccage, 15.
Bourgette, Léon, représentant de commerce, pl. Royale, 4, habit. rue Racine, 2.
Bourgetteau, Julien, maréchal-ferrant, rue de Gigant, 15.
Bourgine, aumônier des Dames réparatrices, boulev. Delorme, 33.
Mlle Bourgine, Emilie, préposée aux pompes funèbres, petite rue Notre-Dame, 6.
Bourgine, représentant de la maison Flangergues, q. Fosse, 39.
Bourgneuf, Arthur, mᵈ de nouveautés, pl. Royale, 5.

Vᵉ Bourgoin, Sébastien, q. Fosse, 66.

Bourgoin, Georges, rue Bertrand-Geslin, 1.

Bourgoin, Emile, transports par eau, quai Fosse, 66, habit. quai Fosse, 79.

Mme Bourigault, Alfred, rue Contrescarpe, 21.

Bourigaut, Eugène, mᵈ de charbon, rue de la Fosse, 26.

Bourlan, Raoul, ferrailleur, rue S.-Léonard, 4.

Bourliaud, Alexandre, mᵈ de tissus, rue d'Orléans, 1-3.

Bourneau, briqueterie, à S.-Paul.

Bournon (de), Dieudonné, lieutenant au 76ᵉ, rue Royale, 2.

Bournichon, Ernest, place Dumoustier, 5.

Mlle Bournichon, Julia, rue Lafayette, 2.

Bournichon, Edouard, rentier, rue Lafayette, 2.

Vᵉ Bournigal, Haute-Grand'Rue, 25.

Vᵉ Bourode, Eugène, rue Kervégan, 11.

Bouron, Stanislas, armateur, rue de la Fosse, 40, habit., boulevard S.-Aignan, 9.

Bouron, Ernest, ancien notaire, rue des Arts, 24.

Vᵉ Bouron, quai de la Fosse, 8.

Vᵉ Bouron, professeur de piano, Haute-Grand'Rue, 41-43.

Bouron, Baptiste, poëlier, rue Ste-Catherine, 2.

Bourreau, prêtre, rue de Feltre, 2.

Bouvron, vicaire, à Saint-Clair.

Bourouillon, Jean-Pierre, rue d'Allonville, 3 bis.

Boursicaud, Thomas, aubergiste, quai Maison-Rouge, 7.

Boursier, Paul, fabricant de pâtes alimentaires, rue Marmontel, 4.

Boursier, Henri, restaurateur, rue de la Fosse 36.

Boursier, Pierre-Eugène, voilier, quai Fosse, 74, habit., rue de la Verrerie, 4.

Boursin, Jacques, prop., rue de Rennes, 73.

Bousquet, Raymond, rue de la Verrerie, 14 bis.

Bousquet, Pierre, le général, rue de la Verrerie, 14 bis.

Bousquet, Amédée, malletier, quai Ceineray, 8.

Mlles Bousquet, rue Royale, 15.

Bousquet, Vital, sculpteur, rue de Paris, 77.

Bousquet, Ludovic, sculpteur, rue de Paris, 67.

Bousseau, Jean, commissionnaire, rue Bâclerie, 9.

Boussier, Paul, mᵈ d'engrais, rue Latour d'Auvergne.

Boussineau (Mme de), rue Basse-du-Château, 13.

Boussineau (de), prop., Haute-Grand'Rue, 28.

Boussineau (de), Edmond, place du Château, 2.

Boussineau (de), Pitre, empl. de la Douane, pl. du Château, 2.

Boussonnière, Ferdinand, menuisier, rue des Coulées, 11.

Boussonnière, Henri, serrurier, chaussée Madeleine, 11.

Boutard, Emile, rue Contrescarpe, 17.

Boutard, Louis-Emile, capitaine au long cours, au champ Pérusse.

Vᵉ Bouté Victor, lingère, associée, rue Contrescarpe, 10.

Bouteau, Pierre, chaudronnier, rue Bias, 7.

Bouteau, mécanicien, rue d'Alger, 15.

Bouteiller (de), Louis, rue Basse-du-Château, 2.

Bouteiller de l'Isle (de), place Royale, 11.
Mlle Boutet, Eugénie, modiste, rue Lafayette, 16.
Boutet, Jules, rue Mercœur, 3.
Boutet, Émile, rue des Perrières, 20.
Boutet, Camille, inspecteur des contributions directes, rue des Perrières, 20.
Boutiller de Beauregard, à la Griotière (Saint-Félix).
Boutin, Auguste, prop., rue de Vertou, 19.
Boutin, employé au chemin de fer, rue de la Commune, 2.
Vᵉ Boutin, rentière, rue Hôtel-de-Ville, 4.
Boutin, Gabriel, employé de commerce, rue S.-André, 23.
Boutin, Francis, mécanicien, rue Kervégan, 1.
Vᵉ Boutin, Prosper, r. Kervégan, 9.
Boutin, François, fondeur, rue des Olivettes, 35.
Mlle Boutin, Thérèse, rentière, boulevard Sébastopol, 2.
Boutin, prop, rue Bel-Air, 9.
Boutin, Félix, prêtre, rue des Carmélites, 23.
Boutin, Henri, prop., chemin du Ballet, 2.
Boutin-Douaud, Eugène, mégissier, rue de Vertais, 25.
Mme Boutinière, Émile, rue des Arts, 19.
Vᵉ Boutruche, q. Flesselles, 2.
Vᵉ Boutry, rentière, rue S.-Clément, 32.
Vᵉ Bouvais, Alphonse, au Petit-Ermitage.
Vᵉ Bouvais, Jacques, rue Belle-Image, 3.
Bouvais de la Fleuriaye, Théodule, rue Sully, 6.

Bouvet, Alphonse, pl. Bretagne, 3.
Bouvet, Jules, peintre, rue S.-Clément, 32.
Bouvet, Jules, peintre en voitures (associé), rue Saint-André, 5.
Bouvet, capitaine de bateaux à vapeur, rue Kervégan, 12.
Bouvet, Eugène, q. Monconsu, 20.
Bouvet, Moïse, entrepreneur de déménagements et malletier, rue Contrescarpe, 20-22.
Bouvet, Jean-Marie, tapissier, rue Pré-Nian, 2.
Bouvet, Louis, menuisier, rue des Carmélites, 22-27.
Bouvier, Alexis, couvreur, passage Raymond.
Bouvier, Désiré, teinturier, quai Moncousu, 6.
Mlles Bouvier, fleuristes, place du Pilori, 9.
Bouvier, Julien, pl. Notre-Dame, 4.
Bouvier, Pierre, charpentier, à la Béhinière.
Mme Bouvier, Jean-Marie, rue Ermitage, 32.
Bouvillois, capitaine d'artillerie, rue Malherbes, 16.
Bouvresse, Joseph, prairie d'Amont.
Bouvron, prêtre, professeur, rue S.-Donatien, 22.
Boux de Casson, r. Malherbes, 14.
Boux de Casson, Guy, rue Malherbes, 5.
Mlle Boux de Casson, Zoë, rue Malherbes, 5.
Vᵉ Bouyaux, Jean-Baptiste, quai Richebourg, 12.
Vᵉ Bouyer, rue S.-Laurent, 10.
Bouyer, père, rentier, rue des Coulées, 9.
Bouyer, Jean, r. de Rennes, 24.
Bouyer, Jean-Marie, mᵈ de vins en gros, rue de Rennes, 1.

Vᵉ Bouyer, Bertrand, rue Saint-Laurent.
Bouyer, Henri, directeur de l'école professionnelle, rue des Coulées.
Bouyer, père, rue des Coulées, 17.
Bouyer, Eugène, professeur, rue Beaumanoir, 2.
Vᵉ Bouyer, Luc, mercière, rue grande Biesse, 25.
Mlles Bouyer, Amélie et Justine, rue S.-Clément, 24.
Mlle Bouyer, Elisa, petite rue Fénelon, 3.
Bouyer, Hyacinthe, petite rue Fénelon, 3.
Bouyer, Joseph, cordonnier, rue de l'Ecluse, 4.
Bouzilleau, Félix, r. de Gigant, 22.
Boy, Hippolyte, chapelier, rue petite Biesse, 22.
Boyer, Georges, rue Colbert, 14.
Boyer, Jean-Auguste, professeur, rue des Coulées, 17.
Boyer, Louis, chapelier, r. Paré, 17.
Mlle Boyer, Esther, petite rue Bon-Secours, 3.
Vᵉ Braheix, Hippolyte, rue du Calvaire, 1.
Mlle Braheix, Marie, rue Sarrazin, 4.
Vᵉ Brains, prop., rue Royale, 13.
Vᵉ Branchu, Gustave, professeur de piano, rue de la Fosse, 46.
Branchu, Félix, vérificateur des Douanes, petite r. S.-Clément, 9.
Brancion (le comte de), préfet de la Loire-Inférieure, à la Préfecture.
Brands, J.-J., rue Urvoy-Saint-Bedan, 4.
Brard, Charles, père, rentier, rue Gresset, 11.
Vᵉ Brard, Pierre, q. de Versailles, 27.
Vᵉ Bras, rentière, q. de la Fosse, 92.

Bras, Victor, rentier, avenue Allard, 11.
Vᵉ Bras, Jean, menuisier, quai Fosse, 92.
Brasseul, Félix, serrurier, rue de Rennes (Carterie).
Brasseul, Julien, épinglier grillageur, rue Basse-du-Château, 14.
Braud, Marie, bimbelotière, quai Fosse, 72.
Braud, photographe, rue Chapeau-Rouge, 7.
Braud, Julien, pl. Bretagne, 2.
Braud, Joseph, rue de Rennes, 63.
Mlles Braud, rue de la Bâclerie, 9.
Braud, rentier, rue Bâclerie, 9.
Braud, Hyacinthe, mᵈ boucher, q. Fosse, 23.
Vᵉ Braud, Jean, côte Saint-Sébastien, 9.
Mlles Braud, mᵈᵉˢ de tissus, rue Saint-Jacques, 65.
Braud, Auguste, directeur de la Psallette, rue S.-Laurent, 5.
Braud-Cressois, sabotier, rue Dos-d'Ane, 13.
Braud-Hervouet, Ferdinand, épicier, rue Strasbourg, 5.
Vᵉ Bréard, boulevard Delorme, 3.
Mlle Brébant, Elisa, rentière, rue S.-Clément, 33.
Brebion, Charles, petit chemin du Moulin des Poules, 8.
Vᵉ Bréchard, Siméon, quai Duguay-Trouin, 14.
Brechet, Philippe, mᵈ de meubles, rue Juiverie, 19.
Vᵉ Brechet-Sourrisseau, épicière, quai Duguay-Trouin, 2.
Bréchoir, Charles, capitaine au long-cours, rue Kléber, 12.
Bréchu, employé, rue Bastille, 36.
Mme Bredoux, q. Richebourg, 14.
Bregeau, Jules, sellier, r. Lekain, 8.

Bregeault, Auguste, menuisier, passage Ste-Anne, 14.

Brégault, Alexandre, pâtissier, rue Bel-Air, 9.

Vᵉ Bregeault-Guérin, rue Hauts-Pavés, 54.

Vᵉ Bregeon, rue Haute-du-Château, 6.

Bregeon, Etienne, menuisier, rue des Carmes, 3.

Vᵉ Bregeon, rentière, rue Saint-Clément, 34.

Bregeon, tailleur, r. des Arts, 12.

Bregeon, tailleur, pl. Lafayette, 2.

Bregeon, Alexis, mᵈ tailleur, Basse-Grand'Rue, 18.

Bregeon, prop., à la Ville-aux-Roses.

Vᵉ Breger, Gilles, chaussée Madeleine, 57.

Mlle Brehier, Justine, rue Deshoulières, 17.

Brehier, Léon, armateur, rue de la Fosse, 36.

Breidembach, Thomas, prop., chemin du Ballet, 15.

Brelet, Alfred, mᵈ de bestiaux, rue S.-Léonard, 12.

Brelet, Augustin, secrétaire général de la Mairie, à l'Hôtel-de-Ville.

Brelet, Auguste, boucher, rue des Arts, 19.

Brelet, Louis, mᵈ cordonnier, rue d'Orléans, 14.

Brelet, Auguste, épicier, rue Guépin, 10.

Brelet, Alexandre, armurier, place du Pilori, 2.

Brelet, ancien agent d'assurances, à Pilleux.

Mme Brelet, François, sage-femme, rue petite-Biesse, 3.

Brelet-Ferret, René, rue Saint-Nicolas, 5.

Bremond, André-Michel, rentier, rue d'Alger, 15.

Bremond d'Ars (le comte de), Anatole, rue Harrouys, 3.

Bremont, Michel, mᵈ de peaux, r. Dos-d'Ane, 35.

Breneteau, Joséphine, rue Bel-Air, 47.

Brenugat, Edmond, r. Félibien, 8.

Bressin, Pierre, galochier, r. Port-Maillard, 17.

Bressler, Napoléon, fils, facteur de pianos, rue Franklin, 20.

Bressler, Joseph, directeur du conservatoire, place Brancas (théâtre Renaissance).

Bretagne, Julien, taillandier, à la Grenouillère.

Bretagne, Joseph, charron, à la Grenouillère.

Bretagne, François, cordonnier, r. de la Commune, 2.

Bretaudeau, Jules, coutelier, rue Bon-Secours, 6.

Bretaudeau, Narcisse, armurier, r. Crébillon, 13.

Bretault, Joseph, prop., rue des Arts, 7.

Bretault, comptable de la Mairie, à l'Hôtel-de-Ville.

Bretault, Auguste, mᵈ de dentelles, rue Crébillon, 1.

Mlle Bretault, Eulalie, rue Lafayette, 12.

Bretault-Billou, Joseph, mᵈ d'engrais, rue Lanoue-Bras-de-Fer, hab. rue Lafayette, 12.

Breteschais, Eugène, sculpteur, r. Saint-Laurent, 6.

Bretesche (de la,) rue Tournefort, 1.

Bretesché, menuis., Ville-en-Bois.

Bretesché, layetier, à la Ville-en-Bois.

Bretesché, prêtre, r. Malherbes, 15.

Bretesché, prop., rue de la Commune, 10.

Bretet, Sébastien, rue de Rennes, 92.

Mlle Bretet, Anne, place des Petits-Capucins, 2.

V° Bretin, Auguste, quai Richebourg, 15.

Bretin-Morin, prop., rue de Vertais, 13.

Mlle Breton, rue Lafayette, 3.

Bretonnière, François, m^d de casquettes, rue Chapeau-Rouge, 4.

Bretonnière, Auguste, m^d de résine, rue Poissonnerie, 3.

Mlle Bretonnière, rue Basse-du-Château, 2.

Bretonnière, fils, négociant, rue Basse-du-Château, 2.

Bretonnière, René, économe du Petit-Séminaire, rue Saint-Donatien, 22.

Bretonnière, Mathurin, prop., chemin de Vertou.

V° Bretonnière, rue d'Alger, 15.

Bretonnière, Henri, poulieur, rue Biaise, 3.

Bretonnière, rentier, rue des Coulées, 9.

Bretonnière, fils, négociant, rue Basse-du-Château, 2.

V° Bretonnière, Mucius-Scévola, r. Basse-du-Château, 2.

Bretonnière, Amédée, m^d de tissus (assoc.), r. de la Commune 1.

Bretonnière, Henri-Chrétien, carrossier, rue Félix, 3.

Bretonnière, Gustave, carros. (associé), rue Félix, 3-4.

Mlle Breuillac-Florence, mercière, rue de Versailles, 20.

Brevet, André, tonnelier, rue du Cheval-Blanc, 3, habit. rue Port-Communeau, 14.

Brevet, Auguste, prop., rue Clavurerie, 5.

Brevet, Louis, jardinier, avenue Allard, 9.

V° Brevet, rentière, rue de la Verrerie, 14.

Brevet, Gustave, sabotier, avenue Sainte Anne, 9.

Brevet, Auguste, rue de la Clavurerie, 3-5.

Brevet, Constantin, pharmacien, r. de la Fosse, 6.

Brevet, Joseph, libraire, rue des Carmes, 17.

V° Brevet, rue de Paris, 90.

Briand, vicaire à Saint-Nicolas, rue Affre, 1.

Briand, Eugène, fils, m^d de sel, r. Rameau, 3.

Briand, Philéas-Victor, empl. des Douanes, rue Sarrazin, 6.

Mlle Briand, Fanny, rue de la Boucherie, 1.

V° Briand, Jean-Marie, bimbelotière, rue Hauts-Pavés, 6.

Briand, René-Alphonse, r. de l'Abreuvoir, 2.

Briand, Théophile, m^d de sel, rue Pas-Périlleux, 2.

Mlles Briand, rue Pas-Périlleux, 2.

Briand, Henri, tonnelier, quai de la Fosse, 7.

Briand, Louis, fils, quai Fosse, 58.

Briand, Gustave, voilier, q. Fosse, 59.

Briand, Jean-Baptiste, horloger, q. Fosse, 57.

Briand, François-Alexandre, rue Racine, 7.

Briand, Louis, malletier, rue Crébillon, 16.

Briand, Louis, pâtissier, r. Grande-Biesse, 3.

V° Briand, tenue Morand.

Briand, Benjamin, mercier, rue Royale, 2.

Briand, Auguste, bimbelotier, quai Richebourg, 25.

Briand, Zacharie, négociant, bas du cours Saint-André, 5.

Briand, François-Prosper, chemin du Coudray, 24.

Briant, Victor, fils, commissionn. de produits alimentaires, quai de Lourmel.

Mlle Briard, rue des Orphelins, 19.

Briau, François, directeur des chemins de fer Nantais, rue Harrouis, 32.

Briaud, Joseph, ancien notaire, r. de Rennes (Carterie).

Ve Briaudeau, Pierre, rue Gresset, 15.

Briaudeau, Pierre, armateur, rue Gresset, 15, hab. r. Voltaire, 10.

Ve Bricaud, rue Mazagran, 1.

Bricaud, Pierre, rue Lanoue-Bras-de-Fer.

Brichard, Pierre, ancien officier comptable, rue Cambronne, 1.

Brichet, Alphonse, armurier, passage Pommeraye.

Bricheteau, rentier, boulevard Delorme, 2.

Mme Brichon, rue Barillerie, 17.

Ve Bridon, Anselme, rue Héronnière, 8.

Ve Brienne, Victor, rue de la Verrerie, 14 *bis*.

Ve Brienne, rue Cambronne, 3.

Mlle Briest, Anna, mercière, rue Porte-Neuve, 4.

Briest, Pierre, serrurier, rue du Marchix, 33.

Ve Brilhoual, quai des Tanneurs, 2.

Mme Brillaud-Laujardière, Charles, rue d'Erlon, 11.

Brillaud-Laujardière, avocat, rue d'Erlon, 11.

Ve Brillaud-Laujardière, place du Bouffay, 5.

Ve Brillaud-Laujardière, rue Racine, 9.

Ve Brillaud-Laujardière, rue du Calvaire, 3.

Ve Brillouet, place Saint-Pierre, 5.

Brillouet, pharmacien, rue de Rennes, 2.

Ve Brin, Isidore, rue Royale, 13.

Mlle Brin, Justine, rue Urvoy-de-Saint-Bédan, 16.

Brindeau, Auguste, capitaine au long cours, passage Félibien.

Brindejonc, Armand, place du Bouffay, 6.

Ve Brindejonc, Charles, rue du Calvaire, 32.

Brisseau, Pierre, md d'engrais et aubergiste, à la Mélinière.

Brisset, Jules, perruquier, Haute-Grand'Rue, 5.

Mlle Brisset, Amélie, modiste, Haute-Grand'Rue, 5.

Mme Brisseteau, Élie, née Thibaudeau, petite allée des Folies-Chaillou, 2.

Brisseteau, fils, chef de bureau à la mairie, 2e avenue des Folies Chaillou.

Brissier, Pierre, chapelier, rue Guépin, 7.

Brisson, directeur du service télégraphique, rue Menou, 5-7.

Brissonneau, Mathurin, fabricant de chaudronnerie, et constructeur de machines, rue de Brasserie, 14, hab. q. Fosse, 86.

Brissonneau, Joseph, constructeur de machines, rue de la Brasserie, 14, habit. boulevard Saint-Aignan, 17.

Briton, directeur de l'école mutuelle, rue Bastille, 32.

Broca (de), capitaine du port, quai d'Aiguillon, 2.

Mlle Brochard, Angélique, rue Bâclerie, 9.

Brochard, employé des hospices, passage Ste-Anne, 4.

Brochard, retraité, Haute-Grand'-Rue, 1.
Mlle Brochard, Félicité, fripière, pl. Bretagne, 22.
Vᵉ Brochard, François, place Bretagne, 22.
Brochard, André, mᵈ de meubles, place Bretagne, 21.
Brochard, André, fripier, rue Guépin, 5.
Brochard, Jacques-Toussaint, rue Flandres, 15.
Brochard, Émile, tapissier, rue des Olivettes, 1.
Brochet, Joseph, serrurier, q. Maison-Rouge, 5.
Brochier, rentier, rue Saint-Similien, 21.
Brodin, Jules, tonnelier, rue Belleville.
Brodu, Jean, pl. S.-Pierre, 1.
Brondy, Mathurin, aubergiste, cour de la Boule-d'Or.
Bronkorst, Charles, employé des contributions indirectes, rue S.-André, 5.
Bronkorst, Gabriel, rentier, rue Gresset, 3.
Bronnais, Jean, rue S. Jacques, 58.
Brossard, Théophile, rue Crébillon, 19.
Brossard, Léandre, r. Crébillon, 8.
Vᵉ Brossard, Étienne-Jacques, rue J.-J. Rousseau, 8.
Vᵉ Brossard, Charles, quai Richebourg, 12.
Brossard, Jean, maître-maçon, r. de l'Emery, 7.
Brossard, Alfred, ferblantier-lampiste, q. d'Orléans, 11.
Vᵉ Brossard, prop., passage Ste-Anne, 6.
Brossard (de), Henri, officier supérieur en retraite, à la Ville-aux-Roses.

Brossard (de), Charles, vérificateur des Douanes, à la Ville-aux-Roses.
Brossaud, Guillaume, mᵈ de vins en gros, pl. Viarmes, 14.
Brossaud, François, rue de Rennes, 14.
Brosse (de la), Jules, r. d'Alger, 1.
Brosse (de la), Adrien-Michel, négociant (associé), rue Cambronne, 2.
Brosse (de la), Alfred, rue du Calvaire, 27.
Brosse (de la), Gustave, pl. Saint-Pierre, 3.
Brosse (de la), Félix, négociant, rue Cambronne, 2.
Brosse (de la), Alphonse, fils, négociant, rue Cambronne, 2, hab. rue Bertrand-Geslin, 1.
Brosseau, Louis, épicier, rue de la Fosse, 13.
Mlle Brosseau, Elisabeth, rue du Calvaire, 1.
Brosseau, Louis, prop., chemin du Port-Guichard.
Brosseaud, François, prop., au petit Ermitage.
Brossier, Pierre, charpentier (associé), rue du Muséum, 1, hab. rue de Rennes, (maison Guillon).
Brossier, Anatole, notaire, rue Guépin, 1.
Vᵉ Brossier, r. des Arts, 14.
Brothier de Lavaux, Pierre, armateur, r. de l'Ecluse, 2.
Brouillet, Louis, galochier, chaussée Madeleine, 11.
Brousse, Félix, fondeur, r. Latour-d'Auvergne.
Brousset, Hubert-Jules, banquier, rue Voltaire, 11, habit. r. des Cadeniers, 13.
Brousset, Jules, avocat, rue des Cadeniers, 13.

Brousset, Auguste, rentier, quai de la Fosse, 92.
Brousset, Stéphane, rue des Cadeniers, 13.
Vᵉ Broutelle, q. Turenne, 7.
Vᵉ Brower, r. Mazagran, 1.
Bru, préposé d'octroi, rue Talensac, 5.
Bru-Mahey, Emile, pâtissier, place S.-Pierre, 1.
Vᵉ Bruc (de), rue S.-Clément, 47.
Bruc (le comte de), Hippolyte, pl. Louis XVI, 4.
Bruc de Livonnière (de), Léopold, rue Royale, 6.
Bruc de Malestroit (de), passage Saint-Yves, 10.
Bruc de Montplaisir (de), Félix, pl. Louis XVI, 4.
Vᵉ Bruet, François, place Notre-Dame, 2.
Brugnon, Pierre, sabotier, chaussée Madeleine, 1.
Bruguières, Auguste, mᵈ de vins en gros, rue Moquechien, 8.
Bruix, Jacques, mᵈ boucher, rue du Bouffay, 3.
Bruix-Théard, rue Bléterie, 10.
Brulon, Auguste, menuisier, rue de la Verrerie, 7, hab. à la Musse (Chantenay).
Brumaud, Constant, pharmacien, q. d'Aiguillon, 27.
Brumauld-Deshoulières, vérificateur des poids et mesures, rue de Gigant, 36.
Brun, André, commissionnaire en marchandises, rue d'Alger, 15.
Vᵉ Brune, cordonnier, r. Grétry, 1.
Vᵉ Bruneau, pl. Petite-Hollande, 3
Bruneau, Pierre, custode à la cathédrale, rue Ogée, 10.
Bruneau, Henri, rue Strasbourg, 1.
Vᵉ Bruneau de la Souchais, rue de Sévigné, 3.

Mme Bruneau, rue Bel-Air, 12.
Bruneau, Léon, architecte, rue Copernic, 16.
Bruneau, Jules, passage Russeil, 19.
Bruneau, Aristide, rue Hauts-Pavés, 18.
Bruneau, Frédéric, capitaine au long cours, r. d'Orléans, 20.
Brunellière, Pierre, jardinier, rue Saint-André, 18.
Vᵉ Brunellière, Pierre, jardinière, rue Saint-André, 42.
Mme Brunellière, mᵈᵉ de meubles, rue Hôtel-de-Ville, 9.
Brunellière, Louis, jardinier, ruelle Montfoulon, 10.
Brunellière, Louis, jardinier, bas chemin du Coudray, 6.
Brunellière, Jean, bas chemin de Saint-Donatien.
Brunellière, André, boulanger, rue de Paris, 60.
Vᵉ Brunellière, prop., à la Marière.
Brunellière, Louis, rue d'Allonville.
Brunellière, Auguste, prop., rue d'Allonville, 2.
Brunellière, Alexis, jardinier-fleuriste, rue d'Allonville, 16.
Brunellière, Alphonse, bouquiniste, quai d'Orléans, 5, habit. rue Malherbes, 16.
Brunellière, Pitre, bouquiniste, (associé), q. d'Orléans, 5, habit. q. Turenne, 11.
Brunellière, Auguste, carrossier, rue Royale, 4.
Brunellière, Pitre, q. Turenne, 11.
Brunellière, Alexandre, tonnelier, rue Urvoy-Saint-Bédan, 6.
Vᵉ Brunellière, Hyacinthe, petite rue S.-Clément, 1.
Vᵉ Brunellière, Auguste, rue de Paris, 118.
Brunellière, Malo, rue Chevert, 3.

Brunellière, Laurent, rue Montyon, 2.
Brunet, Auguste, prop., rue Saint-Jacques, 93.
Brunet, Louis, menuisier, rue neuve des Capucins, 12.
Mme Brunet, quai de la Fosse, 2.
Brunet, Eugène, armateur, avenue Launay, 4, habit. pl. Launay, 4.
Brunet, camionneur, rue de la Galissonnière, 1.
Brunet, ancien médecin, rue Menou, 1.
Brunet, Jacques, commissionnaire en grains, pl. du Commerce, 12.
Vᵉ Brunet de la Grange, pl. de la Monnaie, 3.
Bruneteau, Henri, avocat, rue Crébillon, 2.
Brunswick, homme de lettres, rue Marceau, 8.
Vᵉ Buat (de), rue de Gigant, 32.
Vᵉ Buaud, rue de Rennes, 11-13.
Mlle Buaud, Joséphine, rue Kervégan, 20.
Buchet, Elie, mᵈ de vins, rue Contrescarpe, 9.
Budan, Jean, galochier, rue du Bouffay, 3.
Buet, employé du télégraphe, chemin de Couëron, 7.
Buffereau, Louis, fripier, rue des Arts, 22 bis.
...reau, Louis, cafetier, quai ...-Bart, 1.
...ffet, professeur, rue Haute-Casserie, 2.
Buffeteau, Gustave, rue Contrescarpe, 3.
Mlle Buffetrille, Marie, sous-directrice de salle d'Asile, rue Copernic, 14 bis.
Buffetrille, Frédéric, quai Ile-Gloriette, 16.
Buharayte (de la), Amédée, rue Strasbourg, 22.

Buis, Louis, fils, rue de la Chalotais, 4.
Vᵉ Buis, rue de la Chalotais, 4.
Buisson, Jean-Baptiste, directeur de la manufacture des Tabacs, boulevard Sébastopol, 1.
Buisson, Denis, charron, route de Clisson.
Vᵉ Buisson-Lemonnier, rue de Briord, 12.
Mlle Bulo-Jalais, Léonide, lingère, quai Richebourg, 14.
Bultinguaire, employé des douanes, rue Crébillon, 5.
Bunel, Louis, rentier, à la Potonnerie (S. Félix).
Vᵉ Buor de Villeneuve, rue J.-J. Rousseau, 17.
Buord, Pierre, mᵈ de tissus, rue Arche-Sèche, 4.
Buot, Ursin, représentant de commerce, rue des Olivettes, 11 bis, habit. rue d'Erdre, 6.
Buquet, Auguste, prop., chemin des Chalatres.
Buquet, Auguste, Pierre, sabotier, rue Juiverie, 8.
Burdin d'Entremont, courtier de marchandises, quai Fosse, 4, habit. rue Voltaire, 9.
Bureau, Louis, père, prop., rue Gresset, 15.
Bureau, Émile, armateur, boulevard Delorme, 12.
Bureau, Léon, fils, armateur, (associé), boulevard Delorme, 12, habit. rue Gresset, 15.
Mme Bureau, Benjamin, rue de la Chalotais, 4.
Bureau, Evariste, médecin, place Brancas, 1.
Vᵉ Bureau, Jean-Baptiste, quai Fosse, 52.
Bureau, Pierre, rentier, rue Porte-Neuve, 19.
Vᵉ Bureau, rentière, q. d'Orléans, 5.

7

Vᵉ Bureau, Benjamin, rue Dugommier, 5.
Bureau, François, mécanicien, pl. Pilori, 14.
Mme Bureau, née Armansin, chemin de la Contrie, 19.
Mlle Bureau, chaussée Madeleine, 32.
Bureau, Charles, cordier, pont des Récollets, 3.
Vᵉ Bureau, Michel, filateur, rue Crucy, 4 et 5.
Bureau, Auguste, filateur, rue Crucy, 5.
Mlle Bureau, Jeanne, mᵈᵉ de chapelets, rue Malherbes, 12.
Mlle Bureau, Marie, quai Duguay-Trouin, 2.
Bureau-Benoni, minotier, rue S.-André, 6.
Bureau, Joseph, prop., chemin du Port-Guichard.
Bureau, Joseph-Donatien, chef de division à la Préfecture, chemin du Coudray, 30.
Bureau, Mathurin, jardinier, chemin du Haut-Moreau, 12.
Bureau, Louis, chemin du Coudray, 18.
Bureau, Jean-Baptiste, boulanger, rue de la Commune, 38.
Bureau de la Gaudinière, Théophile, rue Lafayette, 1.
Burel, répétiteur, rue du Lycée, 1.
Buret, Auguste, cafetier, pl. du Commerce, 4.
Burgaud, Auguste, photographe, rue Belle-Image, 3.
Burgaud, Pierre, mᵈ de vins en gros, rue du Marchix, 7.
Burgaud, rentier, Basse-Grand'-Rue, 18.
Burgelin, Frédéric, fils, brasseur, q. Saint-Louis, 5.
Burgelin, Eugène, brasseur (associé), q. Saint-Louis, 5.

Burgelin, mᵈ de vins en gros, rue Malherbes, 16.
Burgelin, Auguste, mᵈ de vins en gros (associé), q. Richebourg, 21.
Burgelin, sous-chef de la gare des marchandises, à la grande gare.
Burgelin, Jacob-Frédéric, tenue Camus, 3.
Mme Buron, Ernest, née Robert, Marie, rue Menou, 5-7.
Buron, Jean-Baptiste, architecte, rue Dugommier, 6.
Buron, Romain-Léopold, rue Kervégan, 22.
Vᵉ Burot, Émile, r. des États, 15.
Burot, Francis, rentier, rue Newton, 2.
Burthe (de la), pl. S.-Pierre, 2.
Busnel (de), Alphonse, employé du télégraphe, r. d'Argentré, 1.
Busnel (de), Amador, prop., rue d'Argentré, 1.
Busnel (de), Amador, fils, contrôleur des contributions directes, pl. S.-Pierre, 1.
Bussé, employé de banque, rue du Marchix, 14.
Vᵉ Busseuil, William, rue J.-J. Rousseau, 11.
Busson, Louis, tailleur, rue Bon-Secours, 2.
Busson, Hippolyte, vicaire à S.-Similien, rue Bel-Air, 2.
Mlle Butat, Clémentine, mercière, rue du Calvaire, 20.
Butet, Jules, tourneur, chaussée Madeleine, 24.
Butty, Aristide, mᵈ de tissus, rue de la Commune, 1.
Butty, Louis, horloger, rue du Marchix, 15.
Buzeau, chef d'orchestre, rue Crébillon, 8.
Buzelin, Ernest, pâtissier, rue J.-J. Rousseau, 14.

C

Vᵉ Cabaillot, rue Haute-du-Château, 6.

Cabalzar, Antoine, restaurateur, r. Lapeyrouse, 13.

Vᵉ Cabanne, Hippolyte, modiste, r. du Calvaire, 10.

Cabanne, Laurent, prop., rue Rameau, 1.

Cadart, Charles, caissier, rue S.-Nicolas, 21.

Cadeau, Elie, mᵈ de blouses (associé), rue du Moulin, 17.

Cadet-Naudet, Antoine, professeur, rue Strasbourg, 2.

Cadin, Pierre, corroyeur, rue Prairie-au-Duc.

Cadinière (de la), Charles, rue de Rennes, 9.

Cadiou, contrôleur au télégraphe, rue Suffren, 1.

Cadoret, François, bureau de placement, rue de Bréa, 5.

Cadoret, rue Bonne-Louise, 17.

Cadot, Jean-Marie, menuisier, rue de Rennes, 55.

Cadou, François, tonnelier, r. La Moricière, 7, habit. r. Linné, 5.

Cadoudal (de), Georges, rue Strasbourg, 24.

Caffin, Louis, mᵈ de vins en gros, quai des Tanneurs, 13.

Caffin, retraité de la Banque, rue Haute-du-Château, 17.

Cafforel, gérant de la maison du Louvre, rue Anison, 6.

Cahen, Alphonse, linger, rue Crébillon, 10.

Cahen-David, engrais, à la Grenouillère.

Cahors, prop., pas. Sainte-Anne, 7.

Cahors, Ferdinand, teinturier, rue Crébillon, 9, et marchand de literie, place du Bon-Pasteur.

Cahour, Abel, aumônier du Lycée, rue Malherbes, 13.

Cahue, Auguste, professeur au Lycée, rue du Lycée, 1.

Caillard, Paul, employé de la Marine, quai de la Fosse, 11.

Caillard, Frédéric, père, quai Duguay-Trouin, 11.

Caillard, Frédéric, fils, commis. en marchand., q. Duguay-Trouin, habit. rue Cambronne, 9.

Caillard, Arthur, courtier de navires, quai Fosse, 33, habit. quai Duguay-Trouin, 11.

Caillard, bourrel., Pont-Rousseau.

Caillaud, Jean-Jacques, prop., rue de Paris, 40.

Caillaud, Gustave-Auguste, r. Lafayette, 18.

Vᵉ Caillaud, rent., r. Voltaire, 23.

Caillaud, Baptiste, cordonnier, r. Contrescarpe, 16.

Caillaux, Alexis, charcutier, chaussée Madeleine, 39.

Caillé, Adolphe-Narcisse, quai de l'Hôpital, 2.

Caillé, Dominique, r. Crébillon, 2.

Caillé, Gustave, mᵈ de grains, pl. Delorme, 2.

Caillé, Louis, rentier, rue du Calvaire, 10.

Caillé, Edouard-Henri, avocat, rue Basse-du-Château, 2.

Vᵉ Caillé, rue de Gigant, 36.

Caillé, Alfred, fils, rue Basse-du-Château, 2.

Caillé, François, mᵈ de vins en gros, rue Basse-du-Château, 2.

Caillé, Charles, fils aîné, horticulteur, rue de Paris, 43.

Caillé, Henri et Eugène et Mlles Caillé, horticulteurs, rue de Paris, 61.

Vᵉ Caillé Charles, et Caillé Emile, horticulteurs, rue de Paris, 92.

Caillé, Jules, horticulteur, r. Saint-Charles.
Cailleteau, Théodore-Charles, docteur-médecin, quai Fosse, 100.
Caillo, Emile, bois à brûler, avenue Metzinger (Ville-en-Bois).
Vᵉ Caillou, rue Saint-Nicolas, 17.
Caisse Méridionale (la), compagnie d'assurances contre l'incendie, représentée par M. Paumier, rue d'Aguesseau, 12.
Calame, courtier, r. Franklin, 16.
Callac (de), Louise, place Saint-Pierre, 1.
Callandreau, Léon-Gabriel, pharmacien, place Viarmes, 13.
Callard, Julien, rue de Rennes.
Callaud, Jean, horloger, rue du Bouffay, 2.
Vᵉ Callet, Jean-Baptiste, malletière, place du Bouffay, 5.
Callier, François, armateur, r. Cambronne, 13.
Vᵉ Calloch, Constant, r. Racine, 2.
Vᵉ Calloch, Joseph, quai Duguay-Trouin, 13.
Calonnec, Jean, prop., à la Carterie (rue de Rennes).
Mme Calverhouse, née Adam, rue Lekain, 6.
Vᵉ Calvinhac, Pierre, grande avenue des Folies-Chaillou, 6.
Camin-Péhant, employé de la Marine, rue Voltaire, 28.
Cammartin, Armand, capitaine, r. Kervégan, 9.
Campeau de Saint, Henri, q. Ile-Gloriette, 5.
Campion, Francis, tailleur, place du Commerce, 1.
Vᵉ Campion, Marcel, pl. du Commerce, 1.
Camproger, Auguste, inspecteur du chemin de fer, rue Saint-Donatien, 34.

Camproger, Eugène, rue Jean-Jacques-Rousseau, 5.
Vᵉ Camus, Eugène, rent., escalier des Petits-Murs.
Mlle Camusard, Annonciade, rue Colbert, 18.
Canard, Mathilde, sage-femme, q. de la Fosse, 14.
Candeau, rue Poissonnerie, 8.
Canel, Alexandre, capitaine du génie, rue Saint-Clément, 68.
Canivet, ingénieur des tramways, boulevard Sébastopol, 3.
Canterie (de la), Pierre, rue de Strasbourg, 1.
Capdevielle, Joseph, restaurateur, passage Pommeraye.
Capin, chapelier, à la Grenouillère.
Capucins (couvent des Frères mineurs), rue Noire.
Vᵉ Capus, rue Mazagran, 8.
Caradec, Yves, mᵈ de meubles, r. Mercœur, 10.
Carcaradec (de), ingénieur en chef des Ponts et Chaussées, place Saint-Pierre, 1.
Vᵉ Carcouet (de), rue Sully, 2.
Carcouet, Pierre, sous-chef de bureau à la Mairie, r. Bel-Air, 51.
Vᵉ Carcouet, Mathurin, rue Guillet-de-la-Brosse, 1.
Vᵉ Carcouet, René, tonnelier, rue de la Verrerie, 14, habit. r. Flandres, 1.
Cardinal, Alexis, fils, forgeron, canal de Chantenay.
Mme Cardon, place Graslin, 1.
Cardon, Arthur, avocat, rue du Calvaire, 27.
Cardou, Etienne, mᵈ de graines, r. Grande-Biesse, 26.
Cardozo de Béthencourt, mᵈ de vins, rue Saint-Jean, 10.
Carimalo, Mathurin, malletier (associé), r. Basse-du-Château, 16.

Cariou, Jean, pâtissier, rue Voltaire, 2.

Carissan, professeur d'histoire, r. Saint-Pierre, 1.

Carlet, Pierre-Victor, m^d de comestibles, rue Crébillon, 7.

Carmélites (couvent des religieuses), bas ch. du Coudray, 10.

Ve Carmichaël, rentière, rue des Arts, 26.

Caro, Ange, plâtrier, rue de l'Industrie, 8.

Caro, passage Raymond.

Caron, prop., rue Royale, 13.

Mlle Caron, Honorine, rue des Orphelins, 19.

Ve Caron, Louis, r. Beau-Soleil, 9.

Carougeat, Louis, boulanger, rue du Calvaire, 21.

Carpentier, Eugène, commissionnaire en grains, quai Ile-Gloriette, 10.

Carpentier, Ernest, m^d de meubles, rue Mercœur, 8.

Carpentier, Benjamin, cordonnier, rue S.-Léonard, 22.

Ve Carpentier, née Hignard, Eugénie, rue des Orphelins, 19.

Carraud, Benjamin, fabricant de conserves, à la Jaunaie, en Saint-Sébastien, et chaussée de la Madeleine, 47-49.

Mlle Carré, Pauline, lingère, Haute-Grand'Rue, 50.

Carré, Eugène, professeur de danse, rue J.-J. Rousseau, 12.

Carré, généalogiste, rue de la Verrerie, 7.

Ve Carré, rue Boileau, 5.

Carré, Georges, rentier, rue Boileau, 5.

Carré, Théodore, quai Duguay-Trouin, 16.

Mlle Carré, Caroline, q. Fosse, 9.

Carré, Antonio, ingénieur, rue des

Carré, Eugène, rue de la Chalotais, 2.

Carrée-Van-Camelbecke, m^d de chapelets, pl. Saint-Pierre, 1.

Carrère, Jacques, droguiste et minotier, à la Piaudière.

Carrère, commissaire de surveillance au chemin de fer, rue de Rennes, 10.

Ve Carron, Louis, Basse-Grand'-Rue, 7-9.

Carsenac, Jules, fils, au Mont-Goguet.

Mlle Cartheizer, rentière, rue Bastille, 52.

Cartier, François, caissier, passage Pommeraye.

Cartier, Félix-Alexandre, dentiste, rue d'Orléans, 18.

Ve Cartrain, Théodore, rue Crébillon, 22.

Cartron, menuisier, r. Rosière, 6.

Cartron, Léon, menuisier en voitures, passage Sainte-Anne, 3.

Cartron, Mathurin, menuisier, rue de Rennes (la Carterie).

Cartrou, vérificateur des Douanes, rue de la Verrerie, 2.

Casimon, François, charpentier, ruelle Bel-Air, 3.

Casparin, Jean, rentier, Haute-Grand'Rue, 63.

Casparin, Guillaume, pâtissier, rue Barillerie, 11.

Cassac, Joseph, mercier, rue de Vertais, 94.

Cassaignard, Joseph, serrurier, rue Franklin, 7.

Cassard, Antoine, commissionnaire en grains, quai Duguay-Trouin, 11.

Cassard, Ludovic, m^d de vins en gros, rue de Versailles, 1, habit. rue de Rennes, 10.

Cassard, Charles, m^d de vins en gros (associé), rue de Versailles,

Cassard, Henri, mᵈ de grains, quai Brancas, 5.
Cassard, Stéphane, pharmacien, chaussée Madeleine, 26.
Mlle Cassard, Emilie, place Port-Maillard, 3.
Cassard, quai de la Fosse, 16.
Cassard, Antoine, quai de Versailles, 5.
Cassard, Jean, rue de Gigant, 36.
Cassard, Jean, maître-maçon, rue Juiverie, 2.
Mme Cassard, modiste, Haute-Grand'Rue, 45.
Mme Cassard, rentière, rue du Port-Communeau, 7.
Mlle Cassard, Émilie, rentière, rue Saint-Clément, 15.
Vᵉ Cassard, chemin de la Contrie.
Mlle Cassard, Rosalie, pl. du Port-Maillard, 3.
Cassegrain, Désiré, charcutier, rue des Carmes, 11.
Cassegrain, salaisons, au Frêne-Rond, route de Clisson.
Cassin, Pierre, rentier, q. Fosse, 89.
Cassin, plâtrier, Pont-Rousseau.
Cassin, Henri, fils, épicier, route de Clisson.
Castadère, Joseph-Bertrand, rue d'Allonville, 18.
Castagnary, Ferdinand, chaudronnier, q. de l'Hôpital, 11.
Mme Castagnary, confections pour dames, rue de la Fosse, 28.
Vᵉ Castagne, Armand, rue Kervégan, 12.
Mlle Castel (de), Marie, r. Sully, 3.
Castel, Charles, peintre, rue Basse-du-Château, 12.
Castel, Alfred, rentier, r. Crucy, 15.
Vᵉ Castelnau (de), rue Félix, 13.
Vᵉ Castonnet-Desfossés, rue Vol-

Catheaugrue, chapelier, chaussée Madeleine, 51.
Mlle Cathelineau, Marie, quai du Bouffay, 1.
Mlle Catrou, Virginie, pl. Petite-Hollande, 3.
Catta, substitut du Procureur, rue Rosière, 2.
Caudal, Julien, sellier-carrossier, rue d'Alger, 1.
Cauvin, Victor, rue Bastille, 13.
Cavaillac, Eugène, mᵈ de tissus, pl. Saint-Pierre 3.
Mlles Cavallan, rue Kervégan, 24.
Cavaroc, Frédéric, bureau de placement, pl. du Commerce, 1, habit. boulevard Sébastopol, 2.
Cavayé, Marie, rent., r. Barillerie, 6.
Caveng, Antoine, pâtissier, rue des Arts, 18.
Cazeau, Émile, receveur de l'enregistrement, rue de Briord, 20.
Cazin, employé des Douanes, rue Franklin, 11.
Ceineray, Édouard, représentant de commerce, rue de la Bourse, 2, habit. rue Daubenton, 7.
Ceineray, Gatien, courtier de marchandises, rue de la Fosse, 36, habit. pl. de la Monnaie, 6.
Vᵉ Ceineray, r. de Bréa, 5.
Ceineray, Édouard, r. Daubenton, 7.
Celle de Châteaubourg (de la), Charles, rue J.-J. Rousseau, 8.
Cellier, Louis, économe des chemins de fer Nantais, rue du Guesclin, 1.
Centrale (la), Compagnie d'assurances contre l'incendie, représentée par M. Metzinger, à la Ville-en-Bois.
Cercle catholique, rue du Chapeau-Rouge, 13.
Cercle commercial, Compagnie d'assurances maritimes, représentée par M. Mary, tenue

Cerisier, Pierre, vicaire à S.-Jacques, rue de Vertou, 6.

Certain-Maillard, horloger, rue Feltre, 2, habit. q. Penthièvre, 3.

Mlle César, Marie-Augustine, rue des Orphelins, 19.

Mlle Cesbron, Marie, prop., quai de Barbin, 6.

Cézard, Albert, exploitant une raffinerie, à Chantenay, habit. pl. du Sanitat, 5.

Chabanne, Ernest, horloger, rue des Carmes, 22.

Vᵉ Chabannes, Pierre-Charles, entrepreneur de monuments funèbres, rue de Miséricorde, 13.

Mme Chabas, Oscar, r. Bréa, 1.

Chabas, Oscar, mᵈ de tissus, quai Penthièvre, 1.

Chabert (de), Émile, employé des contributions indirectes, rue d'Allonville, 3 bis.

Chabert (de), Polydore, rue Haute-du-Château, 6.

Chabinaud, Alphée, mᵈ de tissus, rue Affre.

Chabirand, Aristide, horloger, pl. Delorme, 1.

Vᵉ Chaboisseau, Étienne-Auguste, pl. de la Monnaie, 6.

Vᵉ Chaboisseau, Jacques, rue du Calvaire, 24.

Chaboisseau, Auguste, mᵈ de graines, q. Flesselles, 2.

Chabot, Ferdinand, cafetier, rue Crébillon, 24.

Chabot, Julien, vannier, chaussée Madeleine, 55.

Chabot, Amédée, aubergiste, rue de Rennes, 16.

Chabot, aîné, vannier, rue de la Seil, habit. chaussée Madeleine.

Chaffin, Haute-Grand'Rue, 1.

Mlle Chagniau, rue Haute-du-Château, 9.

Chagneau, Benjamin, rue des Carmes, 6.

Chaigneau, Émile, rue Bonne-Louise, 10.

Vᵉ Chaillon, mercière, rue Crébillon, 9, habit. rue Contrescarpe, 3.

Chaillon, Jules, officier de marine en retraite, rue Héronnière, 4.

Chaillou, Lucien, boulanger, rue de Coutances, 8-10.

Mlle Chaillou, Marie, rentière, rue S.-Pierre, 3.

Chaillou, mécanicien, pl. Pilori, 8.

Chaillou, aîné, mécanicien, quai Magellan.

Chaillou, Eugène, charcutier, rue Contrescarpe, 24.

Chaillou, Félix, q. Fosse, 70.

Chaillou, Benjamin, rue Contrescarpe, 23.

Chailloux, Lucien, boulanger, place Viarmes, 20.

Chaix, Max, professeur au Lycée, rue du Lycée, 1.

Chale, épicier, rue Franklin, 5.

Mme Chalon, q. Turenne, 5.

Mlles Chalotte, r. du Boccage, 16.

Chalumeau, Louis, rue Haute-du-Château, 13.

Chamaillard, Georges, rentier, q. Duguay-Trouin, 15.

Mlle Chamblet, Elmire, mᵈᵉ bouquetière, rue de la Chalotais, 2, et rue J.-J. Rousseau.

Chambon, Louis, cimentier (associé), rue Grétry, 2, habit. rue Cassini.

Chambon, Jean-Baptiste, mᵈ de porcelaines, r. Lafayette, 2.

Champenois, Pitre, caissier des chemin de fer nantais, rue Barrière-Couëron, 16.

Champenois, Adolphe, potier d'étain, rue Barillerie, 2.

Vᵉ Champenois, rentière, rue Barillerie, 8.
Vᵉ Champenois, Gustave, rue de Feltre, 6.
Champenois, Albert, mᵈ de charbon, q. Fosse, 9.
Champenois, fers et aciers, Pont-Rousseau.
Champenois et Delaunay, charbons de terre, Pont-Rousseau.
Champion, Jean, charcutier, rue du Marchix, 47.
Championnière (de la), rue de Strasbourg, 1.
Champomier, Gilbert, professeur de chant, r. Cambronne, 2.
Vᵉ Champ-Renou (du), Haute-Grand'Rue, 1.
Champ-Renou (du), Jules, rue Félix, 12.
Chanceaulme, Victor, commissionnaire en grains, pl. Petite-Hollande, 2.
Chancerelle, Laurent, père, prop., rue Kervégan, 4.
Chancerelle, Auguste, négociant (associé), rue Kervégan, 4, hab. à Douarnenez.
Chancerelle, Amédée, négociant, rue Kervégan, 4, habit. quai Port-Maillard, 13.
Chancerelle, Laurent, fils, mᵈ de poisson salé, rue d'Erdre, 17, habit. rue S.-Léonard, 33.
Vᵉ Chandesais, François, rue Châteaubriant, 21.
Chandonné, Alphonse, rue Bonne-Louise, 8.
Chandreau, substitut du Procureur, passage Félibien.
Chaney, Gilbert, fils, rue Grande-Biesse, 14.
Chaney, Antoine, mᵈ corroyeur, ruelle des Quatre-Vents, 1.
Changé, Xavier, rentier, rue Stras-

Chanteloup (de), Louis, rue Basse-du-Château, 2.
Chanteloup, Désiré, employé à la banque, rue du Moulin, 13.
Chapé, Charles, représentant de commerce, rue du Boccage, 20.
Chapé, mécanicien, à la Musse.
Chapelle, François, mᵈ de fer, q. du Marais, 7.
Chapelle, Louis, mᵈ de fer, q. du Marais, 7, habit. rue Saint-Nicolas, 3.
Chapelle, négociant, r. d'Orléans, 6.
Chapelle, fils, chaus. Madeleine, 23.
Chapelle, Joseph, horloger, rue Barillerie, 17.
Chapelle, Jean-Marie, boisselier, chaussée Madeleine, 15.
Chapelle, fils, rue Kervégan, 28.
Chapelle, Joseph, aubergiste, rue Garde-Dieu, 6.
Chapelin, Gustave, r. de Gorges, 6.
Chapin, rentier, r. La Moricière, 6.
Chapiseau, fabricant de cartons, rue Lafayette, 10.
Vᵉ Chapotin (de), Albert, Mlle Chapotin (de), Louise et M. Albert, fils, rue S.-Clément, 4.
Chapotin (de), Charles, rue Malherbes, 10.
Chapoux, Antoine-Eugène, rue Belle-Image, 1.
Vᵉ Chappet, Édouard, Basse-Grand'Rue, 18.
Chapuy, machiniste à la gare, rue d'Allonville, 53.
Charbel, Émile, place de la Monnaie, 3.
Vᵉ Charbonnier, petite rue du Refuge, 1.
Chardon, Jean, représentant de commerce, r. Latour-d'Auvergne.
Vᵉ Chardonneau, q. du Marais, 3.
Chardon, Auguste, serrurier, rue

Charet, Prosper, chef de bureau à la Mairie, chaussée Madeleine, 13.

Mlles Charet, chaussée Madeleine, 13.

Charet, Ludovic, chaussée Madeleine, 13.

Charet, Édouard, sous-chef de bureau, à la Mairie, chaussée Madeleine, 13.

Charet, Aristide, chaussée Madeleine, 13.

Charet, Henri, négociant, quai de l'Hôpital, 8.

Vᵉ Charette (de), rue d'Aguesseau, 12.

Charier, Henri, prop., r. Emery, 2.

Mlle Charles Céleste, rue Bon-Secours, 2.

Charles, Jules, r. Haute-Casserie, 2.

Charlin, Claude, mᵈ tailleur, rue Boileau, 11.

Charmentier, Armand, fabricant de bonneterie, ruelle des Grands-Jardins, 5, et place Royale, 2.

Charpentier, Émile, substitut du Procureur, rue Cambronne, 4.

Charpentier, Henri-Désiré, ancien imprimeur, r. de la Fosse, 32.

Charpentier, Auguste, prop., rue de Rennes, 72.

Charpentier, Pierre, maître maçon, q. S.-Louis, 6.

Charpentier, Julien, rentier, rue S.-Similien, 38.

Charpentier, Hyacinthe, rentier, rue Contrescarpe, 8.

Mlle Charpentier, Marie, avenue Ste-Anne, 11.

Charon, Frédéric, chef de bureau à la mairie, q. Fosse, 56.

Charon, Joseph, employé à la Mairie, rue de Strasbourg, 1.

Charon, Joseph, mᵈ de pelleteries, rue d'Orléans, 8.

Charon, Joseph, condʳ au chemin de fer, rue d'Allonville, 11.

Charrié, André, menuisier, rue S.-André, 50.

Vᵉ Charrié, Martin, avenue Ste-Anne, 20.

Charrier, Henri, rue de l'Emery, 8.

Charrier, receveur à la Gare, rue Richebourg, 28.

Charrier, Henri-André, rue Haute-Casserie, 2.

Charrier, François, q. Fosse, 83-84.

Charrier, Francis, rue Félibien, 1 bis.

Vᵉ Charrier, Jean-Marie, peintre en bâtiments, rue S.-Similien, 8.

Vᵉ Charrier, Léon, r. des Arts, 28.

Mlle Charrier, Valérie, q. Fosse, 40.

Charron, Charles, q. Fosse, 33.

Vᵉ Charron, René, et Mlle Charron, Fanny, q. Duguay-Trouin, 7.

Vᵉ Charron, François, rue des Carmélites, 18.

Vᵉ Charron, rue Michel-Columb.

Vᵉ Charron-Cathelineau, tenue Camus, 38.

Charruau, aîné, Joseph, docteur-médecin, boulevard Delorme, 10.

Charryau, Félix, docteur-médecin, rue Voltaire, 6.

Charryau, Émile, rue Grétry, 1.

Charryau, jardinier, passage Leroy.

Chartier, docteur-médecin, rue du Calvaire, 22.

Chartier, officier d'administration, r. Contrescarpe, 3.

Chartier, Pierre, prêtre, rue de Hercé.

Chartier, rentier, q. Penthièvre, 1.

Chartier, Félix, comptable, rue Boucherie, 24.

Chartier, Abel, rue S.-Jacques, 50.

Chartier, François, forgeron, quai de la Fosse, 99.

Mme Chartier, Eugène, teinturier-dégraisseur, rue Rameau, 3.

Chartier, Julien, rue Rosière, 12.
Chassain de Fontmartin, petite rue S.-Clément, 5.
Chassang, Antoine, tenant pension de chevaux, passage Raymond.
V° Chassé, Honoré, avenue de Luzençay.
Chassé, François, rue Porte-Neuve, 11.
Chassé-Duguy, à la Hautière.
Chasseloup, Jean, quincaillier, rue Voltaire, 14.
Chasseloup, Ferdinand, cafetier, rue des Carmes, 20.
Chassin, Jules, rentier, q. Saint-Louis, 3-4.
V° Chastenet, Léonard, pl. Saint-Vincent, 5.
Chataignié, Jean, m^d de fourrages, route de Clisson.
Chataignier-Picherit, cordonnier, rue d'Orléans, 8.
Mlle Chataignier, Suzanne, rue du Bouffay, 3.
Chataignier, Jean-Baptiste, rue Colombel, 1.
Château (cercle du), place Louis XVI, 4.
Chateau, Félix, m^d tailleur, rue Crébillon, 8.
Chateau, François, tapissier, rue Cassini, 1.
Mlle Chateau, Mariette, m^{de} de meubles, rue Juiverie, 5.
Chateigner (de), prop., r. Royale, 12.
Mlle Chateigner, Sophie, épicière, place Lafayette, 2.
Chateigner, sculpteur, rue des Arts, 12.
Mlle Chateigner, r. de la Fosse, 46.
Chateigner (de), Édouard, rue Bonne-Louise, 16.
V° Chatelain, Édouard, avenue Launay, 18.

Mlle Chatelain, Pélagie, quai Fosse, 28.
Chatelier (du), rentier, rue de Strasbourg, 2.
Chatelier, Jean-Félix, q. Fosse, 69.
Chatellier, Sylvain, bouquiniste, rue Hôtel-de-Ville, 9.
Chatellier, Jean, tonnelier, rue Dubreil, 8.
V° Chatellier, rentière, rue de Rennes (la Carterie).
Chatelu, Armand, sculpteur, rue Hauts-Pavés, 37.
Chatonnet, caissier à la gare, boulevard Sébastopol, 8 bis.
V° Chauffard, rue S.-Donatien, 10.
Chaugé, Xavier, rentier, rue Strasbourg, 26.
Chauleur, conducteur au chemin de fer, rue Richebourg, 29.
Chaumeil, Philippe, m^d de parapluies, quai Fosse, 83-84.
Chaumet, Pierre, horloger, quai d'Orléans, 3.
Chaumet, François, place de l'Ecluse, 1.
Chaumet, Adolphe et Baptiste, quai Turenne, 1.
Chaumette, r. Cambronne, 2.
Chaumier, Théodore, ruelle Morand.
Chaumonnot, Pierre, confiseur, rue d'Orléans, 3.
Chaumouillé, Georges, quai de la Fosse, 8.
Chaumouillé, Charles, rue d'Aguesseau, 6.
Chaussan (de), rentier, rue Crébillon, 14.
Mlle Chaussepied, Caroline, m^{de} de coton filé, rue des Arts, 24.
Chautard, Napoléon, tenue Camus, 40.
Chautard, Emile, bains publics, rue du Calvaire, 8.

Chautard, Paul-Théophile, armateur (associé), rue Chapeau-Rouge, 10, hab. tenue Camus, 38.

V⁰ Chauve, Jean, bonneterie, rue Crébillon, 12.

V⁰ Chauve, rentière, rue Saint-Clément, 33.

V⁰ Chauveau, prop., rue de la Fosse, 7.

Chauveau, Louis, fabricant de parapluies, r. Poissonnerie, 27.

Mme Chauveau, Hippolyte, chemin du Moulin des Poules, 13.

Chauvel, Abel, commis négociant, q. Fosse, 20.

Chauvel, Gédéon, rue des Cadeniers, 4.

Chauvelon, Joseph, ancien armateur, place Notre-Dame, 2.

Chauvelon, Elie-Aristide, prop., passage Russeil, 15.

Chauvelon, Baptiste, boucher, rue de la Verrerie, 11.

Chauvelon, Clair, boulanger, rue de Rennes, 41.

Chauvelon, capitaine du Port, quai de la Fosse, 64.

V⁰ Chauvelon, r. Verrerie, 7.

Chauvet, Edouard, agent de change, rue de la Fosse, 34, hab. rue Voltaire, 11.

Chauvet, Charles, directeur du syndicat des assureurs maritimes, rue Chapeau-Rouge, 21.

Chauvet, Ernest, armateur, rue Mazagran, 6 bis.

Chauvet, Armand, commissaire priseur, pl. du Commerce, 4.

Chauvet, Pitre, arbitre de commerce, vieux chem. de Couëron.

Chauvet, François, boulanger, rue du Couëdic, 2.

Chauvet, Alphonse, rentier, rue Arche-Sèche, 8.

Chauvet-Roy, Eugène, r. Bayard, 2 bis.

Chauvet, Adrien, mᵈ d'engrais, q. Duguay-Trouin, 15.

Chauvet, Etienne, route de Clisson.

Chauvet, Adrien, mᵈ d'engrais, rue Latour-d'Auvergne, habit. q. Duguay-Trouin, 15.

Chauvet, Paul, r. J.-J. Rousseau, 16.

Mlle Chauvet, rentière, rue Santeuil, 5.

Mlle Chauvet, Clémentine, place Delorme, 1.

V⁰ Chauvet, Jacques, q. Fosse, 69.

V⁰ Chauvet, prop., rue Félix, 10.

Chauvet-Pizzala, mᵈ d'objets de curiosité, passage Pommeraye.

V⁰ Chauvières, Félix, prop., rue Talensac, 2.

Chauvière, Félix-Marie, fils, rue de Rennes, 32.

V⁰ Chauvigné, Louis, mᵈᵉ de fromage, rue de Gorges, 6.

Chauvin, René, avocat, rue Rosière, 2.

Chauvin, François, exploitant une raffinerie (associé), rue Beauséjour, 5.

Chauvin, teneur de livres, rue Hauts-Pavés, 30.

Chauvigny, Henri, mᵈ de bois, q. de l'Hôpital, 8, hab. à Orléans.

Chauvin, rentier, rue de la Boucherie, 3.

Chauvin, Michel-Marie, rue Marceau, 14.

Mlle Chauvin, Adèle, pas. Louis-Levesque.

Chauvy, Henri, parfumeur, r. Crébillon, 14.

V⁰ Chauvri, Pierre, r. Petitpierre, 3.

Chavannes, Benjamin, capitaine de navires, rue Bastille, 53.

Chavins, capitaine d'état major, rue Voltaire, 28.

Chave, Alexandre, officier en retraite, rue de Gigant, 44.

Chazerain, Edmond, professeur, r. des Etats, 13.
Mlle Chedolet, rue Urvoy-Saint-Bédan, 2.
Chedoso, Jean, charpentier, rue de l'Emery, 6.
V⁰ Chedotal, rue Bastille, 20.
Chedotal, fils, employé des contrib. indirectes, rue Bastille, 20.
Chedron, Charles, machines à coudre, rue Voltaire, 20.
Chéenne, Jean-Baptiste, boucher, rue Basse-du-Château, 2.
V⁰ Chelfontaine (de), r. N.-Dame, 9.
Chéguillaume, Henri, ingénieur des Ponts et chaussées, place Graslin, 3.
Chéguillaume, Edouard, rue Colbert, 7.
V⁰ Chéguillaume, Alexis, rue Crébillon, 15.
Chéguillaume, Ernest, rue Crébillon, 15.
Chéguillaume-Libert, Eugène, propriétaire, quai Flesselles, 3.
Chéguillaume, Joseph, fabt. à métiers, rue de Briord, 13.
Chéguillaume, Edmond, rue Racine, 10.
Chéguillaume, prop., au Plessis-la-Musse.
Chelet, Alphonse, m^d de vins, quai de l'Hôpital, 10, habit. rue de la Fosse, 40.
Chemins de fer Nantais (comp. des), M. Briaud, direct., bureaux boulevard Delorme, 28, et rue Harrouys, 18.
Cheminant, Alexandre, q. de Versailles, 18.
Cheminant, aumônier de la Providence, rue des Orphelins, 12.
Chenais, Auguste, malletier, rue Puits-d'Argent, 2.
Chenantais, Philémon, juge de paix à Rezé, place du Bouffay, 6.

Chenantais, Jules, docteur-médecin, rue de Gigant, 22.
Chenantais, Eugène, architecte, r. Lafayette, 10.
Chénard, Jean, m^d de vins, quai Fosse, 90.
V⁰ Chêne (du), rue d'Argentré, 4.
Chenais, Louis-Auguste, quai Hôpital, 10.
V⁰ Chéneau, rentière, pas. Sainte-Anne, 10.
V⁰ Chéneau, Pierre, rue de Rennes, 37.
Chenel, François-René, rue Voltaire, 11.
Cheneveau, professeur au Lycée, rue Châteaubriant, 23.
Cheneveau, Prosper, imprimeur lithographe et opticien, quai Jean-Bart, 3.
Chenouard, Charles, cordonnier, r. des Carmélites, 14.
Chepdeau, L., rue d'Alger, 12.
Cheraud, employé des douanes, r. Harrouys, 24.
Cherbonnier, Barthélemy, serrurier, passage Sainte-Anne, 15.
Cherbonnier, Alexandre, rue Kléber, 4 bis.
Cherbonnier, Augustin, rue Sarrazin, 10.
Cherbonnier, Alexandre, armurier, rue de Verlais, 60.
Cherbonnier, Auguste, fabt. de conserves (assoc.), rue Félix, 6.
Mlle Chérel, Emile, rentière, petite rue Saint-Clément, 7.
Chérel, épicier, à la Grenouillère.
Mme Cheret, Jules, cabinet de lecture, rue Régnard, 1.
Chérot, Ernest, caserne de passage, petite rue Brancas, 17.
Cherouvrier, m^d de parapluies, rue Voltaire, 17.

...tier, Gustave, m^d de vins en gros, r. Grande-Biesse, 14-18.

Ve Cherrière, Pierre, quai d'Orléans, 17.

Chesnais, Francis, plombier, rue d'Orléans, 11.

Chesnard de Sorbay, prop., rue Sully, 2.

Ve Chesnard, pas. Louis-Levesque.

Chesneau, Antoine, prop., chaussée Madeleine, 17.

Chesneau, Louis, prop., q. des Tanneurs, 17.

Chesneau, Joseph, prop., q. Penthièvre, 3.

Chesneau, Charles, rent., rue Marceau, 7-9.

Chesneau, employé de la Préfecture, rue Héronnière, 11.

Chesneau, Isidore, boulanger, pl. Viarmes, 4.

Ve Chesneau, Jean, rue Emery, 7.

Chesneau, Julien-François, boulanger, rue Saint-Similien, 43.

Chesneau, Louis, quai Cassard, 4.

Chesneau, Pierre-Julien, rue de Rennes, 80.

Ve Chesneau, Achille, boulevard Delorme, 8.

Chesnel, Frédéric, mécanicien, rue Baron, habit. place Bretagne, 18.

Ve Chesnel, rentière, r. Guépin, 8.

Ve Chessé, rue Mondésir, 4.

Chessé, Alfred-Marie, boulevard Saint-Aignan, 11.

Chessé, conserves, à la Musse.

Cheval, François, fabt. de chocolat, rue Santeuil, 5.

Cheval, Julien, m^d de parapluies, rue de l'Echelle, 4.

Chevalier, Henri, commission. en marchandises, place du Commerce, 4, habit. r. de Vertais, 47.

Chevalier, Charles-Jules, employé des eaux et forêts, rue Héronnière, 8.

Chevalier, Jean-Marie, prop., passage Russeil, 6.

Chevalier, ancien avoué, r. de Rennes, 2.

Chevalier, Jean-Marie, rentier, rue Richebourg, 29.

Chevalier, Benjamin, m^d de vins en gros, place Bretagne, 17.

Chevalier, prêtre, rue de la Verrerie, 7.

Chevalier, René, m^d de vins en gros, avenue Launay, 4.

Chevalier, Henri, m^d de vins en gros, avenue Launay, 4, habit. rue Kléber, 1.

Chevalier, Alexandre, cirier, rue Belle-Image, 4.

Ve Chevalier, rue Hôtel-de-Ville, 3.

Ve Chevalier, Antoine, prop., quai de Lourmel.

Chevalier, Jean-Joseph, rue Barillerie, 12.

Chevalier, Julien, restaurateur, r. de l'Ecluse, 4.

Chevalier, Alfred, m^d de tissus, r. Héronnière, 6.

Chevalier, Georges, quai Ile-Gloriette, 5.

Mlle Chevalier, Marie, vieux chemin de Couëron.

Chevalier, André-Etienne, rue Copernic, 6.

Chevalier, Pierre, sabotier, rue de Rennes, 76.

Chevalier, Gaston, horloger, rue Basse-Casserie, 2.

Chevalier, Eugène, peintre en bâtiments, rue Haudaudine, 2.

Ve Chevalier, Clémence, rue Héronnière, 12.

Ve Chevalier, rue des Coulées, 4.

Chevalier, négociant, place Petite-Hollande, 2.

Chevalier, Hippolyte, prop., rue Poissonnerie, 5.

Chevalier, Mathurin, rue du Guesclin, 1.
Ve Chevalier, Joseph, rue Poissonnerie, 5.
Ve Chevalier, Auguste, r. de Vertais, 69.
Chevallier, Henri, commission. en marchandises, r. de Vertais, 49.
Chevallier, Arthur, vétérinaire, rue de Vertais, 51.
Ve Chevet-Lamotte, prop., r. Strasbourg, 22.
Chevillard, Henri, quincaillier, quai d'Orléans, 17.
Chevillard, Charles, couvreur, rue Sainte-Croix, 9.
Ve Chevillard, Jean-Similien, rue de Briord, 16.
Chevreau, Hippolyte, rue Poissonnerie, 19.
Chevreuil, plâtrier, place des Irlandais, 4.
Chevreuil, Frédéric, merc., Haute-Grand'Rue, 36.
Chevreuil, Joseph, menuisier, rue de Coutances, 19.
Chevrier, Pierre, capitaine au long cours, quai Fosse, 72.
Chézeau, Achille, arpenteur, rue de Gigant, 36.
Chiché, aumônier des Frères de Bel-Air, rue de Coutances, 14.
Chiffaud, Jean-Marie, r. d'Erlon, 2.
Chiffoleau, père, prop., r. du Marchix, 53.
Ve Chiron, boulevard Delorme, 6.
Chiron-Babin, maréchal-ferrant, r. Saint-Jacques, 41.
Chizeau, Jules, rentier, quai d'Orléans, 19.
Ve Choblet, cafetier, r. Cassini, 3.
Choimet, Auguste, corroyeur, rue Boileau, 6.
Choimet, Lubben-Gabriel, sculpteur, rue Saint-Léonard 37

Choimet, Eugène, doreur, r. Franklin, 11.
Choimet, Adolphe, agent d'affaires, rue Mercœur, 18.
Choimet, sculpteur, r. Bastille, 34.
Mlle Choimet, Emma, mercière, r. Copernic, 10.
Ve Choismet, Jean, quai Duguay-Trouin, 9.
Choismet, Michel-Alexandre, menuisier, rue des Olivettes, 2.
Choisnel, Victor, parfumeur, rue Crébillon, 21.
Cholet, Gustave, avoué, rue Jean-Jacques-Rousseau, 2.
Cholet, Gustave-Etienne, avocat, rue Jean-Jacques-Rousseau, 2.
Ve Cholet, Armand, bandagiste, passage Pommeraye.
Chollet, Armand, chaussée Madeleine, 7.
Chollet, François, cordonnier, rue de Vertais, 44.
Choplain, Félix, cordonnier, rue du Calvaire, 28.
Choquet, Alexandre, md de tissus en gros (associé), petite rue des Carmes, 3.
Chouin, Octave, cafetier, rue Lafontaine, 2.
Chouin, François, restaurateur, r. Héronnière, 2.
Chove', Antoine, aîné, fondeur, r. Constantine, 2.
Ve Christophe, Pierre, fripière, rue Guépin, 7.
Chudeau, Joseph-Alphonse, agent d'affaires, rue d'Orléans, 5, hab. place Bretagne, 17.
Chupin, agent d'assurances, aven. de Launay, 14.
Chupin, René, md de vins, rue Barillerie, 6, habit. avenue de Lusançay.
Chupin, Frédéric, voilier, quai des Constructions, 6.

Chupin, entrepreneur de maçonnerie, quai de Barbin, 5.
Chupin, Etienne, r. des Carmes, 5.
Vᵉ Chupin, rentière, chemin de la Contrie, 3.
Vᵉ Chupin, Augustin, rue Columelle.
Chupin, Eugène, mᵈ de laine, rue Columelle.
Chuteau, Théophile, doreur et argenteur, rue Saint-Pierre, 1.
Cibot, Charles, rue Cassini, 12.
Mlle Cibot, Fanny, rue Cassini, 12.
Cinqualbre, Théophile, arbitre de commerce, rue Voltaire, 15 *bis*.
Ciron, Gustave, rue de Gigant, 36.
Vᵉ Ciron, passage Louis-Levesque.
Vᵉ Ciron, Constant, rue Bias, 1.
Cissey (de), commandant le xıᵉ corps d'armée, place Louis XVI.
Cistac, Baptiste, brocanteur, rue Contrescarpe, 12.
Vᵉ Citerne, boulevard Delorme, 11.
Mlles Citerne, place Neptune, 7.
Civrac, employé de la comp. d'Orléans, rue Ogée, 2.
Clarisses (couvent des sœurs), rue Molac, 6.
Claude, Jean, mécanic., r. Fouré.
Clausse, Nicolas, sculpteur, quai du Marais, 9.
Claveau, prop., rue des Etats, 13.
Claveau-Guéry, Victor, art. peintre, rue de la Fosse, 42.
Clavier, Ambroise, notaire, quai Brancas, 6.
Cleftie, Georges, avocat, r. Strasbourg, 22.
Clémeur, général, chef d'état-major, rue d'Argentré, 2.
Clerc, Eugène, employé à la Mairie, rue de Versailles, 1.
Vᵉ Clerc, Eugène, gantier, r. d'Orléans, 5.

Clergeau, Emile, armateur, r. Mazagran, 6.
Clergeau, François, prop., chemin de Bonne-Garde.
Clergeau, Victor, mᵈ de tissus (associé), rue Hôtel-de-Ville, 4.
Clériceau, Constant, architecte, pl. Royale, 5.
Vᵉ Clériceau, rentière, r. de Coutances, 14.
Clériceau, rentier, r. du Guesclin, 1.
Clémansin, Victor, rue de la Verrerie, 17.
Vᵉ Clémansin-Dumaine, rue Voltaire, 11.
Clémenceau, Jean-Marie, mᵈ de vins en gros (assoc.), rue Moquechien, 8, habit. chemin du Coudray, 8.
Clémenceau, Benjamin, rue Saint-Nicolas, 21.
Clémenson, Alcide, rue Saint-Nicolas, 29.
Clément, Julien, rentier, Haute-Grand'rue, 41-43.
Clément, Alexandre, cafetier, quai Jean-Bart, 2.
Clément, Auguste, cordonnier, r. Crébillon, 22.
Cléminot, Joseph, tamisier, quai d'Orléans, 8.
Clémot, Pierre, mᵈ de laines, quai des Tanneurs, 4.
Clénet, Jean-Baptiste, prop., place Bretagne, 4.
Clergeau, prop., chaussée Madeleine, 53.
Mme Clermont, fripière, place Bretagne, 18.
Clermont, Joseph, menuisier, rue Saint-Similien, 19.
Clermont, Louis, rue Sarrazin, 4.
Cléro, petite rue de Launay, 4.
Clervaux (de), ingénieur civil, au Mont-Goguet.

Vᵉ Clervaux (de), rue Saint-Clément, 38.
Cligny, Nicolas, rue Noire, 12.
Clipperton, Robert, consul anglais, rue d'Alger, 1.
Clisson, rue Lafayette, 10.
Vᵉ Cloquet, Louis, Haute-Grand'-rue, 36.
Closmadeuc (de), Henri, armateur, rue Jean-Jacques-Rousseau, 3.
Clostre, Jules-Auguste, rue Deshoulières, 6.
Clouet, Denis, missionnaire, r. Malherbes, 8.
Clouet, Louis, menuisier, quai Fosse, 93.
Vᵉ Clouet, Julien, q. Fosse, 39.
Cloux, Louis, cordonnier, pl. du Commerce, 5.
Cobigo-Grégoire, entrepreneur de voitures, rue J.-J. Rousseau, 13.
Cocaud, Pierre, boulanger, rue Richebourg, 50.
Cocault-Duverger, avocat stagiaire, rue Menou, 2.
Cochard, Léopold-Louis, rue Félibien, 10.
Cochard, François, mᵈ de comestibles, rue Arche-Sèche, 8.
Cochard, François, docteur-médecin, rue Voltaire, 2.
Cochereau, Auguste, r. Racine, 7.
Vᵉ Cocheteux, q. de la Fosse, 36.
Cochin, Paul, q. Brancas, 4.
Codet, Jean, rentier, rue du Marchix, 35.
Codrozy (Moysen de), René, place Louis XVI, 1.
Cognard, doreur, pl. Delorme, 1.
Cognel, Louis, professeur, rue du Chapeau-Rouge, 15 bis.
Cogniard, Victor, pâtissier, rue S.-Jacques, 5.
Cohue, Auguste, peintre en bâtiments, q. Maison-Rouge, 1.

Coicaud, Adolphe, prêtre, rue S.-Clément, 23.
Coicaud, Eugène, rue des Cadeniers, 3.
Coicaud, armateur, rue Cambronne, 13, habit. r. Mondésir.
Vᵉ Coiffard, rentière, r. de Paris, 8.
Mme Coiffard, Eugène, modiste, rue Guépin, 12.
Coiffard, Théophile, plâtrier, (associé), r. de l'Industrie, 8.
Coiffard, Jean, mᵈ de sabots, rue du Marchix, 21.
Vᵉ Coignard, Jean, rue Gresset, 6.
Coignard, Joseph, rentier, rue de Rennes, 4.
Vᵉ Coignard-Bernard, rue Lapeyrouse, 1.
Coignard, Jean, dentiste, rue Crébillon, 3.
Coignard, Camille, mᵈ de graines, q. Port-Maillard, 13.
Coigné, rue Dubois, 7.
Coimbert, rue Arche-Sèche, 6.
Coinquet, Prosper, r. Voltaire, 10.
Cointé, Julien, r. Guépin, 5.
Cointet, Edmond, peintre, rue des Arts, 2.
Cointet, Édouard, épicier, place du Port-Maillard, 4.
Cointet, capitaine au long cours, rue Chaptal.
Cointet, Frédéric, rent., q. Fosse, 16.
Cointreau, Victor, serrurier, rue S.-Similien, 16.
Colas, Philippe, rentier, rue des Carmélites, 22.
Colas, Eugène, linger, rue Moquechien, 7.
Colas, Jean, mᵈ de crépins, place Bretagne, 9.
Colas, rentier, q. Richebourg, 3.
Colas, Jean-Laurent, mᵈ de bois à brûler, rue de Flandres, 15. habit. rue Belleville, 8.

Colbert (le comte de), r. Félix, 14.

Mlle Colin, Marie, m^{de} de porcelaine, rue de la Fosse, 34.

Collet, Yves, horloger, rue Grande-Biesse, 11.

Collet, Francis, horloger, quai de l'hôpital, 14.

Collet, Eugène, pl. Delorme, 1.

Ve Collet, place Delorme, 1.

Collet, François, m^d de tissus, rue Barillerie, 10.

Collet, Joseph, instituteur, boulevard Sébastopol.

Collet, employé du télégraphe, rue Félibien, 40.

Collier, Jules, employé du chemin de fer, rue Basse-du-Château, 21.

Collin, Jean-Baptiste, pâtissier, rue Crébillon, 22.

Collin, Jean-Baptiste, horloger, r. Saint-Léonard, 6.

Ve Collin, Jean-Baptiste, vannier, rue des Olivettes, 3.

Colombel, Georges, avocat, rue Cambronne, 3.

Colombert, prêtre professeur, rue S.-Clément, 3.

Mlle Colombet, Pauline, rue Voltaire, 24.

Colombier, Jean-Baptiste, rue Crucy, 19.

Colommier, sculpteur, rue de Rennes, (Carterie).

Colonna, Jean-Baptiste, ancien chef d'escadron de gendarmerie, rue Colombel, 3.

Colous, Ludovic, chef de division à la Préfecture, rue de Paris, 40.

Colous, Augustin, employé à la Préfecture, r. Châteaubriant, 15.

Colous, Louis, professeur, rue S.-Clément, 60.

Combes, Adolphe, négociant, rue

Compardon, Joseph, officier d'administration, pl. Brancas, 2.

Comptoir financier (le), représenté par M. Brébier, Jules, rue Saint-Clément, 65-67.

Comptoir général des assurances, représenté par M. Poiraud, rue Saget, 1.

Comptoir maritime de Paris, représenté par M. Regis, rue Fredureau, 6.

Ve Comte, Félix, quai Duguay-Trouin, 7.

Mlle Comtet, Ameline, rue des Arts, 2.

Comptoir d'escompte de Paris (le), opérations de banque, rue Lafayette, 8.

Ve Condé du Foresto, r. Colbert, 18.

Confiance (la), Compagnie d'assurances contre l'incendie, représentée par M. Ribouleau, boulev. Delorme, 8.

Conrier, Charles, r. Voltaire, 65.

Ve Conrier, rue des Orphelins, 19.

Constant, Alfred, juge au Tribunal civil, r. de Coutances, 17.

Constant, Julien, vannier, pl. de la Petite-Hollande, 1.

Constant, Joseph, prêtre, place Louis XVI, 5.

Constant, Charles, sellier, rue Lafayette, 1.

Mlle Constantin, Aglaé, rue Basse-Casserie, 2.

Constantin, rue de la Verrerie, 14 bis.

Ve Constantin, Thérèse, q. Fosse, 33.

Mme Cooper, rue Royale, 10.

Ve Coquard, Auguste, m^{de} de laine filée, chaussée Madeleine, 59.

Coquard, Benjamin, rue du Boccage, 16.

Coquard, Hilaire, m^d de pelleterie,

Vᵉ Coquard, rentière, place Brancas, 2.
Vᵉ Coquebert de Neuville, Wilfrid, et Coquebert de Neuville, armateur, pl. du Commerce, 12, hab. rue de la Commune, 8.
Coquebert de Neuville, Armand, avocat, pl. de la Monnaie, 1.
Coqueray, René, employé de la banque, rue des Arts, 1.
Coquet, L., prêtre, rue de la Verrerie, 14 *bis*.
Mlle Coqven de la Chardonnière, Henriette-Joséphine, boulevard Delorme, 24.
Corbel, Eugène, mᵈ corroyeur, rue Héronnière, 5.
Corbet, Alexandre, mᵈ de matériaux, rue de la Seil.
Corbet, François, mᵈ de matériaux, q. des Tanneurs, 7.
Corbin, Victor, ferblantier-lampiste, Haute-Grand'Rue, 25.
Corbineau, François, stucateur, rue Brasserie, 13.
Cordé, Hippolyte, fils, plâtrier, rue Saint-Clément, 47.
Cordé, Hippolyte, Louis, prop., rue Saint-Clément, 47.
Vᵉ Cordeau, rue Mercœur, 1.
Cordeau, Ladislas, commis-greffier, rue d'Alger, 15.
Cordier, L., mercier, r. Boileau, 3.
Cordonnier, Antoine-François, rue Juiverie, 10.
Corgniet, aumônier des Dames noires, rue de Gigant, 46.
Corhumel, Edmond, commission. en marchandises, rue des Cadeniers, 13, hab. r. Voltaire, 10.
Vᵉ Corhumel, rue Voltaire, 10.
Corhumel, Édouard, commission. en marchandises, habit. rue Voltaire, 10.
Corlouère, Joseph, retraité des

Cormerais, Hippolyte-Jean, armateur et mᵈ de vins, rue des Coulées, 2.
Cormerais, Édouard, rue des Coulées, 2.
Vᵉ Cormerais, Jean, rue des Coulées, 2.
Cormerais, Auguste, mᵈ de vins, rue de Gigant, 24.
Cormerais, bals publics, avenue Allard, 2.
Cormerais, François, mesureur juré, rue Hauts-Pavés, 59.
Cormerais, Pierre, prop., rue Port-Communeau, 17.
Cormerais, rentier, r. de Clisson, 2.
Cormerais, René, menuisier, rue des Olivettes, 11 *bis*.
Cormerais, Jean, parfumeur, rue Rameau 1 et rue Santeuil.
Cormerais, Noël, boulanger, rue Franklin, 14.
Cormerais, rentier, rue Haute-du-Château, 9.
Cormerais, Louis, boulevard Delorme, 34.
Cormery, François, cordonnier, q. Jean Bart, 3.
Vᵉ Cormier, Jean-Marie, rue Guépin, 1.
Cormier, Philippe, fabricant de peignes, petite r. des Carmes, 2.
Cormier, maître adjoint de l'école mutuelle, rue Bastille, 32.
Corne, Henri, rue Flandres, 2.
Cornet, Alfred, fabricant à métiers, rue des Arts, 22.
Cornet, Mathurin, père, rue des Arts, 22.
Corneteau, rue Ermitage, 18.
Mme Corneteau, sage-femme, rue Port-Maillard, 18.
Vᵉ Cornetto, Pierre, rue J.-J. Rousseau, 3.
Cornevin, Victor, rue Saint-

Corniaux, René, maître-maçon, rue Bastille, 36.
V° Cornilleau, Charles, m^de de tissus, q. Duguay-Trouin, 9.
Corniller, Léonce, r. Mazagran, 1.
V° Corniller, Guillaume, rue Mazagran, 1.
Corniller, Pierre, rue de Paris, 33.
Mme Corniller, rue de Rennes, 58.
Cornillier, Louis, comptable, quai Port-Maillard, 13.
V° Cornillier d'Astugues, Haute-Grand'Rue, 45.
Cornu, Alexandre, doreur, rue Scribe, 8.
V° Cornu, François, rue Saint-Nicolas, 5.
Cornuau, Alexandre, supérieur des Pères de la foi, rue Dugommier, 13.
Mlle Cornudet, rentière, rue Arche-Sèche, 2.
Cornulier (de), Auguste, rue Félix, 13.
V° Cornulier (de), Alfred, pl. S.-Pierre, 3.
Cornulier (de), Louis, rue Félix, 14.
Cornulier (de), Henri, rue du Lycée, 13.
Cornulier (de), Hélène, place Saint-Pierre, 3.
Mlle Cornulier (de), Marguerite, pl. S.-Pierre, 3.
Cornulier (de), Arthur, rue Tournefort, 3.
Cornulier-Lucinière (de), René, contre-amiral, r. d'Argentré, 4.
Cornulier-Lucinière (de), Théodore (le comte), r. de Paris, 17.
Cornulier-Lucinière (de), Paul, lieutenant de vaisseau, rue Royale, 2.
V° Corra, Henri, rue Bel-Air, 51.
Corraze, Alexandre, menuisier, rue

Mlle Corron, Hélène, r. Guépin, 10.
Cossé, Victor, fabr. de sucres candis, rue Daubenton.
Cossé, Dominique, sucre candis, rue Daubenton, habit. rue Cambronne.
Mlle Cossé, r. Mercœur, 2.
Cossin de Belleval, r. Talensac, 2.
Mlle Cosson, Marie, r. Royale, 12.
Cossonnet, prop., rue Bel-Air, 9.
V° Coste, Henri, mercière, chaussée Madeleine, 24.
Cotineau, contrôleur des contributions indirectes, rue des Halles, 18.
Cotinet, Eugène, caissier, rue de Rennes, 13.
Cottay, Joseph, cordonnier, place Royale, 10.
Cotte de Jumilly, rue du Boccage, 14.
Cottenceau, François-Nicolas, rue Galissonnière, 7-9.
Cottier, Pierre, cordonnier, rue Santeuil, 5.
Cottier, Julien, tapissier, rue Royale, 2.
V° Cottin, r. Gresset, 5.
Cottin, Jules, sucre raffiné cassé, rue du Jardin des Plantes, 8.
Cottin de Melleville, Edmond, rue Bertrand-Geslin, 7.
Mlle Cottin de Melleville, Élisa, rue Sévigné, 4.
Cottin de Melleville, Jules, rue de Sévigné, 4.
Mlles Cottineau, pl. S.-Pierre, 3.
V° Cottineau, Pierre, jardinière, r. d'Allonville, 26.
V° Cottineau, Pierre, rue des Orphelins, 1.
V° Cottineau, Pierre, rue de Coulmiers.
Cottineau, Nicolas, prop., chemin

Cottineau, Louis, fils, bas chemin du Coudray, 14.

Cottineau, François, chanoine, bas chemin du Coudray, 4.

Cottineau, Louis-Alexandre, prop., bas chemin du Coudray, 5.

Cottineau, Jean, vicaire à Saint-Clément, rue S.-Clément, 9.

Cottineau, Auguste, jardinier, chemin du Coudray, 36.

Vᵉ Cottineau-Bruneau, Pierre, rue Bastille, 60.

Cottinet, Eugène, employé de commerce, rue de Rennes, 57.

Couane, ex-instituteur, rue de Rennes, 59.

Couane, Charles, docteur-médecin, q. Duguay-Trouin, 13.

Couane, François-Henri, et Mlle Couane, Julienne, quai Duguay-Trouin, 13.

Couane, Louis, employé des Ponts et Chaussées, chaussée Madeleine, 28.

Couasnon (la comtesse de), rue du Calvaire, 27.

Vᵉ Couat, Auguste, rue du Boccage, 12.

Vᵉ Couderc, r. de la Verrerie, 7.

Coudert, Jean-Claude, prop., petite rue Saint-André, 11.

Coudert de Saint-Chamans, trésorier-payeur général, rue de Bréa, 7.

Coudol, Rémy, prop., passage Félibien.

Coudrain, Victor, petite rue Notre-Dame, 3.

Vᵉ Coudrain, Émile, mercière, rue Strasbourg, 5.

Coué, Eugène, peintre en décors, rue Bel-Air, 15.

Coué, Charles, prop., place du Martray, 2.

Couëdic (du), Charles-Florian, rue

Mlle Couëdic (du), Adèle, r. Gresset, 13.

Couespel, Alphonse, rue Sully, 6.

Couëssin (de), prop., rue du Lycée, 13.

Couëssin (de), Charles, rue d'Aguesseau, 12.

Couëron, Pierre, boulanger, rue Porte-Neuve, 6.

Couerre, Louis, serrurier, rue de Versailles, 19.

Couëtoux, vicaire à Saint-Pierre, r. Saint-Laurent, 7.

Couëtoux, François, boulanger, r. des Carmes, 5.

Couëtoux, avocat, rue Racine, 2.

Couëtoux, avocat, rue Jean-Jacques, 17.

Mlle Couëtoux, Marie, chemin de Clermont, 6.

Couëtus (de), Albert, (le comte), rue Royale, 17.

Couëtus (de), Adrien, (le vicomte), rue Royale, 17.

Couëtus (Mgr de), prélat romain, rue Royale, 17.

Mlle Couëty, rentière, rue Saint-Léonard, 14.

Vᵉ Couffin, François, tonnelier, q. Maison-Rouge, 4.

Couffin, François, fermier de pêche, à la Jonnelière.

Mlle Couillaud, Madeleine, rent., rue Cacault, 4.

Couillaud, Jean-Marie, rue Marmontel, 6.

Couillaud, Julien, prop., rue Marmontel, 6.

Couillaud, François, pharmacien, rue du Calvaire, 1.

Mme Couillaud, sage-fem., Haute-Grand'rue, 40.

Couillaud, Jean-Baptiste, rue Ro-

V° Couillaud née Christophe, rue Guépin, 7.

Coulhon, Jean, m^d de tapis, r. d'Orléans, 7.

Coulombeix, m^d de tissus, rue Lafayette, 1.

Coulon, Eugène, rue Saint-Clément, 17.

Coulon, Emile, directeur du théâtre, rue Corneille, 2.

Couprie, Adolphe-Félix, rue de Strasbourg, 1.

V° Couprie, Louis, rue du Couëdic, 6.

Couprie, Edouard, rentier, rue du Couëdic, 6.

Couprie, Pierre, architecte, rue de Guérande, 3.

Coupris, Joseph, bijoutier, place de l'Ecluse, 1.

Coupris, Emile, m^d de vins en gros, rue de Versailles, 17 bis.

Couradin, Jules, m^d de sabots, q. Ile-Gloriette, 5.

Couraleau, q. Duguay-Trouin, 16.

Couraleau, Adolphe, rue du Calvaire, 22.

Couraleau, Stanislas-Xavier, r. Héronnière, 1.

Courant, René, vannier, rue Bâclerie, 12.

Courant, François, boulanger, q. Fosse, 64.

Courgeau, vicaire à Sainte-Croix, rue Belle-Image, 4.

Courgeau, Jean-Baptiste, vicaire à Saint-Similien, rue Bel-Air, 2.

Courgeon, Alphonse, menuisier, r. Verrerie, 7.

Courgeon, Théophile, rue Bâclerie, 3.

Mme Courson, Désiré, rue Belleville, 12.

Mlle Court, Antoinette, rentière, r. Haudaudine, 2.

Courtais, rentier, rue Dos-d'Ane, 5.

Courteil, chapelier, pl. du Croisic.

Courteville, Antoine-Pierre, r. des Cadeniers, 13.

Courtiers (société des anciens), représentée par M. Ceineray, quai de la Fosse, 5.

V° Courtois, rue de la Fosse, 46.

Courtois, Edouard, inspecteur d'assurances, rue Urvoy-S.-Bédan, 6.

Cousin, René, employé au gaz, r. de Briord, 7.

V° Cousin, Louis, rue Poissonnerie, 5.

Coutans, Pierre-Marie, rue du Calvaire, 22.

Coustard, Prosper, m^d de nouveautés, rue Barillerie, 12.

Coutanceau, fabt. de chocolat, rue de Rennes (Carterie).

Coutances (le comte de), rue d'Aguesseau, 10.

Coutances (de), (le comte), rue d'Aguesseau, 4.

Coutant, Théophile, cordonnier, q. Fosse, 87.

Coutant, Auguste, conservateur du musée de peinture, petit chemin du Moulin-des-Poules, 1.

Mlle Coutard, lingère, pl. Saint-Vincent, 1.

Coutard, Henri, m^d de jouets, rue Crébillon, 19.

V° Couteau, passage Louis-Levesque.

Couteau, André, m^d de bois à brûler, bas du cours Saint-André, 2-3.

Couteau, François, comptable, bas du cours Saint-André, 2-3.

Couteau, Alexandre-Louis, prop., vieux chemin de Couëron.

Couteau, Joseph, chef d'institution, rue Malherbes, 2.

Coutel, Alexandre, maître d'hôtel, rue Piron, 1.

Vᵉ Coutin, avenue de Launay, 14.
Couy, Jean-Baptiste, quai Ile-Gloriette, 13.
Vᵉ Cox, rue Marivaux, 4.
Cox, Joseph, mᵈ de tissus, rue de la Poissonnerie, 14-16.
Cox, Donatien, rue Soubzmain.
Cox, Donatien, rue Strasbourg, 22.
Mme Coyet, Marie, mercière, rue de Gorges, 6.
Coyet, Gustave, comptable, avenue Luzançay.
Craye, comptable, rue Haute-du-Château, 9.
Craye, prop., rue Prénian, 4.
Vᵉ Crahé, René, prop., bas chem. Saint-Donatien, 1.
Craissac, Auguste, tourneur en métaux, rue de Barbin, 31.
Craissac, Pierre, plâtrier, rue d'Erlon, 4.
Mme Craissac-Cardinal, épicière, Basse-Grand'Rue, 21.
Cremet, François, boulanger, rue Saint-Jacques, 7.
Crestia, Félix, cloutier, rue Dubreil, 2.
Vᵉ Crétaux, hôtelière, rue Molière, 2-4-6.
Crétaux, Jules, restaurateur, place Graslin, 2.
Creté, Jean-Marie, apprêteur de chapeaux, chaus. Madeleine, 29.
Cretez, Ed., cordonnier, Haute-Grand'Rue, 46.
Cretin, capitaine d'état major, ten. Camus, 19.
Mme Crétin, rue S.-Clément, 91.
Crétin, Eugène, épicier, rue Crébillon, 17.
Crevœil, Arsène, vannier et oiseleur, quai Fosse, 13.
Cribier, Edouard, r. Mercœur, 2 bis.
Crimail, rentier, q. Richebourg, 9.

Crimail, Ernest, docteur-médecin, rue Crébillon, 17.
Croissant, François, q. Turenne, 1.
Vᵉ Croissant, Auguste, rue de Paris, 124.
Vᵉ Croix, René-Louis, aven. Ste.-Anne, 18.
Croix, Emile, capit. au long cours, quai de la Fosse, 49.
Vᵉ Croix, rue Dobrée, 13.
Vᵉ Croix, Jacques, q. Fosse, 83-84.
Croix, Emile-Joseph, capit. au long cours, quai Fosse, 83-84.
Cros, Philippe, capit. au long cours, rue Poissonnerie, 2.
Crosnier, Emile, q. Moncousu, 2.
Crouan, Denis, r. Héronnière, 14.
Crouan, Prudent, r. Héronnière, 10.
Crouan, Emile, courtier de marchandises, pl. du Commerce, 10, habit. rue Cambronne, 9.
Crouan, Fernand, armateur, rue Héronnière, 12.
Vᵉ Crouan, rue Contrescarpe, 30.
Mlle Crouan, rentière, au bourg de Chantenay.
Vᵉ Crouan, Jean-Jacques, rue Voltaire, 17.
Crouan, Jules, commissaire-priseur, rue Guépin, 1.
Crouan, Jean-Jacques, armateur, rue Voltaire, 17.
Crouan, Auguste, r. Rosière, 14.
Crouan, Adolphe, rue Héronnière, 10.
Crouan, F., rue Héronnière, 14.
Crouessard, rédacteur du *Phare de la Loire*, rue des Arts, 26.
Mme Crouézaud, Victor, rue du Calvaire, 25.
Crouézaud de Launay, Marie, rue de Coutances, 13.
Crouilbois, Emile, mᵈ d'ardoises, rue de la Fosse, 14.

Mlles Crouilbois, Marie et Françoise, rue de l'Evêché, 2.

Crucy-Duvau, Louis-Léon, vice-président du Tribunal civil, tenue Camus, 17.

Crucy, Auguste, boulevard Delorme, 29.

Crucy, Jean, rue Racine, 9.

V° Crucy, Félix, rue de Gigant, 32.

Crucy, Georges, rue de Gigant, 32.

V° Crucy, rue de Rennes, 58.

Crucy, Jean, architecte, rue Racine, 11.

Crugeon, prop., rue du Moulin, 16.

Crugeon, Jean, r. Lapeyrouse, 2.

Cuiller, Jean-Rémy, linger, rue Crébillon, 17.

V° Cuissart, Pitre, r. Voltaire, 11.

Cuizinier, Alexandre, représentant du registre maritime, rue Mazagran, 5.

V° Cullerre, rentière, rue de Coutances, 14.

Cullerre, Édouard, passage Saint-Yves, 18.

Cullerre, Denis-Joseph, négociant, r. de Flandres, 7 bis.

Cullerre, Charles-Alexandre, négociant, rue de Flandres, 7 bis, habit. rue Mondésir, 13 bis.

Cullerre, Henri, négociant (associé), r. de Flandres, 7 bis.

Cumont-Dupuy (de), rue Haute-du-Château, 8.

Cuny, chef d'exploitation des chemins de fer nantais, rue de Gigant, 46.

Mlle Cuny, professeur de langue française, r. Bonne-Louise, 14.

Cuny, Pierre, cubeur juré, rue Kervégan, 28.

V° Cupin, Prosper, m^{de} de tissus, rue Belle-Image, 3.

Cure, Firmin, parfumeur, rue d'Orléans, 10, habit. rue Saint-Nicolas, 9.

Curet, Jacques, économe de Saint-Stanislas, rue des Jardins, 8-10.

Curty, artiste-peintre, quai du Marais, 3.

Cussonneau, Henri, vicaire à la Madeleine, r. de Hercé.

Cussonneau, rue Bâclerie, 2.

Cyprien, Auguste, chapelier, rue de la Fosse, 2.

Czerwoilinis, Alix, concierge du temple israëlite, r. Copernic, 16.

D

Dabin, Joseph, boulanger, rue Ermitage, 16.

V° Dabin, Julien, pl. Graslin, 3.

Dabin, Paul-Alcibiade, rentier, boulevard Delorme, 10.

Daburon, Constant, boulanger, boulevard Sébastopol.

Dacher, Nicolas, pâtissier, rue de Bréa, 2.

Dadga, Sigismond, r. de la Verrerie, 7.

Dagault, Eugène, père, boulevard Sébastopol, 8 ter.

Dagault, Eugène, commissionnaire en grains, pl. Petite-Hollande, 3.

Dagneaux, Nicaise, traiteur, rue Contrescarpe, 3.

Dagnet, Henri, restaurateur, rue Lapeyrouse, 9.

Daguet, Auguste, m^d de sabots en gros, rue Perrault, 5.

Daguillon, Bertrand, orfévre, place Royale, 6.

Daguin, René, m^d de chaussures, r. Crébillon, 8.

Daguzon, Louis, fils, m^d de tissus, r. Poissonnerie, 12.

Daguzon, Valentin, chaudronnier (associé), pl. La Moricière, 3.

V° Dahirel, rentière, r. des Arts, 12.

Daix, Ernest, huissier, rue de la Fosse, 23.

Vᵉ Dallemagne, rue S.-Pierre, 1.
Mme Damay, r. Harrouys, 14.
Dambroisse, Emile, fromages en gros, q. Ile-Gloriette, 10, habit. rue des Chapeliers, 6.
Dambroisse, Edouard, épicier, pl. du Pilori, 4.
Dames Auxiliatrices (communauté des), boulevard Delorme, 18.
Dames Blanches (communauté des), rue de Gigant, 35 à 43.
Dames de Chavagnes (pensionnat des), r. Mondésir, 11.
Dames de l'Espérance (communauté des), passage Louis Levesque.
Dames Noires (couvent des), rue de Gigant, 48.
Dames Réparatrices (communauté des), rue Mondésir, 5.
Mme Damien de Champdenier, q. de la Fosse, 17.
Damourette, Alexandre, père, avocat, r. Beaumanoir, 8.
Damourette, Alfred, fils, rue Beaumanoir, 8.
Damourette, Alexandre, rue Soubzmain, 2.
Mlles Damourette, rue Haute-du-Château, 17.
Damy, inspecteur des écoles, r. des Arts, 1.
Danais, Louis, pharmacien, place Bretagne, 13.
Danancher, Philippe, agent d'affaires, pl. Bretagne, 18.
Vᵉ Danet, Pierre, r. Kervégan, 24.
Danet, vérificateur des Douanes, q. de la Fosse, 5.
Mlle Danet, Irma, mercière, place Saint-Pierre, 4.
Mme Dangan, r. Marceau, 8.
Danglot, Auguste, officier supérieur en retraite, rue de l'Abreuvoir, 4.

Daniau, Charles, droguiste, quai Duquesne, 11.
Daniel (Mgr), prélat romain, rue Ogée, 10.
Daniel, Victor, armateur, quai Ile-Gloriette, 18.
Daniel, chanoine honoraire, rue S.-Laurent, 5.
Daniel, François, gréeur, rue de Vertais, 84.
Mlle Daniel, Marie-Sophie, rue des Coulées, 5.
Vᵉ Daniel, pl. Delorme, 2.
Daniel-Lacombe, Léonce, avocat, rue Mercœur, 9.
Danillo, Vincent, ajusteur, chaussée Madeleine, 29.
Vᵉ Danion, boulevard Delorme, 8.
Dano, Théophile, rue Sarrazin, 11.
Danthon-Bernard, prop., rue d'Allonville.
Vᵉ Danthon, passage Sanitat, 8.
Vᵉ Danthon, Thomas, rue Saint-Similien, 17.
Danto, Adolphe, brossier fabricant, r. de Flandres, 2.
Vᵉ Danton, r. Bastille, 20.
Dany, Pierre, prêtre, rue Guillet de la Brosse, 2.
Darbon, ingénieur civil, place Brancas, 1.
Dardare, empl. à la manufacture des tabacs, rue Félix, 4.
Daribère, Jean, mᵈ tailleur, rue Suffren, 2.
Darmandaritz, Ernest, modiste, r. Contrescarpe, 4.
Darmandaritz, Pierre, rue de Paris, 19.
Vᵉ Darnis, Antoine, impasse des Salorges.
Daron, Claude, ancien gréeur, quai des Constructions, 6.
Darondel, rentier, r. de Rennes, 8.

Darribère, Jean, m^d tailleur, rue J.-J. Rousseau, 12.

Daubenton, receveur principal des contributions indirectes, rue Gresset, 7.

Daudet, Henri, q. du Marais, 7.

Daudot, Henri, cordonnier, place Petite-Hollande, 1.

Dauffy, Augustin, vicaire à Saint-Pierre, rue S.-Laurent, 7.

Daulé, Adrien, sellier, rue Traversière, 6.

Dauly, Joseph, m^d boucher, rue du Calvaire, 20.

Dauly, Rose, ancien boulanger, q. Richebourg, 13.

Dauly, Paul, rue du Marchix, 8.

Dauly, François, capitaine au long cours, q. Fosse, 87.

Mlle Daumer, Blanche, rue de la Boucherie, 6.

Ve Dauphin, r. Dugommier, 6.

Mlle Dauphin, Eugénie, rue Crébillon, 6.

Mlle Dautais, Augustine, rue de Rennes, 36.

Ve Davaud, rentière, petite rue du Marais, 3.

Dave, Louis, rentier, rue Crébillon, 24.

Daviau, capitaine au long cours, rue Rameau, 3.

Daviau, r. Dugommier, 3.

David, Antoine, m^d de tissus, rue Guépin, 2.

David, Eugène, galochier, rue Bastille, 30.

David, Emile, directeur d'assurances, r. Guépin, 6.

David, Jacques, prop., rue Hauts-Pavés, 20.

David, Félix, jardinier, rue Hauts-Pavés, 38.

David, Émile, confiseur, rue de la Fosse, 9.

David, Louis, boulanger, rue du Marchix, 6.

Ve David, r. Kléber, 1.

David, François, rentier, boulevard Saint-Aignan, 1.

Mlle David, Échelle S.-Nicolas, 4.

David, Eugène, chaisier, rue Basse-du Château, 13.

David, Paul, m^d de tissus (associé), rue Bons-Français, 5.

David, Pierre, cordonnier, r. Beau-Soleil, 1.

Mlle David, Henriette, rue Haute-du-Château, 5.

David, Frédéric, rue J.-J. Rousseau, 10.

David, François, Jean, rue Marivaux, 5.

David, Aristide, père et fils, rue J.-J. Rousseau, 3.

David, Lazare, q. Fosse, 57.

David, Jean, rentier, rue Saint-Jacques, 9.

Ve David, Julien, r. de la Fosse, 10.

David, Jules, r. de la Fosse, 10.

David, Louis, rue de Rennes, 78.

David, Gustave, magasinier (associé), boulevard Sébastopol.

David, Damase, mécanicien au chemin de fer, q. Richebourg, 3.

Ve David, Auguste, prop., boulevard Sébastopol, 2.

David, Paul, capitaine au long cours, q. de l'Hôpital, 11.

David, Jean, exploitant une brasserie, r. Grande-Biesse, 2.

David, Joseph, prêtre, rue Saint-Clément, 2.

David, menuisier, rue Saint-Clément, 72.

David, Laurent, entrepreneur de travaux publics, chemin de Clermont.

David, Jean-Baptiste, jardinier, rue Saint-André, 28.

David, Dauphin, menuisier, rue Marivaux, 5.
David de Trézigné, Eugène, capitaine au long cours, rue des Cadeniers, 4.
David-Hesnard, François, mercier, r. Barillerie, 10.
Davy, Alphonse, prop., q. Fosse, 89.
Davy, Jules, horloger, q. Fosse, 13.
Vᵉ Davy, rentière, r. Héronnière, 11.
Davy-Desnaurois, Félix, rue Maurice-Duval, 3.
Day, William, professeur d'anglais, rue Affre.
Dayre-Niéto, Cyrille, mᵈ balancier, rue Feltre, 10, habit. rue Cacault, 8.
Mlles Deausse, r. Bertrand-Geslin, 2.
Vᵉ Debaisse, Alphonse, prairie d'Amont.
Debay, Victor, épicier, rue du Marchix, 49.
Debèze, Louis, rue Crébillon, 19.
Debierre, Eugène, menuisier, rue d'Alger, 16.
Debierre, Louis-Marie, mercier, r. Mascara.
Debierre, Louis-François, facteur d'orgues, rue Saint-André, 9.
Vᵉ Debonne, rentière, quai Fosse, 83-84.
Debourdeau, François, constructeur de navires, Ile Videment, hab. q. Fosse, 87.
Debourdeau, Jean-Baptiste, prop., q. Duguay-Trouin, 16.
Debray, Eugène, mᵈ d'engrais, rue Lanoue-Bras-de-Fer, habit. au petit Ermitage.
Debrin, contrôleur du Timbre, rue de la Fosse, 26.
Vᵉ Decamp, pl. Delorme, 1.
Dechaille, Gustave, r. Félibien, 34.
Mlle Dechaille, Adèle, rue Hauts-Pavés, 30.

Dechaille, négociant, rue Lanoue-Bras-de-Fer, hab. q. Fosse, 33.
Déchauffour, Auguste-Marie, armateur, rue des Coulées, 5.
Decourty, François, rue du Moulin, 12.
Decran, Jean-Baptiste, maître maçon, r. Voltaire, 30.
Decré, Jules, bibelotier, Basse-Grand'Rue, 22.
Decré-Belluot, rentier, rue Héronnière, 5.
Dedieu, Jean, ébéniste, rue de Rennes (la Carterie).
Defaux, Charles-Albert, charcutier, rue Galissonnière, 1.
Defermon, rentier, boulevard Delorme, 5.
Vᵉ Defoy, Joseph, q. d'Orléans, 22.
Defoy, Joseph, mᵈ de bois de sciage (associé), rue Crucy, 31, habit. q. Turenne, 3.
Defoy, Joseph, capitaine au long cours, q. Turenne, 3.
Vᵉ Defoix, Ernest, prop., rue Talensac, 8.
Defraigne, Mathieu, mᵈ de chapeaux de paille, r. S.-Nicolas, 15.
Degage, Georges, bijoutier, rue de la Boucherie, 22.
Degorges, Charles, gréeur, à la Grenouillère.
Deguippe, peintre, rue des Olivettes, 38.
Dejoie, Alexandre, rue Latour-d'Auvergne.
Dejoie, Pierre, rue Lanoue-Bras-de-Fer.
Dejoie, Élie-Frédéric, rentier, boulevard Saint-Aignan, 12.
Dejoie, Élie-François, mᵈᵉ de liqueurs et vins en gros, rue Brasserie, 5.
Dejoie, professeur à S.-Stanislas, rue des Jardins, 8-10.

Vᵉ Dejoie, Constant-Napoléon, route de Clisson.

Vᵉ Dejoie, Gabriel, petit chemin du Moulin des Poules, 6.

Delafoy, Désiré, mᵈ de sel en gros (associé), q. Fosse, 92.

Delahaye, père, rentier, avenue Allard, 4.

Delahaye, Henri, Charles, rue de la Fosse, 32.

Vᵉ Delahaye, René, r. de Rennes, 32.

Delalande, Auguste, quai Richebourg, 20.

Vᵉ Delalande, r. Voltaire, 20.

Delalande, Honoré, tapissier, rue Voltaire, 15.

Delalande, Émile, sous-commissaire de marine, rue Mercœur, 5.

Delalande, Jules, rue Mercœur, 5.

Delalande, Amédée, r. Mercœur, 5.

Delalande, Achille, employé au télégraphe, Basse-Grand-Rue, 2.

Delalande, Augustin, avoué, place du Bouffay, 6.

Delamarre, Frédéric, médecin, pl. Graslin, 3.

Vᵉ Delamarre, rentière, rue Racine, 4.

Delamarre, ancien capitaine de cavalerie, petite rue Notre-Dame, 6.

Delamas, Adrien, chapelier, passage Pommeraye.

Delaneau, Joseph, avenue Allard, 4-6.

Delante, jeune, prop., place du Cirque, 1.

Delanoë, Théodore, représentant de commerce, r. Garde-Dieu, 8.

Delanoë, Théophile, tonnelier, pont des Récollets.

Delanoë, Célestin, q. Fosse, 88.

Delanoë, Victor, mᵈ de vins, rue du Chapeau-Rouge, 1.

Vᵉ Delanoue, Julien, r. de Paris, 19.

Delanoue, François, r. de Briord, 2.

Delamoy, Alcibiade, r. de Rennes, 57.

Delaporte, Alfred, Haute-Grand'-Rue, 3.

Vᵉ Delasalle, Hippolyte, boulevard Delorme, 10.

Delaunay, secrétaire général de la compagnie des Chemins de fer Nantais, pl. du Cirque.

Delaunay, A., ingénieur, chef du service du matériel et de la traction des Chemins de fer Nantais, pl. du Cirque, 1.

Vᵉ Delaunay, Simon, prop., à la Trémissinière.

Delaunay, Sébastien, q. Maison-Rouge, 2.

Delaunay, rentier, boulevard Sébastopol, 3.

Vᵉ Delaunay de la Mothay, rue Félix, 9.

Mlle Delaunay, Marie, rue Saint-Clément, 47.

Delaunay de Saint-Denis, Auguste, rue du Calvaire, 1.

Delaunay, Jules-Auguste, mᵈ quincaillier, q. Fosse, 82.

Vᵉ Delaunay, Jules, bouchère, pl. Bretagne, 8.

Delaune, Étienne, tripier, rue du Bouffay, 6, hab. r. Talensac, 14.

Delavau, Ernest, mercier, rue Crébillon, 14 et 18.

Delebecque, Henri, passementier, rue du Calvaire, 6.

Delelle, Adèle, bimbelotière, place Bretagne, 1.

Delétang, rentier, au Plessis-la-Musse.

Mme Delète, sage-femme, rue des Carmes, 23.

Delêtre, Henri, quai de Versailles, 7.

Vᵉ Delezy, Auguste, rue de Clisson, 6.
Delhomme, Bernard-Auguste, et Delhomme, Jean-Jules, cordiers pour la marine, r. Daubenton, 9.
Delhommeau, Victor, pharmacien, rue Félix, 2.
Delhumeau, Honoré, mᵈ fleuriste, rue Ste-Croix, 1.
Delhumeau, Pierre, cordonnier, r. Voltaire. 8.
Deliane, Frédéric, ex-percepteur, rue Saint André, 21.
Deliger, Louis, rue de Briord, 3.
Deligny, Louis, rentier, au petit Ermitage.
Delille, Ed., r. petite Biesse, 22.
Delire, Auguste, tailleur, rue de la Fosse, 32.
Delmas, Alfred, r. Piron, 2.
Delmas, Louis, rentier, rue des Cadeniers, 2.
Delorme, Joseph, vicaire à Saint-Donatien, rue Guillet de la Brosse, 2.
Delorme, capitaine de navires, q. Fosse, 9.
Delouche, r. Newton, 3.
Vᵉ Delouche, r. Haute-Casserie, 2.
Deloumeau, Charles, Basse-Grand'Rue, 28.
Deloumeau, Auguste, tonnelier, pl. du Pilori, 14.
Deloumeau, père et fils, mᵈˢ de vins en gros, r. Dubois, 7.
Deloumeau, Charles, mᵈ de bouteilles (associé), rue Ste-Catherine, 6.
Deloumeau, Henri, mᵈ de vins en gros, q. Cassard, 4.
Deloumeau, Jean, q. Cassard, 4.
Mlles Deloynes, avenue de Launay, 21.
Delozes, Pierre, boul. Delorme, 16.
Vᵉ Delpeux, Aimé, q. de la Fosse, 8.

Delpit, Félix et Édouard, rue Voltaire, 3.
Delpiroux, Charles, boulanger, rue Voltaire, 15.
Mme Delprat, rue des Arts, 28.
Delpuech, Henri, prop., rue Saint-Clément, 51.
Delpuech, chapelier, chaussée Madeleine, 45.
Delsol, chaudronnier, r. Racine, 6.
Mlle Deluen, Euphémie, rue Sarrazin, 11.
MM. et Mlles Deluen, rue Saint-André, 19.
Deluen, Ludovic, pharmacien, rue d'Orléans, 11.
Vᵉ Deluen, rentière, rue Saint-André, 19.
Demangé, Pitre, r. du Calvaire, 18.
Demange, Alfred, r. Crébillon, 14.
Demange, Jean-François, armateur, rue de Versailles, 31.
Demange, Gabriel, r. d'Erlon, 11.
Demangeat, Jules, r. de l'Écluse, 2.
Demangeat, François, r. Félix, 2.
Demangeat, Henri, rue J.-J. Rousseau, 7.
Vᵉ Demangeat, rue Racine, 7.
Vᵉ Demangeat, q. Fosse, 18.
Mlles Demangeat, r. Franklin, 11.
Demangeat, Adolphe, place Lafayette, 1.
Vᵉ Demangeat, Joseph, quai Flesselles, 2.
Demarcé, Louis, bourrelier, rue de Rennes, 2.
Vᵉ Demigné, r. Ste-Marie, 3.
Demoulin, Eugène, saleur, bas du cours S.-André, 5, hab. rue de Rennes, 10.
Demy, Jean, mᵈ de bière, rue Contrescarpe, 9.
Denais, Auguste, menuisier, quai Port-Maillard, 11, habit. rue Lambert, 6.

Derais, Auguste, menuisier, rue Strasbourg, 2.
Denancy, Ed., chapelier, rue Dos-d'Âne, 49.
Mme Denancy, rentière, r. Saget.
Denancy, Pierre, chapelier, prairie d'Amont.
Deneau, Pierre, couvreur, rue d'Erlon, 2, hab. r. des Arts, 22.
Vᵉ Denec, rue de la Verrerie, 14 bis.
Denechaud, Charles, boulanger, r. Ermitage, 38.
Denéchaud, Jacques, rentier, quai Maison-Rouge, 4.
Vᵉ Denéchaud, q. Ceineray, 8.
Denery, Ernest, banquier, rue de Clisson, 2.
Vᵉ Dénery, François, rue Mazagran, 1.
Mlle Denghin, Émilia, teinturière, r. Voltaire, 17.
Deniaud, Auguste, vicaire à Saint-Donatien, rue Guillet de la Brosse, 2.
Deniel, Alexandre, r. Voltaire, 4.
Denis, Alexis, relieur, r. Fénelon, 1.
Vᵉ Denis, pl. S.-Pierre, 1.
Denis, sous-commissaire de marine, r. Franklin, 16.
Denis, professeur, r. Cassini, 2.
Denis, professeur de l'école primaire, r. du Lycée, 1.
Denis, Pierre, mᵈ de vins en gros, r. Richebourg, 26.
Denis, Jean, sabotier, rue Saint-Clément, 49.
Denis, prêtre, rue S.-Donatien, 22.
Denis, professeur, rue Lamotte-Piquet, 9.
Vᵉ Denis, Léopold, épicière, rue Racine, 2.
Denis, Pierre, impasse des Salorges.
Vᵉ Denis, r. de l'Évêché, 4.

Vᵉ Denis, Thomas, rue de Vertou.
Denis, François, peintre en bâtiments, r. du Chapeau-Rouge, 15.
Denis, Pierre, père, rentier, rue Chapeau-Rouge, 15.
Mlles Denis, r. Deshoulières, 17.
Vᵉ Denisane, Félix, rue de Rennes, 84.
Denorus, Adrien, rentier, q. Jean-Bart, 3.
Denos, Alfred, mercier, rue Franklin, 7.
Denoual, François, menuisier, rue Bel-Air, 5.
Vᵉ Denugent, Jean-Baptiste, rue Haute-du-Château, 6.
Deperche, Gustave, rue Port-Communeau, 13.
Depont, prêtre, pl. Bretagne, 4.
Derain, Jean-Baptiste, prop., rue Moquechien, 11.
Derbergues, Winceslas, horloger, Haute-Grand'Rue, 42.
Dercelles, Julien et Émile, serruriers-mécaniciens, r. Mellier, 10.
Derennes, Benjamin, r. Cassini, 1.
Derennes, professeur de dessin, avenue de Launay, 10.
Derice, Pierre, père jésuite, rue Dugommier, 13.
Deroualle, Victor, avenue de Launay, 14.
Derouet, Pierre, constructeur de canots, quai Piperie, 7, habit. rue de Clisson, 7.
Derouet, Hippolyte, docteur en médecine, rue S.-Jacques, 13.
Derouet, Auguste-Pierre, constructeur de canots, habit. rue de Clisson, 7.
Derouet, Henri, menuisier, rue de la Juiverie, 13.
Vᵉ Derouet, prop., rue de Coutances, 21.
Vᵉ Derouet, r. Poissonnerie, 23.

Vᵉ Derouet, prop., rue de Coutances, 19.

Derouet, Charles, sculpteur, à la Mélinière.

Derouet, Louis, prop., au petit Ermitage.

Derrien, Édouard, fabricant de noir, à Chantenay, habit. rue Marivaux, 2.

Mlle Deruay, Agathe, rue de Rennes, 43.

Desagenaux, René, commis, rue de la Fosse, 36.

Desanneaux, Louis, charcutier, rue Hauts-Pavés, 4.

Desavis, prop., r. de Briord, 11.

Desavis, père, rue des Arts, 5.

Desbatz, r. Poissonnerie, 8.

Desbois, Jean-Baptiste, armateur, r. J.-J. Rousseau, 4.

Desbois, Étienne, fabricant de salaisons, route de Clisson.

Desbois, Louis, tanneur, rue Dos-d'Ane, 10.

Desbois, Théophile, fondeur en fer, rue Latour d'Auvergne.

Vᵉ Desbois, rue Latour d'Auvergne.

Vᵉ Desbois, Étienne, quai de la Fosse, 24.

Mme Desbois Hippolyte et M. Desbois Hippolyte, mᵈˢ de colle, rue du Cheval-Blanc, 10.

Desbois, Joseph, rue de la Poudrière, 15.

Desbordes, Augustin, libraire, rue Voltaire, 18.

Desbuttes, Charles, r. d'Erlon, 12.

Deschamps, Bernard, mᵈ de chapeaux de paille, r. Voltaire, 5.

Deschauffour, Auguste, avenue de Launay, 17.

Mme Desclos, Désiré, rue de Gigant, 62.

Vᵉ Desclos-Lepeleys, rue du Calvaire, 16.

Descombes, Paul, ingénieur des tabacs, tenue Camus, 5 *bis*.

Desdoits, Henri, chaudronnier, pl. Bretagne, 10.

Desfontaine, Julien, boucher, rue Crébillon, 17.

Desfontaines, Théophile, ingénieur de la marine, passage Leroy.

Desfosses, Barthélemy-Jean, rue Contrescarpe, 13.

Desfossés, Constant, épicier, rue S.-Clément, 32.

Deshayes, Eugène, prop., rue des Jardins, 1.

Deshéraud, Émile, tailleur, rue Voltaire, 2.

Deslions, Henri et Just, boulevard Delorme, 6.

Desloge, Adolphe, rue des Cadeniers, 5.

Desloge, Léon, représentant de commerce, r. Royale, 2.

Desloge, Charles, capitaine au long cours, r. d'Orléans, 10.

Desloge, Gustave, épicier (associé), rue d'Erdre, 12, habit. quai des Tanneurs, 5.

Desloges, maître au cabotage, à Pilleux.

Desmas, Ernest, dit Michel, concierge au Palais de Justice, place Lafayette.

Desmas, Désiré, mᵈ d'engrais, rue Lanoüe-Bras-de-Fer, habit. rue Grétry, 1.

Mlles Degnault, rentières, r. Saint-Clément, 51.

Desnoue de Robineau, r. du Lycée, 9.

Desnoue, Gustave, horloger, rue d'Orléans, 2.

Despert, Antoine, mᵈ de parapluies, q. Fosse, 16.

Desplantes, Jacques, prop., rue Crébillon, 16.

Mlle Després, Rose, chemin de Couëron, 7.

Mlle Després, Adèle, r. Richer, 4.
Vᵉ Després, Alphonse, modiste, rue Guépin, 2.
Desroches, Vincent, linger, rue du Marchix, 9-11.
Dessay, Charles, ébéniste, rue Cambronne, 4.
Destez, Stanislas, docteur en médecine, rue Gresset, 6.
Mlle Destibarde, Désirée, rue de la Fosse, 32.
Destouche, Alfred, fils, q. Fosse, 54.
Vᵉ Destouche, q. Fosse, 54.
Destrebecq, retraité, place du Château, 1.
Desvigne, horloger, r. Voltaire, 18.
Vᵉ Desvignes, rentière, rue de Gigant, 62.
Deszillières, Adolphe, menuisier, rue Bel-Air, 11.
Vᵉ Detrem, rue des États, 15.
Deutch, Salomon, mᵈ tailleur, rue de la Fosse, 8.
Devallet, Pierre, rue S.-Denis, 9.
Mme Devaux, Émile, charron-forgeron, rue La Moricière, 2 bis.
Mlle Devay, rue Belle-Image, 3.
Mme Devéder, Jean-Marie, grillageur, q. Richebourg, 6.
Deverre, directeur de la Société générale, r. Racine, 11.
Devèze, Illide, représentant de commerce, rue du Chêne-d'Aron, 2.
Devillard, François, pl. Delorme, 2.
Deville, Wilfrid, employé à la gare, r. d'Allonville, 7.
Deville, père, rentier, boulevard Sébastopol, 4.
Deville de Sardelys, chemin du Moulin-des-Poules, 2.
Devin, Pierre, mᵈ corroyeur, rue Port-Maillard, 24.
Dewitte, Henri, prop., rue Barrière-Couëron, 6.

Vᵉ Devoize, rentière, petite rue S.-Vincent, 5.
Devorcine, Alexis, r. Bel-Air, 3.
Mlle Devry, Marie, rue Royale, 3.
Vᵉ Dezanneau, Augustin, impasse Vignole, 1.
Vᵉ Dezanneau, rue de Strasbourg.
Dezaunay, Étienne, boulevard Delorme, 1.
Mme Dezaunay, boulev. Delorme, 3.
Mlle Dezaunay, Valentine, rue Voltaire, 32.
Vᵉ Dezaunay, née Tronson, rentière, rue Santeuil, 3.
Deziles, mécanicien, r. Columelle, 8.
Dezillières, menuisier, rue de Rennes, 53.
Dianoux, Édouard, docteur-médecin, rue Affre.
Vᵉ Diard, r. Crébillon, 10.
Diard, François, jardinier, rue de Paris, 8.
Diard, Jean-Baptiste, rue Saint-Clément, 9.
Mme Didelin, mᵈᵉ de tissus, rue S.-Léonard, 37.
Didion, Louis, facteur de pianos, rue Crébillon, 15.
Diébold, Paul, brasseur, quai de Lourmel.
Diet, cafetier, rue Lebrun, 1.
Diet, rue Port-Communeau, 12.
Dietz, François, garde d'artillerie, place du Château, 4.
Diffon, père et fils, armateurs, q. Ile-Gloriette, 23.
Vᵉ Diffon, Jean-Pierre, rue Colbert, 17.
Diffon, noir et engrais, canal de Chantenay.
Digo, Jenny, rue d'Orléans, 5.
Dijon, Gabriel, rue Marceau, 7-9.
Dinan et Alcard, négociants, à la Marière (route de Paris), et quai de la Fosse, 25.

Vᵉ Dinant, René, quai Fosse, 15.

Dinelli, Louis, mouleur en plâtre, rue Fénelon, 2.

Mlle Dion, rue Sarrazin, 8.

Dion, prop., r. des Quarts-de-Barbin, 1.

Dion, fils, r. Quarts-de-Barbin, 1.

Dion, Frédéric, rue Monthyon, 3.

Vᵉ Dion, Arthur, charcutière, rue Cassini, 4.

Direbal, entrepreneur de diligences, chaussée Madeleine, 13.

Dischamps, cubeur, r. des Etats, 7.

Dobrée, Thomas, place Graslin, 1.

Doby, professeur, r. de Gigant, 46.

Doceul, Louis, boucher, rue Deshoulières, 19.

Dodin, Constant, carrossier, r. Copernic, 3.

Vᵉ Dodin, Fidèle, prop., rue Châteaubriant, 12.

Mlle Doëtsch du Chesnay, Elisa, rentière, rue des Orphelins, 16.

Vᵉ Dohmstrich, Jules, mᵈᵉ de bois à brûler, rue La Moricière, 11, habit. rue Chevert, 3.

Doizé, Narcisse, statuaire, Haute-Grand'rue, 45.

Doizé, Yves, charpentier, rue d'Allonville, 1.

Dolet, Jean-Baptiste, charcutier, rue Saint-Similien, 32.

Dolivet, Théodore, serrurier, rue Clavurerie, 7.

Dolmetsch, professeur de musique, rue Dugommier, 3.

Domansky, Michel, chapelier, rue Saint-Léonard, 11.

Domenier, François, tourneur, rue de la Moricière, 4.

Mlle Dominique, chef d'institution, petite rue Saint-Clément.

Vᵉ Dominique, Dominique, fils, prêtre, rue Saint-Clément, 5.

Dominique, capitaine au 64ᵒ, rue Saint-André, 5.

Domino, Casimir, cafetier, place Royale, 11.

Donart, Jean, serrur., r. Rubens, 6.

Douzé, Henri, cafetier, rue Haute-du-Château, 4.

Vᵉ Dopffer, Jean-Baptiste, professeur, rue Sarrazin, 7.

Vᵉ Dorain, Jules, mᵈᵉ de tissus, petite rue des Carmes, 8.

Doranjou, Jacques, cour de la Boule-d'Or.

Doré-Graslin, Edmond, rue Crébillon, 24.

Doré-Graslin, André, rue du Calvaire, 27.

Vᵉ Doré-Graslin, prop., rue de Strasbourg, 1.

Doré, François, maître-maçon, r. de la Boucherie, 10.

Vᵉ Doré, Gustave, Doré, Marie, q. Duguay-Trouin, 12.

Doré, Gustave, armements, conserves et fruits secs, quai Duguay-Trouin, 16.

Doré, Pierre, prop., au Chiron.

Doré, Louis, quai Ile-Gloriette, 5.

Vᵉ Doré (du), prop., rue Saint-Clément, 13.

Dorides (des), Charles-Alphonse, (le marquis), rue Tournefort, 3.

Dorides (le baron des), r. de Strasbourg, 27.

Dorion, Louis, juge de paix à Nort, rue Lafontaine, 3.

Dortel, Adolphe, mᵈ de fer, rue Sainte-Catherine, 10-12, habit. passage Raymond.

Dortel, Emile, mᵈ de fer, r. Sainte-Catherine, 10-12.

Mme Dortel, née Bernaudeau, quai Ceineray, 7.

Vᵉ Dortel, Etienne, passage Louis-Levesque.

Dosset, Léon, rue Franklin, 11.

Douarand, bourrel., à Pont-Rousseau.

Mlle Douard, Rosalie, rue Ducouédic, 1.

Douard, contrôleur au théâtre, pl. Graslin.

Ve Douaud, Eugène, rue Franklin, 20.

Douaud, ancien arbitre de commerce, rue de Gigant, 36.

Douaud, Ernest, rue de Vertais, 19.

Douault, Alfred, fabt. de savon (associé), rue Richebourg, 4, habit. quai Richebourg, 15.

Douaud, René, quincaillier, quai Turenne, 7.

Doublé, Edouard, maître-maçon, rue Dobrée, 11.

Doublet, Jean-Marie, prop., chem. du Port-Guichard.

Doublé, François, r. de Rennes, 2.

Doucet, Paul, employé au chemin de fer, rue Saint-Clément, 79.

Ve Doucet, Joseph, boulevard Delorme, 14.

Doucet, Pierre, boucher, r. Saint-Clément, 90.

Doucet, Jean, boucher, Haute-Grand'rue, 9.

Doucin, François, inspecteur honoraire d'académie, rue Harrouys, 8.

Doudiès, professeur de musique, r. Dobrée, 13.

Douet, père, rue Châteaubriant, 19.

Douet, Pitre, ferblantier lampiste, quai Penthièvre, 3.

Douillard, Auguste, institut. communal, boulevard Sébastopol.

Douillard, Gustave, armateur, rue Jean-Jacques-Rousseau, 6, hab. route de Paris.

Douillard, Ludovic, menuisier, rue de Gigant, 13.

Douillard, Auguste, entrepreneur de maçonnerie, rue des Olivettes, 21.

Douillard, Constant, fils, place S.-Pierre, 2.

Douillard, contrôleur à la gare, r. Richebourg, 33.

Douillard, François, libraire, quai Cassard, 5, habit. rue Basse-du-Château, 19.

Mlle Douillard, Philomène, rue Basse-du-Château, 19.

Douillard, Léon, menuisier, rue Basse-du-Château, 19.

Ve Douillard, Julien, rue Hauts-Pavés, 26.

Ve Douillard, Julien, rue Hauts-Pavés, 17.

Douillard, Joseph, r. du Bouffay, 3.

Ve Douillard, Joseph, légumes secs, rue de Briord, 10.

Douillard, Joseph, q. Jean-Bart, 3.

Douillard, Pierre, horloger, r. Poissonnerie, 11.

Douillard, René, maçon, rue des Coulées, 12.

Mme Douillon, Victor, mde de parapluies, r. Port-Communeau, 8.

Douineau, Auguste, coiffeur, rue Racine, 7.

Douineau, François, entrep. de voitures sous remises, rue du Lycée, 10.

Dourneau, Louis-Jean, chapelier, rue Beau-Soleil, 1.

Douroux, Michel, prop., q. Port-Maillard, 10.

Douroux, fils, q. Port-Maillard, 10.

Mme Douroux, Emile, tenue Camus, 23.

Doury, Joseph, charpentier entrep. rue des Olivettes, 11 ter.

Ve Doussain, Paul, rue Michel-Columb.

Doussain, Paul, tonnelier, rue Latour-d'Auvergne.

Doussard, Théophile, mécanicien au chemin de fer, Haute-Grand'Rue, 18.

Vᵉ Dousset, q. Fosse, 80.

Dousset, peintre, q. des Constructions, 8.

Doussin, Jules, rentier, q. Fosse, 12.

Doussy, François, maître d'armes, r. Crébillon, 8.

Mlle Douval, r. Bon-Secours, 2.

Douy, Léon, dessinateur au chemin de fer, pl. Saint-Pierre, 5.

Drapeau, Paul, dégraisseur, quai Fosse, 83-84.

Dreme, Charles, employé des Ponts et Chaussées, rue Voltaire, 20.

Vᵉ Dreux, Nicolas-Antoine, rue Bertrand-Geslin, 1.

Dreyfus, Léon, mᵈ d'engrais, représenté par MM. Jamont et Huart, impasse Babonneau et rue Héronnière, 2.

Drieux, Émile, cafetier, rue du Calvaire, 12.

Vᵉ Driolet, rentière, rue Lafontaine, 2.

Dronnet, Pierre, vicaire à Saint-Jacques, rue de Vertou, 6.

Vᵉ Drony, Jean-Baptiste, r. Feltre, 2.

Drony, Pierre, charcutier, place de l'Ecluse, 3.

Drouaud, Ernest, fils, r. Newton, 3.

Drouet, Pierre, prêtre professeur, rue S.-Donatien, 24.

Mlles Drouet, q. du Marais, 3.

Drouet, Julien, carrossier, quai des Tanneurs, 28.

Drouet de Santerre, Henri (le comte), rue Barillerie, 15.

Vᵉ Drouillard, mercière, quai Fosse, 73.

Drouillard, Jean-Baptiste, régisseur de la Poissonnerie, rue de Clisson, 5.

Drouin, Pitre, fils, commission. en grains, rue Santeuil, 4, hab. rue Haudaudine, 2.

Drouin, Pierre, père, charpentier entrepreneur, r. Haudaudine, 2.

Mlle Drouin, lingère, place Saint-Pierre, 8.

Drouot de la Marche, Louis, rue Montyon.

Drouot de la Marche, rue Kervégan, 13.

Druais, Jean-Louis, épicier, rue Saint-Léonard, 20.

Vᵉ Drumel, Henri-René, rue Crébillon, 22.

Mme Druneau, Pierre, modiste, rue de l'Évêché, 2.

Druneau, Henri, plombier, rue du Bouffay, 3.

Mlle Duaud, Julie, r. Piron, 2.

Duaud, mécanicien, rue de la Verrerie, 10.

Dubief, Joseph, maître d'hôtel, petite rue Bon-Secours, 2.

Dubigeon, Théodore, constructeur de navires, rue de Coutances, 9.

Dubigeon et fils, constructeurs de navires, canal de Chantenay.

Dubillot, Eugène, carrossier, rue Anison, 10.

Vᵉ Dubin, Gilles, r. des Salorges, 15.

Mlle Dublanc, Anna, q. Fosse, 62.

Dublet, Alphonse, prop., rue Poissonnerie, 8.

Vᵉ Duboc, Jean-Baptiste, quai Penthièvre, 3.

Vᵉ Dubochet, Alexandre, rue Hénière, 8.

Dubochet, Alexandre, mᵈ d'engrais, rue Lanoue-Bras-de-Fer.

Dubochet, Camille, r. Marceau, 12.

Dubochet, fils, rue Marceau, 12.

Dubochet, Henri, r. de Briord, 13.

Vᵉ Dubochet, Auguste, rue de Paris, 85.

Vᵉ Dubochet, chemin des Herses, 11.

Dubois, Hippolyte, prop., chemin du Coudray, 8.
Vᵉ Dubois, Charles-Auguste, rue de Paris, 90.
Dubois, Jacques, herbager, rue Fouré.
Vᵉ Dubois, Jean, mercière, quai Duguay-Trouin, 1.
Mlle Dubois, Mathilde, papiers et sacs pour emballage, q. Duguay-Trouin, 3.
Vᵉ Dubois, Hippolyte, quai Duguay-Trouin, 16.
Dubois, Henri, mᵈ d'engrais, quai Duguay-Trouin, 16.
Dubois, Alexandre, r. Royale, 5.
Vᵉ Dubois, Achille, place Saint-Pierre, 4.
Dubois, Henri, chanoine, pl. Saint-Pierre, 2.
Dubois, Auguste, chef de dépôt, à la grande gare.
Dubois, William, agent de change, rue Crébillon, 21, habit. rue Sévigné, 4.
Dubois, chaudronnier, à la Grenouillère.
Mlle Dubois, Sophie, r. Racine, 7.
Vᵉ Dubois, rentière, rue de la Fosse, 34.
Vᵉ Dubois, Alexandre, rue Saint-Nicolas, 10.
Vᵉ Dubois, Pierre, rue Contrescarpe, 4.
Vᵉ Dubois, r. Bastille, 84.
Dubois, Jacques-Adrien, armateur, r. Harrouys, 12.
Dubois, Junien, mᵈ gantier, rue d'Orléans, 18.
Dubois, Armand, rentier, rue Dubois, 7.
Mlle Dubois, Alphonsine, modiste, pl. du Pilori, 12.
Dubois, Joseph-Placide, place du Bouffay, 1.

Dubois de la Patellière, rue Héronnière, 8.
Dubois de la Patellière, médecin, rue Royale, 14.
Mlle Dubois de la Patellière, Marie, rue Prémion, 4.
Vᵉ Dubois, Richard-Hippolyte, pl. du Commerce, 6.
Dubois-Puybaraud, Édouard, mᵈ de nouveautés, r. d'Orléans, 16.
Duboscq, Léon, arpenteur, rue Santeuil, 4.
Dubreuil, Frédéric, armateur, passage Leroy.
Dubreuilh, Émile, épicier en gros, q. d'Orléans, 21.
Duburquet, fournisseur des prisons, chemin Morand.
Dubus, Léopold, chef de gare, rue Latour-d'Auvergne.
Duc, Charles, fils, place du Commerce, 3.
Duc, Émile, commissionnaire en marchandises, place du Commerce, 3.
Duc, Pierre, fils, r. Brassereau, 10.
Duchamp, Jean, cafetier, quai Fosse, 41.
Duché, Félix-Émile, mᵈ de tissus, rue Poissonnerie, 10.
Duchesne, Albert, mᵈ de bois de sciage, r. Bel-Air, 45-47.
Vᵉ Duchesne, pas. Louis-Levesque.
Duchesne, Pierre, menuisier, rue Belzunce, 1.
Mme Duchesne, petite rue de Launay, 2.
Duchesne, Charles-Constant, contrôleur principal des contributions directes, r. Mondésir, 6.
Duchesne de Marivaux, Jules, directeur des contributions indirectes en retraite, tenue Camus, 14.
Duchesne, Georges, mᵈ de tissus, rue Garde-Dieu, 8.

Ducos, Alexandre, entrepreneur de travaux publics (associé), place du Martray, 3, habit. rue Sarrazin, 10.
Ducos, Bernard, charpentier-entrepreneur, rue de Versailles, 12.
Ducos, Eugène, charpentier-entrepreneur, rue Bel-Air, 19.
Ducos, Paul, ingénieur, quai Fosse, 80.
Ducos, Eugène, entrepreneur de bains publics, rue Voltaire, 19, hab. rue Bel-Air, 19.
Ducos, Jean-Marie, tamisier, rue des Carmes, 7.
Vᵉ Ducos, Baptiste, mercière, rue de l'Écluse, 5.
Vᵉ Ducré, Ferdinand, rue Juiverie, 9 bis.
Vᵉ Ducruc-Mathayron, rue Prénian.
Dudot, Jules-Marius, rentier, petite rue des Carmes, 10.
Vᵉ Dufailly, q. du Marais, 4.
Dufay, Camille, armateur, rue de l'Écluse, 4.
Vᵉ Dufay, quai du Marais, 5.
Vᵉ Dufet, Henri, horloger, r. d'Orléans, 11.
Dufou, Bonaventure, rue Haute-du-Château, 1.
Dufour, Émile, mᵈ de vins (assoc.), place Petite-Hollande, 2.
Dufour, Edouard, professeur de mathématiques, r. Héronnière, 6.
Dufour, Pierre-Antoine, prop., pl. Notre-Dame, 3.
Dufour, Jean-Nicolas, quai Cassard, 7.
Mlle Dufresne, Anne, place du Pilori, 6.
Dugardin, Henri, horloger, rue S.-Clément, 90.
Dugas, Etienne, gréeur, rue Dubreil, 8, habit. rue Ermitage, 8.
Dugast, René, tonnelier, passage Sanitat, 6.

Mlle Dugast, Eugénie, ling., Basse-Grand'Rue, 11.
Dugast, Delphin, mᵈ de faïence, rue du Bouffay, 2.
Dugast, professeur à Saint-Stanislas, rue des Jardins, 8-10.
Dugast, Jean, prêtre, rue S.-Clément, 15.
Vᵉ Dugast, Guillaume, ruelle d'Espagne, 5.
Dugast, Charles, rentier, rue de Clisson, 4.
Duguy, Pierre, boulanger, quai Richebourg, 16.
Duguy, boulanger, montée S.-Bernard.
Duhamel-Grandprey, colonel au 64ᵉ de ligne, r. Tournefort, 2.
Duhoux, commissaire de police, r. de Gigant, 8.
Mme Dujardin, r. Bon-Secours, 2.
Dulac, Alfred, rue Marceau, 7-9.
Dulac, Patrice, rue Gresset, 7.
Vᵉ Dumas, Joseph, bureau de placement, rue Saint-Nicolas, 21.
Dumont, Victor-Désiré, horloger, rue Crébillon, 2.
Dumont, Marin, tailleur, place Royale, 10.
Vᵉ Dumoulin, prop., place du Pilori, 9.
Dunan, Charles, épicier, rue Guépin, 1.
Dunan, Charles, fabt. de chocolat, rue Sarrazin, 12.
Vᵉ Dunan, Georgina, rue Hôtel-de-Ville, 4.
Dunan, Lucien, fabt. de briques, rue Hôtel-de-Ville, 4.
Dupas, Francis, docteur-médecin, rue Barillerie, 8.
Dupas, Jean, mᵈ de sabots, rue Mazagran, 1.
Dupé, Théodore, menuisier entrepreneur, pas. Sainte-Anne, 11.

Dupé, Charles, cordonnier, chaussée Madeleine, 26.
Dupé, Paul, conducteur des Ponts et chaussées, place Burbin, 4.
Mlle Duperray, Mariette, rue S.-Similien, 30.
Dupin de la Ferrière, Eugène, rue Anison, 10.
Mme Dupin de la Ferrière, mère, (la vicomtesse), Haute-Grand'-Rue, 28.
Vᵉ Dupin de la Ferrière, Achille, r. Saint-Denis, 1.
Dupland, Emile, tourneur, rue Santeuil, 4.
Dupland, Ambroise, tourneur, rue Basse-du-Château, 15.
Dupland, Louis, tourneur, rue des Arts, 17.
Dupland, conserves alimentaires, à la Ville-en-Bois.
Vᵉ Duplantier, Joseph, bas chemin Saint-Donatien, 24.
Vᵉ Dupleix, Charles-Henri, prop., rue Racine, 9.
Mlle Duplessis, rue Voltaire, 7.
Mlle Duplessis, Estelle-Marie, rue Voltaire, 23.
Mlle Dupont, Adeline, petite rue Notre-Dame, 6.
Dupont, armateur (associé), rue Gresset, 7, habit. rue vieux ch. de Couëron.
Dupont, Jean, retraité des Douanes, rue Royale, 11.
Dupont, Albert, professeur, rue de Briord, 18.
Dupont, Ferdinand, mᵈ d'engrais, boulevard Delorme, 34.
Dupont, Jean-Marie, boulanger, q. Fosse, 77.
Dupont, Henri, r. J.-J.-Rousseau, 16.
Mlle Dupont, Antoinette, rue de Rennes, 58.
Dupont, Jean, professeur, rue S.-Laurent, 5.

Dupont, François, instituteur, rue Saint-Laurent, 12.
Dupont, François, prop., quai Richebourg, 16.
Dupont, Ferdinand, mᵈ d'engrais, rue Alain-Barbe-Torte, habit. boulevard Delorme.
Mme Dupont, r. des Pénitentes, 3.
Dupont, Léon, rue Guillet-de-la-Brosse, 3.
Duport, Jean-Marie, place du Pilori, 2.
Mlle Duprateau, Octavie, lingère, Haute-Grand'Rue, 53.
Vᵉ Dupré, Emile, rent., vieux ch. de Couëron.
Dupré, rue Lafayette, 4.
Vᵉ Duprelle, André, rue de Gigant, 43.
Mlle Dupuis, Céleste, rent., r. Frédureau, 1.
Dupuis, Pierre-Alexis, rue du Lycée, 4.
Mlle Dupuis, Julie, r. Mercœur, 12.
Dupuis, Théophile, r. Bastille, 21.
Dupuis, David, rue Marivaux, 5.
Dupuis, dessinat., r. de Gigant, 46.
Dupuy, employé des Douanes, rue de Bel-Air, 51.
Dupuy, Jean-Marie, parfumeur, r. d'Orléans, 11.
Dupuy, Hector, q. des Tanneurs, 9.
Durance, Thimoléon, rentier, quai Fosse, 15.
Durance, conserves, à Saint-Clair.
Vᵉ Durand, Narcisse, pont Arche-Sèche, 2.
Durand, Auguste, prop., quai Duguay-Trouin, 10.
Durand, Louis, courtier de produits alimentaires, place Neptune, 3.
Durand, Pierre, tonnelier, r. Brasserie, 5.
Durand, Jean-Marie, économe, à l'Hôtel-Dieu.

Durand, Auguste, tonnelier, rue de Clisson, 7.
Vᵉ Durand, Narcisse, rue Bon-Secours, 2.
Durand, Jules, architecte, impas. Vignole, 1.
Durand, Pierre, pl. Saint-Pierre, 5.
Durand, Francis, rent., place Notre-Dame, 3.
Durand, Louis, prop., rue de Vertais, 43.
Durand, Frédéric, plombier, quai Fosse, 56.
Mlle Durand, Pauline, mercière, q. Fosse, 44.
Mlle Durand, Emilie, quai de la Fosse, 44.
Durand, François, mᵈ de bois à brûler, route de Clisson.
Durand, Pierre, fils, tonnelier, rue Brasserie, 5.
Durand, rent., rue Verrerie, 11.
Durand, Auguste, boucher, r. Port-Maillard, 3.
Durand, Pierre-Marie, bimbelotier, rue de Strasbourg, habit. place Saint-Pierre.
Durand, dessinateur, rue La Moricière, 18.
Durand, François, rue Saint-Léonard, 14.
Durand, Victor, r. de Versailles, 19.
Vᵉ Durand-Gasselin, Jules, rue Sévigné, 3.
Vᵉ Durand-Gasselin, Emile, r. Sévigné, 3.
Durand-Gasselin, architecte, rue de Bréa, 2. habit. pas. Saint-Yves.
Durand-Gasselin, Hippolyte, banquier, rue J.-J.-Rousseau, 6, habit. p. Saint-Yves, 19.
Durand-Gasselin, Georges, archit., habit. passage Saint-Yves, 21.
Durand-Gasselin, Hippolyte, archit. passage Louis-Levesque.

Durand-Gasselin, Théophile, place de Pont-Rousseau, hab. passage Saint-Yves, 12.
Durand-Mahé, menuisier, montée Saint-Bernard.
Durand-Mazier, Emile, commission. de transports par terre, q. de Richebourg, 1; hab. r. Voltaire, 15.
Durand-Mazier, Louis-Frédéric, r. Voltaire, 15.
Mlle Durandière, r. de l'Échelle, 1.
Durassier, François, quai de Versailles, 23.
Durassier, chanoine, rue S.-Laurent, 10.
Durassier, Julien, r. de Clisson, 7.
Durassier, Alexandre, fils, cordonnier, place du Château, 3.
Duret, Henri, galochier, place du Château, 1.
Mlle Duret, Françoise, quai Duguay-Trouin, 3.
Durox, Edouard, mécanicien, rue Dobrée, 15.
Vᵉ Dusmel (de), pl. Lafayette, 1.
Vᵉ Dussard, Eugène, rue Hôtel-de-Ville, 1.
Dusseau, Bertrand, mercier, rue du Guesclin, 2.
Dutait, Henri, q. de Versailles, 28.
Dutartre, Aristide, r. Contrescarpe, 12.
Duteil, Frédéric, sous-chef de bureau à la Mairie, r. du Trépied, 3.
Duteil, Théodore, sous-chef de bureau à la Mairie, pl. Bretagne, 5.
Mlle Duteil, Marie, directrice de la salle d'asile, rue Frédureau, 2.
Duteil, Auguste, tonnelier, quai S.-Louis, 6.
Duteil, Hippolyte, mᵈ de bois feuillard, rue des Salorges, 5, habit. rue des Perrières, 13.
Duteil, François, petite rue Launay, 14.

Duteil, Henri, cordonnier, rue Dobrée, 14 *bis*.
Dutemple, François, ferblantier, r. Cassini, 8.
Dutertre, Jacques-Auguste, rue Fouré.
Dutertre de la Coudre, avocat, rue Basse-du-Château, 1.
Vᵉ Dutertre de la Coudre, rue Lafayette, 1.
Vᵉ Duval, rue Voltaire, 5.
Mlle Duval, L., institutrice, aven. Launay, 15.
Duval-Pagliano, Armand, fabt. de chapeaux, rue des Olivettes, 13.
Duval, Adolphe, rent., rue des Olivettes, 13.
Duval, Charles, q. Maison-Rouge. 8.
Duvanel, Guillaume, rue Barillerie, 12.
Duvanel, mᵈ de nouveautés, rue Lapeyrouse, 13.
Duverger, Prosper-Jean-Marie, rue Paré, 4.
Vᵉ Duvergie, Pierre, modiste, rue Crébillon, 3.
Duvergie, mᵈ de tissus, rue des Carmes, 3.
Duvignaux, père, quai Hôpital, 9.
Duvigneau, Louis, cordonnier, rue des Cadeniers, 2.
Duvivier, menuisier, à Saint-Clair.
Mme Dyvrande, Paul, modes, quai d'Orléans, 1.

E

Mlle Ealet, quai de la Fosse, 54.
Vᵉ Eaton, John, rue Rameau, 1.
Eaton-Lorey, grande avenue des Folies-Chaillou, 13.
Eaux (comp. générale des), représentée par M. Echenoz, rue de Strasbourg, 22.
Echappé, René, pl. du Pilori, 12.

Echard, Joseph, teinturier, rue de Clisson, 1.
Echaud, L., rue Deshoulières, 17.
Echenoz, agent princ. de la comp. des Eaux, rue Strasbourg, 22.
Vᵉ Ecole, René, rent., place de la Monnaie, 4.
Ecomard, Alexandre, vicaire à S.-Donatien, rue Guillet-de-la-Brosse, 2.
Ecomard, Pierre, rent., rue de Feltre, 8.
Mlle Ecomard, Marie, mercière, r. de l'Evêché, 2.
Ecomard, Joseph-Mathurin, serrurier, rue Kléber, 10.
Ecomard, Auguste, chapelier, pl. du Pilori, 8.
Ecorchard, Jean-Marie, docteur-médecin, rue Lafayette, 5.
Mlle Edelin de la Praudière, Marie, rue Poissonnerie, 11.
Edelin de la Praudière, Emile, assureur maritime, habit. r. Poissonnerie, 11.
Vᵉ Edmunds, rue Dobrée, 16.
Ehon (d'), chef d'escadron d'état major en retraite, r. Harrouys, 24.
Eissendeck, Louis, commissaire spécial au chemin de fer, boulevard Sébastopol, 2.
Ely, Henri, peintre sur verre, rue Saint-Donatien, 27.
Mlle Emery, rent., rue Bon-Secours, 9.
Emery, Jean, r. Saint-Léonard, 27.
Employés de Commerce (société de secours mutuels des), rue du Puits-d'Argent, 3.
Employés de commerce (cercle catholique des), boulevard Delorme, 5.
Emschwiller, Michel, mᵈ de crépins, rue Kervégan, 1.
Emschwiller, mercier, rue du Calvaire, 3.

Enaudeau, Jean, m^d d'engrais, rue de Rennes.

Enduran, chef de bataillon, place de Barbin, 4.

Eole (l'!), comp. d'assurances maritimes, représentée par M. Pennanech, rue de la Bastille, 45.

Eon, Pierre, restaurateur, rue du Marchix, 44.

Eon, Joseph, menuisier, rue Lamotte-Piquet, 11 ter.

Mlles Eon-Duval, Berthe et Alice, MM. Charles, Henri et Georges Eon-Duval, rue de Briord, 13.

Epiard, Julien, commissionnaire, r. Paré, 2.

Epinette, Charles, tonnelier, vieux chemin de Couëron, 10.

Epoudry, Jean, quai de Barbin, 6.

Mme Eraud, Clémentine, rue Mazagran, 1.

Ve Eraud, Jean, bouchère, r. Poissonnerie, 2.

Eraud, François, boucher, rue S.-Léonard, 20.

Eraud, Napoléon, chaussée Madeleine, 28.

Eraud, Pierre, passage Russeil, 5.

Ve Eriau, rue Voltaire, 17.

Ernest, Alfred, m^d de fer, rue Haudaudine, 5-7, habit. rue de Strasbourg, 7.

Ernest, Henri, comptable, rue S.-Clément, 79.

Ernoult, Edouard, peintre, rue de Feltre, 10.

Mlle Ernoux, Julia, rue du Guesclin, 2.

Mlle Ertaud, r. J.-J.-Rousseau, 10.

Ertaud, François, prop., quai Turenne, 10.

Mlles Ertaud, rue S.-Jacques, 26.

Ertaud, Félix, petite r. Launay, 2.

Ertaud, Ernest, fils, r. J.-J.-Rousseau, 10.

Ve Ertaud du Boismélé, r. Sully, 7.

Ertaud du Boismélé, Charles, rue Sully, 7.

Mme Eschauder, r. Beaumanoir, 2.

Mlle Escher, Anna, boulevard Sébastopol, 8 ter.

Esnaud, Auguste, mesureur juré, rue Molac, 5.

Esnaud, Jean, rentier, quai Richebourg, 14.

Esnault, Jacques, m^d de parapluies, Basse-Grand'Rue, 7.

Esnault, François, r. Santeuil, 1.

Ve Esnoul, Etienne, poêlier, quai Fosse, 25.

Mlle Esnoul des Chatelets, rue du Guesclin, 2.

Esnoul des Chatelets, Sophie, q. Ile-Gloriette, 15.

Ve Espaignet, rue Bastille, 51.

Espenon, Joseph, menuisier, rue Rosière, 6.

Espéron, Henri, r. Chapeau-Rouge, 21.

Espié, Adolphe, mercier, r. Mazagran, 7.

Espitalier, Alphonse, assureur maritime, rue Lafayette, 1.

Espitalier-Lapeyrade, prop., rue Sully, 1.

Espivent de la Ville Boisnet, prop., place Louis XVI, 4.

Espivent du Perron, Denis, rue de l'Évêché, 2.

Estève, inspecteur des contrib. indirectes, rue Kléber, 1.

Estingoy, Edouard, rue Contrescarpe, 23.

Estourbeillon (le marquis de l'), r. Sully, 1.

Estrées (d'), Victor, r. Royale, 19.

Eterville (d'), Gustave, horloger, rue Lapeyrouse, 2, et rue d'Orléans.

Etève, Henri-Alfred, quincaillier, r. Barillerie, 7.

Etève, Emile, fils, m^d de vins et épicier, rue Bon-Secours, 13.

Mlle Etève, Anne, m^{de} de bière en gros, rue Basse-du-Château, 19.

Etève, Paul-François, rentier, rue Barillerie, 3.

Etiembre, Constant-Brice, r. Mellier, 8.

Ve Etienne, Jean-Baptiste, rue Dobrée, 3.

Etienne, René-Emile, raffineur, r. de Bréa, 8, cabinet r. de la Raffinerie.

Etienne, Alfred, m^d de grains, rue d'Alger, 10, hab. rue Colbert, 18.

Etienne, Augustin, professeur de gymnase, r. Lafontaine, 2 bis et 5 bis.

Etienne, Alfred, m^d de grains, rue Colbert, 18, cabinet rue d'Alger, 10.

Etiennez, Etienne, avoué, rue de l'Echelle, 1.

Ve Etiennez, rue de l'Echelle, 1.

Etourneau, Alexis, m^d de tissus, r. Poissonnerie, 2.

Ve Etourneau, Charles, rue du Lycée, 4.

Etourneau, Charles, r. du Lycée, 4.

Eudel, Paul, rue Anison, 10.

Eudel, visiteur des Douanes en retraite, place Lamoricière, 1.

Eudel, Emile, capit. au long cours, chemin du Moulin-des-Poules, 8.

Eudes d'Eudeville, chimiste expert, rue Scribe, 8.

Evain, Charles, horloger, rue Bon-Secours, 7-9.

Eveillard, Louis, m^d de tissus, r. Saint-Clément, 41.

Evellin, Dominique, rentier, chem. du Coudray, 2.

Evellin, Dominique, m^d de tissus, rue de Feltre, 2.

Evellin, François, orfèvre, Basse-Grand'Rue, 16.

Evellin, Charles, agent d'assurances, quai Fosse, 72.

Ve Even, Louis, épicière, rue du Bouffay, 3.

Ve Even, Alexis, rentière, rue Moquechien, 12.

Ve Even, Jean, r. Moquechien, 12.

Ve Even, Jean, rue Mercœur, 2.

Even, Louis, rentier, rue du Marchix, 49.

Even, Charles, juge de paix, rue de la Chalotais, 2.

Evin, Jean, maître d'hôtel garni, rue Gresset, 10.

Evin, Pierre, charcut., q. Fosse, 10.

Evin, Emmanuel, m^d de poterie, rue du Calvaire, 28.

Ve Eygnère, Jean-Pierre, rue Juiverie, 15.

Eygnières, employé de la Préfecture, place Barbin, 4.

Eyquard, Nicolas, charcutier, rue des Halles, 7.

Ezano, Victor, vannier, chaussée Madeleine, 29.

F

Ve Fabert, Joseph, rentière, avenue Allard, 1.

Ve Fabre, Auguste, rue Boileau, 5.

Fabre, place Port-Communeau, 5.

Fabré, Joseph, prêtre, rue Saint-Clément, 1.

Fabriès, Emile, quai Turenne, 8.

Ve Fafin, Alphonse, quai Duguay-Trouin, 8.

Ve Fagot, Jean, rentière, pl. Bretagne, 13.

Failly, Victor, contrôleur des contribut. directes, r. des Arts, 14.

Failly, Pierre, mécan., r. Emery, 7.

Fairand, Louis, m^d de nouveautés, Basse-Grand'Rue, 25.

Fairand, Pierre-Marie, m^d de tissus (assoc.), rue du Moulin, 19.

Mlle Fairand, Marie, Basse-Grand'-Rue, 25.

Faivre, père, ingénieur civil, rue Mazagran, 1.

Faivre, Ernest, construct. de machines (associé), rue vieux ch. de Couëron, 5.

Faivre, Charles, constructeur de machines à vapeur, boulevard Saint-Aignan, 8.

Ve Falavier (de), rent., q. Fosse, 60.

Mlle Falkoswska, Augusta, profes. de musique, rue Santeuil, 3.

Mlle Faouédic (du), Louise, rue Haute-du-Château, 1.

Farez, Henri, rent., chaussée Madeleine, 22.

Farge, profes. à la philosophie, r. Saint-Clément, 3.

Fargues, Henri, minist. protestant, rue de Gigant, 54.

Farion, Louis, serrurier, rue des Carmes, 25.

Farouilh, Jean-Baptiste, employé à la Mairie, rue Copernic, 3.

Fauche, directeur du cabinet du Préfet, à la Préfecture.

Faucher, Antoine, quincail., chaus. Madeleine, 35.

Faucher, Louis, quincail. (assoc.), chaussée Madeleine, 35.

Ve Faucherie (de la), rue J.-J.-Rousseau, 1.

Faucheux, Hippolyte, m^d bimbelotier, rue des Arts, 29.

Mlle Faucheux, maîtresse d'école, rue Anison, 4.

Faucheux, Marguerite, rent., quai Fosse, 14.

Ve Faucheux, rue des Coulées, 5.

Ve Faucheux, rue Rameau, 2.

Ve Fauconneau-Dufresne, rue de Gigant, 46.

Faudemer, Pierre-Thomas, pharm. rue Crébillon, 19.

Faure, Louis, capit. d'infanterie en retraite, rue S.-Clément, 59.

Faureau, menuisier, Ville-en-Bois.

Mlle Fausseau, Augustine, modes, rue Voltaire, 3.

Faussereau, Urbain, prop., place des Garennes.

Faussereau, Urbain-Louis, fils, ferblantier, place des Garennes.

Faustine (sœur), supér. de Sainte-Marie, rue Massillon, 3.

Fauvel, rent., r. Châteaubriant, 23.

Fauvel, Michel, conduc. des Ponts et Chaussées, r. Sarrazin, 9.

Ve Favenec, rue Santeuil, 3.

Favereau, E., clerc de notaire, rue Contrescarpe, 28.

Mlle Favereau, place du Pilori, 8.

Favereau, Louis, charcutier, rue Grande-Biesse, 24.

Favier, Alfred, confiseur, quai de l'Hôpital, 10.

Favier, Henri, m^d de tissus, place Sainte-Croix, 2.

Favre, Paul, pâtissier, r. Briord, 1.

Favre, Charles, mercier, rue du Calvaire, 13.

Favre, Francis, m^d de grains, rue d'Enfer, 3.

Ve Favre, François, rue d'Enfer, 3.

Favre, Ferdinand, rent., place de Barbin, 1.

Favreau, Emile, clerc de notaire, rue Boileau, 4.

Ve Favreau, rent., r. Sarrazin, 5.

Ve Favreau, François, côte Saint-Sébastien.

Favreuil, rent., r. Carmélites, 16.

Mlle Favreuil, Lucie, place Saint-Pierre, 4.

Vᵉ Favreuil, Louis, rue du Guesclin, 2.
Favreuil, Ernest, mᵈ de charbon de terre, q. Ile-Gloriette, 20, habit. rue du Guesclin, 3.
Fayau, Olivier, rue Racine, 4.
Fayau, Ludovic, rent., rue de Gigant, 22.
Fayau, Jules-Félix, pl. de la Monnaie, 1.
Fébraud, Charles, rue de Coutances, 26.
Febvre, Hippolyte, peintre, r. d'Erlon, 7.
Vᵉ Febvre, Désiré, ten. Camus, 22.
Febvre, rentier, place Barbin, 4.
Feildel, Eugène, prof., rue Saint-Laurent, 5.
Feillâtre, clerc de notaire, r. Haute-du-Château, 15.
Féline, Victor (le général), rue Tournefort, 1.
Vᵉ Fermin, Pierre, r. des Halles, 7.
Fermin, Alexandre, entrepreneur de maçon., r. Garde-Dieu, 14.
Fermin, Antoine-Charles, entrep. de maçon., rue S.-Laurent, 6.
Ferradou, Bertrand, chaudronnier, place La Moricière, 3.
Ferrand, Jean-Jacques, sabotier, r. Richebourg, 46.
Ferrand, Victor, mᵈ de tissus et teinturier, rue Prairie-d'Aval, 4 et 6, et place du Cirque.
Vᵉ Ferrand-Peuriot, prop., à la Pavotière (Saint-Félix).
Ferrapié, Eugène, merc. en gros, rue Saint-Léonard, 35.
Ferrary-Guermeur, Jean, petit ch. du Moulin-des-Poules, 4.
Vᵉ Ferré, née Gaillard, r. Racine 2.
Ferré, Louis, boulanger, rue Mazagran, 7.
Ferré, Joseph, mécanicien, rue Dobrée, 6.

Vᵉ Ferreira, rue Saint-Jacques, 2.
Vᵉ Ferréol, Charles, quai Ile-Gloriette, 3.
Vᵉ Ferrey (de), Eugène, rue du Lycée, 13.
Ferron, Etienne, parfumeur, r. du Calvaire, 20.
Ferron, direct. des contrib. indir., rue d'Alger, 8.
Ferronnière, Frédéric, prop., quai Turenne, 9.
Ferronnière, Georges, vieux chemin de Couëron.
Ferronnière, prop., au coteau de la Gaudinière.
Ferronnière, Joseph, pl. du Bouffay, 5.
Ferronnière, René, commission. en marchand., q. Fosse, 4, habit. p. Saint-Yves, 16.
Ferrus, Alexandre, rue Paris, 87.
Vᵉ Ferrus, François, place de l'Écluse, 3.
Vᵉ Ferry (de), Eugène, r. Félix, 13.
Fesquet, Gaston, glacier limonad., pl. Graslin, 2, habit. q. Fosse, 78.
Fessard, direct. de l'usine à gaz, quai des Tanneurs, 19.
Fétu, prop., rue de Rennes, 20.
Fevrier, capit. de gendarmerie, pl. Lafayette.
Feydt, Gustave-Henri, armateur, rue Bastille, 5.
Mme Fiefs (des), rent., place Graslin, 3.
Fievé, Joseph, tapissier, r. du Calvaire, 16.
Figat, Pierre-Charles, négociant, rue du Calvaire, 20.
Mlle Filleul, rentière, place Saint-Pierre, 5.
Fillion, Victor, tapissier, r. du Calvaire, 3.
Fillodeau, Lucien, horloger, quai de la Fosse, 2.

Filodeau, prof. de musique, place du Commerce, 8.
Vᵉ Finance, rue Félix, 12.
Finck, Antoine, pâtissier, rue Lafayette, 1.
Fioleau, Mathurin, boucher, rue de la Fosse, 16.
Vᵉ Fioleau, François, q. Fosse, 87.
Fiolin, charron, à Pont-Rousseau.
Fitau, Gustave, négoc., r. Paré, 1.
Fiteau, Pierre, rue Paré, 1.
Fiteau, Gustave, rue Paré, 1.
Flageul, Pierre, prop., au petit Ermitage.
Flageul, Louis, prop., au petit Ermitage.
Mlle Flamand, rue de la Fosse, 6.
Vᵉ Flamine (de), Fidèle, rent., rue Racine, 3.
Flandreau, pâtissier, r. Voltaire, 25.
Flandreau, Isaïe, pâtissier, rue des Vieilles-Douves, 11.
Flaugergues, Emile-Jean, mᵈ de vins en gros à Bordeaux, représ. par M. Chupin, rue Launay, 8.
Fleurance, Jacques, fils, charpen., r. des Chapeliers, 5.
Fleurance, Louis, boulanger, rue de Paris, 52.
Fleurance, Joseph, charpent. entrepreneur, rue Crucy, 7.
Fleurance, Jacques, fils, charpent., rue Pérelle, 27.
Fleurance, Julien, tonnelier, rue Perrault, 5.
Fleuriot, A., rue des Etats, 15.
Vᵉ Fleuriot, rent., rue Poissonnerie, 2.
Fleuriot, Léon, commis en marchandises, rue de la Verrerie, 11.
Fleuriot, Alfred, mᵈ de tissus (ass.), rue du Moulin, 6.
Fleuriot, Pierre, perruquier, r. S.-Léonard, 5.

Fleuriot (de), Alexandre, passage Raymond.
Fleury, Anselme, ancien député, rue du Guesclin, 4.
Vᵉ Fleury, quai Fosse, 83-84.
Fleury-Lallié, avocat, rue de Gigant, 42.
Fleury, Henri, notaire, rue J.-J.-Rousseau, 2.
Fleury, Norbert, clerc de notaire, rue Crébillon, 20.
Fleury, François, rue Colbert, 7.
Fleury, Léon, rue Gresset, 8.
Vᵉ Fleury, Alexandre, r. Sully, 3.
Fleury, Amable, prof. de gymnase, rue d'Alger, 13, habit. petite rue Brancas, 17.
Mlle Flohic, Marie, pl. Pilori, 3.
Flon, conserves aliment., montée Saint-Bernard, Ville-en-Bois.
Floris (de), Edouard, capitaine au long-cours, chaus. Madeleine, 24.
Mme Florisson, Delphine, fleuriste, rue Barillerie, 15.
Flornoy, Tony, rue Gresset, 1.
Flornoy, Louis-Charles, entrepren. de transports par eau, et tuilerie à Grillaud, quai Fosse, 58, hab. boulevard Saint-Aignan, 14.
Vᵉ Flornoy, rue Royale, 12.
Floucaud, Henri, contrôl. des contribut. directes, r. Crébillon, 13.
Flouret, Charles, doreur, Haute-Grand'Rue, 61.
Floury, Louis, graveur, rue Contrescarpe, 10.
Foiré, Louis, chaudronnier, r. Cassini, 3.
Mlles Foliau, rent., rue Contrescarpe, 21.
Fontaine, Pierre, r. Mazagran, 7.
Vᵉ Fontard, rue Richebourg, 27.
Vᵉ Fontelives, Jean-Baptiste, rue Chapeau-Rouge, 21.
Fonteneau, Pierre, pl. S.-Félix, 1.

Mlles Fonteneau, rue Sully, 6.
Fonteneau, Adolphe, rue du Moulin, 5.
Fonteneau, Alexandre, rue Dugommier, 8.
V° Fonteneau, Félix, rue Dugommier, 8.
Fonteneau, Félix, fils, rue Dugommier, 8.
V° Fonteneau, Achille, chemin de la Contrie.
Fonteneau-Abbat, rent., rue Kléber, 12.
Fontenelle (de la), Auguste, ancien percepteur, r. J.-J.-Rousseau, 8.
Mlle Fonvielle, Francine, quai Fosse, 67.
Mlle Foot, rue de Rennes, 58.
Forest, Jules, rent., q. Fosse, 65.
Forest, Vincent, imprimeur, place du Commerce, 4.
Forest, Henri, père, prop., rue de Paris, 122.
Forest, Henri, fils, r. de Paris, 122.
Forest, Jean-Baptiste, prop., route de Clisson.
Forest, Théodore, perruquier, ch. Madeleine, 24.
Forêt, François, entrep. de maçon., rue Barrière-Couëron, 1.
Mme Forge, née Athénas, rue Deshoulières, 4.
Forges et Fonderies de Montataire (société des), imprim. sur métaux, rue Dudrezène, 4.
Forget, Emile, sabotier, rue Châteaubriant, 6.
V° Forget, René, bois à brûler, r. Châteaubriant, 4.
Forget, Pierre, fripier, r. Guépin, 5.
Forget, Lucien, commis des Douanes, rue Santeuil, 4.
Fort (du), Arthur, prop., rue S.-Laurent, 8.
Fortin, Auguste, prop., chemin du Petit-Loquidy.

Fortin, bourrelier, Ville-en-Bois.
V° Fortin, rue de Versailles, 13.
V° Fortin de S.-Aubin, r. Sully, 3.
Fortineau, Victor, docteur-médec. directeur de la maison de santé, rue de Rennes, 67.
Fortun, Julien, rent., aven. Sainte-Anne, 7.
Fortun, Eugène, m^d de bois de sciage, rue Faïencerie, 1, habit. quai Moncousu, 6.
Fortun, Joseph, forgeron, rue de Rennes, 72.
Forty de la Marre, Alexandre, m^d de tissus, chaus. Madeleine, 41.
Forty de la Marre, plâtrier, rue de l'Hôtel-de-Ville, 6.
Fory, Sébastien, m^d de parapluies, rue Bon-Secours, 10.
Fossé, Ferdinand, hôtelier, r. Santeuil, 12.
Foubert, commandant de recrutement, rue Mauechien, 19.
Foucard, Louis, chef de comptabilité, à la Préfecture, chemin du Coudray, 28.
Foucaud, Henri, prop., rue Saint-Jacques, 88.
Foucault, Siméon, pharmacien, pl. Bretagne, 1.
V° Foucault, quai Fosse, 43.
Foucault, Siméon, épicier, pl. Bretagne, 13.
Mme Foucault, Henri, modiste, r. Poissonnerie, 27.
Mlles Foucault, Mathilde et Sidonie, rue Feltre, 19.
V° Foucault, Eugène, rue Lafayette, 10.
Foucault, Jean-Joseph, treillageur, rue de Paris, 102.
Fouchard, Louis, chirurgien dentiste, rue Cassini, 5.
Fouchard, Jean, tonnelier, rue Barillerie, 15.

Fouchard, Ferdinand, horloger, r. Crébillon, 6.

Mme Fouchard, rent., rue Saint-Clément, 43.

Mlle Fouchard, Maria, institutrice, boulevard Delorme, 14.

Fouchard, Julien, garde-magasin, rue de Rennes, 39.

Mlle Fouchard, institutrice, r. Félix, 14.

Vᵉ Fouchard, r. J.-J.-Rousseau, 17.

Fouché, Jean-Baptiste, mᵈ de vins en gros, rue du Marchix, 14.

Fouché, Donatien, mᵈ de vins en gros, quai Fosse, 36, habit. rue Verrerie, 3.

Vᵉ Fouché, Donatien, q. Fosse, 22.

Foucher, Louis-Germain, r. Gresset, 3.

Foucher, Julien, brigadier d'octroi, place Petite-Hollande, 3.

Foucher, Donatien, mᵈ de vins, r. de la Verrerie, 1-3.

Foucher de Carheil, rue Piron, 3.

Fougeray (du), Léon, prop., quai Brancas, 7.

Fougery, Louis-Philippe, rue Rameau, 3.

Vᵉ Foulard, Louis, rent., rue Kervégan, 22.

Foulefoin, passem., rue Clisson, 3.

Foulon, Auguste, secrétaire de la chambre de commerce, rue de Clisson, 8.

Foulon, Joseph, docteur médecin, rue Héronnière, 6.

Foulon, Armand, prêtre, rue d'Orléans, 16.

Foulon, Alexandre, horloger, rue d'Orléans, 3.

Foulonneau, Félix, rue de la Poudrière, 22.

Foulonneau, sculpteur, rue Cambronne, 9.

Foulonneau, Alexis, mercier, chaussée Madeleine, 23.

Foulonneau, Julien, ancien boulanger, rue Mercœur, 1.

Foulonneau, Alphonse, boulanger, quai Port-Maillard, 9.

Foulonneau, Jacques, boulanger, place Bretagne, 1.

Fouquet, Pierre, artificier, chemin du Ballet, 3.

Fourcade, Crépin, menuisier, rue Ogée, 3.

Vᵉ Fourcade, boul. Delorme, 16.

Vᵉ Fourcade, rentière, rue Belle-Image, 3.

Fourcade, François, arbit. de commerce, boulevard Delorme, 16.

Fourcard, employé de la Préfecture, chemin du Coudray, 16.

Mlle Fouré, Marguerite, rue des Arts, 3.

Fouré, Antoine, sculpteur, rue de Rennes, 48.

Fourmont (de), bibliothécaire adjoint, quai Turenne, 9.

Fournerie, Pierre, prop., rue Coulmiers.

Fournier, Félix, secrétaire, à l'Évêché.

Fournier, Louis, bouquiniste, rue Héronnière, 6, hab. rue Neuve-des-Capucins, 4.

Fournier, Jean, bouquiniste, rue de l'Héronnière, hab. r. Flandres, 7.

Fournier, Henri, employé de la prison, passage Sainte-Anne, 10.

Fournier, Stanislas, armateur, quai Fosse, 68.

Fournier, Jules, rue Colbert, 15.

Fournier, Auguste, menuisier, r. Dos-d'Ane, 25.

Fournier, employé des postes, à la grande gare.

Fournier, Eugène, menuisier, pl. Brancas.

Mlle Fournier, Marie, rue de la Fosse, 23.

Fourny, Pierre, épicier, rue J.-J.-Rousseau, 13.
Foussarigues, François, galochier, rue de Vertais, 58.
Vᵉ Foyé, rue Flandres, 15.
Fraboulet, Mathurin, architecte, r. Feltre, 2.
Fradet, Augustin, r. des Coulées, 3.
Fraisse, Paul, mᵈ de nouveautés, place Royale, 1.
Vᵉ Fraisse, rue du Calvaire, 3.
Framinet, Claude, r. Rubens, 9.
France (la), comp. d'assur. contre l'incendie, représentée par M. Baré, rue Flandres, 7 bis.
France (de), Jules, architecte de la Mairie, rue Scribe, 4.
Mlle Francheteau, r. Lafayette, 2.
Francheteau, Gustave, négociant, q. Fosse, 63, hab. r. Calvaire, 17.
Francis, Albert, tailleur, r. Héronnière, 4.
Franck, Louis, prop., rue Kervégan, 24.
Franco, Eugène, pâtissier, r. Beau-Soleil, 1.
Vᵉ François, née Drouin, rue Roi-Baco, 44.
François, Philippe, passage Saint-Yves, 11.
Vᵉ François, Jean, prop., r. Saint-Similien, 21.
Frangeul, Stanislas, notaire, rue Beau-Soleil, 1.
Frangeul, receveur des contribut. indirectes, r. Pont-Sauvetout, 2.
Frangeul, Auguste, rue Bon-Secours, 10.
Frangeul, François-Pierre, rue de Paris, 13.
Fraud, Théodore, agent d'assuran. rue Contrescarpe, 28.
Frayes, Fernand, pl. du Cirque, 1.
Fréhel, François, fripier, rue Mercœur, 6.

Vᵉ Frélicot, rue Juiverie, 5.
Vᵉ Fremont, Auguste, chaussée Madeleine, 19.
Vᵉ Frenay, André-Marie, ruelle des Grands-Jardins, 28.
Fréor, François, boucher, rue des Hauts-Pavés, 4.
Vᵉ Fréour, passage Sainte-Anne, 12.
Frères des Ecoles chrétiennes (pensionnat des), rue Bel-Air, 16.
Frères des Ecoles chrétien. (communauté des), rue de la Commune, 21.
Frésignac, Jean, boulev. Lelasseur.
Fresné, Charles, entrepreneur de diligences, rue Félix, 2.
Mlle Freteau, rent., q. Turenne, 6.
Freteau, Stanislas, vérificateur des Douanes, rue Haute-Casserie, 2.
Fréteau, Léonce, avocat, r. Haute-Casserie, 2.
Freteau des Hettières, rue Saint-Jean, 10.
Mlle Freton, Jeanne, prop., quai Fosse, 17.
Freton, Sylvain, r. de la Fosse, 42.
Vᵉ Freudenthaller, Léopold, rue Grande-Biesse, 6.
Friant (le général), place de la Monnaie, 4.
Frioux, François, rue Sainte-Catherine, 2.
Frogé, Félicité, bandagiste, r. Contrescarpe, 12.
Frogier, William, horloger, rue du Calvaire, 1.
Fromentault, rue des Coulées, 7.
Fromentin, Auguste, prop., rue Hauts-Pavés, 8.
Vᵉ Fromont, Jean, r. Bel-Air, 51.
Fromont, Jules, directeur du passage, passage Pommeraye.
Vᵉ Fromont, Julien, confiseur, rue du Moulin, 11.

Fromont, Frédéric, menuisier, rue Saint-Clément, 84.

Vᵉ Frondat (de), Alfred, r. Guépin, 12.

Mlle Froust, Angélique, rue des Arts, 27.

Fruchard, Pitre, négociant, boul. Delorme, 12.

Mme Fruchard, rue de Rennes, 58.

Fruchard, Théodore, avenue Luzançay.

Vᵉ Fruchon, Édouard, rue Poissonnerie, 12.

Fruneau, Noël, boulanger, rue Ermitage, 14.

Vᵉ Fruneau, Emile, mᵈᵉ de papier pour usages médicinaux, r. Mondésir, 1.

Fruneau, Etienne, greffier, quai de la Fosse, 10.

Fumey, Gustave, prof., au Lycée, rue du Lycée, 1.

Furret, architecte, rue Menou, 1.

Fürts, Melchior, photographe, rue Feltre, 15, hab. r. du Calvaire, 10.

Fürts, Emile, photographe, rue du Calvaire, 10.

Fusch, employé aux tabacs, rue d'Allonville, 3 ter.

G

Gabier, Jean-Pierre, mᵈ de chevaux, impasse Vignole, 4.

Gaboriau, Augustin, aumônier des Dames de Nazareth, rue Talensac, 16.

Gaboriau, Jean, charpentier, rue Saint-Pasquier, 2.

Gaboriau, Vincent-de-Paul, officier de santé, r. du Calvaire, 20.

Gaborit, Julien-François, chemin de Miséricorde, 1-3.

Mlle Gaborit, Jeanne, quai de la Fosse, 62.

Gaborit, prêtre professeur, rue S.-Donatien, 22.

Gaborit, Ernest, commissionnaire en grains, quai de la Madeleine.

Gaborit, François, charpentier, rue des Arts, 15.

Gaborit, Jean-Julien, entrep. de maçonnerie, rue Miséricorde, 34.

Gaborit, Joseph-Julien, entrep., de maçonnerie (assoc.), rue Miséricorde, 34.

Gaborit, François, charpent. q. de Barbin, 8, hab. rue Frédureau, 5.

Vᵉ Gaborit, François, Basse-Grand'-Rue, 4.

Mlle Gabou, Laure, r. de Vertou, 18.

Gâche, Etienne, ingénieur, r. Kléber, 1.

Gachet, Félix, horloger, rue Barillerie, 19.

Mlle Gadbin, Françoise, modiste, rue Boileau, 6.

Gadeceau, pont des Récollets, 3.

Gadeceau, Jules, fils, épicier, quai Fosse, 92-97.

Gadeceau, horloger, r. Fosse, 30.

Gadeceau, Jules-Camille, quai de la Fosse, 97.

Gadilhe, sous-inspecteur des domaines, rue Hôtel-de-Ville, 4.

Gadpaille, Alexis, peintre, r. Marceau, 22.

Mlle Gadpaille, Esther, r. du Moulin, 18.

Gaffé, Henri, docteur-médecin, rue Crébillon, 10.

Gagey, Charles (facteurs express), rue Crébillon, 15, et rue Santeuil.

Gagnier, Sébastien, charcutier, rue de la Fosse, 14.

Gagnoux, René, juge de paix, rue Harrouys, 14.

Gahier, Eugène, serrurier, rue S.-Nicolas, 2, hab. r. Clavurerie, 3.

Gahier, François, supérieur du petit séminaire, r. S.-Donatien, 22.

Gahier, Stanislas, agent d'affaires (associé), rue d'Orléans, 5-7.
Gaignard, François, supérieur des missionnaires, rue Malherbes, 8.
Vᵉ Gaigneron, Georges, vieux chemin de Couëron, 18.
Mme Gaillard, Jules, chapelière, rue Bon-Secours, 6.
Vᵉ Gaillard, quai Ceineray, 7.
Gaillard, Francis-Adolphe, banq., rue Poissonnerie, 2, hab. boulevard Delorme, 42.
Gaillard, Henri-Julien, architecte, rue Racine, 2.
Vᵉ Gaillard, François, rentière, r. Poissonnerie, 2.
Gaillard, François, plâtrier et entrepreneur de travaux publics, pl. du Martray, 3.
Mlle Gaillard, Marie, vannerie, quai Cassard, 8.
Gaillard, Armand, receveur d'octroi, rue Richebourg, 33.
Mlle Gaillard, Marie, r. Saint-Clément, 47.
Mlle Gaillard, modiste, rue Paré, 7.
Gaillard, Henri, horloger, r. Basse-du-Château, 23.
Gailly, Joseph, employé du télégraphe en retraite, rue d'Erdre, 23.
Galard, Benoni, rentier, rue des Halles, 22.
Vᵉ Galard, rent., rue de la Commune, 8.
Galbaud du Fort, Emile, directeur, à S.-Stanislas, r. des Jardins, 8 et 10.
Vᵉ Galbaud du Fort, Henri, rue du Lycée, 9.
Galbaud du Fort, r. du Lycée, 13.
Galbaud du Fort, Achille, rue S.-Clément, 16.
ᵒ Galbaud du Fort, Alphonse, r. Tournefort, 2.
Mlle Galdemar, rue Gresset, 13.

Vᵉ Galerie des Granges, boulevard Delorme, 24.
Galibert, Amédée, mᵈ de vins, pl. Saint-Vincent, 5.
Mme Galicier, rue Garde-Dieu, 10.
Galant, Jules, capitaine de frégate, rue Rameau, 1.
Galland, Paul, armateur (associé), rue Gresset, 15, hab. r. Bréa, 4.
Gallard, François, prêtre, rue Bel-Air, 23.
Mlle Gallard, Jeanne, mᵈᵉ de tissus, rue Bel-Air, 14.
Gallard, carros., à Pont-Rousseau.
Gallé, Eugène, forgeron, pont des Récollets.
Gallet, receveur des Douanes en retraite, rue de Rennes, 10.
Gallière, Etienne, rue Rubens, 1.
Mlles Gallière, rue Rubens, 1.
Gallon, André, tonnelier, r. Hauts-Pavés, 2.
Gally, père jésuite, rue Dugommier, 13.
Galot, Jules, rue Bastille, 68.
Galpin, Louis, prop., rue Malherbes, 16.
Gama, Gustave, rue Mazagran, 1.
Gambier, René, rue d'Alger, 2.
Gambonnet, Alexandre, peintre en bâtiments, rue Mercœur, 9.
Vᵉ Game, Louis-Théodore, tenue Camus, 1.
Ganachaud, Alfred, frip., r. Paré, 17.
Ganachaud, Jean, fripier, rue Mercœur, 16.
Ganachaud, François, sculpteur, r. Newton, 1.
Ganachaud, Claude, entrepreneur de maçon., q. des Tanneurs, 6.
Ganachaud, Alfred, menuisier, r. Deshoulières, 17.
Ganachaud, charpentier, à Pont-Rousseau.

Ganachaud, Jules, menuisier (associé), rue Bastille, 5, habit. rue Paré, 7.
Ganachaud, coutelier, quai de la Fosse, 57.
Vᵉ Gandelat, rue Félix, 4.
Vᵉ Gangloff, Laurent, quai de l'Ile-Gloriette, 19.
Mlle Ganne, Estelle, rent., pl. Royale, 6.
Ganry (de la), architecte, rue Racine, 11.
Mlles Gante, Eugénie, Henriette, et Joséphine, rue de la Fosse, 4.
Ganuchaud, Clair, mᵈ de vins en gros (assoc.), r. Porte-Neuve, 16.
Ganuchaud, Jérôme, quai de Versailles, 18.
Vᵉ Ganuchaud, Pierre, mᵈˢ de tissus, rue Poissonnerie, 13.
Ganuchaud, Georges, fils, rue de la Poissonnerie, 13.
Ganuchaud, Jean-Baptiste, rue Barillerie, 10.
Garaud, Jean, père, rue Dobrée, 2.
Vᵉ Garaud, rue Cassini, 2.
Mlle Garaud, Marie, rue du Bouffay, 4.
Garçon, Pierre-Louis, cordonnier, rue Basse-du-Château, 23.
Garçon, René, capitaine au long cours, rue Racine, 8.
Gardarin, prêtre professeur, rue S.-Donatien, 24.
Gardien, Pierre, rue du Nouveau-Pont.
Gareau, André, mᵈ de parapluies, quai Brancas, 6.
Garel, François, cimentier, rue Lanoue-Bras-de-Fer.
Vᵉ Garet, Jean-Jacques, rue de Bréa, 5.
Gariou, chanoine, rue Royale, 4.
Vᵉ Garnerie (de la), rue Haute-du-Château, 10.

Garnier, François, armateur (associé), rue J.-J.-Rousseau, 3, hab. rue du Calvaire, 21.
Garnier, François, r. Calvaire, 21.
Garnier, Charles-Marie, avocat, r. du Calvaire, 21.
Vᵉ Garnier, François-Augustin, q. du Port-Maillard, 12.
Garnier, Louis, place Delorme, 1.
Vᵉ Garnier, Auguste, Garnier Auguste-François, rue Guépin, 4.
Garnier, Édouard, r. Héronnière, 8.
Vᵉ Garnier, John, r. Héronnière, 8.
Garnier, Ludovic, mᵈ de bois de sciage (assoc.), quai de la Madeleine, hab. chaus. Madeleine, 24.
Garnier, Constant, mᵈ de charbon de terre (assoc.), q. Moncousu, 22, hab. quai Ile-Gloriette, 18.
Garnier, Constant-Marie, quai de la Fosse, 64.
Vᵉ Garnier, Marie-Ursule, rue de Flandres, 2.
Mlle Garnier, Clémentine, modiste, rue J.-J.-Rousseau, 15.
Mlle Garnier, Rosalie, rue de Rennes, 26.
Garnier, Edouard, prop., quai Richebourg, 2.
Mme Garnier, rue Mercœur, 10.
Garnier, Jean-François, rue d'Alger, 15.
Garnier, Louis, rue Suffren, 1.
Vᵉ Garnison, rue Verrerie, 14 bis.
Garreau, Pierre-Julien, rue Galissonnière, 7-9.
Garreau, Alexandre, armateur, tenue Camus, 28.
Garreau, agent voyer d'arrondissement, rue Châteaubriant, 23.
Garreau, mᵈ de bois, canal Chantenay.
Vᵉ Garreau, rue Rosière, 2.
Garreau, René, rue du Moulin, 13.
Garreau, Joseph, taill., r. Fosse, 11.

Garsagné, Pierre, prop., côte S.-Sébastien, 10.
Vᵉ Gary, frip., r. Contrescarpe, 14.
Vᵉ Gaschet, Antoine, r. Chevert, 7.
Gasnault, François, carrossier, rue Bel-Air, 13.
Gasnier, Jules, mᵈ tailleur (associé), rue Voltaire, 1.
Gasnier, André, formier, rue de Briord, 14.
Gasnier, Alexandre, q. Bouffay, 1.
Gasnier-Théard, Alexandre, r. S.-Denis, 3.
Gatard, Joseph, cordonnier, rue Santeuil, 6.
Vᵉ Gaterre, Marie, rue Saint-Léonard, 6.
Gatineau, Henri, avoué, place Royale, 3.
Gattecloux, Charles-Emile, dit Bellecroix, mᵈ de tissus, rue Boileau, 11.
Vᵉ Gatterre, Armand, rue de Vertou, 18.
Gaubert, François, r. de Paris, 58.
Mlle Caubichet, Perrine, rue Bertrand-Geslin, 2.
Gauchet, François, père, rue de la Brasserie, 5.
Gauchet, Charles, mᵈ de bois de sciage, quai Fosse, 92.
Vᵉ Gauchet, Charles, rentière, petite rue Fénelon, 3.
Vᵉ Gaudais, rent., rue de Strasbourg, 2.
Mme Gaudet, rent., q. Turenne, 12.
Mlle Gaudet, Joséphine, place petite Hollande, 3.
Vᵉ Gaudet, rue Bel-Air, 12.
Gaudry, Eugène, employé de la marine, rue des Halles, 18.
Gaudin, Jean-Baptiste, mᵈ de vins en gros, rue Porte-Neuve, 3.
Gaudin, Michel, mᵈ de vins en gros (assoc.), rue Porte-Neuve, 3.

Vᵉ Gaudin, Adolphe, r. Cassini.
Gaudin, Hippolyte, rue Haute-du-Château, 19.
Vᵉ Gaudin, Jean-Joseph, chemin du Coudray, 16.
Gaudin, Arthur, pâtissier, place Saint-Pierre, 5.
Gaudin, Casimir, rent., rue de Gigant, 52.
Vᵉ Gaudin de la Caffinière, rue du Calvaire, 16.
Mlle Gaudinet, Estelle, mᵈᵉ de tissus, rue d'Orléans, 7.
Gaudin et Gilbert, escalier des Petits-Murs.
Mlle Gaudion, Marie, petite rue des Carmes, 3.
Gaudion, Ferdinand, rue du Moulin, 12.
Gaudion, François, restaurateur, quai Port-Maillard, 6.
Gaudry, gardien chef de la prison, rue de la Bastille, 54.
Gauduchon, Victor, rue d'Allonville, 3.
Gauleau, Pierre, prop., rue de Rennes, 88.
Mlle Gaullier, ex-institutrice, boulevard Delorme, 12.
Vᵉ Gauné, Victor, mᵈᵉ de sabots, rue Franklin, 3.
Vᵉ Gauthier, rue Copernic, 4.
Gauthier, Alphonse, mercier, rue Boileau, 6.
Gauthier, Jacques, boulevard Sébastopol, 8 *ter*.
Gauthier, Jules, vannier, rue de la Verrerie, 14 *bis*.
Gautier, François, entrepreneur de diligences, quai Turenne, 7.
Gautier, Adolphe, mᵈ tapissier, r. Lafayette, 6.
Gautier, Jean, quai Turenne, 5.
Gautier, Auguste, rue d'Erdre, 16.
Gautier, Ludovic, restaurateur, pl. Petite-Hollande, 1.

Gautier, prêtre, rue Haute-du-Château, 12.
Gautier, Pitre, quai Fosse, 56.
Gautier, Pitre, fils, épicier, place du Commerce, 9.
Gautier, Edmond, peintre en bâtiments, rue Belle-Image, 3.
Gautier, Louis, quai Brancas, 2.
Gautier, Pierre, rentier, rue Bel-Air, 15.
Mlle Gautier, Emilie, rue Deshoulières, 15.
Gautier, employé aux tabacs, quai des Tanneurs, 6.
Vᵉ Gautier, Cyprien, r. Sarrazin, 1.
Gautier, Pierre, boucher, rue de la Fosse, 44.
Gautier-Blanchardière, Henri, pl. Saint-Pierre, 1.
Mlle Gautier-Blanchardière, place Saint-Pierre, 1.
Gautier, profes. à l'hospice, côte Saint-Sébastien, 6.
Gautreau, Jonas, ancien notaire, passage Saint-Yves, 5 bis.
Vᵉ Gautret, Athanase, quai Hôpital, 8.
Gautret, Clair, capitaine en retraite, rue de Paris, 19.
Vᵉ Gautret, place du Sanitat, 4.
Gautret, Joseph, boucher, rue Kléber, 4 bis.
Gautret, Fulgence, bouch., Haute-Grand'Rue, 30.
Gautret, Athanase, mᵈ de nouveautés (assoc.), place Royale, 11, hab. rue Paré, 11.
Gautret, Clair, prop., rue de Versailles, 26.
Gautret, Séraphin, prop., place Brancas, 2.
Gautret, Marie-Delphin, avocat, r. Mercœur, 20.
Gautret, Mathurin, boucher, rue de l'Ecluse, 4.

Gautrin, Jean, chocolatier, r. Bâclerie, 6.
Vᵉ Gautron, place Royale, 10.
Gautron, Emile-Félix, docteur-médecin, place du Commerce, 3.
Gautté, Alphonse, avocat, rue du Moulin, 23.
Gauvari, Elie, cordonnier, rue d'Erdre, 8.
Gauvrit, Charles, menuisier, r. des Carmélites, 8.
Gavaud, Pierre, r. S.-Similien, 30.
Gayard, Charles, intendant du XIᵉ corps d'armée, r. Bonne-Louise, 3 bis.
Gayot, Gustave, q. Ile-Gloriette, 3.
Gaz (comp. européenne du), représentée par M. Fessard, directeur, quai des Tanneurs, 19 à 24.
Gazeau d'Estrées (de), Aimé, rue Haute-du-Château, 9.
Gazet du Châtellier, rue de Strasbourg, 2.
Gazolla, rentier, à la Carterie, rue de Rennes.
Gazotet, Constant, peintre en bâtiments, rue Contrescarpe, 5.
Geantet, Prosper, fils, grillageur, quai de Richebourg, 23.
Geay-Demoulin, conserves alimentaires, au Lion-d'Or, route de Clisson.
Geffard, Ferdinand, fab. de chapeaux de feutre, pl. Saint-Vincent, 1.
Geffray, employé du télégraphe, rue de Coutances, 8-10.
Geffray, Pierre, prop., rue de Rennes, 39.
Geffray, Louis, sous-contrôl. d'octroi, rue de Versailles, 15.
Geffriau, Jean, curé de Saint-Félix, rue du Ballet, 4.
Geffriau, Félix, notaire, rue Saint-Nicolas, 21.

Geffriaud, Adolphe, expert, rue Royale, 14.
Geffroy, Christophe, armateur, q. Richebourg, 15.
Geffroy, Louis-Marie, rue Lafontaine, 3.
Mme Gehors, rue de la Fosse, 14.
Mme Gehors, rue Copernic, 2.
Gehors, François, entrepreneur de travaux publics, rue de Châteaubriant, 21.
Gehors, Toussaint, rue de Versailles, 18.
Geiger, Henri, père, md de bois à brûler, quai de Barbin, 8.
Gendron, Alexandre, boulanger, r. de Barbin, 16.
Gendron, Ernest, boucher, rue Lamoricière, 1.
Gendron, Philippe, boucher, place du Pilori, 13.
Ve Gendron, Alexis, rue Kervégan, 24.
Gendron, Charles, md de tissus, petite rue des Carmes, 3.
Gendron, Pierre, prop., rue Royale, 15.
Gendron, Guillaume, visiteur d'octroi, rue Kervégan, 1.
Gendron, Julien, quai Duguay-Trouin, 9.
Gendronneau, Joseph, rue Bonne-Louise, 11.
Genebrier, Armand, tailleur, rue Grande-Biesse, 32.
Genebrier, Firmin, rent., place du Commerce, 13.
Ve Genest, rue Guépin, 1.
Genevier, Victor, agent voyer, rue Saint-André, 46.
Genevier, Alexis, quincaillier, quai des Constructions, 6.
Genevier, Gaston, pharmacien, q. de la Fosse, 83-84.
Genevois, Ernest, avocat, r. Gresset, 9.

Genevois, Ange, rent., ru Saint-Donatien, 47.
Ve Genevois, Ange, r. Gresset, 9.
Ve Genevois, William, rue Saint-Léonard, 31.
Genin, prop., rue de Gigant, 34.
Ve Gentilhomme, Jean-Baptiste, mde de tissus, r. S.-Jacques, 92.
Genu, mesureur, r. Héronnière, 11.
Genuit, Alexandre, r. des Arts, 24.
Genuit, médecin, r. de Strasbourg.
Geoffroy, Louis, ingénieur au chemin de fer, rue Sully, 4.
Ve Geoffroy, Edouard, rue Duboccage, 1.
Ve Geoffroy, Jean-Baptiste, rue Rosière, 27.
George, Louis-Étienne, cafetier. r. Grétry, 2.
Georgelin, Pierre-François, r. d'Erdre, 14.
Georgelin, Fernand, tapissier, rue des Carmes, 25.
Georgelin, Jean-Marie, ancienne r. de Paris, 49.
Georget, aîné, vernis, canal Chantenay.
Georget, Charles, md de tissus, rue du Moulin, 19.
Georget, Victor, md de vins en gros, rue Port-Communeau, 14.
Ve Gérandeau (de), rue des Orphelins, 19.
Ve Gérard, Félix, rue Sainte-Catherine, 9.
Gérard, Sébastien, boucher, r. des Carmélites, 23.
Gérard, charron, Ville-en-Bois.
Mlle Gérard, Marie, r. Calvaire, 21.
Gérard, chaudronnier, à la Ville-en-Bois
Gérard, Victor, photographe, rue Boileau, 10.
Gérard, Alexandre, boucher, route de Clisson.

Gérard, Henri, cirier, rue Saint-Pierre, 1.
Vᵉ Gérard, François, rue Saint-Clément, 61.
Gérard, Lucien, r. S.-Clément, 59.
Gérard, boulang. r. S.-Jacques, 126.
Gérard, rentier, rue de Paris, 45.
Gérard-Labatut, Alphonse, rue du Cheval-Blanc, 2.
Géraux, Edouard, prop., rue des Arts, 20.
Gerbier, rue Crébillon, 1.
Vᵉ Gerbier, rue Héronnière, 10.
Mlle Gerbier, Joséphine, r. Saint-Clément, 24.
Gergaud, Léon, prop., rue Saint-Clément, 34.
Vᵉ Germain, Antoine, quai Brancas, 7.
Germain, Jean, bonneterie, rue de la Boucherie, 1.
Vᵉ Germain, Haute-Grand'Rue, 7.
Mlle Germain, Louise, rent., rue Saint-Jacques, 72.
Germain, Maurice, rue de Paris, 1.
Gernigon, Philippe, cafetier, rue Santeuil, 8.
Gervais, ancien capitaine d'artillerie, rue de Rennes, 23.
Gervais, Denis, concierge du cimetière de Miséricorde.
Vᵉ Geslin, Jean-François, quai Duguay-Trouin, 4.
Geslin, Désiré-François, rue Sarrazin, 7.
Geslot, Auguste, poëlier, rue des Arts, 26.
Giacommetti, Auguste, pâtissier, rue Bon-Secours, 9.
Vᵉ Gibbon (la comtesse de), chemin du Coudray, 11.
Mlle Gicqueau, rue de Rennes, 54.
Vᵉ Gicquel, François-Henri, rue Mercœur, 9.

Mlles Gicquel, rue Mercœur, 9.
Gicquel, François-Marie, rent., rue Mercœur, 3.
Gicquel, Edouard, capit. au long cours, place du Pilori, 5.
Gicquel, Joseph, mᵈ cimentier, r. Fouré, hab. rue Crucy, 16.
Gicquel, Auguste, fab. de corsets, rue Boileau, 5.
Gicquel, Mathurin, cordonnier, r. Fénelon, 2.
Gicquelais, Louis, courtier d'assurances, rue de Coutances, 4.
Gicquiau, Robert, rent., rue Deshoulières, 1.
Gicquiaud, Jean, mᵈ de bois merrains, pont des Récollets, 3, hab. rue Petite-Biesse, 15.
Vᵉ Gicquiau Armand, et Gicquiau Lucien, quai Port-Maillard, 12.
Mlle Gicquiau, Elisa, rentière, rue Félix, 9,
Gicquiau, Jules, mᵈ de tissus (associé), rue Barillerie, 8, hab. pl. du Commerce, 5.
Vᵉ Giffard, rent., place des Petits-Murs.
Mme Giffard, Gustave, mᵈᵉ papetière, rue des Halles, 22.
Vᵉ Giffard, Pierre, rue des Orphelins, 24.
Giffard, Hippolyte, boulanger, rue Hauts-Pavés, 49.
Gigant, Edouard, cafetier, r. Gresset, 1.
Gigon, Stéphan, adjoint à l'intendance, rue Galissonnière, 1.
Gigouzo, Auguste, entrepreneur de travaux publics, rue de Gigant, 42.
Giguin, François, mercier, rue S.-Nicolas, 21.
Gilaizeau, Jean, prop., vieux chemin de Couëron.
Vᵉ Gilard, place Saint-Pierre, 3.

Gilbert, Charles, cordonnier, place Bretagne, 3.

Mlles Gilbert, Marguerite et Charlotte, rue du Calvaire, 1.

Gilée, Alexandre, r. Bertrand-Geslin, 13.

Gilée, Alphonse, architecte, Haute-Grand'Rue, 53.

Gilée, Henri, architecte, vieux chemin de Couëron.

Gilée, Louis, archit., rue du Calvaire, 10, hab. vieux chemin de Couëron.

Gilée, Léon, docteur-médecin, rue Voltaire, 17.

Vᵉ Gilette, chemin de la Contrie, 15 bis.

Gilhet, Joseph, fumiste, rue Menou, 3, habit. passage du Commerce.

Gilhet, Louis, mécanicien, r. Mazagran, 3.

Gillard, Eugène, sculpt. sur bois, place Delorme, 1.

Vᵉ Gillard, Louis, bureau de placement, rue Arche-Sèche, 1.

Vᵉ Gillet, Antoine, prop., quai de Lourmel.

Gillois, Louis-Alphonse, boul. De-Delorme, 2.

Vᵉ Gillot, rue Saint-Donatien, 26.

Gimilini, André, bijoutier, r. Crébillon, 11.

Giovannetty, Alfred, architecte de la Mairie, à la Carterie.

Girard, Alfred, coutelier, rue de l'Échelle, 3.

Girard, Etienne, prop., rue de Paris, 75.

Vᵉ Girard, Joseph, Mlle Girard, Arécie, quai Duguay-Trouin, 6.

Girard, Félix, ébéniste, quai Duguay-Trouin, 3.

Girard, Paul, rue Voltaire, 1.

Girard, tanneur, r. du Calvaire, 9.

Vᵉ Girard, Félix, prop., rue Affre.

Mlle Girard, r. Chapeau-Rouge, 15.

Vᵉ Girard, place du Pilori, 2.

Mlle Girard, Mathilde, rent., Haute-Grand'Rue, 3.

Girard des Herbiers, Sébastien, rue de la Fosse, 42.

Girardeau, Charles, q. Magellan.

Girardot (le baron de), Henri, rue Haute-du-Château, 4.

Girardin (de), Léonce, garde magasin au Mont de piété, pl. S.-Vincent, 2.

Giraud, Séraphin, rent., boul. Sébastopol, 4.

Giraud, Ludovic, mouleur, q. Ile-Gloriette, 13.

Giraud, Alexandre, mercier, rue Hôtel-de-Ville, 3.

Vᵉ Giraud, Louis, bas du cours S.-André, 5.

Giraud, Léon, pl. de la Monnaie, 1.

Giraud, Pierre-Auguste, rue J.-J.-Rousseau, 15.

Giraud, Pierre-Eugène, rue de la Galissonnière, 1.

Giraud, Pierre-Paul, rue Mondésir, 21.

Giraud, Joseph, corroyeur, rue de la Boucherie, 28.

Vᵉ Giraud, rent., rue Mercœur, 12.

Giraudeau, Adolphe, avocat, boul. Delorme, 1.

Giraudeau, Joseph, armateur, rue Voltaire, 32.

Vᵉ Giraudeau, Louis, r. Fosse, 12.

Giraudeau, Antoine, plâtrier, rue Anison, 10.

Mlle Giraudeau, quai Fosse, 87.

Giret, Victorine, rent., rue de Rennes, 56.

Mlle Girodeau, Maria, chemin des Garennes.

Girousse, François, dit Dauphiné, forgeron, quai Piperie, 4.

Giry (de), inspecteur des contributions indirect., r. Voltaire, 8.

Gisclar, Victor, transports par terre, rue Lapeyrouse, 11.

Giteau, François. r. S.-André, 13.

Vᵉ Giteau, Charles, ferblantier, lampiste, rue Saint-Clément, 82.

Giteau, Pierre, jardinier, r. Haute-Roche, 5.

Giton, prop., place du Petit-Bois, à la Musse.

Giton, Achille, mᵈ de cuirs, rue des Bons-Français, 3.

Gitteau, Amédée, prop., à la Gilarderie.

Vᵉ Glace, boulevard Lelasseur.

Glain, Armel, tourneur en bois, r. Petite-Biesse, 21.

Glatigny, François, prop., rue de Rennes, 9

Gleises, Emile, Gleises, François, Gleises, Charles, empl. des Douanes, Gleises, Louis, r. Lycée, 9.

Gloro, Victor, professeur, pl. du Pilori, 12.

Mlle Gobert, Marie, bimbelotière, Basse-Grand'Rue, 19.

Gobillot, Louis-Adolphe, tenue Camus, 30.

Mlle Gobin, Jeanne, rue Saint-Clément, 7.

Godard, Charles, mᵈ de charbon de terre, quai Fosse, 99, habit. quai de l'Ile-Gloriette, 6.

Godard, Adolphe, maître couvreur, rue des Carmélites, 16.

Godard, Edouard, mᵈ de porcelaine, rue Dubois, 6-8.

Godard, Charles, aven. Launay, 14.

Vᵉ Godeau, Cyprien, boulangère, rue de Rennes, 3 bis.

Godefroy, Aimé, boulanger, rue Voltaire, 22.

Godefroy, linger, rue Crébillon, 5.

Godefroy, François, boulanger, r. Jean-Jacques-Rousseau, 9.

Godefroy, Jules, q. Richebourg, 14.

Godefroy, Auguste, quincaillier, q. Fosse, 53.

Godefroy, Hippolyte, négociant, q. Fosse, 86.

Godefroy, Jean-Marie, fabr. de liqueurs, rue Deurbroucq, 1, hab. quai Ile-Gloriette, 12.

Godefroy, employé à la manufacture des tabacs, boulevard Sébastopol, 4.

Godet, Léonce, chef de bureau à la Préfecture, rue Voltaire, 5.

Vᵉ Godet, Adrien, rue Voltaire, 5.

Mlle Godet, rue Strasbourg, 2.

Godet, Paul, rue Félix, 7.

Vᵉ Godey, Jacques, bas chemin de Saint-Donatien, 22.

Godillon, Edouard, rentier, tenue Morand.

Godillot, Alexis, fournisseur général aux troupes, r. Latour-d'Auvergne, hab. à Paris, r. Rochechouart.

Godin, François, rue de Briord, 5.

Godin, Julien, Haute-Grand'rue, 40.

Godiveau, prop., r. Rennes, 11-13.

Goetz, Pierre, garde d'artillerie, pl. du Château, 4.

Goglet, Ferdinand, boulanger, rue Saint-Clément, 44.

Gogniat, Ignace, épicier, rue du Calvaire, 22.

Vᵉ Gohaud, Jean, rent., quai Turenne, 5.

Mme Gohaud, quai Fosse, 67.

Gohier, Jules, rent., rue Racine, 7.

Goildreau, Honoré-Pierre, forgeron, quai de la Maison-Rouge, 1.

Goillandeau, horloger, passage Pommeraye.

Goliard, Charles, place Saint-Vincent, 2.

Gombert, dégrais., r. Dobrée, 12.

Gomer, dessinateur, q. de Richebourg, 3.

Gondar, Eugène, artiste peintre, pl. Bretagne, 18.

Gondouin, boulanger, r. Santeuil, 3.

Goné, Auguste, bijoutier, q. d'Orléans, 13.

Gonichon, Julien, garde-magasin aux tabacs, boul. Sébastopol, 1.

Mlle Gontier, Mariette, rue Bléterie, 4.

Gordé, Ernest, caissier, rue Contrescarpe, 21.

Gorget, Constant, fondeur en cuivre, vieux chem. de Couëron, 10.

Gorget, René, père, fondeur, quai des Constructions, 7.

Goron, René-Louis, passage Russeil, 15 ter.

Gorry, Adrien, rue de Gigant, 44.

Gorse, François, md de chiffons en gros, rue des Olivettes, 25.

Gorvel, François, cordonnier, Haute-Grand'Rue, 40.

Gosse, vérificateur des douanes, rue Mercœur, 8.

Gossé, professeur au Lycée, boulevard Sébastopol, 8 bis.

Gosset, Albert, place de la Monnaie, 5.

Ve Got, rent., rue Sarrazin, 6.

Ve Got, née Lhéritier, modiste, r. Contrescarpe, 23.

Gouarnes, François, fab. de briques, à la Ville-en-Paille.

Goubaut, André, cordonnier, rue du Calvaire, 27.

Ve Goué, rue Bertrand-Geslin, 4.

Gouézou, Joseph, artiste peintre, place du Pilori, 10.

Gougaud, Gustave, mercier, rue des Arts, 19.

Gouillé, Alfred, md de vins, rue de l'Arche-Sèche, 7.

Gouin, ancien avoué, r. des Arts, 28.

Gouin, Édouard, Gouin, Marcel, r. du Calvaire, 22.

Gouin, Jean-Marie, rent., rue de la Chalotais, 4.

Gouin, Marcel, agent de change, rue Crébillon, 20, hab. rue du Calvaire, 20.

Gouin, Henri, courtier de marchandises, quai Fosse, 13, hab. rue Crébillon, 15.

Gouin, André-Joseph-Emile, agent de change, quai Fosse, 13, hab. rue de la Chalotais, 4.

Gouin, François, rent., 2e allée des Folies-Chaillou, 1.

Gouin, Gustave, rue d'Alger, 10.

Gouin, Edouard-Henri, rue de la Verrerie, 14 bis.

Goujon, Louis, quai de la Fosse, 21.

Ve Goujon, rent., rue du Moulin, 3.

Goujon, Victor, boulanger, rue du Calvaire, 20.

Mme Goujon, Victor, modiste, rue du Calvaire, 25.

Goujon, Hippolyte, boucher, rue Contrescarpe, 1, et rue Crébillon.

Goulaine (le comte de), Arthur, r. d'Argentré, 3.

Gouleau, Armand, rue Châteaubriant, 2.

Goulet, Joseph-Léon, conducteur des Ponts et Chaussées, passage Pommeraye.

Goullin, Gustave-Charles, r. Gresset, 13.

Ve Goullin, Pierre-Benoist, rue Gresset, 13.

Goullin-Toché, François-Bernard, rue Gresset, 13.

Gouly, Joseph, chef de musique en retraite, quai Fosse, 23.

Goupille, Louis, r. Poissonnerie, 19.

Goupilleau, François-Lucien, rue Cambronne, 3.

Gourand, constructeur de canots, à la Grenouillère.

Gouraud, Armand, fab. de papier, rue Voltaire, 1.

Mlles Gouraud, rue de Courson, 4.

Mlle Gourcuff (de), Marie, Gourcuff (de), Gautron, rue Saint-André, 62.

Gourdel, François, corroyeur, rue Rubens, 10.

Gourdel, René, corroyeur, rue des Olivettes, 4.

Gourdon, Auguste, garde-robes inodores, rue Maurice-Duval, 3.

Gourdon, Joseph-Théodore, m^d de cuirs, rue de l'Écluse, 3.

Ve Gourdon, Jean-Baptiste, rent., rue de l'Écluse, 4.

Gourdon, Joseph, corroyeur, rue Scribe, 10.

Ve Gourdon, Henri, rue de Coutances, 4-6.

Mlle Gourdon, Honorine, modiste, rue du Calvaire, 17.

Gourhaud, Eugène, employé des Douanes, rue Mazagran, 5.

Gourmaud, répétiteur au Lycée, r. du Lycée, 1.

Gourmaud, Louis, aubergiste, rue Talensac, 3.

Gourmeau, Louis, boucher, rue de Rennes, 4.

Gourmelet, Joseph, cafetier, place Saint-Pierre, 3.

Gournerie (de la), Eugène, place Saint-Pierre, 2.

Ve Gournerie (de la), Paul, rue Royale, 19.

Mlle Gournerie (de la), Ernestine, rue Maurice-Duval, 4.

Gousset, Louis, inspecteur d'académie, rue des Cadeniers, 13.

Mlle Gousset, Adèle, rue Crébillon, 20.

Mlle Gouté, Sidonie, r. Voltaire, 10.

Gouté, Georges, r. Bonne-Louise, 8.

Gouté, Jean, rent., rue Gresset, 5.

Gouté, Pitre, rue Gresset, 5.

Gouy, Stanislas, quai Fosse, 100.

Gouyon (de), capit. au long cours, rue d'Alger, 15.

Gouyon de Pontouraude (de), capitaine de frégate, en retraite, rue Saint-Clément, 27.

Gouzé, Aristide, notaire, quai d'Orléans, 10, hab. q. d'Orléans, 17.

Gouzé, Edouard, armurier, r. d'Orléans, 12.

Goyon de Beaucorps (de), Jules-Henri, rue Saint-André, 60.

Goyon de Marcé (de), Auguste, pl. Louis XVI, 1.

Goyon de Marcé (le marquis de), place Louis XVI, 1.

Gozola, Coralie, pl. du Croisic.

Graïc, Ange, graveur, quai d'Orléans, 16.

Graïc, Guillaume, cordonnier, rue de la Boucherie, 10.

Graizeau, Julien, rue S.-André, 1.

Grandchamp, mécanicien, rue Latour-d'Auvergne.

Grandcourt (de), rue Contrescarpe, 22.

Grangeot, Henri, prop., boulevard Sébastopol, 8 bis.

Granget du Rouet, Edouard, colonel d'état major, rue Félix, 14.

Grandhomme, Jean, cordonnier, r. Fénelon, 4.

Grandjouan, Julien-François et Jules, camionneurs, r. Alain-Barbe-Torte.

Grandjouan, Cyprien, rue Latour-d'Auvergne.

Ve Grandjouan, François, quai Hoche.

Grandjouan, Julien, entrepreneur de la répurgation, rue Latour-d'Auvergne, hab. r. Alain-Barbe-Torte.

Grandjouan, Paul, entrepreneur de la répurgation, hab. q. Hoche, 4.

Grandnaux, François, m^d de bois, quai de Versailles, 16.

Ve Grandville (de), rue Saint-Laurent, 8.

Grandville (de), Camille, r. Tournefort, 3.

Ve Grandville (la marquise de), r. Maurice-Duval, 4.

Ve Granneau, Guillaume, père, r. Mazagran, 6.

Graslin (cercle), place Graslin, 2.

Ve Grassal, Thérèse, Grassal, Auguste, boulevard Delorme, 32.

Ve Grasser, rue de Gigant, 59.

Mlle Grasset, rent., rue Saint-Clément, 53.

Ve Grasset-Latour, quai Duguay-Trouin, 8.

Grasset, Louis, mécanicien, côte Saint-Sébastien.

Grasset, Benjamin, chapellier, Haute-Grand'Rue, 63.

Grasset, Ferdinand, m^d de bois à brûler, rue Dobrée, 2, habit. à Chantenay.

Grasset, m^d de fourrages, à Chantenay.

Grasset, Jean, ferrailleur, rue des Hauts-Pavés, 37.

Graton, Joachim, entrepren. de la répurgation (assoc.), rue Latour-d'Auvergne.

Mlles Graviassy, rent., r. Dobrée, 6.

Gravouil, Émile, cafetier, place du Commerce, 12.

Gray, économe du séminaire, rue Saint-Clément, 24.

Mlle Gréchaud, Marie, r. Newton, 1

Greffier, Désiré, bourrelier, rue Porte-Neuve, 1.

Greffier, Edmond, inspecteur, rue de l'Union.

Grégoire, Louis-Gabriel, receveur des actes civils, rue d'Erlon, 11.

Grégoire, Pierre, rent., rue de la Chalotais, 1.

Grégoire, Auguste, voitures de remises, rue de Gigant, 15.

Mlle Grégoire, Louise, r. Royale, 1.

Grégoire, Pierre, rent., q. Fosse, 87.

Grelaud, Émile, relieur, rue Chapeau-Rouge, 22.

Grelaud, Hippolyte, relieur, pl. du Château.

Grelaud-Menot, relieur, rue Sarrazin, 4.

Grélaud, Auguste, rue de la Chalotais, 4.

Grelet, Mathurin, épicier, rue de Saint-Jacques, 80.

Grelié, employé des contributions indirectes, rue Juiverie, 1.

Grelier, Pierre, bonneterie, q. Duquesne, 2, habit. rue Hôtel-de-Ville, 10.

Grelier, Alfred, m^d de tissus (associé), rue Garde-Dieu, 14.

Ve Grelier, Jean-Marie, rue Richebourg, 11.

Grelier, Stanislas, armat., grande avenue des Folies-Chaillou, 7.

Grelier, Stanislas, ancien avoué, r. du Calvaire, 1.

Grelier, Alexis, ferronnier, quai Brancas, 6.

Grelier, Jean-Baptiste, rue de Rennes, 112.

Grelier, Victor, m^d d'engrais, avenue Launay, 25.

Grelier du Fougeroux (de), Ernest, rue d'Argentré, 4.

Greloux, Francis, boulanger, rue Arche-Sèche, 6.

Greloux, Edouard, maître de port, chemin des Garennes.

Grenet, Pierre-Charles, armateur, rue Biaise, 3.

Grenet, François-Alfred, courtier maritime, q. Fosse, 4, habit. rue Biaise, 3.

Grenetier, Louis, m^d de pommes de terre, quai Brancas, 3.

Vᵉ Grenier, Mlle Grenier, Jeanne, rue Bertrand-Geslin, 1.

Grenon, Augustin, mercier, place Bretagne, 9.

Grenon, Alexandre, grains en gros, quai Duguay-Trouin, 14.

Grenon-Saint-Georges, q. Duguay-Trouin, 4.

Greslé, Jules, tapissier, rue Saint-Similien, 2.

Greslé, Maurice, place Royale, 5.

Vᵉ Greslé, Charles, chaussée Madeleine, 1.

Vᵉ Griache, Théophile, tenue Camus, 13 *bis*.

Griffon (de), Alfred, receveur de la 4ᵉ perception, rue de Strasbourg, 24.

Grignon-Dumoulin, juge au tribunal civil, place Launay, 3.

Grignon-Dumoulin, Georges, place Lafayette, 2.

Grignon-Dumoulin, Savinien, négociant, place du Port-Maillard, 1, habit. rue Cambronne, 5.

Grignon-Dumoulin, Gustave, rue Ermitage, 14.

Grille, prop., rue de Rennes, 7.

Grille, Théophile, r. Notre-Dame, 6.

Grimaldi, juge de paix à Derval, r. du Chapeau-Rouge, 6.

Grimaud, Émile, imprimeur typographe, place du Commerce, 4.

Grimaud, Léon, docteur-médecin, rue Colbert, 17.

Grimaud, François, restaurateur, r. Contrescarpe, 20.

Grimauld, Jean, charcutier, rue Suffren, 2.

Grimault, fils, rue Porte-Neuve, 16.

Gringoire, François, entrepreneur d'omnibus, rue Banier, 3-4.

Grinsard, ancien imprimeur, rue Héronnière, 4.

Vᵉ Gris, Jacques-Emmanuel, quai des Tanneurs, 6.

Gris, Charles, mᵈ cimentier, quai des Tanneurs, 6.

Gris, Emmanuel, fabric. de chaux, à la Jonnelière.

Grisel, Jules, mᵈ d'ardoises (associé), rue de Gigant, 5, hab. rue de Gigant, 42.

Grivost, Philippe-Auguste, pâtissier, rue Saint-Clément, 93.

Grizolle, Marie-Joseph, notaire, r. Voltaire, 2.

Grizolles, Charles, prop., place Dumoustier.

Grobau, Henri, sculpteur, rue de Strasbourg, 2.

Grolleau, Prosper, rentier, r. Mercœur, 8.

Gromort, Georges, agent d'affaires, rue Lafayette, 18.

Grootaers, Guillaume, sculpteur, rue Marivaux.

Grosmengin, Louis, employé aux tabacs, rue d'Allonville, 3 *ter*.

Grossaud, Francis, plâtrier, rue de la Boucherie, 14.

Grosseau, Simon, maître maçon, r. de Rennes, 42.

Grosseau, Simon, maçon, rue de Versailles, 6.

Vᵉ Grossetière (de la), née Audibert, rue de la Galissonnière, 1.

Grottes (des), Cyrille, rue Félix, 8.

Grottes (des), prop., r. de Paris, 73.

Grousset, Jean-Raymond, prop., rue de Coulmiers.

Gruais, Armand, ferblantier, rue d'Erdre, 15.

Gruais, Louis, prop., rue Haute-du-Château, 10.

Mlle Gruais, Aglaé, quai du Port-Maillard, 7.

Gruget, Louis-Michel, docteur-médecin, rue du Calvaire, 5-7.

Gruget, René, expert, boulevard Delorme, 11.

Guais, Jean-Marie, propriétaire, rue Noire, 16.
Gucki, Léopold, directeur à l'abattoir, rue Talensac, 5.
Mlle Guedon, rentière, rue Affre.
Guédon, Joseph, rue de Barbin, 15.
Guédon, conseiller de Préfecture, rue Notre-Dame, 9.
Gueffier, Antoine-Félix, à la Rodière.
Gueffier, Félix, magasin de chaussures, place du Pilori, 7.
Guéhéneuf, Pierre, prêtre, r. Saint-Similien, 28.
Mlle Guénel, Amélie, Guénel, Jules, épicier, r. Saint-Clément, 93.
Guéneux, Julien, m^d papetier, rue Haute-Casserie, 4.
Guéras, rentier, chaussée Madeleine, 26.
Mlle Guéraud, rue du Calvaire, 22.
Mlle Guerbette, rentière, pl. Saint-Pierre, 1.
Guérelle, Alphonse, charcutier, Haute-Grand'Rue, 39.
Guérillon, Pierre-Marie, cordonnier, rue Lapeyrouse, 13.
Guérin, Marie-Louis, m^d de tissus, place du Change, 5.
Mlle Guérin, Nanine, r. Félix, 2.
Guérin, Alexandre, ébéniste, rue de la Chalotais, 2.
Ve Guérin, François, r. Régnard, 3.
Guérin, André et Paul, rue Régnard, 3.
Guérin, Edmond, rue Mazagran, 8.
Guérin, Frédéric-Jean, commissionnaire en grains, rue Fosse, 44, habit. rue Régnard, 3.
Guérin, René, boulanger, Basse-Grand'Rue, 1.
Mlle Guérin, Marie, avenue Launay, 14.
Guérin, Edouard, entrepreneur de maçonnerie (associé), rue La Morlcière, 8, hab. quai Fosse, 83.

Ve Guérin, Guérin Emile, fils, pl. du Pilori, 10.
Guérin, Eugène, m^d de vins en gros, quai des Tanneurs, 26.
Mme Guérin, Théophile, machines à coudre, rue Guépin, 2.
Guérin, Pierre-Désiré, rentier, rue Hauts-Pavés, 75.
Ve Guérin-Doudet, Louis, prop., au Douet-Garnier.
Guérin du Grand-Launay, Alexandre, juge, tenue Sageran.
Ve Guérineau, Jean, quai de Richebourg, 8.
Ve Guériteau, petite rue Launay, 2.
Guéron, Jean-Marie, père, Guéron Victor, fils, m^{ds} de bois à brûler, rue Dobrée, 9.
Guerrier, Jules-François, tonnelier, rue Mazagran, 6.
Guéry, René, prop., rue de Strasbourg, 2.
Ve Guéry, François, place Saint-Pierre, 3.
Guéry, Théophile, employé à la Préfecture, rue Crucy, 17.
Ve Guesdon, Alfred, r. Marceau, 20.
Mlle Guesdon, Estelle, r. du Boccage, 9.
Guesdon, Félix, rue du Boccage, 9.
Ve Guesdon, rentière, rue Voltaire, 9.
Guesdon-Hardy, commissionnaire en marchandises, rue J.-J.-Rousseau, 13.
Guesné, Ferdinand, perruquier, r. de Gorges, 6.
Guesselin, Jules, tolier, r. Ogée, 2.
Mme Guesselin, rue de la Fosse, 18.
Guesselin, Emile, malletier, Haute-Grand'Rue, 34.
Guettier, Raphaël, m^d de poissons salés, rue Poissonnerie, 7-15.
Gueudet, Alfred, m^d de tissus (associé), quai Duquesne, 4, hab. rue de Bouillé.

Gueudet, draperie et mercerie, à Pont-Rousseau.

Guibal, François, entrepreneur de menuiserie, rue Rosière, 29-31.

Mlle Guibert, Anne, r. Sarrazin, 6.

Vᵉ Guibert, André, prop., rue de la Commune, 11.

Guibert, Louis-Emile, représentant de commerce, q. Turenne, 11.

Guibert, directeur des contributions indirectes en retraite, rue de la Verrerie, 14 bis.

Guibert, Alexandre, rue du Calvaire, 3.

Guibert, François, mᵈ de chocolat, quai Maison-Rouge, 11.

Guibert, Louis, père, rentier, quai Magellan.

Guibert, Jean-Alexandre, quai Magellan.

Guibert, Alexandre, fondeur (associé), quai de la Madeleine, hab. quai Magellan.

Guibert, Pierre-Louis, rue Bonne-Louise, 2.

Guibert, rentier, boulevard Delorme, 5.

Guibert, Alexis, charcutier, rue des Halles, 1.

Guibert, bureau d'indications pour navires, r. J.-J.-Rousseau, 9, hab. boulevard Delorme, 5.

Guibert, Adrien, mᵈ de tissus, rue Poissonnerie, 17.

Guibert, vins en gros, à Pont-Rousseau.

Vᵉ Guibert, Louis, rue Dubois, 1.

Guiberteau, Mathurin, professeur de mathématiques, rue Jean-Jacques-Rousseau, 11.

Vᵉ Guibon, Auguste, q. Ceineray, 3.

Vᵉ Guibourd, François, rue Héronnière, 10.

Guibourd, Ernest, président du tribunal civil de première instance de Nantes, rue Héronnière, 14.

Guibourgère (de la), rue Maurice-Duval, 3.

Guibout, Auguste, directeur du Bon-Pasteur, bas chemin du Coudray, 2.

Guibout, Justin-Adolphe, chemin du Coudray, 8.

Guibreteau, Eugène, teinturier, r. de la Boucherie, 20.

Guichard, Jean, r. Grande-Biesse, 2.

Mme Guichard, Jean-Pierre, rue Héronnière, 2.

Guichard, Emile, r. Héronnière, 2.

Mlle Guichard, Marie, modiste, Haute-Grand'Rue, 48.

Guichet, Adolphe, rue Voltaire, 25.

Guichet, Alexandre, quai de Richebourg, 16.

Guichet, Léon, avoué, rue Crébillon, 20.

Vᵉ Guichet, rue Lafayette, 1.

Guichet, Auguste, au petit Ermitage.

Mlle Guicheteau, Hermine, rue de Bel-Air, 14.

Guicheteau, Georges, percepteur des contributions directes, rue Maurice-Duval, 6.

Guidotti, Charles, r. Bon-Secours, 9.

Guiet, Victor, négociant, rue Pont-Sauvetout, 2.

Vᵉ Guiet, Eugène, mᵈᵉ de blouses, rue Bon-Secours.

Vᵉ Guignard, Florent, rue du Calvaire, 27.

Vᵉ Guignard, rue Maurice-Duval, 4.

Vᵉ Guignard de Saint-Ours, rue d'Argentré, 1.

Guignery, Abel, rentier, quai du Port-Maillard, 10.

Guignol, Edmond, chapelier, rue Port-Communeau, 14.

Guihal, Pierre, abbé, rue des Orphelins, 10.

Guihal, Julien, fabt. de chandelles, à la Bérodière.
Vᵉ Guihal, Jean-Baptiste, rue Harrouys, 14.
Guihéry des Landelles, Alfred, rue Urvoy-Saint-Bédan, 4.
Vᵉ Guiho, Gilles, aubergiste, rue Saint-Clément, 50.
Guiho, Gilles, quai Fosse, 77.
Guihot, Charles, carrossier, rue Franklin, 8.
Guilbaud, Pierre-Louis, boucher, rue des Carmes, 12.
Guilbaud, Jean-Louis, quai de Barbin, 12.
Guilbaud, Jean, rue S.-André, 13.
Guilbaud, Jules, maître maçon, rue Grou, 9.
Guilbaud, François, boucher, rue Saint-Clément, 38.
Guilbaud, Gustave, plâtrier, rue Saint-Laurent, 1.
Guilbaud, François, charpentier, q. de la Madeleine.
Guilbaud, Léon, modiste, échelle Saint-Nicolas, 6.
Guilbaud, Henri, voilier, quai de la Fosse, 60, habit. au n° 70.
Vᵉ Guilbaud, Aimé, quai du Port-Maillard, 13.
Mlle Guilbaud, Jeanne, prop., à la Gilarderie.
Guilbaud, Pierre, prop., à la Gilarderie.
Guilbaud, François, charpentier entrepreneur (associé), rue des Olivettes, 11 *ter*, habit. quai Magellan.
Guilbaud, Jacques, teinturier, quai Richebourg, 12.
Guilbaud, Jean-Athanase, passage Leroy.
Guilbaud, corroyeur, à la Ville-en-Bois.
Guilbaud, Pierre-Frédéric, r. Franklin, 20.

Mme Guilbaud, place Neptune, 6.
Guilbaud, frères, mécaniciens, au Mont-Saint-Bernard.
Vᵉ Guilbaud, Aimé, place du Bouffay, 6.
Guilbauld, Pierre-Louis, boucher, rue des Carmes, 10.
Guilé, Stanislas, pharmacien, quai Flesselles, 1.
Mlle Guillard, Honorine, place S.-Pierre, 1.
Vᵉ Guillard, Joseph, pas. Russeil, 6.
Guillard, charpentier, canal de Chantenay.
Guillaume, Désiré, teinturier, quai de la Fosse, 66.
Vᵉ Guillaumet, Louis, r. de Briord, 20.
Guillemé, Félix, quai Fosse, 89.
Guillemet, Victor, docteur-médecin, place Lafayette, 2.
Guillemet, Gustave, fils, rue Voltaire, 19.
Guillemet, Pierre, rent., Mlle Guillemet, Sophie, place Royale, 5.
Mlles Guillemet, Delphine et Célestine, boulevard Delorme, 8.
Guillemet, Félix, employé du télégraphe, rue Deshoulières, 9.
Vᵉ Guillemet, rue Boileau, 7.
Guillemet, Henri, commissionnaire en grains, rue Bléterie, 7.
Vᵉ Guillemet, rentière, r. Racine, 11.
Guillemet, employé des Ponts et Chaussées, rue des Salorges, 3.
Guillemet-Dubois, Gustave, rue J.-J.-Rousseau, 9.
Guillemeteau, Eugène, ancien chef de division à la Préfecture, rue Bonne-Louise, 2.
Vᵉ Guillemot, rentière, Haute-Grand'Rue, 21.
Vᵉ Guillet, Félix, prop., r. Noire, 4.
Mlle Guillet, Hyacinthe, rue de la Boucherie, 1.

Vᵉ Guillet, Jean-François, Guillet, Fernand, fils, armateur, rue des Arts, 29.
Guillet, prop., à la Ville-aux-Roses.
Vᵉ Guillet, rentière, Haute-Grand'-Rue, 51.
Guillet, Jean, rentier, rue Marceau, 3.
Vᵉ Guillet, rentière, r. de Gigant, 36.
Guillet, René, Vᵉ Guillet, Honoré, avenue Luzançay.
Guillet, Pierre, cordonnier, rue du Port-Communeau, 9.
Guillet, François, prop., à la Marière.
Guillet de la Brosse, Louis, place de la Monnaie, 1.
Vᵉ Guillet de la Brosse, Augustin, boulevard Delorme, 7.
Guillet de la Brosse, Léonce, rue Newton, 2.
Guillet de la Brosse, Camille-Louis, rue Gresset, 13.
Vᵉ Guillevin, Stanislas, rue Suffren, 2.
Guilley, prop., rue de Gigant, 27.
Guillien, Edmond, commissionn. en grains, rue du Prénian, 5.
Guillier, machines à coudre, place de l'Écluse, 1.
Guillochon, Pierre et Henri, tonneliers, rue des Vieilles-Douves, 7.
Guillon, Alfred, courtier d'assurances, rue Gresset, 15, cabinet, q. Fosse, 36.
Guillon, Léon, assureur maritime, place Lafayette, 1.
Guillon, Auguste, commissionnaire en marchandises, rue du Moulin, 5.
Guillon, Frédéric, pl. Neptune, 7.
Guillon, Auguste, prop., rue de Paris, 79.
Guillon, Paul, épicier en gros, rue Mercœur, 2.

Guillon, Frédéric, mᵈ droguiste, rue Poissonnerie, 9.
Vᵉ Guillon-Delpit, rue Colbert, 14.
Guillon, Alexandre, agent d'assurances, rue des Catherinettes, 2.
Guillon, Alfred, rue du Calvaire, 32.
Guillon-Marcé, Raoul, rue Bonne-Louise, 7.
Guillon, Théophile, mᵈ de vins (gros et détail), rue J.-J.-Rousseau, 15.
Guillon, Jean-Baptiste, rue d'Allonville, 30.
Guillon-Oheix, hôtelier, rue Boileau, 2.
Guillonneau, Célestin, fondeur en cuivre, rue de Coulmiers.
Mlle Guilloré, rent., r. Royale, 16.
Vᵉ Guilloré, Marie, Basse-Grand'-Rue, 2.
Guillorit, Alexandre, plâtrier, rue Haute-du-Château, 5.
Vᵉ Guillorit, r. Urvoy-S.-Bédan, 2.
Guillot, René, instituteur, rue de Paris, 31.
Guillotin de Corson, r. des Arts, 16.
Guillou, André, teinturier, r. Porte-Neuve, 10.
Guillou, Joseph, mᵈ de blouses, r. du Moulin, 17, habit. rue Bon-Secours, 2.
Vᵉ Guillou, Jean, quai Turenne, 1.
Guillou, Donatien, prop., rue S.-Donatien, 6.
Guillou, Pierre, pâtissier. rue Feltre, 8.
Guillou, Martin, père, quai d'Orléans, 3.
Guillou-Cartier, charpentier, quai de Barbin, 4, hab. r. Rennes, 33.
Guillou, rue Copernic, 4.
Guillou, Martin, charpentier entrepreneur, rue Crucy, 15.
Guillou, Pierre-Louis, prop., côte Saint-Sébastien, 8.

Guillouard, Jacques, charcutier, r. Saint-Jacques, 70.

Guillouard, François, quincaillier, rue Saint-Jacques, 82 et 88.

Guilloux, prêtre, petite rue Fénelon, 3.

Guilloux, Charles-Philippe, représentant de commerce, q. Fosse, 22, hab. rue de Gigant, 16.

Guilloux, Alfred, r. Héronnière, 9.

Mlle Guilmar, Louise, prop., impasse Dubois, 1.

Guimard, rue Guépin, 10.

Guimard, Louis-Marie, mercier, r. Crébillon, 15.

Vᵉ Guimberteau, r. S.-Clément, 71.

Guimberteau, Alfred, entrepreneur de vidanges, q. Duquesne, 10, hab. à la Cadranière, Carquefou.

Guinebault (de), Constant, rue Félix, 12.

Guinehu, Gabriel-Joseph, rue de la Verrerie, 5.

Guinel, Pierre, aubergiste, rue de Rennes, 24.

Vᵉ Guinet, place Lafayette, 2.

Vᵉ Guinebretière, Benjamin, rue Sully, 7.

Vᵉ Guiny (du), prop., rue Saint-Jean, 10.

Guiny (du), René, rue Sully, 6.

Guiochet, Emmanuel, quai d'Orléans, 9.

Guiomard, François, rue Kervégan, 11.

Guionnet, Omer, carrossier, chaussée Madeleine, 3-5.

Guiot, Alphonse, fabt. de chapeaux de feutre, chaussée Madeleine, 47-49.

Guiroy, Joseph-Emile, r. Bréa, 9.

Guiroy, Joseph, mᵈ d'engrais (associé), rue Voltaire, 1.

Guitteny, père, rentier, place Saint-Pierre, 5.

Guitteny, Joseph, organiste, petite rue du Refuge, 1.

Guitton, Ludovic, notaire, place Petite-Hollande, 3.

Vᵉ Guitton, Jules, prop., rue de Gorges, 4.

Mme Guitton, Louis, rue de Feltre, 15.

Guitton, François, prêtre, rue de la Verrerie, 11.

Guitton, Pierre, serrurier, r. Beau-Séjour, 2.

Guitton, Jean, comptable, r. Bel-Air, 11.

Guitton, Jean, boulanger, quai de Richebourg, 15.

Guitton, Armand, prêtre professeur, rue Saint-Donatien, 22.

Guitton, Joseph, prêtre, rue Saint-André, 36.

Mlles Gulmann, r. Notre-Dame, 9.

Mlle Guthry, Cécilia, rue d'Aguesseau, 12.

Guy, Jean-Théophile, conducteur des Ponts et Chaussées, rue Urvoy-Saint-Bédan, 4.

Vᵉ Guyard, Achille, mᵈᵉ de liqueurs, rue Urvoy-Saint-Bédan, 7.

Guyard, Pierre, boulanger, rue de Rennes, 59.

Vᵉ Guyard, rue de Rennes, 68.

Guyet-Daniel, Pierre, chemin de Couëron, 5-6.

Mlle Guyodo, Amélie, rue de Flandres, 7 bis.

Guyomar, Léon, fils, petit chemin du Moulin-des-Poules, 2.

Guyomar, Pierre, prop., petit chemin du Moulin-des-Poules, 2.

Guyon, Emile, fabt. de fers à repasser, rue Fénelon, 11.

Vᵉ Guyonnet, Louis, r. Fosse, 40.

Guyot, Frédéric, sous-commissaire de la Marine, quai Fosse, 36.

Guyot, Pierre, prop., boulevard Sébastopol.

Guyot, François, sellier, rue du Calvaire, 29.

Guyot, Jacques, charpentier, rue de Hercé.

Guyot, Pierre, tapissier, quai Duguay-Trouin, 13.

H

Haas, Théodore-Charles, rue de la Galissonnière, 1.

Haas, Auguste, rue Racine, 10.

Haas, Ernest, marchand de charbon de terre, quai Ile Gloriette, 8.

Haberstroph, Joseph, horloger, rue Crébillon, 21.

Haëntjens, Ernest, négociant, rue de Bréa, 6.

Haëntjens, Henri, négociant (associé), rue de Bréa, 6, habitant au Havre.

Mlle Haëntjens, Adélaïde, rue de Bréa, 6.

Haëttiger, menuisier, quai de Versailles, 10.

Haguet, Jean, prop., rue de Vertais, 88.

Haies, Félix, horloger, rue Saint-Clément, 76.

Hailaust, Daniel, m^d de bois de construction, quai Moncousu, 12, habitant quai Turenne, 13.

Ve Hailaust, Louis, quai Ile Gloriette, 2.

Hain du Clos-Caillé, Auguste, rent., rue de Gigant, 44.

Hais, Julien, fontes moulées, place du Port-Maillard, 3.

Haiteau, mécanicien, rue du Calvaire, 22.

Halbert, Édouard, m^d de grains, route de Clisson.

Halgan, Stéphane, boulevard Delorme, 16.

Halgan, Cyprien, quai des Tanneurs, 12.

Halgan, Emmanuel, rue Jean-Jacques, 12.

Halgan, Étienne, inspecteur du service vicinal, r. de Courson, 6.

Ve Halgand-Bourgine, modiste, rue de l'Écluse, 2.

Hallereau, boucher, rue Richebourg, 46.

Hallouin de la Pénissière, Athanase, rue Maurice-Duval, 3.

Halna du Frétay, directeur de la Cie de l'Ouest, r. Mondésir, 13.

Halot, Eugène, représentant de commerce (associé), rue de Sévigné, 4 bis.

Hamard, peintre décorateur, place des Petits-Murs, 2.

Mlle Hamard, tapissière, rue Rosière, 2.

Hamard, Henri-Jules, rue Mellier, 17.

Ve Hamelin, Émile, r. Bel-Air, 7.

Ve Hamelin, Edmond, rue Héronnière, 2.

Hamelin, Adolphe, tenue Camus, 12.

Hamelin, Eugène, épicier, rue du Port-Communeau, 21.

Hamelin, Achille, place du Port-Communeau, 5.

Hamon, François, forgeron, rue de Versailles, 28.

Hamon, Fortuné, m^d de porcelaine, basse grand'rue, 6.

Hamon, Jules, boisselier, place du Bouffay, 6.

Hamon, Jean-François, peintre, rue Deshoulières, 15.

Ve Hamon, rent., rue Deshoulières, 1.

Hamon, Sébastien, ferblantier, rue Voltaire, 25.

Hamon, Auguste, coutelier, place Saint-Pierre, 4.

Hamon de la Thébaudière, ancien juge de paix, boulevard Saint-Aignan, 15.

Hamot de Saint-Léger, Charles-Alexandre, rue Narivaux, 2.

Hamaire, Émile, rent., r. Voltaire, 8.

Hanlay (du), Gratien, officier en retraite, boulevard Delorme, 24.

Hanlay (du), Maurice, rue d'Erdre, 9.

Henry-Viget, Honoré, rent., rue Newton, 2.

V° Haranchipy, r. J.-J.-Rousseau, 17.

V° Haranchipy, Pierre, rue Crébillon, 24.

V° Hardouin, Théodore, rue Racine, 2.

Hardouin, Émile, chef de bureau à la Mairie, haute grand'rue, 28.

V° Hardouin, Eugène, quai Cassard, 3.

V° Hardouin, Hippolyte, rue Voltaire, 21.

Mme Hardouin, Céline, quai Fosse, 67.

V° Hardy, Jean-Amable, quai de la Fosse, 50.

Hardy, Jules, prop., pl. de Gigant.

Hardy, René, entrepreneur de travaux publics, rue d'Auvours.

Hardy, charpentier, à Pont-Rousseau.

V° Hardyau, Alexis, quai Flesselles, 3.

Hardyau, Joseph, père, quai Maison-Rouge, 10.

Harel, Ferdinand, menuisier, rue Arche-Sèche, 14.

Harel, Adolphe-Ferdinand, rue Le Pays, 1.

Harel, Pierre-François, fondeur, rue Le Pays, 3.

Harel, épicier, petite rue de Launay, 2.

V° Harel, r. de Briord, 20.

Harel, Pierre, fondeur en cuivre, quai de la Fosse, 99, habitant rue de La Moricière, 5.

Harel, Eugène-Arthur, fondeur, quai des Constructions, 12.

Harivel, Pierre, professeur au Lycée, chemin du Coudray, 28.

Harmange, Guillaume, rue Gresset, 15.

Harmange, Henri, fils, rue Gresset, 15.

Harmoie, Achille, prop., rue haute du Château, 15.

Harrouet, Remy, rue Belleville, 1.

Harrouet, Jean-Marie, cafetier, rue Racine, 3.

V° Harvey, professeur d'anglais, rue Copernic, 3.

Hastings, Charles, professeur d'anglais, rue Santeuil, 1.

Hastings, Henri, professeur d'anglais, rue Racine, 2.

V° Hastrel de Rivedoux (d'), rue de Rennes, 4.

Hastrel de Rivedoux (d'), Ludovic, agent d'assurances, rue de Strasbourg.

Haudet, Maurice, mécanicien, quai Fosse, 66.

Haudouin, Henri, coiffeur, passage Pommeraye.

V° Haudry, rentière, quai Flesselles, 3.

Mlle Hauray, Eugénie, modiste, petite rue Fénelon, 3.

Hausser, Michel, q. Turenne, 4.

V° Hautreux, Marie, r. Copernic, 6.

Havequez, Eugène, mécanicien, côte Saint-Sébastien.

V° Haxaire, quai de la Fosse, 6.

Haye, Emmanuel, boulanger, rue de Clisson, 7.

Haye Monbant (le comte de la), sous-lieutenant au 64e, rue Tournefort, 3.

V° Haye (de la) Moricaud, rue d'Argentré, 4.

Haye de Slade, r. St-Laurent, 8.

Heas, Auguste, charron, rue Hauts-Pavés, 13-15.

Heaume (du), Francis, m^d de porcelaine, rue J.-J. Rousseau, 7.

Mme Héber, r. Saint-Clément, 33.

Hébert, Damase, ébéniste, place de la Monnaie, 1.

Hécan, Pierre, chemin du Coudray, 13.

Hecquet, vérificateur des douanes, rue d'Erdre, 9.

Mlle Hectot de Launay, Aimée, rue Lafayette, 2.

Ve Heinzmann, Pierre-Jules, passage Sanitat, 8.

Ve Heirisson, Jean-Marie, rue Kervégan, 16.

Helain, Pierre m^d de tissus, rue Haudaudine, 2.

Helain, Félix, chapelier, chaussée Madeleine, 26.

Héland, Jean-Baptiste, chapelier, rue du Marchix, 14.

Helbert, François, prêtre, rue Harrouys, 24.

Mme Helft, Maurice, m^de de tissus, rue du Calvaire, 1.

Hélion, François, épicier, rue Grétry, 2.

Heliot, adjoint de l'intendance, rue de Versailles, 17.

Hellay, Marcellin, perruquier, rue de la Fosse, 23.

Ve Heller-Meinguet, coffretier-malletier, rue Crébillon, 8.

Hemardinquer, Ernest, haute grand'rue, 30.

Hémion François, fils, Hémion Jean-Baptiste, rue Latour d'Auvergne.

Ve Henderson, Henri, m^de de bois à brûler, r. des Arts, 25.

Henneau, Théophile, entrepreneur de maçonnerie, place Saint-Pierre, 2.

Hénon, médecin, r. du Boccage, 2.

Ve Henri, rent., r. des Arts, 27 *bis*.

Henri, Antonin, dentiste, haute grand'rue, 53, habitant rue du Ballet, 6.

Ve Henri, place Dumoustier, 5.

Henricet, H., titreur de sucres, rue du Chapeau-Rouge, 10.

Ve Heppel, Jules, r. Grétry, 1.

Hérault, Félix, mercier, rue d'Orléans, 18, habitant même rue, 11.

Ve Hérault Aubin, Alexandre, boulevard Saint-Pern, 8.

Mlle Hérault, Fanny, rue Saint-Donatien, 12.

Herbelain, Joseph, quai Maison-Rouge, 3.

Ve Herbelin, Aristide, rent., rue Hôtel-de-Ville, 4.

Herbelin, Yves, rentier, rue Saint-André, 27.

Herbelin, Jean, serrurier, rue de Clisson, 4.

Herbelin, Aristide, pharmacien des Hospices, rue Sully, 1.

Ve Herbelin, r. Copernic, 6.

Herbert, Jean-Baptiste et Alphonse, pl. Lafayette, 1.

Mlle Herbert, Alice, place Lafayette, 1.

Hercouet, menuisier, place des Petits-Murs, 2.

Hériveau, Louis, tailleur, rue Bon-Secours, 2 *bis*.

Hermange, Victor, sculpteur, rue Bastille, 1.

Hermann, Frédéric-Guillaume, armateur, rue de la Verrerie, 13, habitant rue d'Alger, 8.

Hermant, Xavier, conducteur des Ponts et Chaussées, quai Turenne, 11.

Hermardinquer, Eugène, m^d de blouses, passage Pommeraye.

Hermardinquer, Joseph, rue Cassini, 1.

Hermé, Laurent, md de chiffons en gros, rue Basse du Château, 10.
Hérou, Michel, coutelier, rue Saint-Clément, 59.
Vᵉ Herpe, André, rue des Bons-Francais, 2.
Hersart du Buron, Armand, rue Félix, 14.
Hersart du Buron, Louis, rue Tournefort, 2.
Hersart du Buron, prop., rue Saint-Clément, 13.
Mlle Hervé, Delphine, charcutière, rue Saint-Clément, 55.
Hervé, Auguste, rue Saint-Clément, 55.
Hervé, Gabriel, boucher, rue Saint-Clément, 83.
Hervé, Théophile, r. Lafayette, 2.
Hervé, Jean-Marie, rue Prairie-au-Duc.
Vᵉ Hervé, r. Dobrée, 11.
Hervé, Jean-Baptiste, md de fourrages (associé), rue de Rennes, 85 bis.
Vᵉ Hervé, prop., pl. du Pilori, 5.
Hervé, Narcisse, r. Lafayette, 2.
Mlle Hervé, Nanine, modiste, rue de la Boucherie, 12.
Hervé, Joseph, prop., rue de la Boucherie, 12.
Hervé, employé des contributions indirectes, rue Basse du Château, 10.
Hervé, Pierre, ferblantier lampiste, Haute grand'rue, 1.
Herviau, François, r. du Lycée, 9.
Vᵉ Herviault, Pierre, bijoutière, r. Barillerie, 10.
Hervichon, François-Théodore, rue Fellonneau, 6.
Mlle Hervieux, Aglaé, rue Voltaire, 10.
Hervieux, Louis, md de crépins, rue des Halles, 7.

Hervo, Gabriel, juge au Tribunal civil, rue Basse-du-Château, 3.
Hervouet, Ferdinand, menuisier, rue du Cheval-Blanc, 6.
Hervouet, Henri, tonnelier, quai du Marais, 2.
Hervouet, Donatien, rue Bon-Secours, 11.
Mlle Hervouet, Marie, prop., rue Richebourg, 48.
Hervouet, Pierre, r. Félix, 2.
Hervouet, Georges, fils, linger, rue Crébillon, 16.
Hervouet, Prudent, bourrelier, route de Clisson.
Hervouet, Victor, aumônier, à l'Hôtel-Dieu.
Hervouet, Prosper, boulanger, quai Cassard, 3.
Vᵉ Hervouet, Martin, quincaillier, rue Pont-Sauvetout, 6.
Vᵉ Hervouet, Victor, rue Pont-Sauvetout, 6.
Hervouet de la Robrie, Eugène, r. de la Commune, 3.
Mlle Hervouet de la Robrie, Honorine, r. de la Commune, 5.
Héry, Alexandre, entrepreneur de travaux publics, r. Malherbe, 4.
Héry, Prosper, plâtrier entrepreneur, rue de l'Émery, 9.
Hesbert, Antoine-Théophile, rue Duboccage, 22.
Hesnaud, md de parapluies, Basse-Grand'rue, 7-9.
Hessant, Jules, aubergiste, rue Garde-Dieu, 4.
Hétreau, Jean, charpentier, rue Miséricorde, 7.
Heugel, François, professeur de musique, rue Voltaire, 9.
Mlle Heugel, Eulalie, professeur de musique, rue de Sévigné, 4.
Heulin, Félix, md de grains, rue des Carmes, 7.

Heurtaux, mercier, petite rue Fénelon, 2.

Heurtebise, Joseph, teinturier, place du Change, 1.

Vᵉ Heurthaux, Louis-Auguste, place Royale, 3.

Heurthaux, Frédéric-Alfred, boulevard Delorme, 24.

Heurthaux, Alfred, docteur-médecin, rue Newton, 2.

Heurthaux, Gustave, employé à la Compagnie des chemins de fer nantais, rue Newton, 2.

Heurthaux, Alfred, saleur, passage du Sanitat, habitant r. Bonne-Louise, 4.

Heurthaux, Frédéric, filateur, cour Douard, 5-8, habitant boulevard Delorme, 44.

Heurtin, Ernest, secrétaire particulier de Monseigneur, à l'Evêché.

Heurtin, vicaire à Chantenay.

Heurtin, Auguste, menuisier, quai Fosse. 36.

Mlle Heurtin, Alphonsine, professeur de musique, avenue de Launay, 6-8.

Heurtin, Olivier, peintre en bâtiments, rue Racine, 7.

Heurtin, Joseph, chaisier, rue Mercœur, 12.

Heuzé, Fidèle, mercier, rue Hôtel-de-Ville, 4.

Hidou, Adolphe, menuisier, rue Dos-d'Ane, 31.

Hidou, menuisier, r. de l'Écluse, 4.

Vᵉ Hignard, Auguste, avenue de Launay, 22.

Hignard, fils, avenue Launay, 22.

Vᵉ Hignard, Édouard, rue Marivaux, 2.

Vᵉ Hignard, Joseph, rue Regnard, 3.

Hilaire, François, prop., à l'Ousselière.

Hillereau, Jean-Baptiste, curé de Saint-Donatien, rue Guillet de la Brosse, 2.

Hillereau, Julien, cafetier, rue de la Fosse, 24.

Vᵉ Hillereau, Eugène, boulevard Delorme, 7.

Hillereau, Roger, (d'), rue Maurice-Duval, 3.

Hillerin-Tertrais, saleur de viandes, r. Fouré, habit., boulevard Delorme, 30.

Vᵉ Himbro, Daniel, rue des Arts, 27 bis.

Himen, Victor, r. Pont-Sauvetout, 5.

Himène-Lotz, capitaine de navires, rue Voltaire, 10.

Mlle Hinard, Julie, lingère, rue du Calvaire, 13.

Hirt, Charles, horloger, rue Voltaire, 5.

Mme Hirtz, Abraham, mᵈ tailleur, quai Fosse, 69.

Hirtz, Karl, mécanicien, rue de la Poissonnerie, 4.

Hirtzberger, boucher, à la Ville-en-Bois.

Hivert, Jean-Marie, commis de marine, rue Chaptal.

Hodé, Alphonse, sous directeur des contributions indirectes, r. Crébillon, 14.

Hocmard, Emile, commis négociant, rue Deshoulières, 1.

Hodé, Julien, couvreur, rue Kléber, 12.

Vᵉ Hodé, Henri, rue Grétry, 2.

Hodé, Pierre, tailleur, rue de l'Émery, 4.

Mlle Hoëo, Joséphine, rue de la Bastille, 38.

Hogrel, avenue Sainte-Anne, 20.

Vᵉ Hogué, née Durand, quai Richebourg, 5.

Mlle Hogué, Emilie, institutrice, pl. des Irlandais, 1.

Hogué, Paul, vétérinaire, r. Haute-du-Château, 11.
Hoguet, Jean-Marie, petite rue S.-Donatien, 7.
Mlle Homs, rentière, rue J.-J.-Rousseau, 13.
Hoo-Paris, négociant, rue Contrescarpe, 28, hab. rue Scribe, 4.
Mlle Hory (de), professeur, rue S.-Clément, 33.
Hosmalin, chapelier, r. Fosse, 18.
Vᵉ Houary, rue Copernic, 2.
Mme Houdet, James, q. Brancas, 8.
Houdet, Eugène, rentier, rue de Rennes, 59.
Houdet, James, fils, r. Vauban, 4.
Houdet-Furcy, rue Gresset, 3.
Houdou, conducteur des Ponts et Chaussées, rue S.-Clément, 47.
Houé, Ernest, relieur, quai Port-Maillard, 7.
Houéry, Léon, mᵈ papetier et relieur, rue Poissonnerie, 4 et 11.
Houette, Léonce, vérificateur de l'enregistrement, q. Duquesne, 9.
Vᵉ Houget, rue Voltaire, 5.
Houget, Auguste, horloger, r. Kervégan, 9.
Vᵉ Houget, Jules, rue du Calvaire, 5 et 7.
Houget, Emile-Jules, à la petite Brosse.
Mlle Houget, Marguerite, au Linot (Saint-Joseph).
Mlles Houget, rentières, rue de la Commune, 8.
Houix, Mathurin, mercier, rue du Marchix, 49.
Houix, quai Fosse, 21.
Hourdin, employé d'octroi, rue de Coutances, 14.
Vᵉ Hourdin, Frédéric, rue de Rennes, 55.
Hourdin-Perro, Victor, mᵈ de fleurs artificielles, rue du Calvaire, 8.

Vᵉ Houssais, Pierre, rue Saint-Jacques, 43.
Houssais, Julien, maître couvreur, rue de Briord, 5.
Vᵉ Houssais, Mathurin, rue de Gigant, 24.
Housset, Pierre, aven. Launay, 19.
Housset et Bonnet, huilerie et savonnerie, canal de Chantenay.
Houssin, François, charcutier, rue Port-Communeau, 10.
Houssin, François, ferblantier, rue de la Verrerie, 15.
Hu, Anatole, capitaine au long cours, rue Porte-Neuve, 6.
Huard, Ernest, armateur, rue Héronnière, 2. hab. r. Crébillon, 13.
Vᵉ Huard, rue de Coutances, 16.
Vᵉ Huart, Marie, rentière, Huart, Charles, rue du Calvaire, 23.
Huau, Martin, libraire protestant, rue Rosière, 37.
Vᵉ Huau de Saint-Amand, r. Tournefort, 2.
Mlle Hubans, Amélie, institutrice, place Saint-Pierre, 4.
Hubault, Jacques, charron, quai Hoche.
Hubert, Alexis-René, père, serrurier, rue Scribe, 3.
Hubert, Auguste, serrurier (associé), rue Scribe, 3.
Hubert, Louis, chanoine, r. Strasbourg, 26.
Hubert, Louis, capitaine de navires, rue Paré, 17.
Hubert, capitaine au long cours, rue Saint-André, 1.
Hubert, Eugène, mᵈ de nouveautés, r. du Calvaire, 10, hab. au n° 7.
Hubert, Eugène, herbager, côte Saint-Sébastien.
Hubert, Auguste, mᵈ de grains en gros (associé), quai S.-Louis, 3 et 4, hab. rue Scribe, 3.

Hubert, mécanicien, boulevard Sébastopol, 2.
Hubert, Alphonse, cafetier, place de l'Écluse, 1.
Hubert, Barthélemy, m^d de tissus, rue Richebourg, 8.
Hubin de la Rérie, rentier, rue de Gigant, 36.
Mlle Hubon, Victoire, bimbelotière, passage Pommeraye, hab. rue du Chêne-d'Aron, 4.
Huby, Jacques, m^d de meubles, pl. Bretagne, 21.
Huché, Eugène, avenue Launay, 12.
Mme Huché, rue Lafayette, 18.
Huchet, Auguste, rentier, rue Régnard, 3.
Huchet-Margotin, François, m^d de résine, quai Ile-Gloriette, 4.
Huchet, Jean-Paul, expert, route de Clisson.
Huchet, François, tonnelier, rue de la Verrerie, 8, hab. q. Fosse, 66.
Huchet, Mathurin, r. de Clisson, 6.
Ve Huchet, quai de la Fosse, 2.
Huchet, fils, employé du télégraphe, quai de la Fosse, 2.
Hue, Jules, rue Saint-André, 58.
Huet, Alphonse, fils, menuisier, r. Talensac, 14.
Ve Huet, Henri, quai Cassard, 6.
Huet, Jean-Charles, menuisier, r. Kervégan, 11.
Huet, Michel, tonnelier, rue d'Alger, 15.
Huet, Eugène, représent. de commerce, rue Héronnière, 1.
Huet, sculpteur, rue de la Boucherie, 4.
Ve Huet de la Marre, prop., quai Turenne, 6.
Huette, Félix, rentier, rue de la Fosse, 34.
Ve Huette, Frédéric, rue Fosse, 2.
Huette, Théophile, rue Racine, 2.

Ve Huette, avenue Ste-Anne, 20.
Huguenin, Jules, m^d de laines, r. Bon-Secours, 1.
Huguenin, Adolphe, père, r. Marmontel, 2.
Huguenin, Adolphe, m^d de vins, r. Perrault, 5.
Huguet, Jean, m^d d'huile, rue des Perrières, 18.
Humeau, ancien pharmacien, rue de Gigant, 22.
Humault, Alfred, commissaire priseur, Ve Humault, rue Crébillon, 19.
Hung, Alphonse, employé de la compagnie d'Orléans, quai Ceineray, 8.
Huou, Jean, menuisier, petite rue du Refuge, 1.
Hupel, Jean-Marie, maître couvreur, rue Courtine, 9.
Mlle Hupin, Mariette, rue Marceau, 16.
Hureau, Ange, fils, boulevard Delorme, 7.
Hurel, Jules, horloger, rue Crébillon, 21.
Ve Hurel, Hurel, Pierre, fils, quai de l'Hôpital, 13.
Huret, Jean, prop., quai Magellan.
Ve Huron-Durocher, Pierre, rue S.-Clément, 1.
Hurtel, Alexandre, agent voyer, r. Grétry, 2.
Hurvoix, Albert, agent d'affaires, rue Racine, 3, cabinet rue Crébillon, 15.
Hus, Jean-Baptiste, père jésuite, rue Dugommier, 13.
Mme Husseau, rue Marceau, 14.
Ve Husset, Joseph, rue de la Boucherie, 3.
Ve Husset, rue de la Fosse, 30.
Huteau, François, m^d de tissus (associé), r. Garde-Dieu, 14, hab. rue Saint-Léonard, 33.

Huteau, Pierre, m⁴ de vins (associé), quai Fosse, 90.

Huteau, père, rentier, q. Fosse, 23.

Huteau, Jean, ancien m⁴ de crépins, quai Fosse, 39.

Huteau, Gustave, m⁴ de crépins, place Royale, 3.

Huteau, François, rue Basse-du-Château, 16.

Hyais, André, charcutier, r. Voltaire, 15.

Hyais, André, r. Deshoulières, 17.

Hymenne, Jean, aumôn. de l'hospice général, rue S.-Jacques, 69.

Hyronimus, Paul, fondé de pouvoirs du receveur général, à la Cantinerie (route de Vannes).

Hyrvoix, Jean, prop., Mlle Hyrvoix, Jenny, rue de Paris, 15.

I

Icéry, Jules, fils, rue Boileau, 6.

Icéry, Louis-Auguste, père, rue Gresset, 13.

Icéry, Eugène, rue Gresset, 13.

Icéry, Jean-Auguste, fils, rue Gresset, 13.

Iffland, Claude, m⁴ tapissier, rue d'Alger, 1.

Immaculée-Conception (communauté des sœurs de l'), rue Saint-Laurent, 1.

Ingand, Abel, r. Belleville, 2.

Ingrand, Hector, pharmacien, rue Racine, 4.

Vᵉ Ioux, Jacques-Joseph, quai de la Fosse, 53.

Mme Isaac, rent., pl. Barbin.

Isambart, Joseph, r. Kervégan, 17.

Isambart, François, fils, couvreur, rue Kervégan, 12.

Isle (le comte d'), rue Saint-Léonard, 33.

Mme Isle du Dréneuf (de l'), rue Deshoulières, 15.

Mlle Isle de Fief (de l'), Léonide, place Saint-Pierre, 2.

Isle de la Ferté (de l'), rue Richebourg, 11.

Izard, Gabriel, mécanicien, quai Ile Gloriette, 20.

J

Vᵉ Jabœuf, Philbert, ferblantier-lampiste, pl. du Pilori, 11.

Jabœuf, Claude, m⁴ de faïence, impasse Dubois, 2.

Jaboin, François, cordonnier, quai de la Fosse, 53.

Jacob, gréeur, quai St-Louis, 6.

Jacob, Félix, papetier, place du Pilori, 11.

Vᵉ Jacob, Désiré, rent., quai d'Orléans, 16.

Jacob, Pierre-Adolphe, rue Saint-Jean, 10.

Jacob, Jules, à la Ville-aux-Roses.

Mlle Jacobi, Victorine, chemin de la Contrie, 16.

Mlle Jacommetty, Pauline, rue de la Verrerie, 1-3.

Vᵉ Jacommetty, David, bas-chemin de Saint-Donatien, 22.

Jacquelin, Jean, place de la Petite-Hollande, 2.

Jacquelin, m⁴ de matériaux, quai de Versailles, 2.

Jacquemart, encaisseur, rue Boileau, 11.

Jacquemin, charpentier, rue de l'Ouche de Versailles, 1.

Jacques, garde du génie, rue Saint-Nicolas, 10.

Jacquesson, Eugène, m⁴ de sel, quai de la Fosse, 54, habitant à Paris.

Jacquet, Louis, prop., rue de Rennes.

Jacquet, Édouard, r. Émery, 8.

Jacquet, Auguste, employé au chemin de fer, quai Duguay-Trouin, 12.
Jacquet, Émile, md boucher, rue de la Chalotais, 4.
Jacquet-Leray, Pierre, épicier, pl. du Bouffay, 2.
Jacquier, conserves alimentaires, à la Ville-en-Bois.
Jacquot, Léon, ingénieur au chemin de fer, q. Richebourg, 12.
Jaffré, Victor, modiste, rue Voltaire, 24.
Jager, capitaine rapporteur, rue des Carmes, 7.
Vᵉ Jagorel, François, r. Bâclerie, 5.
Jahan, Jean, prop., rue de Rennes, 26.
Jahenny, François, prop., place du Croisic.
Jaille (le marquis de la), rue Sully, 4.
Jaille, Édouard, (de la), boulevard Delorme, 26.
Jalabert, Auguste, r. Sully, 6.
Vᵉ Jalabert, r. Kervégan, 16.
Jalabert, rentier, quai de l'Hôpital, 9.
Jalabert, Adolphe, architecte, passage Louis-Levesque.
Jalabert, Joseph, r. de la Fosse, 42.
Mlle Jalabert, Clémentine, rue Gresset, 1.
Jalabert, représentant de commerce, au Mont-Saint-Bernard.
Mme Jallais, Jeanne, prop., rue Grucy, 14.
Mlle Jallais, Léonide, lingère, quai Richebourg, 14.
Jallais, Henri, rue Malherbes, 2.
Vᵉ Jamain, Jean, rue Crébillon, 19.
Jamain, prop., rue de la Commune, 27.
Jamet, mercier, r. Voltaire, 15 bis.

Jamier, Ernest-Paul, avocat, rue Lafontaine, 3.
Jamin, Léon, rue de Rennes, 96.
Jammes, Paul-Pascal, inspecteur des douanes, q. de la Fosse, 102.
Jamoneau, Pierre, sellier, rue Dos-d'Ane, 54.
Jamoneau, Jean, épicier, quai Turenne, 1.
Jamonières (des), Amédée, rue Félix, 12.
Jamonières (des), Arthur, place Saint-Pierre, 3.
Jamont, Alfred-François, armateur, rue Héronnière, 2, habitant rue Héronnière, 6.
Jamont, Gustave, notaire, rue Arche-Sèche, 2.
Jamont, ancien notaire, rue du Calvaire, 1.
Jan-Kerguistel, Henri, avoué, rue Santeuil, 6, habitant rue Héronnière, 8.
Joly, secrétaire particulier du Préfet, boulevard Sébastopol.
Janeau, Adolphe, mercier, rue du Calvaire, 4.
Janeau, Charles, q. de la Fosse, 55.
Janin, contre maître aux tabacs, rue d'Allonville.
Janin, général de brigade, rue Tournefort, 2.
Jannin, Alexandre, employé de la Marine, vieux chemin de Couëron.
Vᵉ Janniot, Eugène, mde de porcelaines et cristaux, rue du Calvaire, 9.
Mme Janvier de la Motte, Eugène, rue Dobrée, 5-7.
Mlle Janvret, Marie, rent., passage Sainte-Anne, 5.
Jaraud, Jean-Baptiste, rue de Coutances, 4-6.
Vᵉ Jariette (de la), Isidore, rue Cambronne, 2.

Jarlegand, rent., r. des Arts, 16.

Jarnay, Symphorien, rue de Rennes, 85.

Jarnoux, François, vicaire à Saint-Donatien, rue Guillet de la Brosse, 2.

Jauffrit, Louis, chaisier, rue de Rennes, 55.

Vᵉ Jaulier, Henri, rue Lafayette, 5.

Jaunasse, François, mᵈ de vins en gros, (associé), rue Moquechien, 10.

Jaunay, Auguste, cordonnier, Basse Grand'rue, 28.

Jausne, Martial, rue Port-Communeau, 8.

Vᵉ Javellier, Eudoxie, rue Rameau, 1.

Jeanneau, Alcide, r. d'Orléans, 10.

Vᵉ Jeanneau, née Viaud, rue d'Erdre, 7.

Jeanneau, Marcel, prop., à la Porcherie (Saint-Félix).

Jeanneau, employé au chemin de fer, r. Strasbourg, 2.

Jeanneau, Auguste, chamoiseur, ruelle du quai Brasserie, 7-9.

Jeanneau, Pierre, entrepreneur de travaux publics, route de Clisson.

Jeanneau, Jules, fils, entrepreneur de maçonnerie, coteau de Sèvres.

Jeanneau, Auguste, mᵈ corroyeur, r. Contrescarpe, 11.

Jeanneau, Jean, charpentier, rue des Carmélites, 16.

Jeanneau, Constant, mᵈ de meubles d'occasion, pl. St-Pierre, 4.

Jeanneau, Auguste, ferblantier-lampiste, chaussée de la Madeleine, 22.

Jeanniard du Dot, homme de lettres, rue Saint-André, 7.

Mlle Jeffray, Anastasie, rue de Rennes, 59.

Jégou, Yves, prop., rue Haute du Château, 1.

Mlles Jégou, Marie et Émilie, rue du Lycée, 13.

Vᵉ Jégou, rue Royale, 12.

Mlle Jelle, r. Bonne-Louise, 14.

Jeulin, Philippe, tapissier, rue de l'Échelle, 2.

Vᵉ Jeulin, Louis, r. de l'Échelle, 2.

Mlle Jicquiau, rue Sarrazin, 9-11.

Jobart, Félix, ferrailleur, rue de Rennes, 9.

Mlle Jobart, rue de la Verrerie, 12.

Jobic, Jean-Louis, pâtissier, Haute Grand'rue, 34.

Vᵉ Jochaud-Duplessis, rue du Lycée, 13.

Mlle Jochaud-Duplessis, Lucie, rue des Orphelins, 11.

Mlle Jochaud-Duplessis, Lise, rue de Paris, 77.

Jocoski, officier d'administration, q. de Versailles, 5.

Jodet, Narcisse, fils, rue Boileau, 5.

Joguet, Eugène, mᵈ de vins en gros, impasse St-Vincent, 3.

Joguet, Auguste, rentier, rue de Paris, 47.

Joguet, Sylvestre, mᵈ de tissus, (associé), rue du Moulin, 16, habitant r. Guépin, 10.

Joguet, mᵈ de vins, place du Change, 3.

Vᵉ Joguet, rent., rue de Rennes, 57.

Joguet, Sylvestre, négociant, rue Guépin, 12.

Joguet, Pierre, prop., r. du Calvaire, 14.

Joguet, Séraphin, mᵈ de vins en gros, rue Mercœur, 8.

Mlle Jolais, Louise, mᵈᵉ de tissus, rue du Calvaire, 9.

Jolan, Adolphe, fils, rue des Cadeniers, 11.

Vᵉ Jolan, et Jolan fils, rue des Cadeniers, 5.
Jolie, Henri, tonnelier, rue du Trépied, 1.
Vᵉ Jollais, François, quai des Constructions, 6.
Jolland, Louis-Émile, rue Paré, 1.
Vᵉ Jolette, rent., r. de Briord, 13.
Jolette, Paul, constructeur de navires, île Videment.
Jolly, Eusèbe, ex-juge de paix, rue Saint-André, 17.
Jolly, Jean, prop., rue des Hauts-Pavés, 91.
Vᵉ Joly, Constant, rue Ogée, 8.
Joly, capitaine du Génie, boulevard Saint-Aignan, 5.
Joly, Louis, rue Damrémont, 1.
Mlles Joly, Rosalie et Anna, rue Boileau, 3.
Joly, ingénieur des Ponts et Chaussées, r. Colbert, 19.
Vᵉ Joly, Jean-François, rue Voltaire, 17.
Joly, Eusèbe, boulevard Sébastopol, 4.
Mme Joly, rue Guépin, 5.
Vᵉ Joly, quai Fosse, 69.
Joly-Ropert, cordonnier, place Saint-Pierre, 2.
Vᵉ Joncours, Mlle Joncours, rue des Orphelins, 19.
Jondeau, Léon, professeur d'anglais, boulevard Sébastopol, 8 ter.
Mme Jonglez de Ligne, quai Brancas, 1.
Jeanneau, rent., r. Copernic, 6.
Joreau, Pierre, sabotier, rue Ermitage, 14.
Jorret, René, propriétaire, route de Clisson.
Josse, Jean, charpentier-entrepreneur, rue des Olivettes, 22, hab. rue de Rennes, 10.

Vᵉ Josse, Adrien, rue Bon-Secours, 4.
Josse, rue de Gigant, 32.
Josset, vérificateur des douanes, rue de la Verrerie, 7.
Josso, Adolphe, négociant, rue du Chapeau-Rouge, 6, habitant r. de l'Écluse, 4.
Mlle Josso, Élisa, r. du Trépied, 3.
Vᵉ Josso, r. des Orphelins, 11.
Jotterat, Ambroise, rent., rue Félix, 2.
Mlle Jouan, Cécile, bimbelotière, rue St-Clément, 63.
Vᵉ Jouan, rent., q. du Marais, 3.
Jouan, Jacques, q. de la Fosse, 71.
Vᵉ Joubert, mde de vins en gros, r. de Versailles, 3.
Vᵉ Joubert, rentière, pl. Royale, 3.
Joubert, Jean-Baptiste, rue Copernic, 16.
Joubert, rent., place de la Petite-Hollande, 2.
Joubert, Julien, armateur, rue Basse-du-Château, 23.
Joubert, Jules-Marie, boisselier, rue du Bouffay, 4.
Joubert, Alphonse, menuisier, rue petite Biesse, 18.
Joubert, Henri, boulanger, rue de Paris, 88.
Joubert, arrimeur à l'Entrepôt, q. d'Aiguillon, 5.
Joubert, Léopold, capitaine au long cours, q. Duguay-Trouin, 8.
Joubert-Burgevin, rue Dubois, 3.
Joue, Hippolyte, bijoutier, Basse-Grand'rue, 11.
Jouet, Jean-Baptiste, prop., cour Douard, 10.
Jouin, Théophile, r. Héronnière, 3.
Jouineau, François, menuisier, rue Sarrazin, 13.
Vᵉ Jouis, François, Haute-Grand'rue, 9.

Mlle Jouis, Marie, m^de de tissus, rue St-Jacques, 76.

Jounaux, receveur des Postes, rue du Chapeau-Rouge, 10.

Jouon, Eugène, père, ancien notaire, rue St-Clément, 13.

Jouon, Eugène, fils, ex-notaire, r. St-Clément, 13.

Jouon, François, docteur-médecin, rue du Moulin, 23.

Jouon, Léon, docteur-médecin, rue d'Orléans, 13.

Ve Jourdain, Alexandrine, rent., rue Mercœur, 2 bis.

Ve Jourdan, Pierre, rue Guépin, 8.

Jourdan, Adolphe, m^d de meubles, r. Guépin, 8.

Jourdan, Armand, juge de paix, chaussée de la Madeleine, 20.

Jourdanne, Émile, pharmacien, q. de la Fosse, 62.

Journet, Henri, représentant de commerce, q. d'Orléans, 22.

Jousse, François, prop., chemin des Chalâtres.

Joussé, Jean, droguiste, (associé), r. Dugommier, 7.

Ve Jousseaume, Jean, m^de de vins, Basse-Grand'rue, 5.

Jousseaume, Pierre, prop., quai Richebourg, 21.

Jousseaume, Jules, m^d de vins, q. Richebourg.

Jousset, grènetier, à Pont-Rousseau.

Mlle Jousseaume, Basse-Grand'rue, 5.

Jousselinière (de la), Jean-Victor, m^d de tissus, r. des Halles, 17.

Jousset, Auguste, prop., quai de l'Hôpital, 13.

Jousset, Joseph, prop., r. St-Jacques, 45.

Mlle Jousset, Anna, q. Brancas, 8.

Jouy, Charles, rue d'Orléans, 5.

Jouy, Jean-Marie, rent., r. d'Orléans, 5.

Jouy, Jacques, concierge, à la Mairie.

Joyau, Hippolyte, r. du Guesclin, 3.

Joyau, Pierre, m^d boucher, place Saint-Pierre, 5.

Mlles Joyau, à la Bérodière.

Joyau, Hippolyte, m^d de sels en gros, r. du Guesclin, 3.

Mlle Joyau, Nancy, r. Guépin, 1.

Joyau, Joseph, prop., rue Saint-André, 58.

Mlle Joyau, Joséphine, bimbelotière, rue Saint-Similien, 18.

Joyau, Marie-Gaston, commis, rue Cambronne, 1.

Ve Joyau, rentière, rue Gresset, 1.

Ve Joyau, Ferdinand, q. du Port-Maillard, 10.

Mlles Joyau, Blanche et Éléonore, rue Gresset, 1.

Mlle Joyaux, Rosa, mercière, place Royale, 2, hab. r. de l'Échelle, 1.

Joys, Auguste, prêtre, rue Malherbe, 13.

Jozé, directeur des postes, r. Cambronne, 9.

Ve Jozeau, Ferdinand, rue d'Erdre, 1.

Jubeau, Eugène, peintre en bâtiments, rue de Sévigné, 2.

Jubeaud, Alfred, dessinateur, rue des Salorges, 5.

Jubier-Chuniaud, Victor, professeur au Lycée, r. Sarrazin, 9-11.

Ve Jubier, Jean, mercière, rue de Feltre, 19.

Jubineau, Hilaire-Théodore, chemin du Coudray, 6.

Jubineau, Émile, m^d de laines, rue d'Orléans, 20.

Jubineau, Alfred, m^d de laines (associé), rue d'Orléans, 20.

Mme Judicelli, rue Cassini, 4.

Juette, Louis, vannier, quai Cassard, 6.
Juette, Louis-Antoine, vannier, r. Poissonnerie, 2.
Vᵉ Juguet, Pierre, r. de Clisson, 8.
Mlle Juguet, Marie, Juguet, Jean-Baptiste, mᵈ de vins en gros, habit. Haute-Grand'Rue, 51.
Juguet, Hyacinthe, chef de bureau à la Préfecture, r. Poissonnerie, 9.
Mlle Juguet, Amélie, r. S.-Jean, 10.
Juhel, Jean-Marie, ancien pharmacien, rue Mazagran, 1.
Juhel, Louis, épicier, q. Fosse, 47.
Juhel, Xavier, employé à la Préfecture, rue Racine, 3.
Vᵉ Juigné (de), Pierre, rue d'Aguesseau, 10.
Juillet, Marcellin, rentier, rue S.-Clément, 7.
Juin, Aristide, bijoutier, rue des Halles, 2.
Juin, Alfred, corroyeur, rue des Carmélites, 21.
Julien, Benjamin, prairie d'Amont.
Julien, Charles, mᵈ paussier, rue de Briord, 1.
Mlle Julien, Marie, Basse-Grand'-Rue, 18.
Vᵉ Julien, Jean-Antoine, Julien, Auguste, rue Sainte-Croix, 7.
Mlle Julien, Marie, rue Basse-du-Château, 23.
Julienne, Jean-Baptiste, aubergiste, rue de Rennes, 20.
Julien, Auguste, agent d'assurances, rue d'Alger, 17.
Vᵉ Jumantier, François, mᵈ de noir, Jumantier, Léon, pont des Récollets, 1.
Jumel, Julien, tailleur, quai d'Orléans, 7.
Mme Jumel, bureau de placement, petite rue des Carmes, 2.
Jumelle, Pierre, épicier en détail, quai de la Fosse, 71.

Vᵉ Junghans, Guillaume, tenue Morand.
Juniaux, Jean, r. de Versailles, 19.
Vᵉ Junot, Eugène, mᵈᵉ de fer, rue de Clisson, 8.
Vᵉ Juradeau, rue de Launay, 14.
Vᵉ Jusseaume, Constant, fumisterie et quincaillerie, rue du Calvaire, 17.
Jusseaume, René, voilier, quai de la Fosse, 36.
Jusson, Firmin, cloutier, r. Port-Maillard, 16.
Justeau, Charles, boulang., Haute-Grand'Rue, 32.
Jutard, Emile, mᵈ de gibier, quai Brancas, 2.
Jutard, Aimé, mᵈ de bois à brûler et aubergiste, à la Raudière.
Mlle Juvenot, quai Turenne, 12.

K

Kagy, garde champêtre, à la petite Bérodière.
Karre-Hardouin, rue Racine, 2.
Vᵉ Kergaure (de), Guillaume, rue Kléber, 5.
Mlle Kerhoent (de), Amélie, quai Fosse, 82.
Kerhué (de), boulevard Delorme, 8.
Kerhué (de), Auguste, général de brigade, à la Ville-aux-Roses.
Kermasson de Kerval, Tarsile, rue des Orphelins, 19.
Kermorgant, Jules, père, quai Hôpital, 11.
Vᵉ Kermorgant, Mlle Kermorgant, modistes, rue Guépin, 12.
Mme Kermeur, Emile, rue du Marchix, 41.
Kermeur (de), André, boulevard Delorme, 5.
Vᵉ Kerpel (de), r. Poissonnerie, 23.
Vᵉ Kersabiec (Sioc'han de), rue Maurice-Duval, 6.

Vᵉ Kersabiec (Sioch'an de), Xavier, place Saint-Pierre, 3.

Kervadec, Charles, régisseur, rue du Calvaire, 28.

Kervella, Désiré-Antoine, artificier, quai de Versailles.

Kervenoael (de), sous intendant militaire, pl. de la Préfecture, 3.

Kervern, Olivier-Antoine, rue Richer, 6.

Kessler, Alexandre, menuisier, rue Urvoy-Saint-Bédan, 6.

Kessler, Frédéric, menuisier, rue de Bréa, 6, hab. place Catinat.

Vᵉ Kintezyski, Michel, rue de Clisson, 2.

Vᵉ Kippfel, Caroline, r. Gigant, 34.

Kirchberg, Pierre-Vincent, Kirchberg, Charles-Jean, docteur-médecin, rue Basse-du-Château, 1.

Kirmisson, Edouard, r. Sarrazin, 11.

Kolowski, capitaine en retraite, r. d'Alger, 15.

Kopperhem, Edouard, tapissier, au Petit-Ermitage.

Kostrewski, Ignace, docteur-médecin, rue Crébillon, 8.

Kremeter, Jean-Marie, quai Duguay-Trouin, 8.

Knudsen, commission. en grains, rue de Bréa, 5.

L

Vᵉ Labarre, Jean, transports par terre, r. Fulton, 1.

Labat, Benjamin, mercier, r. Poissonnerie, 4.

La Baulme, Marie-Joseph, contrôleur des Douanes, en retraite, rue de Rennes, 2.

Vᵉ Labbé, Alphonse, mercière, r. Guépin, 3.

Labbé, Eugène, mᵈ de bouchons, chaussée Madeleine, 7.

Labbé, Jean-Baptiste, professeur, r. de Strasbourg.

Labeyrie, receveur de la 1ʳᵉ perception, r. du Calvaire, 20.

Lablanche, François, mᵈ de meubles, r. Mercœur, 7.

Labonde, Pierre, père jésuite, rue Dugommier, 13.

Laborde, Paul, docteur-médecin, r. de Strasbourg, 28.

Labouère, Charles, boisselier, pl. du Commerce, 11.

Laboureur, Isidore, mercier en gros, place du Cirque, 1.

Laboureur, Émile, mercier en gros, (associé), pl. du Cirque, 1, habit. q. des Tanneurs, 2.

Labour-Valentin, Amédée, mᵈ de tissus, r. Crébillon, 10.

Labresson, professeur de physique, r. Haute-du-Château, 5.

Mlle Labro, Anaïs, r. Copernic, 7.

Labruyère, agent de change, pas. Pommeraye, habit. à Chantenay.

Vᵉ Lac, Jacques, chemin du Moulin-des-Poules, 3.

Lackersteen, A., r. Regnard, 1.

Lacombe, Célestin, mᵈ de musique, r. de la Fosse, 30.

Lacombe, Jean, médecin, rue de Rennes, 4.

Lacoulonche, employé des Ponts-et-Chaussées, r. Barillerie, 10.

Mme Lacour, Gaston, modiste, rue Barillerie, 17.

Lacquement, Julien, pont de l'Arche-Sèche, 2.

Mlle Lacvivier (de), Thérèse, institutrice, r. Dugommier, 2.

Vᵉ Ladmirault, r. Royale, 14, et r. de Rennes, 54.

Mme Ladmirault, r. Bel-Air, 12.

Ladmirault, Émile, rue de Flandres, 2.

Ladmirault, représentant de commerce (associé), rue Contrescarpe, 28, habit. rue de Strasbourg, 5.

Ladmirault, Paul, mélasserie, rue de Bréa, 5.

Mme Ladmirault et Mlles Ladmirault, r. Dugommier, 6.

Mlles Ladmirault, rue de Rennes, 54.

Ladmirault-Bournichon, négociant, r. de Strasbourg, 5.

Laënnec, Emmanuel, juge, place Graslin, 3.

Laënnec, Charles, avocat, boul. Delorme, 13.

Laënnec, Théophile, docteur-médecin, boulevard Delorme, 13.

Mlle Laënnec, Marie, et Mlle Laënnec, Céline, boulevard Delorme, 3.

Lafage, Pierre, charpentier, r. de Gigant, 31.

Lafargue, Léonce, négociant, boulevard Delorme, 6.

Mme Lafargue, r. du Calvaire, 9.

Laffargue, Antoine, m^d de bois de sciage, r. de Gigant, 29.

Laffargue, Jean, m^d de nouveautés, pl. Royale, 10.

Ve Laffargue, fab^t de feutre à doublage, q. St-Louis, 1-2.

Lafforgue-Desmangles, Hyppolyte, prop., petit chemin du Moulin-des quarts, 3.

Lafon, Jean-Baptiste, percepteur des contributions directes, place du Bouffay, 6.

Lafont, professeur, rue de Rennes, 10.

Lafont, Joseph, r. de Gigant, 10.

Lafont, Georges, r. Rosière, 19.

Lafont, Jules, r. Rosière, 19.

Ve Lafontaine, Prosper, quai Turenne, 11.

Lafontaine, Jules, m^d de tissus, rue de Bouillé.

Mlle Lagarde, Marie-Louise, rue Cambronne, 4.

Lagarde, Jean-Baptiste, rue des Olivettes, 35.

Lagneau, rent., r. Châteaubriant, 23.

Lagrange-Mollé, cafetier, r. Crébillon, 24.

Lahaie, Charles, ancien gréeur, q. St-Louis, 5.

Lahaye, Louis, hôtel de Bretagne, r. de Strasbourg, 23.

Mlles Lahaye, rent., rue de Clisson, 6.

Lahaye, Alfred, m^d de vins en gros, q. Baco.

Mlle Laheurthe, Élisabeth, directrice de l'École communale, rue Prairie d'Aval, 8.

Lahue, Émile, r. Chaptal.

Ve Lahue, Henri, r. d'Alger, 15.

Laidet, Adolphe, horloger, rue du Marchix, 60.

Ve Laidet, Célestin, horloger, rue d'Orléans, 8.

Laidet, Pierre, poulieur, q. Saint-Louis, 1-2.

Laigle, Michel, commissionnaire, r. Racine, 10.

Laigneau, Henri et Auguste, r. de Paris, 19.

Laignel, Jacques, prop., r. de la Juiverie, 11.

Laiguillé, Théodore, passage Russeil, 15 ter.

Lainé, cordonnier, r. de Clisson, 4.

Ve Lainé, Jean-Donatien, q. Cassard, 5.

Lainé, Jean-Joseph, m^d cordonnier, r. Crébillon, 9.

Lainé, Jean-Pierre, rue Lamotte-Piquet, 11.

Lainé, Auguste, plâtrier-entrepreneur, rue des Carmélites, 14.

Lainé, Georges, m^d de fers, (associé), boul. Sébastopol, 2.

Lair, Eugène, m^d de vins, rue de Courson, 3.

Laisant, Charles, député, rue de Coutances, 8-10.

Lalande, Louis, jardinier, rue des Hauts-Pavés, 9-7.

Lalande, Victor, horticulteur, rue Fulton.

Mlle Lalande, mercière, rue Mazagran, 4.

Lalande, capitaine de navires, avenue Launay, 17.

Vᵉ Lalaire, André, mᵈ tapissier, r. J.-J.-Rousseau, 6.

Lalaud, François, prop., r. des Hauts-Pavés, 59.

Lalaux, Pierre, agent de change, (associé), r. de Gigant, 44.

Lalbin, prop., pl. Bretagne, 17.

Vᵉ Lallement, Pierre, rue de la Bastille, 4.

Lallié, Alfred, r. Bertrand-Geslin, 5.

Lallier, François, mercier, rue du Marchix, 62.

Vᵉ Lallier, Guillaume, rue des Hauts-Pavés, 83.

Lallier, Baptiste, mᵈ d'eaux minérales, q. de Versailles, 6.

Lallier, Pierre, prop., avenue Luzançay.

Lamarque (de), employé de la Douane, r. Haute-du-Château, 5.

Lamarre, professeur, r. des Arts, 3.

Lambert, Eugène, ancien juge, boulevard Delorme, 23.

Lambert, Eugène, juge au Tribunal civil, r. Anison, 10.

Lambert, Jean, boulanger, Haute-Grand'rue, 21.

Vᵉ Lambert, Théodore, bonneterie, place du Pilori, 6.

Lambert, Alphonse, mᵈ de nouveautés, (associé), r. du Calvaire, 18.

Lambert, négociant (associé), boulevard Delorme, 31.

Lambert, Alphonse, restaurateur, rue Jean-Jacques-Rousseau, 8.

Lambert, Auguste, mᵈ de bois à brûler, rue Tournefort, 4, habit. rue du Refuge, 8.

Lambert, Elzéar, mᵈ de laines (associé), rue du Moulin, 22, hab. rue Maurice-Duval, 6.

Lambert, Pierre-Louis, mᵈ de vins en gros, q. de Richebourg, 17.

Lambilly (de), Pierre-Rogatien, r. Sully, 6.

Lamblot, capitaine en retraite, rue Saint-Clément, 85.

Vᵉ Lame, Charles, Haute-Grand'-Rue, 1.

Lamisse, Pierre, épicier, rue de Strasbourg.

Lamotte, Aristide, hôtelier, quai de Richebourg, 4.

Lamotte, Charles, place du Port-Maillard, 4.

Vᵉ Lamour, Désiré, r. de Coutances, 8.

Mlle Lamouroux, Marie, rue Boileau, 10.

Lamy, Constant, épicier, quai des Tanneurs, 4.

Lamy, Charles-Emile, mᵈ de nouveautés, place Royale, 9.

Mlles Lamy, rue S.-Donatien, 9.

Lanascol (le marquis de), Yves, boulevard Delorme, 33.

Lancelot, Jean-Baptiste, capitaine au long cours, rue Crucy, 15.

Landais, Auguste, pl. Royale, 10.

Landais, Gustave, place du Bouffay, 5.

Landais, Pierre, rue Rameau, 3.

Vᵉ Landais, rue Dugommier, 5.

Landais, Julien, charpentier, rue de Cornulier.

Landais, Emile-Gustave, fabt. de noir animal, rue Anne-de-Bretagne, hab. place du Bouffay, 5.

Mlle Landfersicht, professeur de musique, place du Pilori, 12.

Landière, Auguste, brocanteur, r. Mercœur, 10.

V° Landreau, Amédée, Mlle Landreau, rue de Rennes (Carterie).

Landreau (le baron du), Casimir, place Louis XVI, 5.

Lanet, Ferdinand, boulanger, V° Lanet, François-Michel, rue S.-Léonard, 14.

Lang, contrôleur principal, des contributions directes, quai Duquesne, 9.

Langeley, Charles, m^d tailleur, r. de la Fosse, 23.

Langelier, Joseph, épicier, rue de la Fosse, 16.

V° Langevin, Jean, bourrelier, rue Mazagran, 1.

V° Langevin, Louis, chaussée Madeleine, 11.

V° Langlais (de), rue de Rennes, 82-84.

Langlais, Adolphe, arbitre de commerce, rue du Guesclin, 3.

Langlais, Jacques, m^d de ciment, quai de la Fosse, 66.

Langlais, Edouard, m^d de meubles, rue Voltaire, 10.

Mlle Langlais, r. J.-J.-Rousseau, 9.

V° Langlais (de), Olivier, r. Ogée, 10.

Langle, économe au Lycée, rue du Lycée, 1.

V° Langlet, rue Haute-du-Château, 5.

Langlois, Adrien, maître de forges, quai Fosse, 85, hab. à l'Abbaye, en Chantenay.

Langlois, fils, forges de Basse-Indre (associé), hab. rue des Coulées, 1.

Langlois, François, ingénieur des mines, rue Colbert, 14.

Langlois, Paul, place Lafayette, 1.

Langlois, Paul, armateur (assoc.), rue du Chapeau-Rouge, 10, hab. place Lafayette.

Langlois de la Roussière, Camille, rue Royale, 16.

V° Langlois de la Roussière, Hippolyte, rue Royale, 16.

Languet, Alphonse et Compagnie, transports par eau, q. Fosse, 65.

Lannezval, Joseph, serrurier, rue Rameau, 2.

Lanoë, Alphonse, m^d de glaces, r. Boileau, 8.

Lanoë, Jules-René, m^d de fer (associé), rue Haudaudine, 5-7, hab. rue Lamoricière.

Lanoë, Jean-Baptiste, tonnelier, r. des Olivettes, 5.

Lanoë, Julien, tonnelier, quai de la Madeleine.

Lansac, Gustave, bimbelotier, rue de Strasbourg.

Lapaque, François, chef d'escadron d'artillerie, rue des Orphelins, 16.

Lapeyre, Jean-Numa, docteur-médecin, rue Guépin, 7.

Laprade, Alphonse, m^d de vins, rue de Strasbourg, 26.

Laprie, Thomas, entrepreneur de maçonnerie, rue Sarrazin, 10.

Larabrie (de), Charles-Gabriel, r. Bonne-Louise, 2.

Larabrie (de), Charles, fils, représentant de commerce, r. Bonne-Louise, 2, cabinet rue Alain-Barbe-Torte.

Larbitre-Montferrant, Charles, receveur entreposeur des tabacs, petite rue de la Verrerie, 8.

V° Larcher (de), place de la Préfecture, 3.

Lardeau, Joseph, employé au chemin de fer, q. Duguay-Trouin, 10.

Lardier, Louis, r. de Verlais, 15.

Lareinty (le baron Baillardel de), rue des Cadeniers, 4.

Laroche, René, pâtissier, rue de Barbin, 35.
Vᵉ Laroche, r. J.-J.-Rousseau, 16.
Laroche-Billou, Frédéric, rue Arthur III.
Laroche-Billou, Henri, quai d'Orléans, 10.
Vᵉ Laroche-Billou, Frédéric, quai d'Orléans, 10.
Mlle Laroche-Billou, Athénaïs, q. d'Orléans, 10.
Laromète, Auguste, brossier, rue de Flandres, 10.
Laroque, professeur au Lycée, rue de Paris, 19.
Vᵉ Larralde (de), Caroline, rue du Calvaire, 22.
Larrey, Eugène, fabt. de savon, r. Lamoricière, 15, hab. quai de la Fosse, 54.
Larrey, Bernard, prop., rue Maurice-Duval, 4.
Larrieu, Jean-Pierre, tamisier, q. Cassard, 1.
Larsonneur, Alfred, assureur maritime, rue Voltaire, 5.
Mme Larsonneur, supérieure des Dames-Réparatrices, rue Mondésir, 5.
Larue, Edouard, r. de l'Échelle, 2.
Larue, Eugène, bazar d'articles de ménage, rue Boileau, 5.
Lasalle, Jean-Mathurin, grillageur, rue Saint-Léonard, 14.
Lascazes, pharmacien, rue du Pas-Périlleux, 10.
Vᵉ Las-Jaunias, Marie, Haute-Grand'Rue, 47.
Lasnier, économe de l'hospice général, rue Saint-Jacques, 87.
Lasnier, Siméon, raffineur, rue Prairie-d'Amont, hab. rue des Halles, 22.
Vᵉ Lasnier, Julien, quai Duguay-Trouin, 9.

Lasnier-Baudin, Joseph, prop., rue Bon-Secours, 11.
Lassalle, Baptiste, aubergiste, pl. Viarme, 17.
Vᵉ Lasseret, rue Crébillon, 22.
Lathoud, receveur des Douanes, à Pilleux.
Latouche (de), rue Bonne-Louise, 14.
Laubadère, Jean-François, mᵈ d'objets en caoutchouc (associé), r. Crébillon, 21.
Laubier, Henri, machines à coudre, rue du Calvaire, hab. rue des Halles, 13.
Laubis, Gustave, chemin du Coudray, 38.
Vᵉ Laubis, Balthazar, rue de la Poudrière, 10.
Laubis, Ferdinand, horloger, rue de la Poudrière, 1.
Laugé, Joseph, peintre en décors, pl. du Sanitat, 4.
Laugé, Henri, coiffeur, r. Crébillon, 11.
Vᵉ Launay, pl. Royale, 5.
Vᵉ Launay, Julien, r. Paré, 74.
Vᵉ Launay, r. Hôtel-de-Ville, 6.
Launay, Alphonse, mᵈ corroyeur, (associé), r. Scribe, 10, habit. r. de l'Écluse, 3.
Mlle Launay, sage-femme, r. de Paris, 74.
Launay (de), Félix, prop., rue Royale, 2.
Launeau, Jean-Julien, r. Saint-Clément, 20.
Laur, Jean, ébéniste, pl. Royale, 3.
Laur, Mathurin, pâtissier, r. de la Bourse, 4.
Laurant, Félix, r. Belle-Image, 3.
Laure, Joseph, mécanicien, q. de la Fosse, 88.
Laure, Félix, tailleur, rue Voltaire, 14.

Laurencie (de la), Jules, r. Sully, 3.
Laurent (l'abbé), supérieur des sœurs Garde-malades des pauvres, à Grillaud.
Laurent, aumônier, chemin de Vertou.
V⁰ Laurent, Olivier, q. Ile Gloriette, 19.
Laurent, Auguste, Grande avenue des Folies Chaillou.
V⁰ Laurent, r. Neuve-des-Capucins, 5.
Lauriol, Gabriel, armateur, r. Gresset, 11, hab. r. du Calvaire, 27.
Lauriol, Joson, r. Scribe, 4.
Lauriol, Joseph, r. de Gigant, 30.
V⁰ Lauriol, Denis, r. de la Bastille, 37.
Lauriol, Romain et Charles, rue de la Bastille, 37.
Lauru, ingénieur des Ponts et Chaussées, r. de Gigant, 50.
Lausée, dessinateur au chemin de fer, r. des Orphelins, 24.
Laute, professeur, r. Dobrée, 13.
Lauzon (de) François, prop., place de la Préfecture, 2.
Laval-Verneuil, gantier, r. du Calvaire, 6.
V⁰ Lavallée de Pimodan, r. Royale, 19.
Lavaud, Jules, commissionnaire en grains, (associé), r. d'Erlon, 12, hab. r. de Strasbourg.
V⁰ Lavergne, r. Cambronne, 9.
Lavergne, Léon, charpentier, quai Magellan.
Laville, r. de Briord, 3.
V⁰ Lavoise, Stanislas, gantière, rue Crébillon, 6.
Mlle Lavolenne, rent., r. du Trépied, 3.
Lavolenne, Alexandre, mᵈ de vins en gros, r. des Arts, 10.
Lavollé, Jean-François, tonnelier, r. Bisson, 1-3.

Mme Lavoye, Louise, professeur de chant, q. de la Fosse, 79.
Law de Lauriston, Gustave, général de brigade, r. St-Laurent, 8.
Laydecker, Léon, r. de Strasbourg.
Léauté, François, sabotier, q. de de la Fosse, 86.
Lebahezrè du Tremblay, Émile, r. de Gigant, 45.
Lebail, Maurice, gréeur, r. des Olivettes, 25 bis.
Mlle Lebail, pl. Notre-Dame, 6.
Lebailly, Noémie, mercière, rue du Calvaire, 5-7.
Lebalch, Charles, fils, voilier, quai de la Fosse, 37.
Lebastard-Pierre-Félix, r. Duboccage, 13.
Lebastard, Henri, r. Basse-du-Château, 12.
Lebastard, Chupin, boulanger, rue St-Jacques, 21.
Lebeau, Prosper, rentier, rue Grétry, 2.
V⁰ Lebeaupin, Yves, r. Saint-Jacques, 58.
Mlles Lebeaupin, r. St-Jacques, 76.
Lebeaupin, Pierre et Auguste, rue Dos-d'Ane, 51.
Lebeaupin, Michel, pharmacien, pl. des Irlandais, 1.
Lebeaupin, capitaine de navires, q. de la Fosse, 82.
Lebeaupin, Henri, charpentier, rue de Rennes, 15.
Lebec, Dominique, r. Menou, 13.
V⁰ Lebel, Joseph, r. de Briord, 6.
Lebel, Jacques, Isidore, mᵈ de literie, q. d'Orléans, 10.
Lebel, Louis-Achille, vieux chemin de Couëron, 6.
Lebel de Launay, r. Félix, 1.
V⁰ Lebel, Raymond, Mlle Lebel, Léonie, institutrice, r. Haute-Casserie, 4.

Lebert, Pierre, charcutier, r. des Hauts-Pavés, 38.

V° Leberton, r. du Calvaire, 27.

Le Beschu de Champsavin, Louis, r. d'Argentré, 4.

Lebesconte, Prosper, pharmacien, q. de la Fosse, 4.

V° Lebesque, r. Haute-du-Château, 7.

Lebesque, rent., r. Boileau, 5.

Lebidois, Antoine-Frédéric, r. de Gigant, 59.

V° Leblanc, François, pl. du Sanitat, 5.

Leblanc, Joseph, m^d d'engrais, rue Lanoue-bras-de-fer, habit. avenue Allard, 3.

Leblanc, Victor, négociant, r. de Vertou.

Leblanc, Joseph, expl. une usine à moudre, r. Lanoue-Bras-de-fer, habit. avenue Allard, 3.

Leblanc, contrôleur des douanes, q. des Constructions, 18.

Leblanc, garde du Génie, rue du Lycée, 8.

Leblanc, Auguste, contrôleur de la garantie, r. de Rennes, 130.

Leblanc, Pierre, m^d de vins en gros, r. Paré, 15.

Leblanc, Émile, horloger, r. Crébillon, 1.

V° Leblanc, Pierre, r. Guépin, 7.

Mme Leblanc, rue du Chapeau-rouge, 7.

V° Leblanc, Édouard, r. Saint-Clément, 13.

Mlle Leblay, Mathilde, modiste, rue Guépin, 3.

Leblaye, Hippolyte, peintre en décors, r. Pont-Sauvetout, 1.

Lebleu, Sélim, agent d'affaires, rue Boileau, 5.

Lebleu, Léon, m^d tapissier, r. du Calvaire, 20, habit. r. Guépin, 1.

Lebleu, Henri, r. du Calvaire, 9.

Lebleu, Léon, r. Guépin, 1.

Lebleu, Pierre, menuisier, rue Sarrazin, 9.

Leblois, Charles, poulieur, q. de la Fosse, 70, habite r. de la Verrerie.

Lebœuf, Eugène, rent., r. J.-J.-Rousseau, 16.

Mlle Lebonnetier, rent., r. Royale, 5.

Lebonniec, Charles, tourneur, quai Turenne, 1.

Mlle Leborgne, quai Duguay-Trouin, 7.

Mlle Leborgne, Victorine, rent., r. Bon-Secours, 2 bis.

Leborgne, Auguste, pl. de la petite Hollande, 3.

Mme Leborgne et Leborgne fils, r. du Chapeau-Rouge, 6.

V° Leborgne et Leborgne Camille, boulevard Delorme, 11.

Le Bot, Henri, négociant, quai Turenne, 12.

V° Leboterf, Ernest-Eugène, rue Gresset, 7.

Leboterf, Jean-Joseph-Étienne-Ernest, r. Héronnière, 4.

Leboterf, Guillaume, r. Gresset, 7.

V° Leboterf, Jean-Baptiste, r. Deshoulières, 15.

Mlle Leboterf, Esther, rue Voltaire, 17.

V° Leboulge, Jean, rent., r. Châteaubriant, 9.

V° Lebourdais, Félicité, rue Crébillon, 15.

Lebourdais, Pierre-Alcide, avocat, r. Crébillon, 15.

Mlle Lebouteiller, Henriette, place St-Pierre, 2.

Leboux, commissaire au chemin de fer Nantais, place de la Petite-Hollande, 1.

Leboyer, Auguste, entrepreneur de bateaux à vapeur, quai de la Fosse, 49, habit. q. Duguay-Trouin, 11.

Leboyer, Victor, q. Turenne, 12.

Vᵉ Lebras, rent., Haute-Grand'rue, 1.

Lebreton, Joseph-Alcime, prop., boulevard Delorme, 13.

Lebreton, Jean, chaudronnier, rue de Vertais, 17.

Mme Lebreton, q. de la Fosse, 66.

Vᵉ Lebreton, Basse-Grand'rue, 14.

Lebreton, Louis-Pierre, rue des Perrières, 9.

Mlle Lebreton, Nathalie, rue Racine, 7.

Lebreton, tonnelier, rue des Cadeniers, 2.

Lebreton, Toussaint, quai de la Fosse, 82.

Lebreton, Aristide, sculpteur, place de la Monnaie, 3, habit. r. de Gigant, 13.

Lebreton, Aristide, plâtrier, Basse-Grand'rue, 13.

Lebreton, Honoré, sculpteur, r. de la Poissonnerie, 19.

Lebreton, employé des Douanes, r. Barillerie, 6.

Vᵉ Lebreton, Armand, r. Marceau, 7-9.

Lebreton-Rochard, Martin, mᵈ d'engrais, île Videment.

Lebriéro, conducteur au chemin de fer, r. Newton, 3.

Lebrousse, employé de la Cⁱᵉ d'Orléans, r. d'Allonville, 51.

Lebrun, Élie, médecin, r. Saint-Léonard, 31.

Lebrun, Henri, fondeur, r. de Cornulier.

Mlle Lebrun, Aglaé, rent., r. de la Verrerie, 2.

Lebrun, dentiste, pl. du Bouffay, 5.

Lebrun, Jean-François, fabricant de chaudronnerie, appareils à vapeur, rue de La Moricière, 9 et 10.

Lebrun, François, entrepreneur de fonderies de fer, rue de Guichen, 3, hab. r. de Launay, 3.

Lebrun, épicier, q. de la Fosse, 39.

Vᵉ Lebrun, E., fabricant de mèches soufrées, pl. du Commerce, 6, habit. r. Chaptal, 3.

Lebrun, bois de chauffage, canal de Chantenay.

Lebrun, Eugène, prop., au Petit-Ermitage.

Le Caër-Talva, Armand-Louis, fondeur en cuivre, r. Molac, 7.

Mme Lecam, restaurateur, Basse-Grand'rue, 3.

Lecamus, Jacques-Nicolas, mᵈ d'engrais, r. de la Bastille, 52.

Mlle Lecerf, Nelly, boulevard Delorme, 2.

Lecesne, Marie-Jules, pont de l'Arche-Sèche, 2.

Lechat, Charles-Julien, Maire de Nantes, fab. de conserves alimentaires, pl. Launay, 6.

Lechat, Pierre, restaurateur, rue Scribe, 12.

Lechat, Charles, fils, boulanger, q. de la Fosse, 32.

Lechat, plâtrier, q. de la Fosse, 89.

Lechat, Prosper, peintre en bâtiments, r. Rameau, 3.

Mme Le Chauff, r. St-Jean, 10.

Le Chauff, inspecteur des forêts, r. des Arts, 4.

Le Chauff de Kerguéhénec, François, r. Bel-Air, 21.

Lechauve de Vigny, Alfred, vérificateur des Douanes, rue Mellier, 13.

Lechauve de Vigny, inspecteur des Douanes, en retraite, rue Mellier, 15.

Lechêne, Mathurin, rue de Flandres, 10.

Mlle Lechon, Aimée-Louise, r. des Orphelins, 19.

Leclaire, Louis-Bernard, passage Leroy.

Leclaire, Adolphe, pharmacien, pl. Royale, 4.

Vᵉ Leclaire, Auguste, prop., passage Russeil, 12.

Vᵉ Leclaiziot, rent., r. de la Poissonnerie, 2.

Leclerc, Auguste, place de la Moricière, 2.

Vᵉ Leclerc, Pierre, rue des Perrières, 15.

Leclerc, Jean, tonnelier, quai de l'Ile Gloriette, 15, hab. rue du Port-Maillard, 32.

Leclerc, directeur de la succursale de la société des cristalleries de Saint-Gobain, quai de la Fosse, 36.

Vᵉ Leclerc, Joséphine, rue de la Carterie.

Leclet, Louis, prop., chaussée de la Madeleine, 47-49.

Vᵉ Lécluziat, Jean, épicière, quai Cassard, 2.

Lecmans, Louis, r. Boileau, 16.

Vᵉ Lecoat, rue Saint-Léonard, 31.

Lecoat, Jules, vérificateur de l'Enregistrement, rue Saint-Léonard, 31.

Lecoey, Michel, mᵈ de chevaux, r. Saint-Jacques, 5.

Vᵉ Lecomte, rent., r. Félix, 2.

Lecomte, Julien, épicier, chaussée de la Madeleine, 30-32.

Lecomte, Louis, mᵈ de tissus, rue de Vertais, 30.

Lecomte, Laurent, couvreur, quai de la Fosse, 81, et chaussée de la Madeleine, 1.

Lecomte, eaux gazeuses, r. Saint-Jacques, 27.

Lecomte, Jean, pâtissier, r. Crébillon, 20.

Lecomte, Théodore-Louis, quai de la Fosse, 33.

Lecomte, Louis, chaudronnier, impasse Babonneau, habit. rue Chevert.

Vᵉ Lecomte, r. de l'Émery, 12.

Lecomte, Laurent, fils, chaussée de la Madeleine, 1.

Le Coq (Mgʳ Jules), évêque de Nantes, à l'Évêché.

Lecoq, Martin, tailleur, passage Raymond.

Lecoq, Jean-Baptiste, ferblantier-lampiste, r. du Chêne-d'Aron, 2, et r. J.-J.-Rousseau.

Vᵉ Lecoq, r. Beau-Soleil, 1.

Lecoq, Isaïe, prop., rue de Rennes, 28.

Lecoq, Jean-François, rent., rue Molac, 2.

Lecoq, Théophile, mᵈ de sacs, pl. du Commerce, 8.

Mme Lecor, institutrice, rue Guépin, 3.

Lecornué, Lucien, vétérinaire, rue Scribe, 11.

Lecorre, employé de la Marine, rue de l'Ermitage, 12.

Vᵉ Lecorsier, prop., rue Haute-du-Château, 8.

Vᵉ Lecour, Jean-Baptiste, rue de Bréa, 2.

Lecour, Henri, et Lecour, François-Jean-Baptiste, armateurs, r. de Bréa, 2.

Lecunf, Joseph, aubergiste, place du Port-Communeau.

Lecurzio, galochier, rue Basse-du-Château, 14.

Vᵉ Ledanois, quai Fosse, 86.

Ledault, Auguste, mᵈ de bois de construction, r. Latour-d'Auvergne.

Mlle Ledu, Elisa, mercière, rue Saint-Pierre, 3.

Vᵉ Leduc, Arthur, rue Saint-Léonard, 14.

Leduc, Edouard, peintre en voitures (associé), rue Saint-André, 5, hab. Haute-Grand'Rue, 52.

Vᵉ Leduc, quai Fosse, 49.

Leduc, Thomas, agent d'affaires, quai Fosse, 49.

Leduc, René, mᵈ d'habits, quai Flesselles, 3.

Leduc, Adolphe, mᵈ de laines, rue Poissonnerie, 2.

Leduc, Mathurin-Pierre, rue de Briord, 1.

Leduc, Charles, artiste peintre, r. de la Fosse, 30.

Vᵉ Leduc Charles, Mlles Leduc, pl. du Sanitat, 5.

Leduc, Alexandre, rue Jean-Jacques-Rousseau, 1.

Leduc, Mathurin, filateur de laines, rue Dos-d'Ane, 48.

Leduit, Adolphe, entrepreneur de bals publics, rue des Quarts-de-Barbin.

Lefaguays, Arsène, mᵈ de tissus en gros, rue de l'Écluse, 1.

Mme Lefebvre née Wack, Aurélie, rue Franklin, 11.

Vᵉ Lefebvre, Adolphe, rue Racine, 7.

Lefebvre, Charles, quai Fosse, 39.

Lefebvre, Joseph, mᵈ papetier, rue de Rennes, 12.

Lefebvre, François, tonnelier, impasse Babonneau.

Lefebvre, Louis, horloger, Haute-Grand'Rue, 32.

Lefebvre, Edouard, r. Voltaire, 32.

Lefebvre, Ferrand-Charles, quai Turenne, 9.

Vᵉ Lefebvre-Hardy, Jean-Pierre, r. Mercœur, 18.

Lefeuvre, Alexis, prop., rue de Paris, 67.

Lefeuvre, Pierre, prop., rue de Paris, 74.

Lefeuvre, juge de paix, r. Colbert.

Vᵉ Lefeuvre-Denis, prop., chemin du Coudray, 18.

Lefeuvre, Amédée, assureur maritime, rue des Cadeniers, 13.

Lefeuvre, Henri, fils, rue Gresset, 15.

Lefeuvre, boulanger, passage Pommeraye.

Lefeuvre, Jules, François, Gustave et Mlle Lefeuvre, Marie, r. du Calvaire, 20.

Vᵉ Lefeuvre, r. J.-J.-Rousseau, 1.

Lefeuvre, Edouard, rentier, r. Lafayette, 13.

Lefeuvre, Alfred, passage Louis-Levesque.

Lefèvre, Jacques-Louis, comptable, rue Saint-Donatien, 9.

Lefèvre-Utile, Romain, mᵈ de pain d'épices, rue Boileau, 5.

Lefèvre, Prosper, entrepreneur de vidanges, rue Rosière, 12.

Mlles Lefèvre, Marie et Sophie, pl. Royale, 6.

Lefèvre-Grandmaison, salaisons à la Petite-Musse.

Lefèvre, René, sabotier, rue de Rennes, 68.

Lefèvre-Debais, Pierre, mᵈ de tissus, rue Arche-Sèche, 1.

Lefèvre-Grélier, épicier, quai de la Fosse, 25.

Lefièvre, Henri, horticulteur (associé), rue Hauts-Pavés, 44.

Lefièvre, Ludovic, horticulteur (associé), rue des Hauts-Pavés, 44.

Vʳ Lefièvre, Jean-Baptiste, r. des Hauts-Pavés, 44.

Lefièvre, Auguste, opticien, rue de la Fosse, 48.

Lefièvre, Adolphe, horticulteur, r. d'Allonville, 24.

Lefièvre, Henri, représentant de commerce, rue du Moulin, 6.

Mlle Leflécher, institutrice, boulevard Sébastopol, 8 ter.

V° Lefloch, mercière, place Lafayette, 2.

Lefort, Pierre, rue Crucy.

V° Lefort, Auguste, brossier, rue de Bréa, 6.

Lefort, René, boulanger, Basse-Grand'Rue, 4.

V° Lefoulon, pl. de la Monnaie, 3.

Lefranc, Georges, Mlle Lefranc, Pauline, Lefranc, Georges, fils, rue Bisson, 6.

Lefrançois, Jules, constructeur de navires et armateur, r. de Launay, 8.

Lefrançois, Alfred, constructeur de navires et armateur, rue de Launay, 8, hab. place du Sanitat, 5.

Mme Lefrère, rue de Rennes, 58.

V° Lefrère, Joseph, m^de de sabots garnis, rue de Feltre, 8.

Lefrère, Joseph, plâtrier, quai de Versailles, 11.

Lefrère, Jules, m^d de tissus, rue Poissonnerie, 2.

V° Lefrère, rue Chaptal.

Lefrère, Joseph, plâtrier, r. Grande-Biesse, 48.

V° Legal, Olivier, cafetier, rue des Halles, 21.

V° Legal, lingère, Haute-Grand'-Rue, 44.

V° Legal, prop., rue Mercœur, 18.

Legal, Eugène, armateur, Ile de Versailles, habit. impasse Babonneau.

Legal, Gustave, armateur (ass.), Ile de Versailles, hab. pas. Russeil.

Legal, Alexandre, armateur (associé), Ile de Versailles, habit. passage Russeil, 10.

Legal, Pitre, armateur, q. de Versailles, 9.

V° Legal, rentière, r. de Rennes, 34.

Legal, vicaire à Sainte-Anne, rue Saint-Martin.

Legal, Aristide, entrepreneur de transports par eau (associé), q. Fosse, 66, hab. q. de Versailles, 9.

Legal, Frédéric, fils, fabt. de chaudronnerie, rue Fouré.

Legal, Alphonse, fabt. de chaudronnerie (associé), rue Fouré, hab. rue de Rieux.

Legal, Stanislas, rue Anison, 10.

Legal, Emile, fondeur en cuivre, r. Pérelle, 21-23.

Legal, Hippolyte, m^d de bois de construction et armateur, rue Latour-d'Auvergne.

Legal, Louis, couvreur, rue Richebourg, 10.

V° Legal, Philippe, rue Saint-Jacques, 50.

V° Legal-Chevreuil, Pierre, r. des Quarts-de-Barbin, 14.

Legal-Tillaud, Mathurin-François, prop., rue Fouré.

Legall du Tertre, architecte, rue Régnard, 3.

Legall du Tertre, r. Bonne-Louise, 17.

Mme Legalot, Arthur, rue Guépin, 12.

V° Le Garçon, rue de l'Héronnière, 10.

Legarrec-Roman, fondeur en cuivre, r. Haute-du-Trépied, 3.

Legars, mécanicien, r. Latour-d'Auvergne.

Le Gâvre, Ambroise, commissaire priseur, r. Crébillon, 14.

Legé, Armand, coiffeur, place du Pilori, 1.

Legé, Pierre-Louis, q. Turenne, 3.

Mlle Legé, Émilie, rent., Basse-Grand'rue, 19.
Legeard de la Diryais, Ludovic, rent., r Rosière, 22.
Legeay, Eugène, boucher, rue du Port-Communeau, 4.
Legendre, Alfred, architecte, rue du Jardin des Plantes, 1.
Legendre, Mathurin, tenue Camus, 15.
Legendre, Marie-Albert, saleur, quai Baco, 9, cabinet, quai Magellan.
Legendre, Hippolyte, fabricant d'empeignes de chaussures, rue Lekain, 6.
Legendre, cloutier, à la Grenouillère.
Vᵉ Legendre, prop., rue de l'Émery, 9.
Legge (le vicomte de), quai Duquesne, 7.
Legland, Louis-Philippe, mᵈ de couleurs et vernis, rue Contrescarpe, 22.
Vᵉ Leglas, François, rue des Halles, 22.
Vᵉ Leglas, Henri, r. de Paris, 10.
Leglas, Henri, fils, r. de Paris, 10.
Leglas, Alfred, mᵈ tapissier, Basse-Grand'rue, 7-9.
Leglas, François, mᵈ tapissier, rue Briord, 9.
Vᵉ Leglas, Félix, r. de Rennes, 2.
Leglet, Jules, rue Haute-du-Château, 17.
Mlle Legoff, Marie, rue des Cadeniers, 4.
Le Goff de Fontainegal, Jules, rent., r. des Arts, 12.
Legofic, François, forgeron, chaussée de la Madeleine, 53.
Legouais, Michel, r. du Lycée, 13.
Le Gouays, Augustin, rent., rue Haute-du-Château, 19.

Legouriérec, Thomas, professeur de mathématiques, rue Gresset, 6.
Legousard, François, jardinier, rue de Rennes, 132.
Legout, Pierre, entrepreneur de diligences, quai du Port-Maillard, 13.
Legoux, François, peintre et épicier, rue des Vieilles-Douves, 11.
Legrand, Théodore, capitaine des Douanes en retraite, rue de Paris, 40.
Legrand, Paul, agent d'assurances, r. Royale, 8.
Legrand, Charles, épicier, rue des Carmes, 18.
Legrand, Théodore, fils, tonnelier, r. de la Verrerie, 7.
Legrand, Eugène, commission. entrepositaire, q. de la Fosse, 33, hab. même quai, 54.
Legrand, serrurier, rue Dos-d'Ane, 53.
Legrand, Armand, fripier, r. de la Juiverie, 6.
Legrand, Ernest, professeur de musique, quai du Port-Maillard, 10.
Vᵉ Legrand, Louis, quai de la Fosse, 54.
Vᵉ Legrand, Philippe, rue Mondésir, 2.
Legrand, Alexandre, r. des Hauts-Pavés, 67.
Legrand, Jean, mᵈ de graines, q. Brancas, 2.
Legrand de la Lyraie, Louis-Marie, docteur-médecin, rue Maurice-Duval, 3.
Legras, Ernest, cafetier, rue Molière, 8.
Legras de Grancourt, Eugène, rue St-André, 29.
Legris, ancien boucher, rue de Gorges, 6.

Vᵉ Legros, Laurent, rue Saint-Similien, 21.

Legros, Alfred, épicier, rue d'Erdre, 12, habit. rue de la Barillerie, 17.

Legros, Édouard, officier de paix, chaussée Madeleine, 55.

Mme Legros, Paul, modiste, rue Lafayette, 2.

Leguay, Pierre-François, fabricant de billards, r. Suffren, 3.

Leguay, François, père, prop., au mont Goguet.

Leguay, Henri, prop., passage Russeil, 12.

Leguyader, capitaine de navires, r. de Flandres, 13.

Lehoux, Eugène-Lucien, boul. Delorme, 24.

Lehoux, Paul-Louis, docteur-médecin, r. J.-J.-Rousseau, 9.

Vᵉ Lehuédé, François, r. des Carmélites, 25.

Mme Lehuédé, Stanislas, mᵈᵉ de chocolat, Basse-Grand'rue, 18.

Lehuédé, Ernest, épicier, quai de la Fosse, 78.

Vᵉ Lehuédé, Auguste, quai de la Fosse, 78.

Lehuédé, Jean-Noël, curé de Sainte-Anne, rue Saint-Martin.

Lehuédé, Arsène, aumônier des Ursulines, r. Saint-Clément, 33.

Lehuédé-Michot, r. Crébillon, 10.

Lehure, Charles, grande avenue des Folies-Chaillou.

Vᵉ Lehure, Henri, armateur, rue du Calvaire, 25.

Leiteux, Constant, bimbelotier, rue J.-J. Rousseau, 2.

Lejannic de K/oisal, capitaine de navires, r. Colbert, 14.

Vᵉ Lejay, Louis, r. des Salorges, 9.

Mlle Lejeau, Joséphine, rue Sully, 7.

Vᵉ Lejeau, r. Sully, 7.

Lejeau, Joseph, bas du cours Saint-André, 5.

Lejeune, Pierre, couvreur, rue des Carmes, 8.

Lejeune, François, rue de Rennes, 24.

Vᵉ Lejeune de la Martinais, Félicien, r. Colbert, 4.

Lejeune, Charles-Louis, tenue Fabré.

Lelardic de la Ganry, Gustave, armateur associé, boul. Delorme, 12, hab. pl. Delorme.

Vᵉ Lelardic de la Ganry, Julien, pl. Delorme, 1.

Vᵉ Lelardic de la Ganry, prop., rue de la Commune, 10.

Lelasseur, Henri, r. de Paris, 120.

Lelasseur, Charles, prop., à la Sauzinière.

Lelièvre, Alexandrine, Haute-Grand'rue, 15.

Vᵉ Lelièvre, Élie, q. Moncousu, 6.

Lelièvre de la Touche, rue Royale, 13.

Lelogeais, Jean-Baptiste, facteur d'orgues, r. St-Clément, 66.

Lelong, Louis, représentant de commerce, q. Cassard, 2.

Mlle Lelong, Joséphine, passage Louis-Levesque.

Vᵉ Lelong, Guillaume, rue Kervégan, 28.

Lelong, Louis, tailleur, pl. Saint-Pierre, 4.

Leloup de la Biliais, Louis, rue Haute-du-Château, 9.

Mlle Leloup de la Biliais, Joséphine, r. Basse-du-Château, 3.

Leloup de la Biliais, Ludovic, rue Basse-du-Château, 3.

Lelubois de Tréhervé, prop., rue St-Laurent, 1.

Lemaczon, chanoine, rue des Carmélites, 23.

Lemaignan de la Verrie, Henri, (le comte), pl. de la Préfecture, 2.

Lemaignan de la Verrie, Ludovic, pl. de la Préfecture, 2.

Lemaignan de l'Écorse, Auguste, r. Royale, 8.

Le Maignan de Kannot, employé des contributions indirectes, pl. du Commerce, 2.

Lemaignan, Henri, avocat, r. Bonne-Louise, 7.

Lemaire, Gustave, peintre en bâtiments, r. Crébillon, 8.

Mme Lemaire, r. Crébillon, 8.

Vᵉ Lemaistre, Jules, quai de l'Hôpital, 13.

Lemaistre, René, mᵈ de bois de constructions, r. Bannier, 5, hab. q. de l'Hôpital, 13.

Lemaistre, Charles, capitaine, quai de l'Hôpital, 13.

Lemaistre, Jules, fils, et Lemaistre, Gustave, fils, rue Sainte-Croix, 11.

Mlle Lemaistre, modiste, rue de l'Arche-Sèche, 1.

Lemaistre, Léon, tailleur, rue de la Poissonnerie, 13.

Mlle Lemaistre, Haute-Grand'rue, 34.

Lemaistre, Julien, boulanger, rue de Launay, 5.

Lemaitre, Jean-Émile, mᵈ de tissus, r. de la Poissonnerie, 27.

Lemale, Charles, photographe, rue du Calvaire, 57.

Lemarchand, Jules-André, avenue de Launay, 13.

Vᵉ Lemarchand, Louis, boulevard Lelasseur.

Lemarchand, Léon, peintre, rue St-Jacques, 14.

Mme Lemarchand, Amédée, fabᵗᵉ de casquettes, r. des Arts, 14.

Lemarié, tailleur de pierres, rue Bon-Secours, 13.

Lemarié, employé des lignes télégraphiques, r. St-André, 15.

Lemarié, Louis, mᵈ de tissus, rue St-Clément, 66.

Lemasne, Henri, rent., rue Rosière, 23.

Lemasne, A., r. Guépin, 1.

Lemasne, Léon, avenue de Launay, 17.

Lemasne, Henri, agent de change, rue Lafayette, 13, hab. rue de Rennes, 97.

Mme Lemasne de Broon, Adrien, fabrique de fromage, rue de Paris, 9.

Lemasne de Broon, Arthur, Lemasne de Broon, Léon, Lemasne de Broon, Albert, rue de Paris, 9.

Vᵉ Lemasne de Clermont, r. d'Argentré, 1.

Le Mauff, Paul, prop., rue Voltaire, 15.

Lemauff, Jean-Marie, contrôleur des contributions indirectes, rue Châteaubriant, 21.

Lemay, Jean-Étienne, passage Félibien.

Lemé, Alphonse, rue de la Poudrière, 13.

Lemé, Julien, sabotier, rue des Olivettes, 6.

Mme Lemé, Constant, sage-femme, r. des Halles, 7.

Lemé, bureau de placement, r. de la Barillerie, 6.

Vᵉ Lemeigne, r. Colbert, 14.

Lemelle, Auguste, horloger, r. de l'Abreuvoir, 4.

Lemenellec, Yves-Marie, chocolatier, Haute-Grand'rue, 38.

Vᵉ Lemercier, r. d'Erdre, 2.

Lemercier, Louis, mᵈ de tissus, r. Guépin, 12.

Lemercier, Martin, prop., au mont Goguet.

Vᵉ Lemercier de la Clémencière, Alcide, r. Dobrée, 14.

Lemercier de la Clémencière, Norbert, vérificateur des Douanes, r. Dobrée, 14.

Lemerle, Apollinaire, r. des Olivettes, 3.

Lemerle, capitaine au long cours, r. de la Poissonnerie, 13.

Lemerle, Jean-Baptiste, r. Saint-Jacques, 90.

Lemerle, plâtrier, quai Duguay-Trouin, 13.

Lemerle, cordonnier, quai de la Fosse, 91.

Lemerle, Édouard, armateur, tenue Camus, 23.

Lemerle, horloger, r. Guépin, 5.

Vᵉ Lemerle, Louis-Léonard, rue Tournefort, 2.

Vᵉ Lemerle, Joseph, mᵈᵉ de vins et liqueurs, chaussée de la Madedeleine, 21.

Lemerle, rent., r. St-Jacques, 130.

Lemesle, Auguste, sous-chef de bureau à la Mairie, r. Saint-Clément, 16.

Vᵉ Lemesle, André, r. Saint-Clément, 55.

Lemesle, Pierre, rentier, quai de l'Hôpital, 8.

Lemesle, Pierre, coutelier, r. des Olivettes, 19.

Lemesle, Félix, tailleur de pierres, pl. du Pilori, 1.

Vᵉ Lemesle-Véran, à la Trémissinière.

Lemesle, fils, conducteur des Ponts-et-Chaussées, à la Trémissinière.

Lemétayer, mécanicien, r. de la Moricière, 18.

Mme Lemoël, r. de la Bastille, 36.

Mlle Lemoël, Joséphine, mercière, r. de l'Arche-Sèche, 1.

Vᵉ Lemoine, r. d'Allonville, 13.

Lemoine, Olivier, mᵈ de merceries, r. du Moulin, 5.

Lemoine, Arthur, r. Saget, 1.

Lemoine, r. de la Verrerie, 7.

Lemoine, Félix, orfévre, rue Royale, 8.

Lemoine, Félix, peintre sur verre, (associé), r. Ogée, 8, habit. rue Royale, 8.

Lemoine, Auguste, peintre en bâtiments, r. de Launay, 5.

Vᵉ Lemoine, tenue Camus, 13.

Lemoine, Eugène, boulanger, q. de la Fosse, 45.

Lemoine, officier de marine, chemin de Couëron, 1.

Lemoine, Gustave, r. de Briord, 9.

Lemoine, agent d'assurances, rue Copernic, 7.

Vᵉ Lemoine, Henri, graveur, quai Jean-Bart, 3.

Lemoine, Hippolyte, rue des États, 13.

Lemoine, Émile, mercier en gros, rue du Moulin, habit. place du Cirque, 1.

Lemoine, corroyeur, rue Sarrazin, 17.

Lemoine-Maudet, docteur-médecin, q. de la Fosse, 82.

Lemonnier, Jules, q. Duquesne, 4.

Vᵉ Lemonnier, grande avenue des Folies-Chaillou, 17.

Lemortellec, Arthur, tonnelier, quai de l'Hôpital, 10, hab. rue de Guérande.

Lemortellec, Arthur, mᵈ de beurre frais et salé, r. de Guérande, 9.

Lemot, Barthélemy (le baron), r. de Rennes, 10.

Lempérière (de), entrepreneur de travaux publics, petite rue Fénelon, 2.

Vᵉ Lempérière (de), Félix, impasse Saint-Vincent, 3.

Lemut, Abel, r. Héronnière, 16.
Lemut, André, entrepreneur de maçonnerie, rue de la Moricière, 8.
Lemy-Hyrvoix, Pierre, m^d de bonnetterie, pl. Royale, 8.
Lenail-Toché, commissaire en marchandises, r. de Flandres, 7.
Leneck, Guillaume, rue de l'Ermitage, 30.
Leneveu, Hippolyte, fils, place du Commerce, 5.
Mme Leneveu, propriétaire, rue de Paris, 25.
Leneveu, Auguste, chaussée de la Madeleine, 41.
Ve Leneveu, Pierre-Charles, chaussée de la Madeleine, 41.
Leneveu, Hippolyte-Ernest, dessinateur, chaussée-Madeleine, 41.
Mlle Leneveu, Victorine, corsetère, quai d'Orléans, 4.
Leneveu, Charles-Hippolyte, professeur de piano, rue du Chapeau-Rouge, 17.
Lenoir, Léon, architecte, r. Contrescarpe, 11.
Lenoir, Alexandre, commission. en grains, rue d'Erlon, 12.
Lenoir, Louis, rue d'Erdre, 22.
Lepage, rue Voltaire, 26.
Lepage, préposé aux lits militaires, au Mont-Goguet.
Lepelletier, officier des Douanes, r. Copernic, 4.
Lepeltier, rentier, r. de Feltre, 10.
Mlle Lepertière (de), Sophie, rue Ogée, 10.
Lepertière (de), Edouard, missionnaire, rue Malherbe, 8.
Ve Lepicault née Hamelin, fabt. et m^{de} de sacs de toile, r. Dobrée, 15, hab. pl. Port-Communeau, 5.
Ve Lepinay, Joseph, Lepinay, Joseph, fils, jardinier, rue Harrouys, 24.

Mlle Lepinteur, Fanny, rue des Halles, 14.
Lepot-Gouté, rent., rue Gresset, 5.
Lepré, Alexandre, rue de la Commune, 23.
Mlle Lepré, Adélaïde, rue Saint-André, 27.
Mlle Lepré, Julie, prop., rue Saint-Donatien, 35.
Ve Lepré, Alexandre, r. de la Bastille, 49.
Lepré, Donatien, pharmacien, rue Royale, 2.
Ve Lepré, rue du Calvaire, 24.
Leprévost-Bourgerel, Olivier, quai Fosse, 5, hab. rue Le Pays.
Leprévost-Bourgerel, Maurice, rue Jean-Jacques-Rousseau, 14.
Leprévost-Bourgerel, Gustave, architecte, rue d'Orléans, 11.
Leprévost-Bourgerel, Paul, passage Leroy.
Lepriol, noir et engrais, canal de Chantenay.
Ve Lequen, Victor, r. Rennes, 18.
Lequen d'Entremeuse, prop., rue d'Argentré, 4.
Ve Lequentrec, rue des Arts, 3.
Lequerler, Gustave, magasinier, pl. Neptune, 2.
Lequerré, Joseph, docteur-médecin, rue Fénelon, 4.
Lequyer, Joseph, secrétaire du Maire, rue Saint-Donatien, 26.
Lerat, Charles-Adolphe, receveur des actes judiciaires, rue des Arts, 29.
Leray, Julien, rent., r. de Bréa, 3.
Leray, Alfred, chef du bureau de bienfaisance, Haute-Grand'Rue, 28.
Ve Leray, Guillaume-Eugène, rue de Paris, 11.
Ve Leray, Pierre, rue de la Poissonnerie, 15.

Leray, Julien, rue de Flandres, 11.
Leray, Pierre, employé du télégraphe, rue de Rennes, 60.
Vᵉ Leretz, Félix, Leretz, Félix, architecte, tenue Camus, 5.
Lerez, Eugène-Ernest, greffier, r. Saint-Léonard, 6.
Leriche, voilier, rue Kervégan, 19.
Leromain, François-Joseph, place Saint-Pierre, 4.
Leromain, François, avocat, rue Royale, 14.
Vᵉ Leroux, rue Kervégan, 24.
Vᵉ Leroux, Olivier, rentière, quai Turenne, 5.
Vᵉ Leroux, Pierre-Louis, quai de l'Hôpital, 12.
Leroux, Charles, rentier, rue du Calvaire, 3.
Leroux, juge au tribunal, rue Rameau, 3.
Leroux, peintre, r. Beaumanoir, 2.
Leroux, Félix, armateur (associé), place du Sanitat, 3.
Leroux, René, Leroux Eugène, Leroux Benjamin, Leroux René, fils, négociants (associés), avenue Launay, 3-5.
Leroux, Louis, r. de Strasbourg, 7.
Leroux, Louis, tailleur, rue Contrescarpe, 9.
Leroux, René, fils, quai Fosse, 79.
Leroux, Eugène, rue Mazagran, 6.
Leroux, L., rue Arche-Sèche, 4.
Leroux, Joseph, prop., rue Pont-Sauvetout, 5.
Leroux, Adolphe, pl. Bretagne, 4.
Mlle Leroux, Fanny, r. Gresset, 5.
Leroux, Eugène, r. Cambronne, 13.
Mlle Leroux, Joséphine, rue Sévigné, 3.
Mlle Leroux, Agathe, boulevard Delorme, 21.
Leroux, René-Julien, rue Copernic, 10.
Vᵉ Leroux, Félix, place du Commerce, 1.
Leroux, Alcide, avocat, rue des Arts, 18.
Leroux, prop., q. des Tanneurs, 2.
Leroux, Isidore, fils, chef d'institution, rue de Rennes, 14.
Leroux-Dessaulx, Auguste, rue Félix, 14.
Mlle Leroux-Kléber, Sophie, rue des Arts, 27.
Leroy, Auguste, peintre en bâtiments, place de l'Écluse, 1.
Leroy, Pierre, Eugène et Théophile, mᵈˢ de bois de sciage, r. d'Erdre, 28.
Leroy, Pierre, rent., rue Oudry, 3.
Leroy, Henri, boucher, quai Maison-Rouge, 8.
Leroy, Alexandre, greffier, chaussée Madeleine, 15.
Leroy, Jean, fils, entrepreneur de vidanges, r. Latour-d'Auvergne.
Leroy, Henri, raffineur (associé), q. Fosse, 86.
Mlle Leroy, Mathilde, rue de la Bastille, 46.
Leroy, rent., quai Jean-Bart, 1.
Leroy, Albert, sous-inspecteur des Douanes, quai de la Fosse, 37.
Vᵉ Leroy, rue Voltaire, 7.
Vᵉ Leroy, Mathurin, épicière, rue du Calvaire, 32.
Leroy, François, rue Menou, 3.
Leroy, Jean, épicier, pl. du Commerce, 8.
Mlle Leroy de la Touchardais, rue Prémion, 4.
Mme Lesage, Basse-Grand'-r. 21.
Lesage, Sébastien, quincaillier, q. du Port-Maillard, 10.
Lesage, Auguste, entrepreneur de bains, rue Dudrezène, 4.
Lesage, Eugène, peintre en bâtiments, rue de la Chalotais, 4.

Lesage, Jean, m^d de vins, place Petite-Hollande, 2.

Lesage-Kerhor, Pierre-Alexis, m^d de vins en gros, r. Brasserie, 18.

Ve Lesant, Charles, place Bretagne, 2.

Ve Lesant, Marc-Antoine, place du Pilori, 10.

Lescot, Julien, m^d de papier peint, quai Brancas, 7.

Lescot, Louis, rue Bastille, 18.

Lescot-Bouet, Louis, m^d de papier peint, rue Poissonnerie, 19.

Lesdain (de), Edmond, conservateur des hypothèques, rue d'Alger, 8.

Le Sénéchal, Jean-Marie, m^d d'engrais, rue Lanoue-Bras-de-Fer, hab. rue Mellier, 9.

Leseurre, Lucien, fabt. de ouate, rue d'Erlon, 7.

Lesimple, tapissier, rue Jean-Jacques-Rousseau, 6.

Lesimple, Louis, m^d de tissus, q. Port-Maillard, 13.

Lesire, Jean, mesureur juré, quai de la Fosse, 9.

Lesire, Jean-Joseph, mesureur juré, quai Fosse, 100.

Lesire, Jules, charpentier, r. Dos-d'Ane, 73.

Lesourd, peintre, rue Poissonnerie, 17.

Ve Lespinasse, rue de Strasbourg, maison Denorus.

Lespinette, Charles, inspecteur des Douanes, quai de la Fosse, 37.

Lespinette, Albert, avocat, r. des Cadeniers, 13.

Ve Lesquelec, prop., r. Dos-d'Ane, 6.

Lesquen (la vicomtesse de), rue des Pénitentes, 3.

Mme Lesquen (de), rue de Bel-Air, 13.

Lessard, Auguste, m^d de pantoufles, échelle Saint-Nicolas, 4.

Mlle Lessard, Julie, quai Fosse, 8.

Lessellier, plâtrier, à Pont-Rousseau.

Lestume, menuisier, rue de Gigant, 22.

Lesueur, Jean-Marie, cloutier, rue du Marchix, 33.

Le Tanneur, Charles, employé des contributions indirectes, r. Perrault, 5.

Ve Letellier, Armand, Letellier, Armand fils, tenue Camus, 5 bis.

Ve Letenneur, prop., rue Saint-Denis, 9.

Mlle Letilly, Marthe, r. de la Bastille, 36.

Ve Letort, rue Chapeau-Rouge, 6.

Letort, employé des Postes, rue Franklin, 16.

Letourmy, Henri, tapissier, rue de la Fosse, 10.

Letourneau, E., rue Jean-Jacques-Rousseau, 5.

Mlle Letourneau, Marie, Haute-Grand'Rue, 49.

Ve Leulliot, Pierre, r. d'Erdre, 14.

Leuzy, René, m^d de filets, r. Bon-Secours, 6.

Ve Levaillant, Félix, r. Santeuil, 4.

Levallet, Jean, charron, Petite rue Saint-André, 4.

Levannier, Louis-Ferdinand, prop., rue du Marchix, 55.

Levelling, William, courtier maritime, place de la Monnaie, 4.

Levêque, Jean, peintre en décors (associé), rue Saint-André, 9.

Levêque, Jules, m^d de meubles, place Bretagne, 19.

Levêque, Mathurin, père, place Bretagne, 19.

Levêque, Isidore, q. d'Orléans, 19.

Mlle Levêque, Ernestine, rue Menou, 14.

Levesque, Pierre, quai Duguay-Trouin, 2.
Vᵉ Levesque, Jean, r. Mercœur, 5.
Levesque, Léon-Louis, prop., rue Hauts-Pavés, 17.
Levesque, Louis-Arthur, fils, boulevard Delorme, 21.
Levesque, Julien, prop., rue Moquechien, 17.
Levesque, Rogatien, fils, rue Lafayette, 13.
Levesque - Blandin, Evariste, rue Bertrand-Geslin, 2 bis.
Levesque-Blon, Louis, armateur, rue Lafayette, 13.
Levesque du Rostu, Louis, rentier, place Saint-Pierre, 2.
Levesque du Rostu, Maurice-Jean, rue Félix, 14.
Levesque du Rostu, chef d'escadron d'état major, r. Lycée, 13.
Levicier, employé de la compagnie d'Orléans, rue Malherbes, 15.
Levreau, Louis, mercier, quai du Bouffay, 1.
Levreau, Eugène, charron, rue Constantine, 1.
Levreau, Eugène, prop., rue Mercœur, 10.
Levreau, Jules, peintre en bâtiments, rue Cacault, 10.
Levreau, Jean-Baptiste, fermier de pêche, rue de Barbin, 2.
Lévy, Moïse, mᵈ de tissus, rue du Marchix, 8.
Levy, Georges, linger, rue Crébillon, 19.
Levy, Edouard, mᵈ tailleur, rue de la Fosse, 26, et rue des Halles, 22.
Levy, Charles, rue Franklin, 10.
Leyherr, Xavier, chaussée Madeleine, 27.
Lézardière (de), r. Tournefort, 7.
Lhéritier, Gabriel, fabt. de cartons, rue Paré, 1 et 2.

Lhéritier, Charles, confiseur, quai Turenne, 9.
Lhéritier, Pierre, rentier, Basse-Grand'Rue, 5.
Vᵉ Lhermies, Jean, rue du Calvaire, 29.
Lhermies, Adolphe, rentier, rue Santeuil, 3.
Lhermies, Pitre, rue de Briord, 2.
Lhermies, Adolphe, chapelier, rue Poissonnerie, 1.
Lheureux, André, docteur-médecin, rue Sarrazin, 6.
Lhiber, employé de la marine, rue d'Allonville, 51.
Lhomme, Guillaume, charpentier, rue Bonne-Louise, 14.
Lhomme, Pierre, tonnelier, rue La Morlcière, 2 bis.
Lhopital, Stanislas, mᵈ papetier, rue Bois-Tortu, 1.
Lhoumeau, Alcide, coiffeur, r. Boileau, 14.
Lhuillier, Elie, greffier, rue de Rennes, 4.
Lhuillier, Jean-Baptiste, prop., r. Columelle, 6.
Lhuillier, Elie, mᵈ passementier, Basse-Grand'Rue, 20.
Liancour, Martin-Claude, armateur, (associé), r. de Gigant, 32, hab. même r. 64.
Libaros-Saget, libraire, rue Barillerie, 5.
Vᵉ Libaudière, Eugène, rue de Bouillé (Carterie).
Libaudière, Benjamin, rue de Gigant, 32.
Libeau, monteur de métiers, r. de la Fosse, 8.
Libeau, Frédéric-Joseph, Mlle Libeau, Delphine, quai Duguay-Trouin, 6.
Mlle Libert, Céline, prop., rue Haute-Casserie, 2.

Vᵉ Libert, Joseph, r. de la Poissonnerie, 9.
Libert, rent., r. Harrouys, 14.
Vᵉ Liberge, François, r. Haute-du-château, 19.
Liberge, fils, architecte, r. Haute-du-château, 19.
Liéchty, sous-directeur des Enfants-assistés, chemin des Garennes.
Liégeard, Martial, avenue de Launay, 29.
Vᵉ Liénard, Charles, rue Cambronne, 1.
Mlle Liénard, Virginie, sous-directrice de l'École, r. des Coulées.
Ligneau, Jean, fils, r. du Vieil-Hôpital, 9.
Limon, juge de paix, place de l'Écluse, 3.
Limonier, ferblantier, à la Ville-en-bois.
Linyer, Louis, avocat, r. du Calvaire, 1.
Linyer, Henri, contrôleur des contributions directes, pl. Dumoustier, 5.
Linyer, Alphonse, place Dumoustier, 5.
Vᵉ Linyer, Anselme, r. de l'Hôtel-de-Ville, 3.
Liothaud, Eugène-Casimir, prop., r. de l'Héronnière, 5.
Liron d'Airolles (de), Xavier, rue Sully, 2.
Litou, Ludovic, q. de la Fosse, 78.
Litou, Paul, quai de la Fosse.
Mme Litou, René, r. de Paris, 63.
Mlle Litou, Sophie, r. des Orphelins, 19.
Mme Litoux-Papin, quai de la Fosse, 78.
Vᵉ Litoux, vins en gros, à la Grenouillère.
Litoux, Alexandre-Louis, charpentier, r. Rollin, 4.

Litoux, Gatien, serrurier, rue Racine, 8.
Mlles Litoux, Marie et Philomène, r. Malherbes, 7.
Vᵉ Litoux, Jean-Jacques, r. Saint-André, 12.
Livet, directeur de la pension Notre-Dame, rue Ste-Marie, 4.
Livonnière (de), Charles, rue Sully, 6.
Vᵉ Lizé, Jean-Baptiste, rue Saint-André, 10.
Mlle Lizé, Donatienne, place du Carrois, 12.
Lizé, Ferdinand, serrurier, rue du Port-Communeau, 17.
Vᵉ Lizé, Théophile, chaussée de la Madeleine, 15.
Vᵉ Lizé, Auguste, r. Jean-Jacques-Rousseau, 14.
Lizé, Mathurin, jardinier, chemin de Miséricorde, 7.
Lizé, Mathurin, horticulteur, rue Racine, 3, habit. route de Vannes.
Lizé, Mathurin-Pierre, à la Mélinière.
Lloyd, James, rent., rue de la Bastille, 25.
Lloyd, Barthélemy, ingénieur, pl. du Commerce, 1.
Lochard, Jules, filateur, (associé), r. St-Léonard, 31.
Lodé, prêtre, r. de Goutances, 8.
Lodé, Pierre, menuisier, place Brancas, 7.
Lodé, Pierre, menuisier, petite rue Brancas, 17.
Logeais, Jean-Marie, peintre en bâtiments, r. Châteaubriant, 7.
Logereau, Louis, prop., rue Saint-André, 34.
Lohan, François, aumônier, rue Molac, 3.
Lohénet, Guillaume, rue de Goutances, 7.

Loher, Camille, prop., rue Talensac, 18.
Loichemolle, Hippolyte et Antoine, marbriers, r. Lekain, 2 *bis*.
Lointier, Jean-Marie, rue de la Commune, 19.
Loirat, Henri, rent., rue de Coutances, 23.
Loirat, Félix, m^d de vins en gros, r. des Hauts-Pavés, 11.
Ve Loiret et Loiret Stanislas, commissionnaires en marchandises, r. du Bouffay, 2.
Loiret, Louis, tailleur, rue Franklin, 3.
Mlle Loiret, Victorine, r. du Bouffay, 3.
Ve Loiseau, r. Crébillon, 9.
Mme Loiseau, q. Fosse, 83-84.
Ve Loiseau, rent., rue de Strasbourg.
Mme Loisel, pl. du Pilori, 7.
Loisel, rent., rue St-Clément, 52.
Loison, Louis, mercier, rue d'Erdre, 7.
Loison, Ludovic, menuisier, rue Scribe, 19.
Ve Loissel, Émile, rue Boileau, 10.
Longueville (de), Sévère, r. Strasbourg, 22.
Ve Longueville (de), place Saint-Pierre, 2.
Lopez, François, cordonnier, q. de la Fosse, 5.
Lord, secrétaire du parquet, place Lafayette.
Loreau, Jean-Baptiste, entrepreneur de travaux publics, rue St-Clément, 37.
Ve Loret, Julien, r. Gresset, 5.
Lorfray, Benjamin, quincaillier, q. des Tanneurs, 2.
Lorgeril (de), prop., r. Félix, 13.
Lorieux, Édouard, commissaire priseur, r. de Feltre, 10.

Lorieux, Louis-Édouard, prop., r. Ducouëdic, 4.
Lorieux, Théodore, ingénieur des Ponts et Chaussées, boulevard Delorme, 38.
Lorieux, Louis, boul. Delorme, 38.
Lorieux, Edmond, ingénieur des mines, r. Bonne-Louise, 3.
Ve Lorieux, Michel, r. d'Erdre, 23.
Lorois, Édouard, r. Mondésir, 4.
Ve Lorois, Louis-Édouard, boul. Delorme, 33.
Lory (de), Auguste, q. des Constructions, 18.
Ve Lory, Félix, à la Haute-Forêt.
Lory, Stanislas, q. d'Orléans, 16.
Ve Lory, r. Cassini, 5.
Lory, Auguste, rue de Strasbourg, 3.
Ve Lory, Toussaint, rue de Strasbourg, 3.
Lory, Toussaint, photographe, rue Crébillon, 8.
Ve Lory, Pierre, quai de l'Hôpital, 8.
Lory, Adolphe, prop., rue d'Allonville, 5.
Lory, Sébastien, r. de Clisson, 4.
Losach, Louis, armateur, boul. Delorme, 14.
Ve Lotou, Yves, bains publics, q. Turenne, 5.
Lotz, Adolphe, rue de Strasbourg.
Lotz, Louis, épicier, rue Boileau, 7.
Lotz, Alphonse, ingénieur civil, q. de la Fosse, 86.
Lotz, François-René, vieux chemin de Couëron.
Lotz, Félix, peintre en bâtiments, pl. de la Monnaie, 1.
Lotz, Alfred et Léon, constructeurs de machines à vapeur, r. de Guichen, 2.

Frère Louis, directeur des sourds-muets, r. de Vertou, 20.

V⁰ Louis, rent., q. d'Orléans, 19.

Lourdais, Jean, m^d de chevaux, r. de Rennes, 89.

Lourmand, Henri, fab^t de savon (associé), r. de la Moricière, 15 et 16.

Loyac, Jean-François, mercier, r. Porte-Neuve, 7.

Loyan, André, passage Russeil, 12.

Loyau, Jean, boucher, Basse-Grand'-rue, 17.

Loyer, Émile, r. de la Fosse, 32.

Loyer, Louis, prop., rue de Gorges, 6.

Lozon, Émile, plâtrier, rue du Refuge, 8.

Lozon, Alphonse, pass. Raymond.

Lozon, plâtrier, r. Lekain, 4.

Lubben, conducteur des Ponts et Chaussées, r. Mellier, 8.

Lubersac (de), inspecteur de la Compagnie le Phénix, au Pavillon.

Lucas, Alfred, répétiteur au Lycée, r. du Lycée.

Lucas, Albert, commissionnaire de transports par terre, à la gare des marchandises de la Compagnie d'Orléans, boulevard Sébastopol et place Royale.

Lucas, Maurice, avocat, r. Haute-du-château, 15.

Lucas, Joseph, receveur des contributions indirectes, rue Dobrée, 16.

Lucas, menuisier, r. Dobrée, 12.

Lucas, Théodore, horloger, r. St-Nicolas, 19.

Lucas, Auguste-René, boulevard Saint-Aignan, 16.

Lucas, Victor, rent., rue de Rennes, 59.

Lucas, Hilaire, peintre, quai Cassard, 4.

Lucas, constructeur de canots, à la Grenouillère.

Lucas de Peslouan, avocat, r. J.-J. Rousseau, 8.

Luçon, Laurent, tourneur, q. de Versailles, 8.

Luguet, fils, charron, rue Dobrée, 12.

Luisant, professeur de musique, r. de l'Abreuvoir, 4.

Lumet, Alphonse, grande avenue des Folies-Chaillou, 14.

Mlle Lumière, Pauline, rue de la Poissonnerie, 15.

Luminais, Ernest, épicier en gros, r. du Guesclin, 1.

V⁰ Lumineau, Julien, rue Voltaire, 15.

Lumineau, Édouard et Arthur, rue Voltaire, 15.

Lumineau, Charles, négociant, quai de la Fosse, 38, hab. place du Commerce, 9.

Lumineau, Pierre-Charles, plâtrier, passage Sainte-Anne, 12.

Luneau, ancien capitaine au long cours, r. des Arts, 24.

V⁰ Luneau, Victor, Mlles Luneau, Louise et Valérie, rue des Pénitentes, 1.

Luneau, Gabriel, docteur-médecin, r. Guépin, 3.

Lussaud, Jean-Baptiste, horloger, rue Haute-Casserie, 4, et q. Penthièvre.

Lusseau, frères, constructeurs de canots, à la Grenouillère.

Lussot, Emmanuel-Joseph, chaussée de la Madeleine, 26.

Lutran, Léon, m^d cimentier, rue de Bouillé (Carterie).

Lutro, Louis, prop., rue de Rennes, 77.

Luzançay (de), rent., rue Dobrée, 14 bis.

V⁰ Luzaud, Michel, r. Sarrazin, 4.

Luzeau, Charles, commissionnaire entrepositaire, q. de la Fosse, 54.
Mlle Luzeau, Élise, mercière (associée), rue Saint-Pierre, 3.
Luzeau, sous-contrôleur d'octroi, r. de la Fosse, 24.
Luzeau de la Morinière, employé des douanes, petite r. des Carmes, 3.
Luzeau de la Morinière, Théodule, r. Mercœur, 7 bis.
Vᵉ Luzeau du Coudray, Jean, r. de l'Héronnière, 8.
Luzet, François, mᵈ de graines, q. Jean-Bart, 1.
Luzierre, Jean-Marie, rue Mercœur, 9.
Luzierre, Édouard-Marie, notaire, q. Brancas, 2.
Mlle Luzierre, Louise, rue du Calvaire, 8.
Vᵉ Lyabastre, Claude, maréchal-ferrant, r. de Gigant, 12.
Lyonnaise (la), Cⁱᵉ d'assurances Maritimes, représentée par MM. Sellier et Allégret, r. des Cadeniers, 13.
Lyrot (de), prop., rue d'Aguesseau, 12.
Mlle Lyrot (de), Louise, r. Félix, 9.

M

Maas, Guillaume, au Mont-Goguet.
Maas, lieutenant de recrutement, quai Duquesne, 9.
Mabilais, vicaire à Saint-Clément, petite rue Saint-Clément, 9.
Mabileau, Ambroise, mᵈ boucher, rue Mazagran, 6 bis.
Mabileau, Jean-Marie, prop., passage Saint-Yves, 14.
Mabileau, Pierre, boucher, place Sainte-Croix, 3.
Vᵉ Mabille des Granges, rue Saint-Laurent, 8.

Mabit, Aristide, quai Fosse, 78.
Mabit, François, rue des Bons-Français, 2.
Mabit, Gustave, mᵈ de tissus (associé), rue Bons-Français, 5.
Mabit, Auguste, horticulteur, rue Hauts-Pavés, 26.
Vᵉ Mabit, rue de Paris, 67.
Mabit, Pierre, prop., à la Trémissinière.
Vᵉ Mabit de Coucy, rue Fénelon, 4.
Mabon, matériaux, à la Grenouillère.
Vᵉ Mac-Auliffe, r. des Carmes, 14.
Mac-Carty, Paul-Émile, métaux, rue de Flandres, 9.
Macé, employé au chemin de fer, quai du Port-Maillard, 10.
Macé, Eugène, ancien entrepreneur, rue J.-J.-Rousseau, 3.
Macé, Jean, cordonnier, r. Basse-du-Château, 14.
Macé, Émile, horloger, passage Pommeraye.
Macé, Pierre, mᵈ cordonnier, place Saint-Pierre, 7.
Vᵉ Machefaux, Adolphe, quai de de la Fosse, 97.
Macias, Auguste, rue Blèterie, 4.
Mme Mackensie, rue Gresset, 15.
Madeleine (pensionnat des sœurs de la), quai Hoche, 9.
Vᵉ Madeleine, r. Contrescarpe, 11.
Maës, Lucien, rue Dugommier, 8.
Magaud, Henri, rentier, quai de Richebourg, 2.
Magnier de Maisonneuve, Max., boulevard Delorme, 16.
Magnier de Maisonneuve, prop., r. de Strasbourg, 3.
Vᵉ Magnier de Maisonneuve, rue du Calvaire, 23.
Magnier de Maisonneuve, Henri, inspecteur général des Finances, rue Crébillon, 24.

Vᵉ Magot, Alfred, mercière, place du Change, 4.

Magré, prop., q. Duguay-Trouin, 16.

Mlle Magré, Lise, boulevard Delorme, 1.

Magré, Henri-Julien, rue Santeuil, 6.

Maguelonne, Jean, chapelier, quai Richebourg, 15.

Maguéro, André, pharmacien des hospices, rue Boileau, 5.

Vᵉ Mahaud, François, quai Jean-Bart, 4.

Mahaud, Armand fils, mᵈ de tissus (asso.), r. Poissonnerie, 14-16.

Mahaud, Armand, r. Crébillon, 9.

Mahaud, Charles, ex-percepteur, r. Saint-Donatien, 9.

Vᵉ Mahaud, Auguste, rue Lapeyrouse, 11.

Mahé, libraire, rue Lafayette, 2.

Mahé, professeur à Saint-Stanislas, rue des Jardins, 8-10.

Mahé, François, ébéniste, place de la Monnaie, 6.

Mahé, François, rue Lamotte-Piquet, 7.

Mahé, Louis, charpentier, côte S.-Sébastien.

Mlle Mahé, Jenny, lingère, place Saint-Pierre, 5.

Mahey, Eugène fils, mᵈ d'estampes, Basse-Grand'Rue, 15.

Vᵉ Mahier, Jean, ferblantier, rue du Bouffay, 2.

Vᵉ Mahot, rentière, quai des Tanneurs, 13.

Mahot, Auguste, docteur-médecin, rue de Bréa, 6.

Mahot, fils, docteur-médecin, rue de Bréa, 6.

Vᵉ Mahot, Benjamin, quai Jean-Bart, 3.

Mahot, Jules, directeur de la compagnie d'assurances la Nantaise, rue Franklin, 20.

Maignan, Valérie, lingère (associée), rue du Calvaire, 13.

Vᵉ Maignan, Maignan François et Basile, rue du Calvaire, 13.

Maignan, rue Châteaubriant, 11.

Maigne-Monnier, Henri, mᵈ de laines, petite rue des Carmes, 10.

Vᵉ Maigret, Eugène, rue Barillerie, 7.

Maillard, Georges, rue de Paris, 1.

Vᵉ Maillard, rue Soubzmain.

Maillard, François, prop., rue de Rennes, 87.

Mlle Maillard, Joséphine, rue Talensac, 18.

Maillard, aumônier de la Préservation, rue de Paris, 6.

Maillard, curé de Saint-Clair.

Maillard, Armand, courtier maritime, quai Fosse, 13, hab. rue de l'Héronnière, 8.

Maillard, Jean, aubergiste, rue du Vieil-Hôpital, 4 à 12.

Maillard, Thomas-François, libraire, rue Voltaire, 10.

Mlle Maillard, Berthe-Marie, rue Héronnière, 8.

Maillard, Pierre, armateur, avenue Luzançay.

Maillard, Francis, mercier, rue S.-Jacques, 15.

Maillard, Louis, horloger, quai de Richebourg, 21.

Maillard, Henri, ébéniste, rue de Glisson, 2.

Maillard, François, mᵈ de vins en gros, rue Porte-Neuve, 16.

Vᵉ Maillard, François, prop., rue de Gorges, 2.

Maillard-Busseau, prop., à la Gilarderie.

Maillard de la Gournerie, Humbert, place Saint-Pierre, 2.

Mlle Maillard de la Gournerie, Ernestine, rue Maurice-Duval, 4.

Maille, René, cordonnier, chaussée Madeleine, 33.
Maillé (la comtesse de), Armand, Maillé (de), Roger-Marie, rue de Paris, 83.
Maillet, Jean-Baptiste, épicier en gros, Haute-Grand'Rue, 53.
Maillet, Henri, grainier, rue Crébillon, 2.
Maillet, Théodore, m^d tapissier, r. Sarrazin, 9.
Maillot, Louis, machines à coudre, rue Franklin, 20.
Ve de Mailly, de Mailly, fils, accordeur de pianos, quai Fosse, 22.
Main, Constant, teinturier, place Saint-Pierre, 8.
Maindon, Jean, jardinier, rue des Hauts-Pavés, 58.
Mainfray, Adolphe, chem. Morand.
Mainguy, Théophile, aumônier militaire, rue Saint-Clément, 7.
Mainguy, Pierre, vicaire à Saint-Nicolas, rue Affre.
Mainguy, Charles, formier, ruelle Faïencerie.
Mainguy, Julien, m^d boucher, rue Contrescarpe, 8.
Mainguy, Emile, m^d de tissus, rue du Moulin, 14.
Mairand, rentier, rue Maryland.
Mairon, Léon, peintre, rue de la Fosse, 30.
Maisdon, Pierre, charpentier, rue Fouré.
Maisdon, Michel, commissionnaire en grains, r. de Launay, 6.
Ve Maisonneuve, Jacques, r. Lafayette, 16.
Mlles Maisonneuve, rue Lafayette, 16.
Maisonneuve, Julien, avoué, quai Brancas, 7.
Maisonneuve, Henri, avocat, r. des États, 15.
Maisonneuve, Eugène, m^d de vins en gros (associé), rue de la Verrerie, 4, habite pl. de l'Entrepôt, 2.
Maisonneuve, m^d de vins (associé), q. de la Fosse, 85.
Mlles Maisonneuve, rue des États, 15.
Ve Maisonneuve, Louis, rue Brasserie, 7.
Maisonneuve, rentier, place du Sanitat, 3.
Maisonneuve, Joseph, cordonnier, r. Dos-d'Ane, 15.
Maisonneuve, Léonce, cirier, rue St-Denis, 3.
Maisonneuve, Anselme, rue Saint-Similien, 34.
Ve Maisonneuve, François, quai Cassard, 1.
Maitre, Léon, archiviste de la Préfecture, impasse Vignole.
Maitre, Pierre, professeur de musique, r. Crébillon, 20.
Maitre, répétiteur au Lycée, r. du Lycée, 1.
Malard, Émilie, professeur de piano, r. de la Boucherie, 6.
Malcailloz, employé des Douanes, Haute-Grand'-rue, 53.
Ve Malcailloz, François, rue Haudaudine, 2.
Ve Malescot, q. de la Fosse, 92.
Mlle Malescot, Olympe, chef d'institution, Mlle Malescot, Augustine, r. Haute-du-Château, 17.
Ve Malfilâtre, Jean, prop., r. Saint-Clément, 60.
Malgone, Théophile, chapelier, r. Barillerie, 17.
Mlle Malgone, Caroline, r. Voltaire, 18.
Malgone-Delalande, peintre en décors, r. Voltaire, 7.
Malherbes, Jean-Baptiste, docteur-médecin, r. Affre.

Malherbe, Albert, fils, docteur-médecin, r. Santeuil, 6.
Malidin, Pierre, maître-maçon, chaussée de la Madeleine, 15.
Mlles Malin, q. Turenne, 8.
Vᵉ Malingue, r. Dobrée, 16.
Malivet, Pierre-François, constructeur de canots, rue Lanoue-Bras-de-fer, habite quai de la Fosse, 39.
Malivet, Pierre, mâtures, r. Lanoue-Bras-de-fer, habite quai de la Fosse, 36.
Mallet, Louis, entrepreneur de maçonnerie, quai de Versailles, 1.
Malo-Brunelière, Auguste, r. Saint-Léonard, 6.
Vᵉ Maubré, Élisabeth, rue du Calvaire, 24.
Mlle Manceau, rentière, rue Sarrazin, 4.
Mancel, Henri, r. Harrouys, 28.
Manchon, Adrien-François, ancien notaire, r. J.-J. Rousseau, 1.
Vᵉ Manchon, Ernest, prop., rue de Paris, 7.
Mandoul, Gustave, perruquier, pl. St-Pierre, 2.
Manet, Pierre, fondeur, vieux chemin de Couëron, 12.
Manet-Babonneau, quai de la Fosse, 78.
Mangin, Charles, chef de section au chemin de fer, rue des Orphelins, 7.
Mangnier, percepteur des contributions directes, r. Mondésir, 7.
Vᵉ Mangnier, r. Mondésir, 7.
Vᵉ Manigault-Gaulois, r. de l'Héronnière, 4.
Vᵉ Manjot, r. Dobrée, 16.
Manjot, Auguste-Claude, courtier de navires, q. de la Fosse, 40, hab. r. Dobrée, 16.

Manlay, Léonard, charron, cour de la Boule d'or, chaussée de la Madeleine.
Mansard, Théophile, bourrelier, pont de Pirmil.
Manson, Hugues, mᵈ de vins en gros, route de Clisson.
Mansuy, Pierre, commissaire rapporteur près le Conseil de guerre, r. Richebourg, 11.
Maquillé, Constant (le comte de), r. Royale, 10.
Mme Marais, r. Kervégan, 24.
Mme de Marbais, rent., r. de Vertou, 12.
Marbœuf, Louis, boisselier, r. des Olivettes, 25 *bis*.
Marc, Antoine, employé du chemin de fer, boulevard Sébastopol, 3.
Marcé, docteur-médecin, quai Duquesne, 9.
Marcé, Félix, receveur des domaines en retraite, r. Menou, 1.
Vᵉ Marcé, Auguste, r. de la Commune, 27.
Marcel, Martinien, entrepreneur de maçonnerie, quai de Richebourg, 2.
Marchais, Octave, bourrelier, rue des Hauts-Pavés, 3.
Marchais, Louis, rent., r. de Rennes, 73.
Vᵉ Marchais, q. d'Orléans, 20.
Marchais, fils. q. d'Orléans, 20.
Marchaiseau, Henri, poulieur, quai de la Fosse, 89.
Marchand, employé au chemin de fer, Haute-Grand'-Rue, 32.
Vᵉ Marchand, Anselme, rue du Calvaire, 22.
Mlle Marchand, Laure, rue du Calvaire, 22.
Marchand, Louis, cafetier, place Graslin, 2.

Marchand, chef de bureau à la Mairie, r. Rosière, 14.

Marchand, fils, architecte de la ville, r. Rosière, 14.

Marchand, Antonin, cordonnier, r. du Calvaire, 3.

Marchand, Pierre, serrurier, chaussée de la Madeleine, 41.

Mlles Marchand, rue Saint-Clément, 51.

Marchand, Louis-Joseph, prop., r. Richebourg, 12.

Marchand-Duplessis, rue Newton, 2.

Marchis de la Chambre, Alphonse, passage St-Yves, 15.

Marchocki, Alexandre, employé au chemin de fer, rue de Strasbourg, 2.

Ve Maré, Charles, quai de la Fosse, 44.

Maré, Charles, ferblantier-lampiste, q. de la Fosse, 98.

Marec, Auguste, tonnelier, quai Hoche, 6.

Maréchal, Alexandre, fils, facteur de pianos, rue Jean-Jacques Rousseau, 6.

M. et Mme Maréchal, professeurs de musique, r. Santeuil, 3.

Maret, coiffeur, r. St-Clément, 78.

Margot, forgeron pour la marine, canal de Chantenay.

Ve Margot, r. Daubenton, 7.

Margot, Gustave, linger, place de l'Écluse, 1.

Mariaud, Gilles, aubergiste, place Viarmes, 17.

Marie, Alexandre, professeur de piano, r. Marceau, 8.

Marie, Pierre, r. Lekain, 1.

Marie d'Avigneau, Georges, avoué, r. du Calvaire, 1.

Marie d'Avigneau, ancien receveur des postes, petite rue Fénelon, 3.

Mme Marie St-Bernard, directrice des Dames de Chavagnes, r. Mondésir, 11.

Mariette, Firmin, conducteur des Ponts et Chaussées, r. Latour-d'Auvergne.

Marin, Pierre, aubergiste, rue de Rennes.

Ve Marin la Meslé, petite rue Fénelon, 2.

Marincovich, Georges, gréeur, q. d'Aiguillon, 4, hab. rue de l'Ermitage, 12.

Marion, François, md de vins en gros, r. Dubois, 10.

Marion, Aristide, quincaillier, rue Boileau, 10.

Ve Marion, r. Newton, 3.

Marion, François, md de vins, avenue Launay, habit. rue Newton, 3.

Marion, Eugène, rent., rue de Gigant, 22.

Ve Marion, Charles, mercière, rue St-Jacques, 108.

Marion, Louis, md de vins en gros, r. de l'Industrie, 3-6.

Ve Marion de Baulieu, Jean, r. St-Laurent, 2.

Marion de Procé, Georges, rue des Cadeniers, 8.

Marionneau, Charles, boulevard Delorme, 14.

Ve Mariot, Alphonse, rue Gresset, 1.

Ve Mariot, prop., rue de Strasbourg, 30.

Mlle Mariot, rent., rue des Arts, 5.

Mariotte, Émile, rue Saint-Similien, 30.

Maris, Emmanuel, peintre, r. Santeuil, 4.

Mlle Maris, Georgette, mde de faïence, r. Voltaire, 5.

Maritime (la), Cie d'assurances maritimes, représentée par M. Toché, Georges, rue Gresset, 15.

Mlle Marlet, Élisa, rue d'Orléans, 11.

Marlet-Rouget, Alfred, pâtissier, passage Pommeraye.

V° Marliac, Jean-Baptiste, apprêteur de crins, rue Châteaubriant, 15.

Marlotteau, machines à coudre, r. Paré, 7.

Marmusse, Adolphe et Victor, quincailliers, r. Haute-Casserie, 2, hab. r. Crébillon, 10.

Marnier, Jean, boulanger, r. Bon-Secours, 5.

Marolles (de), Léon, courtier de marchandises, place du Commerce, 10, hab. vieux chemin de Couëron, 8.

Marolles (de), Nicolas-Léon, ancien agent de change, vieux chemin de Couëron, 18.

V° Marotte, Auguste, quai de la Fosse, 62.

Marotte, Félix, boulanger, r. du Marchix, 3.

Marquenet, Louis-Auguste, rue Lamotte-Piquet, 4.

Marqués, Ferdinand, m^d de vieux fers, r. Oudry, 1-3.

Marquis, père, rent., quai Duguay-Trouin, 8.

Marquet, Louis, couvreur, rue de Rennes, 8.

Marquet, Louis, père-jésuite, rue Dugommier, 13.

Marquis, Georges, employé à la Préfecture, rue de Coulmiers.

Marronnière (le comte de la), rue Félix, 8.

Marronnière (de la), Eugène, rue Félix, 13.

V° Mars (de), rent., rue Notre-Dame, 9-11.

V° Mars, coiffeuse, r. Paré, 9.

Marsac, Eugène, rue de Rennes, 59.

Marsac, Léon, tailleur, rue Boileau, 11.

Marsac, Armand, courtier de chevaux, r. Richebourg, 46.

Marteau, Clément, pâtissier, quai de la Fosse, 5.

Martel, Victor, mécanicien, rue de Rennes, 20.

Mme Martel, maîtresse de pension, rue des Carmélites, 20.

V° Martel, Joseph, confiseur, rue d'Orléans, 4.

Martel, Charles, fils, confiseur associé, r. d'Orléans, 4.

Marthe, Paul, maréchal-ferrant, r. des Hauts-Pavés, 41.

Martin, Hippolyte, instituteur communal, r. Noire.

Martin, Édouard, rent., pl. de la Petite-Hollande, 3.

Martin, Auguste, rent., rue Bon-Secours, 11.

Martin, Antoine, m^d de tissus, rue St-Léonard, 31.

Martin, Marcellin, m^d de tissus, rue d'Erdre, 1, habit. rue de la Clavurerie.

Martin, Pierre, corroyeur, q. du Marais, 3.

Martin, Prosper, rent., quai Duquesne, 6.

Mlles Martin, r. de Paris, 30.

Martin, François, m^d de vieux fers, prairie de Biesse, habit. quai Magellan.

Martin, François, rent., avenue de Launay, 15.

Martin, Charles, peintre en bâtiments, chaussée de la Madeleine, 13.

Martin, Louis, menuisier, r. Latour-d'Auvergne.

Martin, conducteur des Ponts et Chaussées, île Videment.

Martin, Thomas, bimbelotier, rue St-Clément, 53.

Martin, Pierre, r. de Launay, 12.
Martin, photographe, rue Boileau, 12.
Martin, Louis, fondeur en caractères, r. Colbert, 19.
Martin, Victor, conducteur des Ponts et Chaussées, rue Brasserie, 13.
Martin, Joseph, mécanicien, pl. du Port-Maillard, 3.
V° Martin, rent., à la Ville-aux-Roses.
Martin, hommes de lettres, r. de Versailles, 17.
V° Martin, Sylvain, Haute-Grand'-Rue, 49.
Martin, curé de Saint-Similien, r. Bel-Air, 2.
Martin, Joseph, r. de Feltre, 8.
Martin, Joseph, place du Commerce, 10.
Martin, Charles, rent., rue Santeuil, 4.
V° Martin, r. Copernic, 7.
Martin, Pierre-Félix, r. Cassini, 5.
Martin, Louis-Marcellin, m^d de tissus, r. d'Erdre, 1, hab. quai d'Orléans, 6.
Martin-Courseulle, Philbert, bonnetier, q. Duquesne, 1.
Mlle Martin - Daviais, Céline, Martin-Daviais, Jules, r. Basse-du-Château, 13.
Martin-Duranlo, chirurgien-dentiste, pl. du Bon-Pasteur.
Martin, Dominique, m^d de nouveautés, q. Jean-Bart, 4.
Martineau, Joseph, juge-suppléant, r. Voltaire, 11.
Martineau, Benjamin, avoué, rue de Feltre, 17.
Martineau, Paul, avoué, rue Crébillon, 21.
Martineau, Émile, contrôleur des Douanes, rue de la Verrerie, 14 bis.

Martineau, Félix, professeur de musique, rue Basse-du-Château, 11.
Mme Martineau, professeur de musique, r. de Feltre, 2.
Mme Martineau, rue du Calvaire, 22.
Martineau, Pierre, boucher, rue Grande-Biesse, 5.
Martineau, René, boucher, route de Clisson.
Mme Martineau, rue du Calvaire, 22.
Martineau, Louis, entrepreneur de maçonnerie, r. des Arts, 1.
Martineau, Anatole, quai du Marais, 7.
Mlle Martineau, rue de Coutances, 14.
Martinetti, Dominique, verres à vitres, impasse Dubois, 2.
Martinière, rentier, rue Santeuil, 8.
Marx, Raoul, m^d de nouveautés, r. du Calvaire, 18.
Marx, Armand, m^d de nouveautés (associé), r. du Calvaire, 18.
Marx, Édouard, m^d de nouveautés (associé), r. du Calvaire, 18, hab. r. Harrouys, 20.
Marx et Bernard, m^d de nouveautés, pl. Royale, 1.
V° Marx, Maurice, rue Colbert, 5.
Marx-Mayer, rent., rue du Calvaire, 18.
Mlle Marx, Sarah, r. Colbert, 5.
Marx-Lajeunesse, r. Colbert, 5.
Marx, Cerf, r. du Calvaire, 18.
Marx, Jean-André, pâtissier, r. des Carmes, 13.
Mary, cloutier, à la Grenouillère.
Mary, prêtre, r. St-Donatien, 22.
Mary, Ernest, assureur maritime, tenue Camus, 7.
Mary-Motté, r. de Gigant, 50.

Massard, Frédéric, facteur d'instruments de musique, r. Contrescarpe, 6.

Massard, Émile, cartonnages, quai d'Orléans, 3.

Massaux, Félix, r. des Halles, 13.

Mlle Massé, Marianne, rent., r. des Halles, 12.

Mlle Massé, Élisa, prop., rue du Marchix, 68.

V° Massé, Victorine, quai de la Fosse, 16.

Masselin, Amédée, horloger, q. de la Fosse, 41.

Masseron, Isidore, directeur des Douanes, q. Fosse, 37.

Masseron, René, quai Fosse, 37.

Masseron-Blanchet, Jules, r. Crébillon, 24.

Massion, Henri, rue Deshoulières, 3.

Massion, Constant, représentant de commerce, q. de la Fosse, 48.

V° Massion, Haute-Grand'Rue, 45.

Massion, Charles-Gustave, place Launay, 2.

V° Massion, Haute-Grand'Rue, 27.

Massion, Charles, Eugène, père, q. Richebourg, 15.

V° Masson, rent., r. d'Alger, 1.

Masson, ingénieur des constructions navales, rue des Cadeniers, 7.

Masson, Louis, ancien notaire, passage St-Yves, 4.

Masson, Georges, saleur (associé), q. Magellan.

Masson, Gabriel, comptable du chemin de fer, rue Saint-Léonard, 37.

Masson, Adolphe, horloger, r. des Arts, 2.

Massonneau, Gabriel, r. de l'Héronnière, 1.

V° Massonneau, boul. Delorme, 3.

Mlle Massuet, Marie, rent., r. Bel-Air, 12.

Mathieu, Nicolas, avenue Luzançay.

Mlles Mathieu, r. Lafayette, 1.

Mathieu, Louis, ébéniste, place Delorme, 1.

Mathonnet, Alfred, capitaine au 64e de ligne, rue de Strasbourg, 27.

Mathorel, Henri, md de vins en gros, q. Maison-Rouge, 4.

Mlle Mathorel, Marie, mde de vins et chocolat, Basse-Grand'-Rue, 28.

Mathorez, substitut, place Bretagne, 17.

V° Matran, prop., place Royale, 6.

Matat, Théophile, négociant, r. de Gigant, 22.

Maublanc, Georges, avocat, r. Guépin, 2.

V° Maublanc (de), rent., rue Royale, 4.

Maublanc (de), Louis, sous-chef à la grande gare de Mauves.

V° Maublanc (de), Amédée, quai Richebourg, 3.

Mlle Mauclerc, professeur de piano, r. Marceau, 8.

Mauclerc, Adolphe, chemin des Herses, 5.

V° Mauclerc, Adolphe, rue d'Alger, 15.

Maucours, professeur de mathématiques, quai des Tanneurs, 24.

Maucourt, Adrien, mécanicien, rue de Brosse.

Mme Mauduit (de), rue Malherbes, 15.

V° Mauduit, r. Bonne-Louise, 14.

Mauduit du Plessis (de), prop., rue Chauvin, 1.

Maufra, Émile-Louis, rue Gresset, 7.

Vᵉ Maufra, Louis, tenue Camus, 21.
Mlle Maufra, tenue Camus, 21.
Maufra, fondeur, q. Moncousu, 17, hab. r. Voltaire.
Mauffrais, huissier, quai de la Fosse, 9.
Mauffrais, m^d de légumes secs, r. Deurbroucq.
Mauffrais, m^d de liqueurs, impasse Deurbroucq.
Vᵉ Maugars, r. Royale, 12.
Vᵉ Maugars, Eugène, rue de Rennes, 32.
Maugendre, rent., rue Bel-Air, 12.
Vᵉ Mauget, r. Kervégan, 12.
Maugras, Auguste, rue de Clisson, 4.
Maugras, Hippolyte, dépositaire des allumettes chimiques, rue Guépin, hab. quai Flesselles, 3.
Mlle Maugras, Victorine, boul. Delorme, 16.
Vᵉ Maugras, Joachim, r. de Clisson, 4.
Maujouan du Gasset, r. Basse-du-Château, 1.
Maulouin, Louis, r. d'Orléans, 7.
Maulouin, Émile, q. d'Orléans, 10.
Maulouin, Prosper, passage Saint-Yves, 7 *bis*.
Vᵉ Maulouin, Hyacinthe, r. Affre.
Maulouin, François, père, r. Châteaubriant, 3.
Maumenet, Eugène, m^d de bouteilles, rue Sainte-Catherine, 16.
Maumus, Bernard, rue S.-Gohard.
Maupoint, Martin, q. d'Aiguillon, 2.
Maupon, médecin-major, quai Duquesne, 4.
Maureau, Laurent, m^d de vieux métaux, rue Grande-Biesse, 39.
Mme Maureau, rent., rue Urvoy-St-Bedan, 6.
Maurice, Vincent, r. Monthyon.

Maurice, Jean, r. Contrescarpe, 23.
Maurice, Louis, restaurateur, r. de la Bourse, 2.
Maurin, Louis, rent., rue des Arts, 4.
Maury, Adolphe, m^d de porcelaines, q. Jean-Bart, 4.
Maury, Benjamin, prop., quai Turenne, 2.
Maury, Benjamin, m^d de vins en gros, q. de l'Hôpital, 9.
Maury, Théophile, boucher, r. de Vertais, 38.
Maury, Jean-Adolphe, m^d de cristaux (associé), passage du Commerce, 3, hab. q. Jean-Bart, 4.
Maussion, Auguste, impasse de la Rosière.
Maussion, Émile, et Mlle Maussion, Céline, r. du Refuge, 12.
Mauvillain (de), Auguste, r. des Arts, 22 *bis*.
Mauvillain, aumônier des carmélites, bas chemin du Coudray, 10.
Maxence, Henri, place Lafayette, 2.
Mayaud, receveur des domaines en retraite, q. Fosse, 68.
Mayer, Léon, employé au chemin de fer nantais, rue Bonne-Louise, 17.
Vᵉ Mayeux, rue du Chapeau-Rouge, 21.
Mazaré, Louis-Marie, tenue Fabré.
Mazé, Jacques, r. Parmentier, 6.
Mazeau, Prosper, libraire, rue St-Pierre, 2.
Vᵉ Mazeau, René, r. Royale, 5.
Mazeroux, Stanislas, m^d de chicorée, r. Moquechien, 19.
Mazery, Joseph, menuisier, rue Menou, 4.
Mazery, Auguste, peintre, quai Duguay-Trouin, 7.
Vᵉ Mazier, r. Menou, 9.

Mazier, Charles-Louis, avocat, rue Menou, 9.
Mazilles, Jacques, r. Malherbes, 2.
Mazuc, Michel, vannier, rue Guépin, 6.
Méant, fermier de bac, r. Affre.
Méchinaud, Paul, quai Duguay-Trouin, 16.
Médan, Victor, papetier, chaussée Madeleine, 7.
Médée, Victor, rue Crébillon, 22.
V° Mégalland, rue Félix, 10.
Mme Meignan, Jean, boulangère, chaussée Madeleine, 43.
Meignan, Théodore-Emile, pharmacien, place La Moricière, 1.
Meiss, Leones, rabbin, r. Monthyon.
Mlle Melet, Louise, modiste, rue du Calvaire, 29.
Melin, François-Mathurin, r. Kervégan, 28.
Mellereau, Victor, m^d de fruits, pl. Saint-Pierre, 1.
V° Mellereau, Pierre, prop., place Viarmes, 8.
Mellient (de), Joseph, prop., rue Fénelon, 4.
V° Mellient (de), r. Tournefort, 2.
Mellier, René, boucher, rue Copernic, 7.
Mellinet, Emile, général, pl. Launay, 8.
V° Mellinet, Camille, imprimeur, place du Pilori, 5.
Mellinet, Charles, père, Mellinet, Charles, fils, saleur de viandes, quai des Constructions, 11, hab. tenue Camus, 19.
Melu, Pierre, rue Vieil-Hôpital, 9.
Menagé-Furcy, prop., rue Guépin, 4.
Menager, Pierre, fabt. de chocolat, rue Saint-Clément, 48.
Menager, Joseph, restaurateur, rue Pas-Périlleux, 3-5.

V° Menager, Lucien, Menager, Georges, Mlles Menager, r. Lafayette, 1.
Menager, Édouard, docteur en médecine, chaussée Madeleine, 24.
Menager, O. rent., r. Voltaire, 10.
Menager, Pierre, restaurateur, rue Regnier, 2.
Menant, Thomas, maître-maçon, passage Sainte-Anne, 21.
Menard, Ernest, quai Fosse, 87.
Menard, Armand-Nicolas, professeur au Lycée, rue des Orphelins, 16.
V° Ménard, Julien, impasse Saint-Clément, 3.
Mlle Ménard, Lucie, petite rue du Refuge, 1.
Ménard, trésorier des invalides, r. de Bréa, 4.
Ménard, ancien armurier, r. Gresset, 9.
Mlle Ménard, Pauline, rue des Cadeniers, 4.
V° Ménard, Alphonse, rue Suffren, 3.
Ménard, Henri, pâtissier, Basse-Grand'Rue, 2.
Ménard, Pierre, prêtre, rue Dobrée, 14 bis.
V° Ménard, rue Crébillon, 14.
Ménard, René, architecte, r. Voltaire, 5.
Menard, Pierre, coffretier malletier, rue Contrescarpe, 18.
V° Ménard René, Ménard Amédée, sculpteur, rue Menou, 13.
Menard Anthime, avocat, place Royale, 4.
Ménard-Briaudeau, Léon, Jules et Édouard, rue Gresset, 9.
Mlle Ménard de la Claye, rue Prémion, 4.
Mlle Ménard-Dupin, Léonie, place Graslin, 1.

Ménardeau, Pierre, tailleur, r. Contrescarpe, 15.
Mendès, Jacob, fripier, rue Saint-Nicolas, 6.
Menereau, Jean, rue des Arts, 15.
Mlle Menet, Eugénie, fabt. de corsets, quai d'Orléans, 3.
Ve Menié, Joseph, r. de Gigant, 4.
Menier, Charles-Joseph, pharmacien, place Graslin, 1.
Menildot (du), prop., r. Royale, 10.
Menoreau, Jules, horticulteur, rue des Orphelins, 19.
Menoret, Charles, passage Saint-Yves, 27.
Menoret, Auguste, serrurier, rue Saint-Clément, 51.
Ve Menu-Dumarchais, quai Turenne, 12.
Menuau, François, prêtre, rue de Paris, 50.
Merand, Joseph, tonnelier, rue de Vertais, 24.
Merand, Gabriel, menuisier, rue Saint-Nicolas, 17.
Mérant, Pierre, boisselier, chaussée Madeleine, 19.
Mercereau, François, père, chemin de la Contrie, 14.
Mercereau, Henri, représentant de commerce, chemin de la Contrie, 14.
Mercereau, Auguste, charpentier, rue Sanlecque, 5.
Mercier, Adolphe, boulanger, Ve Mercier, Michel, rue du Port-Communeau, 8.
Mercier, Jules, ferblantier, rue du Marchix, 18.
Ve Mercier et Mercier François, rue de Bel-Air, 25.
Mercier, Sébastien, cordier, île Videment.
Mercier, Emile, md de graines (associé), quai Flesselles, 3, habit. rue de Flandres, 2.

Mercier, Alfred, professeur, place Port-Maillard, 4.
Mercier, Aristide, md de crépins, rue des Halles, 9.
Mercier, Lucien, plâtrier et entrepreneur de bains publics, rue Voltaire, 19, habit. rue Puits-d'Argent.
Mercier, François, plâtrier et entrepreneur de bains publics, rue Voltaire, 19, hab. rue Régnier.
Mercier, Edmond, pharmacien, r. Crébillon, 14.
Ve Mercier, Amédée, rue de Rennes, 13.
Mercier, Jacques, md de grains, au petit Ermitage.
Ve Mercier de Boissy Saint-Ange, place Saint-Pierre, 8.
Mercier-Deniaud, prop., à la Trémissinière.
Mereau, ingénieur civil, rue de la Fosse, 23.
Mérel, Joseph, serrurier, rue Cheval-Blanc, 10.
Mériais, Théodore, expert visiteur de navires, quai Duguay-Trouin, 15.
Ve Mériaud, Pierre, prop., rue S.-Clément, 30.
Méridionale (la), compagnie d'assurances maritimes, représentée par M. Penanneck, rue de la Bastille, 45.
Merland, Constant père, Mlle Merland Céline, Merland Constant fils, rue Copernic, 3.
Ve Merland, rue du Couëdic, 10.
Merland, Félix, rue du Chapeau-Rouge, 4.
Mme Merland, Louis-François, md cordonnier, rue Urvoy-de-Saint-Bédan, 14.
Ve Merland, Claude, prop., rue S.-Nicolas, 19.
Ve Merle, Guillaume, prop., Merle, François, pet. r. Notre-Dame, 7.

Vᵉ Merlet, rue Saint-Nicolas, 21.
Merlet, Frédéric, tonnelier, r. Cuvier.
Vᵉ Merlin, rent., rue des Arts, 29.
Merlot, Pitre, prop., rue de Strasbourg, 5.
Vᵉ Mérot, place Delorme, 2.
Vᵉ Mérot, E., rue Santeuil, 4.
Vᵉ Mérot du Barré, Édouard, quai Brancas, 2.
Mérot du Barré, Henri, rue Jean-Jacques-Rousseau, 15.
Mérot du Barré, Louis, rue Bertrand-Geslin, 9.
Mersèron, Louis, capitaine au long cours, r. de Flandres, 18.
Merson, Ernest, imprimeur-typographe, r. du Calvaire, 8, habit. chemin de la Contrie, 2.
Mery, courtier de marchandises (associé), place Royale, 4, habit. r. Copernic, 3.
Vᵉ Mery, Jacques-Prosper, r. du Guesclin, 4.
Mlle Méry, Louise, quai Brancas, 5.
Mme Meslé, épicière, rue Mazagran, 1.
Meslé Etienne, rentier, chaussée de la Madeleine, 11.
Mlle Meslier, Félicie, rue Jean-Jacques Rousseau, 13.
Mesmin, Jean, commissionnaire de transports par terre, rue des Halles, 21.
Vᵉ Mesnager, Adolphe, rue Bel-Air, 5.
Mesnager, Paul, passage Sainte-Anne, 5.
Mesnard, Louis, charpentier, r. des Olivettes, 25 bis.
Mlle Mesnier, Louise, épicière, r. de la Juiverie, 12.
Mesnier, Jacques, officier d'administration, r. Marivaux, 4.

Mesnil, Isidore, garde d'artillerie, pl. du Château, 4.
Vᵉ Mestayer, Théogène, chaussée de la Madeleine, 1.
Mestayer, Léon, mᵈ de fer, chaussée de la Madeleine, 7, hab. q. Flesselles, 3.
Métaireau, Frédéric, banquier (associé), rue de la Poissonnerie, 2.
Métaireau, Narcisse, prop., place du Commerce, 3.
Vᵉ Métaireau, Pierre, épicière, r. St-Clément, 70.
Métaireau, André, quai de la Fosse, 72.
Mlle Métaireau, Justine, place du Bouffay, 6.
Métaireau, Joseph, prop., quai d'Orléans, 20.
Métaireau, Joseph, tonnelier, r. de la Boucherie, 24.
Metaireau, François, charcutier, r. de la Juiverie, 2.
Métayer, Louis, représentant de commerce, rue de la Boucherie, 30.
Metayer, Gustave, horloger, rue de la Boucherie, 30.
Métayer, rent., rue Saint-Clément, 20.
Mlle Métayer, Marie, modiste, r. de l'Arche-Sèche, 4.
Métayreaux, Joachim, rue Saint-Laurent, 3.
Meterreau, curé de Notre-Dame, r. Dobrée, 1.
Metivier, Jean-Baptiste, magasin de chaussures, r. du Calvaire, 2.
Metivier-Cornille, fabricant de chaussures, rue St-Similien, 16, hab. r. du Calvaire.
Métois, Louis-Adolphe, quai des Tanneurs, 4.
Metzinger, Charles, chemin de Couëron, 2.

Meulemberg, Pierre, m^d de chapeaux de paille, r. Voltaire, 5.

Meunier, Martin, m^d de cuirs, rue Marmontel, 3.

Meuret, Antoine, peintre sur verre, r. Ogée, 8-10.

Mlle Meuret, Sophie, libraire, rue de l'Évêché, 4.

Meven, Gustave, m^{de} de tissus, rue Crébillon, 22.

Mey, Bernard, m^d de tissus, rue de Gorges, 5.

Meynier, vicaire à Chantenay.

Ve Meynier, Meynier Léon, r. de la Fosse, 34.

Mezeray, Théodore, mercier, r. de la Verrerie, 14.

Mlle Mezière, Léonide, rue Voltaire, 26.

Mezières (de), q. Richebourg, 12.

Miault, Anatole, horloger, rue de Gorges, 7.

Michaud, Jean-André, mercier en gros, petite r. Fénelon, 3.

Michaud, André-Constant, mercier (associé), r. Fénelon, 2.

Michel, François, fripier, rue Mercœur, 14.

Michel, Antoine, charpentier, quai de Barbin, 5, habite à la Bérodière.

Michel, capitaine d'État-major, rue St-Laurent, 1.

Michel, Pierre, boulanger, quai de la Fosse, 76.

Mme Michel, rue de Rennes, 58.

Mlles Michel, Échelle Saint-Nicolas, 4.

Michel, Jean, prop., à la Raudière.

Michelet, Alfred, caissier de la Recette des Douanes, rue de l'Héronnière, 12.

Michelet, Étienne, prop., ruelle du mont Goguet.

Mlle Michot, Marie-Louise, rue Lafontaine, 5.

Michot, Arsène, peintre en voitures, r. St-André, 5.

Midi (le), Cie d'assurances contre l'incendie, représentée par M. Terrien, r. Rosière, 1.

Migault, Jean-Jules, agent-voyer, chemin du Haut-Moreau, 4.

Migné, Théodore, courtier de chevaux, passage Ste-Anne, 21.

Mignen, Victor-Aimé, passage St-Yves, 24.

Mignot, Alfred, commissionnaire en marchandises, quai de la Fosse, 5.

Mignot, Jules, imp. lithogr., passage Pommeraye.

Milandre, menuisier, rue Galissonnière, 7 9.

Milh, ancien capitaine, r. Guépin, 3.

Milh, Théophile, boulevard Saint-Aignan, 4.

Ve Milhorne, Robert, rue de Vertais, 58.

Ve Millaud, prop., Basse-Grande-Rue, 1.

Miler-Didier, quincaillier, rue des Halles, 6-8.

Ve Milleran, r. Voltaire, 10.

Mme Millerot, G., Mlles Millerot, r. de Gigant, 8.

Millet, Narcisse, r. Sarrazin, 11.

Millet, Eugène, cordonnier, place Bretagne, 7.

Millet, professeur de musique, rue Barillerie, 13.

Milliat, Alexandre, coiffeur et m^d de liqueurs, r. Guépin, 2.

Milliaut, Philadelphe, cordonnier, rue de la Fosse, 30, et rue du Calvaire, 25.

Ve Millot, Pierre, serrurier, q. de la Fosse, 91.

Ve Milon, Pierre, r. de Rennes, 110, (Villa Maria).

Milou, Léon, teinturier, rue Saint-Clément, 68.

Minchy (du), Pierre, rue d'Aguesseau, 12.

Minguet, Auguste, q. de la Madeleine.

Mine de Blanzy (la Cie des), quai Baco.

Minier, Louis, supérieur du pensionnat Saint-Stanislas, rue des Jardins, 8-10.

Minier, François, chef d'institution, r. Sarrazin, 5.

Minvielle, tapissier, boulevard Delorme, 5.

Miollet, Charles, sculpteur, rue Sarrazin, 4.

Miollis (de), Albéric, prop., au Port-Guichard.

Miroux, Gustave, restaurateur, q. Jean-Bart, 4.

Mison, Émile, représentant de commerce, q. des Tanneurs, 4.

Ve Mitouard, r. St-Clément, 21.

Mitteau, sous chef de bureau, à la Mairie, r. Bel-Air, 12.

Mocquard, fourrages, à la Ville-en-bois.

Mocquard, Jean, md boucher, q. de la Fosse, 95.

Moëglin, armateur associé, r. Mazagran, 6.

Mme Moigneteau, quai de l'Hôpital, 8.

Moillet, restaurateur, à la grande gare.

Mlles Moinard, fleuristes, Basse-Grand'Rue, 17.

Ve Minard, r. Félix, 1.

Moinard, Eugène, instituteur communal, r. Beau-Séjour.

Moisan, professeur de musique, r. Contrescarpe, 28.

Moisan, Vincent, directeur de l'École Communale, rue Duboccage, 18.

Moisan, Pierre-Charles, rue Richebourg, 52.

Moisan-Binet, place de la Petite-Hollande, 3.

Moison, Jean-Marie, horloger, chaussée de la Madeleine, 57.

Moison, Pierre, prop., place Bretagne, 2.

Mlle Moisson, Herminie, r. de Rennes, 108.

Ve Molant, Octave, r. Voltaire, 17.

Moles, Antoine, prop., r. Grande-Biesse, 34.

Mollat-Paumier, r. Fénelon, 4.

Mollat, Narcisse, prop., rue d'Erlon, 12.

Mollat, Guillaume, avocat, rue de l'Écluse, 4.

Ve Moller, Clara, rue des Cadeniers, 3.

Ve Mollière, Théodore, rue Rosière, 21.

Mollo, rent., r. du Moulin, 2.

Mombro, Alphonse, avenue de Launay, 10.

Ve Moncousu, Adolphe, rue Bertrand-Geslin, 4.

Mondain, r. du Calvaire, 9.

Monde (le), Cie d'assurances contre l'incendie, représentée par M. Bazin-Bintynais, r. Cassini, 5.

Mongin, Édouard, r. Voltaire, 2.

Mongin, Gustave, rue de la Brasserie, 13.

Mongodin, Louis, rue de Rennes, 10.

Ve Mongredien, rue de Bouillé, 2.

Monjouan du Gasset, prop., rue Malherbes, 7.

Monjouin, Gabriel, peintre, rue Royale, 2.

Monnier, Victor, aumônier à l'Hôtel-Dieu.

Monnier, Édouard, avoué, place Royale, 1.

Monnier, Pierre, rent., boul. Lelasseur.
Monnier, Alfred, r. de Rennes, 20.
Monnier, Louis, rent., rue Saint-Nicolas, 17.
Monnier, Pierre, prop., r. Haute-du-Château, 7.
Monnier, Paul, restaurateur, rue J.-J. Rousseau, 17.
Monnier, Julien-Alphonse, passage Félibien.
Mme Monnier, chemin de la Contrie, 3.
Monnier, Jacques, prop., route de Clisson.
Mme Monnier, rue Saint-Clément, 15.
Monnier, François, rue Saint-Clément, 34.
Monnier, Pierre, ferronnier, quai Brancas, 2.
Ve Monnier, Sévère, prop., r. des Arts, 13.
Ve Monnier, Mathurin, rue des Arts, 1.
Monnier-Silardière, Adolphe, corroyeur, r. Dos-d'Ane, 50.
Monnois, professeur, rue d'Alger, 15.
Mme Monpas, r. Mercœur, 2 bis.
Ve Montagne, Claude, rue de Paris, 21.
Montaignac, commis d'économat, r. du Lycée, 1.
Ve Montalan, r. de Rennes, 54.
Montauban, Michel, chemin de Vertou.
Montaudon, directeur de l'enregistrement, r. Bonne-Louise, 1.
Manternier, employé des Postes, r. Bel-Air, 14.
Ve Montevrin, q. Fosse, 18.
Montfort, Léon, docteur-médecin, r. Voltaire, 19.

Montfort, Jules, architecte, rue de Bréa, 5.
Mlle Montfort, Clarisse, mercière, pl. de la Petite-Hollande, 3.
Montfort, Charles, petite allée des Folies-Chaillou, 3.
Montfort, Benjamin, magasinier (associé), q. de la Fosse, 83-84, hab. pl. Lamoricière, 1.
Montfort, Pierre, rent., vieux chemin de Couëron.
Montfort, Victor, r. Guépin, 2.
Montfort-Ravazé, place Lamoricière, 1.
Ve Monti (la marquise de), Louise, r. Sully, 2.
Monti de Rezé (de), Henri, rue Royale, 9.
Monti de Rezé (de), Alfred, quai Ceineray, 3.
Monti de Rezé (de), Claude, quai Ceineray, 3.
Ve Monti (de), r. Félix, 13.
Ve Monti de Rezé, Édouard, (la comtesse de), r. Fénelon, 7.
Monti de Rezé, Alexandre, (le comte de), rue de la Commune, 25.
Montifret, Paul, r. Garde-Dieu, 10.
Mlles Montifret, fleuristes, r. Garde-Dieu, 10.
Ve Montluc de la Rivière, passage Leroy.
Montluc de la Rivière, vérificateur des Douanes, passage Leroy.
Montoya, maître répétiteur au Lycée, r. du Lycée, 1.
Ve Montrocher (de), Lucien, rent., Mlle Montrocher (de), pl. de la Monnaie, 3.
Mony, Charles, md de bois de sciage, r. Crucy, 15 et 31.
Moore, Michel, rue du Boccage.
Morainville, Edmond, (de), rue Racine, 11.

Moreau de Callac, colonel d'artillerie, pl. du Château, 4.

Moreau, ancien juge de paix, r. du Bouffay, 3.

Moreau, André, directeur de l'octroi, passage St-Yves, 22.

Moreau, agent-voyer, q. Baco.

Moreau, René, vicaire à la Madeleine, r. de Hercé.

Moreau, Joseph, capitaine en retraite, r. de Coutances, 19.

Moreau, Jean, m^d de tissus, rue d'Erdre, 1.

Moreau, André-François, m^d de vins en gros, quai Moncousu, 14, hab. q. de l'Hôpital, 13.

Moreau-Russeil, agent d'assurances, boulevard St-Pern.

Moreau, Sébastien, ancien capitaine, r. Monthyon.

Moreau, Auguste, confiseur, rue Basse-du-Château, 8.

Moreau, Évariste, prop., q. Duguay-Trouin, 10.

Mlle Moreau, Joséphine, rue Gresset, 15.

Moreau, Benjamin, fabricant de registres, rue de Bouillé.

Moreau, Benjamin, imprimeur-lithographe, pl. du Commerce, 1, hab. r. de Rennes, 54.

Moreau, Louis, menuisier, r. Saint-Similien, 8.

Mlle Moreau, Pélagie, maîtresse de pension, q. du Marais, 2.

Ve Moreau, Louis, prop., rue de Coulmiers.

Ve Moreau, Alfred, pl. de la Petite-Hollande, 2.

Ve Moreau, William, rue Boileau, 11.

Moreau, Henri, doreur, Haute-Grand'Rue, 21.

Moreau, Charles, chaudronnier, r. Daubenton, 9.

Moreau, Pierre, professeur communal, boul. Sébastopol.

Moreau, Gustave, représentant de commerce, q. Fosse, 85.

Moreau, Théophile, pl. Graslin, 2.

Mlle Moreau, Adèle, r. Gresset, 6.

Mme Moreau, r. Clavurerie, 2.

Moreau, Pierre, tailleur, q. Jean-Bart, 4.

Morel, Charles, conducteur des Ponts et Chaussées, impasse St-Clément, 2.

Morel, Jules, grand vicaire, à l'Évêché.

Morel, professeur au Lycée, quai Richebourg, 3.

Morel, Claude-François, q. Ile Gloriette, 16.

Ve Morel, Jean-Baptiste, rue des Salorges, 3.

Morel, Albert-Louis, libraire, rue Crébillon, 20.

Morel, François-Frédéric, armateur, r. des Coulées, 5.

Mlle Morel, Noémie, modiste, pl. Royale, 1.

Morel, Émile, coiffeur, pl. Royale, 5.

Ve Morel, François, boulevard Lelasseur.

Morel-Craissac, miroitier, petite r. des Carmes, 6.

Morel, Pierre, boucher, r. de l'Arche-Sèche, 6.

Moriceau, Auguste, mécanicien, r. des Olivettes, 18.

Ve Moriceau, r. Kervégan, 19.

Morillon, Félix, quai de la Madeleine.

Morin, Pierre, conservateur de la Bibliothèque publique, q. Brancas, 7.

Morin, Pierre, tonnelier, chaussée Madeleine, 32.

Vᵉ Morin, Léon, peintre, chaussée Madeleine, 13.

Vᵉ Morin, Frédéric, mᵈᵉ de bois de sciage, q. de la Madeleine.

Morin, Louis, charcutier, quai de la Fosse, 86.

Morin, Jean-Marie, sabotier, r. de Vertais, 52.

Morin, Simon, charcutier, rue Grande-Biesse, 33.

Morin, Jean, marbrier, r. Châteaubriant, 2.

Morin, Pierre, employé au chemin de fer, r. Basse-du-Château, 17.

Morin, directeur d'usine, avenue Launay, 21 bis.

Morin, Pascal, libraire, place Notre-Dame, 2.

Mme Morin d'Yvonnière, r. de l'Héronnière, 8.

Morin-Longuinière, Jean-Baptiste, chemin de la Contrie, 6.

Morin-Prémion, r. Basse-du-Château, 13.

Morinière (de la), Désiré, rue Fénelon, 4.

Morisseau, Pierre, prop., r. d'Allonville, 28.

Morisset, Gédéon, receveur des contributions indirectes, rue de Rennes, 16.

Mme Morisset, rue Lafontaine, 1.

Morize-Jouvellier, Ernest, mᵈ de sel en gros, quai de la Fosse, 92, habite à Orléans, q. Cyprien, 4.

Mortier, ancien architecte, q. de la Fosse, 17.

Mortier, Louis, couvreur, r. du Marchix, 54.

Vᵉ Morvan, Joseph, place Bretagne, 3.

Mosneron-Dupin, Joseph, rue Voltaire, 14.

Vᵉ Mosnier de Thouaré, r. Haute-du-Château, 19.

Mosset, Félix, mᵈ de tissus, quai Duquesne, 5.

Mottay-Garreau, mercier, rue Racine, 2.

Mouillé, Julien, mᵈ de pâtes alimentaires, Haute-Grand'rue, 1.

Mouillé, Joseph, couvreur, r. Harrouys, 2.

Mouillé, Adolphe, mercier, r. des Halles, 18.

Mouilleras, Adolphe, boulanger, q. de la Maison-Rouge, 11.

Mouilleras, François, docteur-médecin, passage St-Yves, 29.

Vᵉ Mouilleron, Amédée, chaussée la Madeleine, 35.

Mouilleron, Samuel, chaussée de la Madeleine, 35.

Vᵉ Moulin, Charles, rue de Rennes, 11-13.

Moulin de Rochefort (de), prop., r. Royale, 7.

Moulland, Adrien, huissier, r. de Fosse, 26.

Moullin, Adolphe, directeur des contributions directes en retraite, r. d'Alger, 10.

Mouniot, Auguste, coutelier, rue Crébillon, 1.

Vᵉ Mouniot, Augustin, rue Contrescarpe, 9.

Mouraud, J., armateur, r. de l'Héronnière, 8, hab. à Chantenay.

Mouraud, bois de mâtures, à la Grenouillère.

Moureau, Auguste, constructeur de mâts, r. Lanoue bras-de-fer, hab. q. Île Gloriette, 16.

Moureau, Julien, retraité des Douanes, avenue Launay, 10.

Mourier, Eugène-Nicolas, président du Tribunal civil, rue de Gigant, 40.

Mourier, Paul, r. de Gigant, 40.

Mourier, Louis, rue de Vertais, 18.

Vᵉ Mourocq, maîtresse d'hôtel, rue Félix, 3.

Moussard, René, prop., rue Saint-Similien, 6.

Mlle Moussard, Ernestine, modiste, r. St-Similien, 6.

Mousselet, Victor, rent., rue Basse-du-Château, 23.

Mousset, Jean, rue Saint-Similien, 30.

Moussier, Auguste, docteur-médecin, r. Santeuil, 5.

Moussier, Charles-Louis, opticien, r. Crébillon, 24.

Moussier, Théodore, rue Crébillon, 21.

Moussier, Célestin, vins et eaux minérales, r. du Calvaire, 10.

Vᵉ Moussier, q. de Versailles, 16.

Moussion-Vincent, mᵈ de porcelaine, rue de Feltre, 6, hab. r. de la Boucherie, 1.

Moussion, Louis, cordier, chemin des Chapelières.

Moussion, Bernard-Joseph, mercier, r. de la Poissonnerie, 8.

Mouton, Jean, prop., rue Châteaubriant, 2.

Mouton, prop., r. de Versailles, 2.

Moyon, Aristide, agent d'affaires, r. Boileau, 5, hab. quai de la Fosse, 73.

Muguet, Aristide, mᵈ de pommes de terre (associé), q. Brancas, 3, hab. q. du Port-Maillard, 7.

Muller, Frédéric, prop., r. de Coulmiers.

Muller, Prosper, rue Saint-Donatien, 10.

Muller, Charles, r. Voltaire, 25.

Mulnier, photographe, à la Ville-aux-Roses.

Vᵉ Mulot, r. Voltaire, 5.

Muneret, Hector, entrepreneur de diligences et mᵈ de chevaux, r. Crucy, 19.

Murier, Urbain, cordier fabt., rue Daubenton, 5.

Vᵉ Murphy, r. Voltaire, 23.

Musquer, Jean-Baptiste, quai de la Fosse, 60.

Vᵉ Musquer, Jean-Baptiste, r. des Arts, 10.

Musseau, Charles, avoué, q. Brancas, 5.

Musseau, architecte, r. Kléber, 1.

Mlle Musseau, r. Guépin, 6.

Musseau, Alexis, entrepositaire de bière, q. Turenne, 11.

Mlle Musset, Joséphine, épicière, r. des Arts, 2.

N

Nacquart (le comte de), Léopold, rue Colbert, 6.

Vᵉ Nadaud, Jean, q. de Lourmel.

Nail, vicaire à Sainte-Croix, rue Belle-Image, 4.

Nail, Charles, négociant, q. Flesselles, 2.

Nail, Charles-William, mᵈ de tissus (associé), quai Duquesne, 4, hab. quai Flesselles.

Nail, Charles, père, r. de Paris, 19.

Naintré, Henri, q. Ile-Gloriette, 6.

Narbonneau, Roger, représent. de commerce (associé), r. Bertrand-Geslin, 1, hab. Basse-Grand'rue, 10.

Vᵉ Nascimento, q. de la Fosse, 71.

Nassiest, menuisier, r. de la Verrerie, 10.

Nassivet, Pierre-François, mécanicien, quai Baco.

Nation (la), comp. d'assurances contre l'incendie, représentée par M. Carissan, q. Fosse, 25.

Nationale (la), comp. d'assurances contre l'incendie, représentée par M. Guesdon-Hardy, rue J.-J.-Rousseau, 13.

Nau, Paul, architecte, rue Lafayette, 16.
Nau, Hippolyte, m^d d'épiceries et vins, rue d'Orléans, 13, hab. rue du Couëdic, 11.
Ve Nau, rentière, rue Guépin, 5.
Nau, François, ébéniste, r. Saint-Vincent, 6.
Nau-Cormier, fers et aciers, à Pont-Rousseau.
Naud, Éloi, m^d de chevaux, r. S.-Clément, 22.
Naud, Alfred-Jacques, représentant de commerce, place Petite-Hollande, 2.
Naud, Alphonse, m^d de tissus (associé), rue Poissonnerie, 21, hab. rue Bléterie, 19.
Naud, Alphonse, rue Barillerie, 5.
Ve Naudin, Paul, rue Copernic, 3.
Naudin, Charles, banquier, rue Copernic, 3.
Naudin, Eugène, banquier (associé), rue de la Chalotais, 2.
Naudin, Prosper, rue Bel-Air, 24.
Naudin, Emmanuel, banquier, rue J.-J.-Rousseau, 6, r. Copernic, 3.
Naudin-Jeulin, Charles, fabt. de corsets, rue de l'Échelle, 4.
Naux, Georges, négociant, rue Lévêque, 8, hab. r. Dobrée, 14.
Naux, Édouard, négociant, quai Baco.
Naux, Gaston, négociant (associé), q. Baco, hab. q. Hôpital, 8.
Naux, Adolphe, père, quai Baco.
Naux-Hardyau, Adolphe, épicier en gros, quai Maison-Rouge, 10.
Navarre, Maurice, courtier (associé), rue Gresset, 1.
Navarre, Jules-Maurice, négociant (associé), rue de la Fosse, 32.
Nectoux, Charles, tonnelier, impasse Gaudine, 3.
Nectoux, ex-tonnelier, r. Fénelon, 2.

Négrier, Victor, plâtrier, r. Bonne-Louise, 14.
Néri du Rozet (de), conseiller de Préfecture, place Barbin, 4.
Nerrière-Surget, Auguste, peintre en bâtiments, rue Dos-d'Ane, 11.
Nesty, Maximilien, m^d de chapeaux de paille, rue du Bouffay.
Neuchâteloise, société d'assurances maritimes, représentée par M. Toché, Emile, r. de la Chalotais, 4.
Ve Neumayer, Maximilien, Neumayer Georges, place Launay, 5.
Neveu, receveur des contributions indirectes, rue de Rennes, 7.
Mlle Neveu, rue Colbert, 14.
Neveu, Jean, pension de chevaux, rue du Chapeau-Rouge, 1.
Mme Neveu-Dupont, mercière, r. Grande-Biesse, 35.
Ve Névo, Jules, rue Guépin, 12.
Neyssensa, Alfred, r. Voltaire, 19.
Neyssensa, Pierre, r. Urvoy-Saint-Bédan, 10.
Neyssensa, Pitre, capitaine de navires, rue Copernic, 4.
Nicard, pharmacien, Mont-Saint-Bernard.
Nicod, Alfred, horloger, r. Neuve-des-Capucins, 1.
Nicol, Auguste, pâtissier, rue du Port-Communeau, 11.
Nicolas, Théodore, rue Sainte-Catherine, 6.
Nicolas, Victor, mécanicien, quai Cassard, 4.
Nicolas, Etienne, m^d corroyeur (associé), rue Héronnière, 5.
Nicolas, garde-magasin, à la grande gare.
Nicolas, Etienne, r. Grande-Biesse, 45.
Nicolas, professeur au Lycée, quai des Tanneurs, 12.

Nicolas de Tremeleuc, prop., rue des Jardins, 1.

Nicolazo de Barmon, avocat, rue des Salorges, 2.

Nicole, Jean-Baptiste, juge de paix à Saint-Philbert, r. Kervégan, 24.

Nicollière (de la), Joseph, rue du Calvaire, 23.

Nicollière-Teijeiro (de la), r. Deshoulières, 1.

Mlle Nicollière (de la), Marie, passage du Sanitat, 8.

Mme Nicollière (de la), Pierre-Joseph, maîtresse de pension, rue Dugommier, 1.

Mlle Nicolleau, couturière en robes, rue de Gorges, 7.

Mlles Nicolleau, r. Barillerie, 10.

Nicolleau, Julien-Pierre, rue Boileau, 14.

Nicolleau, Auguste, modiste, rue Boileau, 14.

Nicolleau, Eugène, ingénieur mécanicien, rue Rosière, 14.

Nicolon, Ernest, chapelier, quai de la Fosse, 33.

Nicot, Léopold, directeur de l'École communale, rue Noire.

Nicou-Hamon, m^d de tissus, rue de Vertais, 87.

Nidelet, Urbain, notaire, rue Crébillon, 14.

Niel, François, prop., Niel Nicolas, Niel Marin, greffier à la Préfecture, rue Saint-Vincent, 6.

Ninoreille, Charles, mercier, Basse-Grand'Rue, 3.

Nivais, Alphonse, m^d de faïence, rue Grande Biesse, 31.

Nivard, François, chapelier, rue Franklin, 18.

Nivelle, Louis, directeur des prisons, place Lafayette.

Noblet, Léon, plâtrier, r. du Marchix, 53.

Noë, Auguste, négociant, quai de la Fosse, 41.

Noë, Martial, courtier maritime, q. Fosse, 13, hab. r. Cambronne, 2.

Mme Noë, Joseph, menuisier, rue des Récollets, 2.

Noël, Jean-Baptiste, curé de Saint-Jacques, rue de Vertou, 6.

Noël, François, tailleur, rue J.-J.-Rousseau, 11.

Noël, employé des contributions indirectes, rue Saint-Jacques, 15.

V^e Nœppel, Daniel, r. Prairie-d'Amont.

Nogues, Adelson, place Royale, 4.

Mlle Nogues, Marie, 2e allée des Folies-Chaillou.

Noiry, Émile, rue du Lycée, 6.

Noisette, Antoine-Frédéric, horticulteur, rue de Paris, 47.

Noisette, Dominique, horticulteur, Noisette Émile, horticulteur (associé), rue de Paris, 49.

Nollat, Narcisse-Sébastien, prop., rue d'Erlon, 12.

Nondin, Émile, m^d de meubles, r. Sainte-Croix, 11.

Nondin, père, rent., Basse-Grand'-Rue, 19.

Nondin, Charles, m^d de planches, quai Baco, hab. r. de l'Échelle, 4.

Ve Noordingh, Marie, rue Fontaine-de-Barbin, 5.

Normand, Léon, fleuriste, Haute-Grand'Rue, 48.

Normand, Aristide, commissaire priseur, place du Bouffay, 1.

Normand, Jean-Édouard, m^d de métaux, q. Constructions, 12.

Normand, Alexandre, mécanicien, rue Héronnière, 11.

Normand, Auguste, corroyeur, rue Saint-Similien, 2.

Normand, Louis-Benjamin, prop., rue de Rennes, 3.

Normand, Henri, m^d de grains en gros et fabt. de chandelles, rue Lenôtre, 17.

Ve Normandeau, Mlle Normandeau Pauline, rue Lafayette, 10.

Ve Normandia, Édouard, quai Turenne, 9.

Notté, Maurice, grillageur, quai de Barbin, 3.

Nottet, Gilles, m^d de chapeaux de paille, rue Grétry, 3.

Nouchet, René, quai Fosse, 68.

Nouchet, René, m^d d'engrais (associé), rue Lanoue-Bras-de-Fer, hab. quai de la Fosse, 68.

Nouhes (des), Arthur, prop., rue d'Argentré, 2.

Nourry, François, serrurier, vieux chemin de Couëron, 10.

Noury, Charles, rue Gresset, 1.

Mlle Noury, Aline, rue Gresset, 1.

Ve Noury, Charles (la baronne), r. Gresset, 1.

Ve Noury, Noury Édouard, Noury Henri, et Mlles Noury, rue Duboccage, 19.

Nouteau, Louis, commiss. de transports par eau, q. Fosse, 36.

Nouveau, Baptiste, rue Châteaubriant, 7.

Nouvel, Louis, professeur de dessin, passage Sainte-Anne, 4.

Nouvellon, Charles, p. Brancas, 6.

Noviciat des Frères des Écoles chrétiennes, place du Croisic.

Novion (la comtesse de), place Louis XVI, 4.

Noyau, Constant, visiteur d'octroi, quai de Barbin, 6.

Noyau, Benjamin, huissier, rue du Moulin, 2.

Noyrit, rentier, rue S.-Pierre, 1.

O

Obalatz, fourrures, r. de l'Écluse, 2.

Obalski, Adolphe, r. des Arts, 13.

Ocio, Emmanuel, fils, rue du Calvaire, 26.

Ocio, Emmanuel, père, chapelier, r. du Calvaire, 28.

Odion, Pitre, professeur de musique, pl. du Cirque, 1.

Ve Ody, Théodule, rue de Versailles, 15.

Officiers visiteurs de navires, q. de la Fosse, 55.

Offret-Tugdual, Jean, pharmacien, r. de Gorges, 1-3.

Mlle Ogée, Angélique, place du Bouffay, 6.

Ve Ogée, Félix, pl. du Bouffay, 6.

Ogée, Émile, architecte, pl. Neptune, 7.

Ogée, Alphonse, directeur de la Cie d'assurances le Phénix, rue Contrescarpe, 5.

Ogée, Charles, m^d de meubles, rue St-Clément, 64.

Oger, ancien notaire, rue de Gigant, 34.

Oger, Pierre-Alexis, rue Deshoulières, 1.

Oger du Rocher, Joseph, r. Gresset, 1.

Ogereau, Camille, quai de la Fosse, 85.

Ogereau, Jules, fabt. de conserves alimentaires à Chantenay, habit. q. de la Fosse, 85.

Ogereau, Jean, père, quai de la Fosse, 85.

Ogereau, rentier, quai de la Fosse, 78.

Ogereau, Jean, prop., route de Clisson, 1.

Ogier, teinturier, place Royale, 11, hab. r. Lapeyrouse, 7.

Ve Oheix, Henri, q. Turenne, 3.

Oillic, Pierre-Marie, rentier, rue Mazagran, 1.

17

Vᵉ Olivaud, r. de Gigant, 36.
Olivaud, inspecteur du télégraphe, r. de Gigant, 36.
Mlle Olive, Clarisse, r. de la Poissonnerie, 11.
Vᵉ Olive, Auguste, r. de la Poissonnerie, 11.
Olive, Léon, prop., q. Cassard, 3.
Olive, Jean-François, place du Pilori, 4.
Olive, Étienne, taillandier, rue de Vertais, 71.
Olive, ciment, à Pont-Rousseau.
Olive, Joseph, mᵈ de vins en gros, r. Levêque, 2.
Olive, rent., rue Urvoy-de-Saint-Bedan, 4.
Olive-Polo, Étienne, boulanger, r. Dos-d'Ane, 7.
Oliveau, chef de district au chemin de fer, petite rue Saint-André, 6.
Olivier, épicier, à Pont-Rousseau.
Mlle Olivier, Delphine, r. des Orphelins, 19.
Olivier, Louis, mᵈ boucher, rue de Clisson, 2.
Olivier, Théodore, rent., r. Bon-Secours, 13.
Olivier, rentier, rue de Clisson, 2.
Olivier, Auguste-Jean-Marie, q. de la Fosse, 20.
Olivier, sous-directeur de l'externat des Enfants nantais, rue Duboccage, 5-7.
Olivier, Jules, receveur municipal, r. de la Verrerie, 19.
Vᵉ Olivier, r. de la Verrerie, 19.
Olivier, Alphonse, représentant de commerce, quai de la Maison-Rouge, 7, et chaussée Madeleine, 1.
Olivier, Théodore, représentant de Commerce, chaussée Madeleine, 1.

Olivier, prêtre, r. St-Donatien, 22.
Vᵉ Olivier, Joseph, fripière, r. Guépin, 7.
Olivier, Jules-Auguste, mᵈ d'objets de curiosité, rue Contrescarpe, 2.
Mlle Olivier, Adèle, modiste, r. St-Nicolas, 19.
Vᵉ Olivier, Pierre, r. de Rennes, 5.
Olivier, Louis, boucher, rue des Halles, 3.
Olivier de la Leu, prop., rue Sully, 2.
Ollier, Jean, mᵈ forain, rue des Arts, 9.
Vᵉ Ollier-Bécheux, mᵈᵉ de graines, rue du Bouffay, 3.
Ollivier-Pergeline, Hippolyte, agent-voyer, r. Mercœur, 2.
Ollivié, Hippolyte, prop., bas-chemin de Saint-Donatien, 18.
Ollivier, Jean, tonnelier, q. Richebourg, 9.
Mme Ollivier, avenue de Launay, 14.
Ollivier-Mairy, Léon, rue Colbert, 13.
Ollivier-Mairy, Jules-Hippolyte, ruelle Bel-Air.
Ollivon, Julien, rent., boul. Sébastopol, 4.
Ollivry, Léon, boulevard Delorme, 32.
Ollivry, Gustave, boulevard Delorme, 32.
Oneau, Évariste, imprimeur-lithographe, r. des Hauts-Pavés, 20.
O'Neill, Félix, docteur-médecin, r. St-Jacques, 2.
Onillon, Auguste, prop., place Neptune, 7.
Onillon, Auguste, fils, mᵈ de charbon, quai Moncousu, 23, hab. pl. Neptune, 7.
Onillon, Alphonse, menuisier entrepreneur, rue Damrémont.

Opkirck, Franck, rent., rue de Paris, 19.

Ordronneau, Louis, rue Saint-Clément, 24.

Ordronneau, Victor, peintre en bâtiments, r. Grande-Biesse, 22.

Ordronneau, charron, à Pont-Rousseau.

Ordronneau, nattier (associé), rue Conan-Mériadec, hab. r. St-Clément, 24.

Orhon, Julien, charron-forgeron, rue des Olivettes, 35, hab. quai Magellan.

Vᵉ Orianne, à la Ville-aux-Roses.

Orieux, Eugène, agent-voyer en chef, r. Harrouys, 24.

Mme Orio, Louis, herboriste, r. du Marchix, 26.

Mme Oriolle, Paul, mercière, rue Crébillon, 2.

Oriolle, Paul, constructeur de machines, île Videment, hab. r. Crébillon, 2.

Oriol de Planes, Raphaël, pharmacien, r. de Paris, 88.

Orliac-Canoby, Antoine, place de la Monnaie, 3.

Orly, Antoine, mᵈ de tissus, r. de l'Hôtel-de-Ville, 1.

Vᵉ Ormaux, Claude-François, r. de Rennes, 83.

Ormeau, Henri, rue Deshoulières, 1.

Orsonneau, Louis, charpentier, impasse Babonneau.

Ortais, François, transports par terre, r. de l'Arche-Sèche, 1, hab. r. Bias, 3.

Orthion, Charles, r. Rubens, 6.

Orlion, René, prop., rue Châteaubriant, 23.

Ostrowski, Jérôme, pharmacien, pl. du Pilori, 10.

Ouary, Paul, plâtrier, rue d'Orléans, 6.

Oudin, Henri-Auguste, greffier au Tribunal de Commerce, r. Cassini, 5.

Mlle Oudin, Marie, rentière, chemin du Ballet, 11.

Vᵉ Ouesser, Hilaire, fabt. de chocolat, r. St-Nicolas, 11.

Ouest (l'), Cⁱᵉ d'assurances contre l'incendie, représentée par M. Halna du Frétay, directeur, r. Mondésir, 13.

Ouvrard, Joseph, charpentier, r. de Flore, hab. r. de la Seil.

Ouvrard, René, vitrier, rue Saint-Jean, 1.

Vᵉ Ouvrard, r. de Paris, 23.

Ouvrard, Frédéric, q. Baco.

Ouvrard, Louis, passementier, r. Barillerie, 9.

Ouvré, Charles, sculpteur, rue de Bouillé (Carterie).

Ouvré, Jules, conducteur des Ponts et chaussées, rue Franklin, 7.

Ouvroir Saint-Joseph, rue du Calvaire, 25.

P

Pabois, armateur, petite rue de Launay, 2.

Vᵉ Pabot, Charles, r. J.-J. Rousseau, 2.

Pacaud, Henri, prop., r. du Port-Maillard, 5.

Pacaud, Pierre, boulevard S-Pern.

Pacheco (le baron), Thomas, à la Mélinière.

Pacot, Alexandre, ferronnier, r. de Gigant, 14.

Vᵉ Pacouret, r. Beaumanoir, 4.

Mlle Paqueteau, rentière, place St-Pierre, 7.

Pacro, Louis, q. de Versailles, 17.

Vᵉ Padioleau, Aristide, rue des Bons-Français, 5.

Padioleau, Aristide, avocat, rue de l'Écluse, 1.

Padiou, Julien, quincaillier, rue du Pont-Sauvetout, 4.

Mlle Page, Sarah, passage Louis-Levesque.

Pageau, Frédéric, horloger, chaussée Madeleine.

Pageaud, Jules, encadreur, r. Guépin, 12.

Pageaud, Julien, r. Kervégan, 26.

Pageault, conserves alimentaires, à la Musse.

Pageaut-Lavergne, rue Cambronne, 9.

V° Pageot, née Gallois, rue Voltaire, 32.

V° Pageot, mercière, quai de la Fosse, 47.

Pageot, Jean, fondeur, r. Daubenton, 2, hab. r. Mellier, 4.

V° Pageot, Jean, prop., quai de la Madeleine.

Pageot, Jean, m^d de rubans, r. Crébillon, 17.

Paillard, Jean, agent d'affaires, r. Contrescarpe, 6, habit. rue Sévigné, 3.

Paillard, Lucien, couvreur, r. St-Léonard, 11.

Pailliée, Hippolyte, instituteur, rue Malherbe, 13.

Pailloux, François, prop., rue des Carmes, 17.

Paillussier, Pierre, rue Bonne-Louise, 18.

Pairon, Jean-Auguste, boucher, r. Richebourg, 15.

Pairon, François, boucher, r. Beau-Soleil, 1.

Pairon, Pierre, prop., rue du Puits-d'argent, 2.

Pairon, Émile, herbager, r. Prairie d'Amont.

Paitel, François, charcutier, r. Crébillon, 14.

Paitel, Barthélemy, charcutier, q. Fosse, 82.

V° Paitel, Pierre, prop., r. St-Similien, 41.

Paitevin, maréchal-ferrant, à la Grenouillère.

Pajarola, Antonio, pâtissier, r. du Marchix, 14.

Pajot, Constant, m^d de bois de sciage, rue des Pauts-Pavés.

Pajot de Marcheval, officier de marine en retraite, passage St-Yves, 20.

V° Paliès, Théodore, r. Châteaubriant, 1.

Palisse, appareilleur, r. de Rieux.

Pallier, jeune, boîtes à conserves, Ville-en-bois.

Pallier, Antoine, ferblantier, r. Marmontel, 8.

Mlle Palliès, rent., rue Saint-Clément, 20.

Palme (de la), Georges, représentant de commerce, pl. de la Monnaie, 6.

Palme (de la), François, pl. de la Monnaie, 6.

Palussière, Jean-Baptiste, fondeur en fer, r. de Cornulier.

Palvadeau, Florimond, boulevard Delorme, 6.

Palvadeau, Léopold, docteur-médecin, r. J.-J. Rousseau, 13.

Palvadeau, Étienne, avocat, r. des Cadeniers, 4.

Palvadeau, Auguste, avocat, r. Santeuil, 4.

Paneau, François, menuisier, rue Galissonnière, 7-9.

Panloup, Charles, Étienne, r. Morand, 11.

Pantin de la Guère, armateur, rue de Gigant, 32, habit. rue Sully, 4.

Paon, Adolphe, fabt. de peignes et bimbelotier, r. St-Denis, 1.

Papel, employé aux tabacs, r. du Port-Communeau, 10.
Mlle Papion, Émilie, r. d'Erdre, 14.
Vᵉ Papion, r. d'Erdre, 14.
Mlle Papot, Marie, institutrice, q. Jean-Bart, 1.
Vᵉ Papot, r. de Feltre, 2.
Papot, Alexis, huissier, quai Brancas, 4, habit. à la Vile-aux-Roses.
Paquereau, Jean-Marie, prop., r. Mercœur, 5.
Paquereau, Joseph, fils, mᵈ de vins en gros, r. Saint-Clément, 26.
Paquereau, Mathurin, conducteur des Ponts et chaussées, rue St-Clément, 53.
Paradis, Chéri, prop., quai de l'île Gloriette, 6.
Paranque, Antoine-Louis, représentant de commerce, rue Gressel, 9.
Paré, Joseph, r. de Rennes, 130.
Vᵉ Paré, Victor, mᵈ d'engrais, rue de Rennes, 130.
Parent, René, fripier, place Bretagne, 23.
Parenteau, Fortuné, rent., r. Bertrand-Geslin, 9.
Mme Parfitt, Euphémie, rue Menou, 13.
Parfitt, John, r. Menou, 13.
Pariche, Pierre, maître-maçon, r. des Arts, 20.
Paris, vins en gros, à la Musse.
Paris, Émile, peintre sur verre, impasse St-Clément, 3.
Paris, Joseph, serrurier, rue de la Juiverie, 17.
Paris, Antoine, chaudronnier, rue Bisson, 1-3.
Vᵉ Pariset, r. de Paris.
Vᵉ Pariset, rent., q. du Bouffay, 1.
Parme, Léon, professeur de musique, r. de l'Héronnière, 4.

Parmentier, Jean-Marie, professeur, r. du Calvaire, 25.
Parrot, Henri, mercier, place du Change, 4.
Vᵉ Pascalis St-Cyr, mercière, r. Copernic, 6.
Pascau, commissaire de marine, r. Maurice-Duval, 6.
Pasco, Jérôme, charron, rue Bel-Air, 31.
Pasco, Emmanuel, mᵈ de vins en gros, rue Urvoy de St-Bedan, 6.
Mlle Pasquier, rue Urvoy Saint-Bedan, 6.
Pasquier, Auguste, cafetier, rue Piron, 3.
Pasquier, Gustave, filateur (associé), cour Douard, 5-8, hab. q. Penthièvre.
Pasquier-Tardiveau, r. d'Erdre, 1.
Pasquiou, Joseph, mᵈ de tissus (associé), r. Affre, habite à Pilleux.
Passat, Jean-François, rue Fellonneau, 9.
Patarin, Louis et Émile, rentiers, r. de Briord, 1.
Patarin, aumônier des Carmélites, r. St-Clément, 47.
Vᵉ Patasson, Léon, pl. Royale, 1.
Paternelle (la), Cⁱᵉ d'assurances contre l'incendie, représentée par M. Haas, r. Gresset, 9.
Pation, Frédéric, rent., rue de Paris, 74.
Patissier, Sylvain, fils, rue de Feltre, 17.
Patissier, Joseph Sylvain, comptable, r. Félix, 17.
Patissou, Gustave, épicier, r. Franklin, 18.
Patissou, Octave, négociant associé, r. J.-J. Rousseau, 7.
Patisson, Alexandre, fabt. de paillassons, rue Saint-François, 1, hab. rue J.-J. Rousseau, 7.

Patoureau, fils, docteur - médecin, quai Ile-Gloriette, 2.

Patrie (la), comp. d'assurances contre l'incendie, représentée par M. Chupin, avenue Launay, 14.

Patron, aumônier de la prison, à Grillaud.

Patron, François, pâtissier, quai Fosse, 52.

Patron (le marquis de), Édouard, agent fiscal du Pérou, rue Racine, 11.

Patry, cloutier, à Pont-Rousseau.

Paty, rent., Haute-Grand'rue, 1 bis.

Paul, André, mercier (associé), r. Crébillon, 15, hab. r. Lafayette, 2.

Paul, ancien cordonnier, r. Saint-Denis, 3.

V° Paulet, m^de de bois à brûler, r. Paré, 7, hab. rue Hauts-Pavés, 61.

Mme Paulin, quai des Tanneurs, 4.

Paulinier, capitaine de recrutement, quai Jean-Bart, 2.

V° Paumard, feutre à doublage, chemin de la Tannerie, en Chantenay.

Paumier, Charles, rue d'Aguesseau, 12.

Paumier, Alcide-Pierre, courtier (associé), quai Turenne, 8.

Mlle Paumier, Aglaé, rue de Versailles, 22.

Pauvert, Stanislas, boucher, rue de Paris, 31.

Pauvert, Pierre, m^d boucher, rue Bel-Air, 53.

Pavageau, Félix, r. S.-Jacques, 4.

Pavageau, Victor, quai Fosse, 85, hab. à Buzay.

Pavec, vérificateur des Douanes, r. Cassini, 12.

Pavin, Victor, contrôleur principal des Douanes, rue Bastille, 58.

V° Paviot, Pierre, m^de de tissus, r. Arche-Sèche, 11.

Paviot, Théophile, q. Duquesne, 6.

Pavy, Jean, galochier, Haute-Grand'Rue, 15.

V° Payac, Charles, r. des Halles, 15.

Péan, Auguste, représentant de commerce, passage Louis-Levesque, 5.

Péan, Emile-Eugène, filature de chanvre et corderie, chemin de Miséricorde, 9.

Peat-Chattlock, m^d de métaux, représenté par M. Joüon, quai de la Fosse, 23.

Mme Pecard, rent., rue Royale, 12.

Peccatte, Ernest, m^d de vins, rue Basse-du-Château, 23, hab. rue Bel-Air, 19.

Peccaudière (de la), Henri, avoué, rue Scribe, 4.

Mlle Peccot, Victorine, directrice de la salle d'asile, r. Copernic, 16.

Peccot, Adrien, menuisier entrepreneur, rue Châteaubriant, 15, hab. rue de Versailles, 16.

Peccot, Mathurin, prop., rue Châteaubriant, 11, et quai de Versailles, 8.

Peccot, Adolphe, fabt. de conserves, rue de l'Échelle, 4.

V° Pechaux, Anne, Haute-Grand'-Rue, 29.

Pêche, François, horloger, rue de Gorges, 6.

Mlle Peeck, Marguerite, boulevard Delorme, 11.

Mlle Pecker, Virginie, rentière, q. Fosse, 82.

V° Pécot, Pierre, rue Châteaubriant, 10.

Pedraglio, Pierre, opticien, rue de la Fosse, 12.

Pédron, inspecteur de la comp. le Gresham, r. J.-J.-Rousseau, 10.

Pedu, Eugène, r. Saint-Léonard, 9.

Pegot, Auguste, bijoutier, r. d'Orléans, 8.

Vᵉ Péhant, Emile, avenue de Launay, 18.
Peignard, Jean-Louis, serrurier, r. Ogée, 8.
Peignard, Julien, employé aux tabacs, chemin du Coudray, 8.
Peigné, Louis, propr., r. du Moulin, 22.
Peigné, Jean, quai Ceineray, 8.
Peigné, Constant, et Peigné Eugène, imprimeurs lithochromes, rue Chaptal, hab. pl. Royale, 1.
Mlle Peigné, Eugénie, prop., place Saint-Pierre, 8.
Peigné, Ferdinand, agent d'assurances, rue Bonne-Louise, 7.
Peigné, Louis, prop., côte Saint-Sébastien.
Peigné, Pierre, mᵈ de literie, rue Bon-Secours et quai Turenne, 1.
Peigné, Gustave fils, Vᵉ Peigné, Guillaume, q. Duguay-Trouin, 6.
Mlle Peigné, Eugénie, q. Duguay-Trouin, 6.
Peigné, René, prop., rue Saint-Léonard, 37.
Peigné, Ferdinand, agent d'assurances, quai Brancas, 2.
Peigné (l'abbé), directeur de Toutes-Joies, chemin des Herses et rue Malherbe.
Vᵉ Peignon, Julien, r. de Paris, 50.
Peignon, Eugène, sculpteur, rue d'Erlon, 3.
Peinson, Emile, représentant de commerce, r. Hôtel-de-Ville, 6.
Péju, Achille, rue Héronnière, 10.
Pelé, Eugène, notaire, place Royale, 11.
Vᵉ Pelé, Julien, r. S.-Léonard, 11.
Pélieux, Félix, armateur, place du Sanitat, 3, hab. rue Galissonnière, 1.
Peligry, Théodore, naturaliste, r. de la Fosse, 4.
Peligry, rentier, r. Lekain, 2 bis.
Peligry, Denis, professeur de musique, rue Corneille, 5.
Pelissi, Jacques, mouleur, Haute-Grand'Rue, 23.
Pellat, François-Régis, rue Belleville, 1.
Pellault, rent., rue Héronnière, 11.
Pellereau, Edouard, rue Jean-Jacques-Rousseau, 11.
Pellereau, Alexandre, sellier, pl. de la Monnaie, 3.
Pellerin de la Vergne, Georges, r. d'Aguesseau, 12.
Pellerin de la Vergne, r. Royale, 17.
Pellerin, Théophile, rent., quai de Richebourg, 9.
Pellerin, Charles-Pierre, raffineur, quai de Richebourg, 15.
Pellerin, représent. de commerce, rue du Calvaire, 17.
Mlle Pellerin, Léonide, r. Sully, 6.
Pellerin, Emile, prop., rue Strasbourg, 2.
Vᵒ Pellerin, rent., quai du Port-Maillard, 7.
Vᵉ Pelletier née Bigot, rue des Orphelins, 19.
Pelletier, Auguste, restaurateur, quai de Richebourg, 12.
Pelletier, maréchal-ferrant, à la Grenouillère.
Pelletier, Pierre, prop., rue Saint-André, 52.
Vᵉ Pelletier, François, quai Turenne, 5.
Pelletier, Calixte, représentant de commerce, rue Dobrée, 16.
Pelletier, Henri, ancien notaire, rue de la Bastille, 41.
Pelletier, architecte voyer, rue de la Boucherie, 3.
Vᵉ Pelletier, place Royale, 5.
Pelletreau, fab. d'huiles, chemin de la Tannerie (Chantenay).

Mme Pello, Jean, bas chemin de Saint-Donatien, 15.
Pelloutier, Léonce, avocat, place du Commerce, 8.
Pelloutier, Léonce, employé au télégraphe, rue Bertrand-Geslin, 2.
Pellu du Champ-Renou, Émile, rent., r. de l'Héronnière, 8.
Peltier, Joseph-Hippolyte, r. Voltaire, 32.
Peltier, Julien, galochier, r. J.-J. Rousseau, 3.
Peltier, Lucien, prop., r. Rosière, 9.
Peltier, rue de l'Héronnière, 4.
Penau, Jean, carreleur (associé), Haute-Grand'rue, 1.
Penault, Charles, teinturier, r. du Calvaire, 32.
Pène, Auguste, commis principal des contributions indirectes, q. de la Fosse, 5.
Pène, Jean-Baptiste, représentant de commerce, place du Commerce, 12, hab. quai de la Fosse, 5.
Mlle Peneau, Marie, rentière, rue Voltaire, 30.
Peneau, conserves alimentaires, à la Ville-en-bois.
Peneau, ferblantier, à Pont-Rousseau.
Peneau, Pierre-Louis, mercier, rue de l'Arche-Sèche, 8.
Peneau, Joseph, fabt. de conserves, à Chantenay, habite rue Marceau, 10.
Peneau, Émile, r. Newton, 2.
Vᵉ Peneau, Julien, Basse-Grand'rue, 17.
Peneau, Alfred-Joseph, rue Kléber, 7.
Vᵉ Peneau, Auguste-Achille, q. de la Fosse, 89.
Penhouet, Ernest, menuisier, q. de la Fosse, 86.

Penisson, Charles, prop., rue de Coutances, 16.
Pennanech, Denis, assurances maritimes, r. de la Bastille, 45.
Pépin de Belle-Isle, Jules, rue Félix, 15.
Pépin de Belle-Isle, Georges, rue Félix, 15.
Pequignot, fils, imprimeur lithographe, r. Voltaire, 10.
Péquin, Léon, pl. du Bouffay, 6.
Péquin, Jules-François, corroyeur, r. St-Nicolas, 1.
Vᵉ Péquin, Jules, r. S.-Nicolas, 1.
Péquin-Bernard, ancien négociant, r. Colbert, 19.
Peraudeau, Louis, entrepreneur de maçonnerie, r. Colbert, 14.
Peraudeau, Armand, entrepreneur de maçonnerie (associé), rue Colbert, 14, habit. rue Copernic, 14.
Peraudeau, Charles, entrepreneur de maçonnerie, r. Colbert, 14, hab. r. Copernic, 10.
Perchais, Georges-Ernest, rue du Calvaire, 24.
Vᵉ Perchais, r. du Calvaire, 24.
Perdereau, Charles, fils, arbitre de commerce, r. du Moulin, 3.
Vᵉ Perdreau, Charles, rue du Moulin, 3.
Perdriel, Ferdinand, entrepreneur de travaux publics, quai de Barbin, 7.
Peretz, capitaine d'état-major, rue de Bouillé, 2.
Pérez, charpentier, quai de Saint-Louis, 5.
Pergeline, Eugène, négociant, quai Baco, hab. r. de Strasbourg.
Pergeline, Jules, directeur de l'Externat des Enfants-Nantais, r. Duboccage, 5-7.
Pergeline, Georges, rue d'Orléans, 11.

Mlle Pergeline, Julia, rue de Rennes, 54.

Pério, ancien percepteur, rue de Coutances, 14.

Periot, Félix, rue Urvoy Saint-Bedan, 2.

Perissel, Pierre, maréchal-ferrant, chaussée Madeleine, 9.

Pernel, capitaine-trésorier, au 25e dragons, rue des Orphelins, 18.

Pérochaud, Joseph, cirier, r. de la Fosse, 4.

Pérol, bimbelotier, r. Suffren, 1.

Pérol, François, r. de Gigant, 28.

Perotaux, Ange, greffier, chemin du Moulin-des-Poules, 3.

Ve Perraud, rue du Calvaire, 21.

Perraud, Léon, m^d de tissus, Basse-Grand'rue, 14.

Perraud, Marcel, m^d de tissus (associé), Basse-Grand'rue, 14.

Mlle Perraud, Fanny, pl. Delorme, 2.

Ve Perraud, rent., r. des Arts, 14.

Ve Perraud, Jean, boulangère, rue du Marchix, 32.

Perraud, Auguste, filateur, r. St-Léonard, 31.

Perraud, Auguste, fils, filateur (associé), rue Saint-Léonard, 31.

Perraud, Joseph, rent., place de la Petite-Hollande, 3.

Perraudeau, Léonidas, m^d de tissus en gros, rue Garde-Dieu, 14.

Perraudeau, François, père, rue Garde-Dieu, 14.

Perraudeau, Auguste, architecte, r. du Prénian, 5.

Perraudeau, Jules, ferronnier, rue Lafayette, 1.

Perraudeau, Jean-Louis, q. Richebourg, 1.

Perregaux, ingénieur, rue Duboccage, 22.

Perret, employé des Douanes, pl. Delorme, 2.

Perret, Emmanuel, m^d d'engrais, r. Lanoue-Bras-de-fer.

Perret, Émile, q. de la Fosse, 24.

Perret, Paul, homme de lettres, q. Jean-Bart, 1.

Perrier, employé des contributions indirectes, rue Basse-du-Château, 17.

Ve Perrier, Frédéric, rue du Calvaire, 26.

Perrier, Léon, capitaine de navires, avenue de Launay, 17.

Perrier, Pierre, épicier, rue Boileau, 11.

Perrin, Emile, architecte, rue Ogée, 10.

Perrin, aumônier des Frères, rue Bel-Air, 14.

Perrin, Louis, entrepreneur de vidanges, rue Latour d'Auvergne.

Perrin, Philippe, m^d d'engrais, route de Clisson.

Perrin, gérant de la maison Richarme, r. d'Alger, 7.

Perrin, Julien, rent., passage du Sanitat, 8.

Perrin, François, commissionnaire, pl. de la Monnaie, 5.

Perrin, Félix, magasinier, q. de la Fosse, 81.

Perrin, François, mercier, Basse-Grand'rue, 7-9.

Perrin, Émile, plâtrier, r. des Vieilles Douves, 5.

Perrinelle, Jacques, mécanicien, q. Turenne, 4.

Perrion, Charles, m^d de tissus, rue des Halles, 2.

Perrochon, Auguste, maréchal-ferrant, r. Perrault, 7.

Perrodeau, Louis, plumes à écrire, r. de l'Échelle, 3.

Perrois, Henri, maître-maçon, rue Michel Columb.

Perron-Pierrat, rue de Clisson, 2.

Mlle Perrotin, Hélène, r. Royale, 2.

Perrouin, Jean-Marie, entrepreneur de travaux publics et épicier, q. du Bouffay, 1.

Perrouin, Mathurin, cordonnier, r. Voltaire, 10.

V⁰ Perrouty, Eulalie, quai d'Orléans, 6.

Persac, Amédée, employé des Douanes, pl. Notre-Dame, 2.

Mme Persigan, Louis, mercière, r. Ste-Croix, 5.

V⁰ Perthuis, Émile, Mlle Perthuis, Valentine, r. de l'Héronnière, 4.

Mlle Perthuis, Arsène, r. Menou, 13.

Perthuis, Alexandre, grande avenue des Folies-Chaillou, 17.

Mme Perthuis, r. Cambronne, 2.

Perthuis, Camille, quincaillier, rue Bon-Secours, 11.

V⁰ Perthuis-Visonneau, Pierre, rent., r. Menou, 13.

Perthuy, noir et engrais, canal de Chantenay.

Mme Perthuys, Emmanuel, mᵈᵉ de vins, r. de Clisson, 17.

Perthuys, Emmanuel, fils, mᵈ de vins en gros, rue du Marchy, 24.

Mme Pertuset-Dorion, Élisa, rue Bonne-Louise, 14.

Pervenchère (de la), Alfred, r. du Lycée, 13.

Peschereau, Emmanuel, entrepreneur de maçonnerie, r. de l'Hôtel-de-Ville, 10.

Pétard, prêtre, r. Cassini, 4.

Petard, Jean-Baptiste, rue de Rennes, 112.

V⁰ Pétard, Jean-Marie, chef d'institution, r. Mercœur, 18.

Petel, Sélim, comptable, rue des Bons-Français, 3.

Petibon-Bochardière, r. de la Moricière, 21.

Petit, Alexandre, mercier, q. Richebourg, 15.

Petit, Émile, aubergiste, q. de la Maison-Rouge, 11.

Petit, Jean-Baptiste, docteur-médecin, chemin de Bonne-Garde.

Mme Petit, supérieure des Dames Noires, r. de Gigant, 48.

Petit, Charles, arbitre de commerce, r. du Bouffay, 2.

Petit, Jean-Alexandre, conducteur des Ponts et Chaussées, r. de Rennes, 104.

Petit, Louis, rent., rue de la Fosse, 23.

Petit, Jean, aubergiste, rue Talensac, 14.

Mlle Petit des Rochettes, Marie, q. Brancas, 1.

Mlle Petitjean, r. St-André, 36.

Petitjean, représentant de commerce, q. de la Fosse, 28.

Mlle Petitjean, rent., rue Strasbourg, 5.

V⁰ Petitjean, Alexandre, mᵈᵉ de nouveautés (associée), place Royale, 9.

Petitjean, Charles, pl. Royale, 9.

V⁰ Petitpas, r. Crébillon, 22.

Peyré, Léon, r. Newton, 2.

Peyruchat, Joseph, officier d'administration, rue de l'Hôtel-de-Ville, 3.

Peyrusset, Henri, r. des Halles, 3.

Peyssard, Georges et Charles, rue Voltaire, 1.

V⁰ Peyssard, r. Voltaire, 1.

Mlle Pezan, Victorine, rue Gresset, 3.

Phelippeau, Hippolyte, tenue Sageran.

V⁰ Phelippes-Beaulieu, Emmanuel, r. Cassini, 5.

V⁰ Phelippes-Beaulieu, rue Voltaire, 32.

Phénix (le), C¹ᵉ d'assurances contre l'incendie, représentée par M. Ogée, rue Contrescarpe, 5, et par M. Cornilier, rue Mazagran, 1.

Philippe et Cⁱᵉ, conserves, à la Ville-en-bois.

Philippe, Raoul-Alfred, pl. Launay, 7.

Philippe, Pierre, menuisier, r. Urvoy St-Bedan, 10.

Philippe, comptable au chemin de fer, r. Anison, 10.

Vᵉ Philippe, Charles, rue d'Alger, 8.

Philippe, répétiteur au Lycée, r. du Lycée, 1.

Vᵉ Picard, Jules, rentière, place Royale, 11.

Picaud, Pierre-Marie, prêtre, r. St-Clément, 33.

Vᵉ Pichard, Ambroise, mercière, petite r. des Carmes, 4.

Pichard, François, mercier, chaussée-Madeleine, 26.

Pichaud, directeur du cercle catholique d'ouvriers, rue des Neuf-Ponts.

Pichaud, Hippolyte, serrurier, r. de Gorges, 3.

Pichelin, Pierre, prop., pl. de la Petite-Hollande, 1.

Pichelin, Pierre-Émile, avocat, place de la Petite-Hollande, 1.

Pichelin, Paul, boulevard Delorme, 12.

Picherie, Pierre, corroyeur, r. de la Verrerie, 14.

Picherie, Louis, q. Cassard, 2.

Picherie, Antoine, prop., rue Ste-Catherine, 6.

Picherit, Jules-Pierre, rue de la Fosse, 16.

Picherit, René, supérieur de la Philosophie, rue Saint-Clément, 3.

Pichery, Gustave, inspecteur de la salubrité, rue de Strasbourg, 22.

Pichery, Gustave, négociant (associé), q. de la Fosse, 38, hab. q. Duguay-Trouin.

Pichery, Auguste, r. d'Erdre, 14.

Pichery-Doré, négociant, quai Duguay-Trouin, 15.

Pichon, rentier, boul. Delorme, 1.

Pichot, Pierre, bourrelier, boul. Sébastopol, 2.

Mlles Picory, q. Turenne, 4.

Picot, Félix, représentant de commerce, chaussée de la Madeleine, 21.

Picot, rent., q. Brancas, 3.

Picot, Auguste, architecte, r. Basse-du-Château, 14.

Picou, Céphire, pianiste, quai de la Fosse, 39.

Picou, Eugène, q. de la Fosse, 39.

Piédeleu, Jules, violoniste, r. Kléber, 1.

Piedvac'h, huissier, rue de la Fosse, 28.

Piel, Frédéric, professeur, r. Malherbe, 2.

Vᵉ Pierrat, Joseph, r. de Clisson, 2.

Pierregrosse (de la), capitaine en retraite, q. d'Orléans, 17.

Mme Pierron-Durassier, r. Haute-du-Château, 6.

Pierron, Jean-Pierre, quai de la Fosse, 15.

Vᵉ Piet de Boisneuf, rue d'Aguesseau, 4.

Piffard, Pierre, plâtrier, rue Saint-Similien, 1.

Piffard, Gustave, serrurier, quai Turenne, 12.

Vᵉ Pigé, Auguste, fabrique de chaussures, r. Belleville.

Pignot, Jean-François, cordier fabt. et armateur, rue Daubenton, 7.

Pihan-Dufeillay, docteur-médecin, rue de la Galissonnière, 1.

V° Pihan du Feillay, rue d'Argentré, 1.

Pihier-Géraudière, boul. Lelasseur.

V° Pihier-Géraudière, quai Ceineray, 7.

Pilard, menuisier, à la Musse.

Pilard, René, mercier, rue Contrescarpe, 2.

V° Pilet, r. de Gigant, 46.

V° Pille, Constant, quai de la Fosse, 92.

Pillet, Olivier, m^d d'engrais, rue Lanoue-Bras-de-fer.

Pillet, Frédéric, m^d de vins en gros, r. Dubois, 7.

Pilon, Eugène, q. de la Fosse, 79.

Pilon, Émile, avenue Allard, 7.

Pilon, Jules, fabt. de noir, à Chantenay, hab. avenue Allard, 5.

Pilon, frères et Cie, noir pour raffinerie, Ville-en-bois et Buzard de Chantenay.

Pilon, Adolphe, horloger, r. J.-J. Rousseau, 5.

V° Pilorgerie (de la), Camille, rue du Lycée, 15.

Pilote (le), Cie d'assurances maritimes, représentée par M. Simon, Jules, r. Newton, 2.

Pillot, Eugène, mercier, boul. Delorme, 1.

V° Pilon, avenue de Launay, 19 bis.

Pinard, vins en gros, à Pont-Rousseau, 1.

Pinard, Louis, m^d de bois à brûler, r. Lamoricière, 9.

Pinard, Auguste, rentier, rue Racine, 9.

Pinard, Joseph, boucher, r. de Vertais, 60.

Pinard, Etienne, photographe, rue Crébillon, 18.

V° Pinard, Théophile, rentière, et Pinard Eugène, m^d de grains, quai Ile-Gloriette, 19.

Pinault-Leclerc, Auguste, délégué municipal, chemin du Coudray, 26.

V° Pincé, rue d'Orléans, 8.

V° Pincet, Louis, quai Flesselles, 2 bis.

Pincet, Eugène, huissier, rue de la Fosse, 16.

Pinczon du Sel des Monts, juge au tribunal civil, boul. Delorme, 19.

Pineau, Henri, m^d de vins, place Saint-Pierre, 6.

Pineau, Hippolyte, institut. communal, rue Rabelais, 12.

Pineau, Alexis, prop., route de Clisson.

Pineau, François-Ludovic, armateur, rue Franklin, 20.

Pineau, place des Irlandais, 1.

Pineau, Auguste-François, menuisier entrepreneur, r. Kléber, 12.

Pineau, Guillaume, menuisier, rue des Coulées, 3.

Pineau, Vital, commissionnaire en grains, rue Contrescarpe, 13.

Pineau, Alfred, boul. Delorme, 23.

Pineau, Jean, boulanger, rue Cassini, 8.

Pineau, Henri, corroyeur, rue Talensac, 10.

Pineau, Auguste, maréchal-ferrant, place Viarmes, 25.

Pinel, rent., pl. La Moricière, 1.

Pinel, Jules, rue Guépin, 3.

Pinel, Louis, mécanicien, rue Arche-Sèche, 9.

Pinel, Auguste, pharmacien, place du Pilori.

Pinet, Denis, négociant, rue Voltaire, 21.

Pingrié, Frédéric, tenue Morand.

Pingrié, Louis, rent., q. Fosse, 65.

Pingrié, Mathurin et Auguste, horlogers, quai Penthièvre, 3.

Pingrié, Louis, pension de chevaux, chemin de la Pelleterie.

Pinguet, Auguste, ferblantier, q. des Constructions, 8.

Pinière (de la), Adolphe, r. Saint-Donatien, 12.

Pinson, François-Joseph, rue de Rennes, 92.

Pinson, Emile, représent. de commerce, rue Contrescarpe, 11.

Pinson, Paul, prop., rue Saint-Clément, 15.

Piochelle, Alfred, boulevard Delorme, 10.

Pion, Pierre-François, vérificateur des Douanes en retraite, rue de Rennes, 16.

Pion, Urbain, ancien armateur, Pion Urbain, fils, boulevard Delorme, 44.

Pion, Charles, m^d de tissus, Haute-Grand'Rue, 49.

Pion, Jean-Jacques, quai du Port-Maillard, 12.

Pion, Urbain, fils, filateur (assoc.), cour Douard, 5-8, hab. boulevard Delorme, 44.

Pionneau, Léon, m^d de laines filées, rue Poissonnerie, 23-25.

Piou, rent., quai Cassard, 8.

Piou, corroyeur, rue Bâclerie, 4.

Piou, Louis, m^d de vins, r. Basse-du-Château, 13.

Piou, Julien, garde-pêche, rue de Cornulier.

Pipat, Hyacinthe-Louis, prop., rue des Olivettes, 14.

Pipaud, Jean-Marie, photographe, rue Guépin, 12.

Ve Piquet, rue Saint-Clément, 17.

Piquet, Jules, huissier, rue Boileau, 11.

Ve Piquet, Jacques, m^{de} de bouchons, rue de Guérande, 5-7.

Piquet, employé au Mont de piété, rue Hôtel-de-Ville, 3.

Piraud, Charles, fils, m^d de literie, quai Cassard, 7.

Piron, Henri, fils, bourrelier, rue du Marchix, 23.

Ve Piron, Henri-René, rue de Rennes, 47.

Piron, Isidore, Piron Emile, corroyeurs (associés), rue de la Boucherie, 28.

Piron, commissaire de surveillance au chemin de fer, r. Voltaire, 7.

Piron, Julien, plâtrier, rue Lekain, 4 et 5.

Pironneau, Ernest-Louis, place de la Petite-Hollande, 2.

Pissot, Ernest, horloger, rue Barillerie, 11.

Piveau, Frédéric, rentier, quai de la Fosse, 73.

Plaçais, F., dessinateur, rue Verrerie, 7.

Planchet, Jules, artiste peintre, r. Maurice-Duval, 6.

Planet, Auguste, restaurateur, rue Scribe, 22.

Plantard, docteur-médecin, Mont-Saint-Bernard.

Plantard, rent., rue du Moulin, 11.

Planteau de Maroussem, Emile-Arsène, rue Gresset, 11.

Plard, Auguste, sellier, r. Bayard, 1.

Platet, Henri, sellier, rue Contrescarpe, 11.

Platreau, Eugène, sculpteur, rue Voltaire, 9.

Plaud, Jean, sabotier expéditeur, rue du Marchix, 28.

Plazolles, Eugène, fourniture d'horlogerie, rue du Couëdic, 10.

Plazolles, Marie-Frédéric, horloger (associé), r. du Couëdic, 10.

Plé-Legris, Louis, bois à brûler, quai de Barbin, 12.

Plédran, François, imprimeur typographe, q. Cassard, 5, hab. r. Mondésir, 2.

Vᵉ Plessis, Emmanuel, rue Deshoulières, 8.

Plessis, vérificateur de l'enregistrement, rue d'Erlon, 11.

Mlle Plessix, Elise, rent., r. Beau-Soleil, 7.

Mlle Pléven, Zoé, place Royale, 1.

Vᵉ Plévin, Joseph, rue Contrescarpe, 4.

Vᵉ Plihon, François, rue Saint-Vincent, 9.

Plihon, Stéphane-Pierre, mᵈ de carton, quai Fosse, 92.

Plihon, Gustave, docteur-médecin, rue Guépin, 2.

Plisson, plâtrier, quai Cassard, 6.

Plissonneau, Joseph, mᵈ de vins en gros, rue Sainte-Catherine, 11, hab. rue Grande-Biesse, 15.

Ploteau, François, employé des lignes télégraphiques, rue des Quarts-de-Barbin.

Vᵉ Pluchon, Hippolyte, entrepositaire de bière, r. Strasbourg, 24.

Plumelet, rue Héronnière, 14.

Poëse, Emilie, professeur de peinture, rue du Pré-Nian, 2.

Poey, Frédéric, dentiste, rue Contrescarpe, 3.

Poez, Paul, peintre, passage du Commerce, 1.

Poilane, Jean, boulanger, r. Saint-Jacques, 4.

Poilanne, Joseph, apprêteur de peaux, rue de l'Echappé.

Poilièvre, Eugène, quai de Richebourg, 12.

Poinson, René, scierie mécanique, rue Dubreil, 7.

Poinson, François, sculpteur en bois, boul. Delorme, 3.

Poiraud, Adolphe, gérant d'assurances, r. Saget, 1.

Poirier, Jean, menuisier, r. de la Commune, 10.

Vᵉ Poirier, r. Lafayette, 5.

Poirier, Jacques, rent., quai Turenne, 2.

Poirier, Alphonse, couvreur, petite r. du Refuge, 2.

Vᵉ Poirier, Théodore, r. Félix, 8.

Vᵉ Poirier-Gurval, rue Haudaudine, 2.

Poirier, Pierre, mᵈ de vins en gros, r. de la Verrerie, 4, hab. avenue Launay, 16.

Poirier, Pierre-François, ancien employé de la Voirie, passage Félibien.

Vᵉ Poirier, avenue de Launay, 16.

Poirier, Paul, ingénieur civil, rue Cassini, 5.

Poirier, Jean-Baptiste, prop., passage Russeil, 17.

Poirier, Pierre, mᵈ cordonnier, pl. du Cirque, 3.

Poirier, Arsène, mᵈ de draps, pl. Royale, 11.

Poirier-Legros, Alphonse, rent., r. Barillerie, 5.

Poiroux, Adolphe, rent., rue Saint-Clément, 78.

Poissant, François, rent., rue Kervégan, 14.

Poisson, notaire, rue de la Verrerie, 7, hab. à la Basse-Indre.

Poisson, Louis, serrurier, rue de Launay, 14.

Vᵉ Poisson, Eugène, r. Bertrand-Geslin, 2.

Poisson, Jean-Marie, mᵈ de poterie, r. Guépin, 1.

Poisson, Louis, docteur-médecin, r. du Bouffay, 2.

Poitevin, Léon, ancien receveur des contributions, rue Maurice-Duval, 6.

Poitou, aumônier de l'Hospice-Général, r. St-Jacques, 69.

Poitou, Auguste-Gabriel, r. Gresset, 1.
Poitral, François, instituteur communal, boulevard Sébastopol.
Poiret de la Rochefordière, rue Sully, 6.
Polenne, rent., au Mont Goguet.
Polo, Jules, prop., rue Bel-Air, 29.
Polo, Henri, négociant, pl. Sainte-Croix.
Polo, Paul-Auguste, m^d de tissus, r. de la Poissonnerie, 16, et rue du Bouffay, 3.
Polo, rent., q. de l'Hôpital, 8.
Polo, Auguste, négociant, rue du Bouffay, 2.
Polo, Eugène, Mlle Polo, Pauline, r. de Vertais, 71.
Pommeraye (de la), r. Saint-Clément, 79.
Ve Pommeraye, boulevard Sébastopol, 3.
Mme Pommeraye, fleuriste, petite r. des Carmes, 10.
Mme Pommereuil, Prudent, rue Newton, 2.
Ve Pomeyrol-Cirès, rue du Prénian, 5.
Pommier, Félix, tôlier, rue Châteaubriant, 2.
Ponchard, professeur de musique, r. du Calvaire, 25.
Poneau, Jacques, relieur, quai de Versailles.
Ve Ponganné, Alexis, r. de Strasbourg, 7.
Ve Ponge, Jean-François, r. J.-J. Rousseau, 1.
Ve Pont, Adélaïde, rue Franklin, 18.
Ve Pontallié, r. Guépin, 4.
Pontallié, Achille, rent., rue Saint-Donatien, 32.
Porcher, François, m^d de crépins, pont Sauvetout, 8.

Porcher, Alfred-Jean, dragueur entrepreneur, quai de la Madeleine.
Porcher-Jouffroy, malletier, r. Mercœur, 7 bis.
Ve Porcher, Jean, petite rue de Launay, 11.
Porcher-Texier, Jean, m^d de verre et cristaux, r. Pélisson.
Ve Porcher, Pierre, île Videment.
Porcheron, Pierre, prop., quai des Tanneurs, 15.
Porcheron, Pierre-Sylvain, r. Bel-Air, 11.
Porcheron, Jules, m^d de sabots en gros, q. des Tanneurs, 15.
Porret, Louis, rentier, rue de Flandres, 11.
Porson, Hippolyte, secrétaire en chef des Hospices, rue Crucy, 15.
Porson, Louis, docteur-médecin, r. St-Clément, 47.
Porquier, Georges, commissionnaire en marchandises (associé), r. Saint-Nicolas, 21, hab. rue du Boccage.
Ve Porquier, rentière, rue Rosière, 21.
Porquier, Georges-Marie, r. Duboccage, 10.
Porteau, Jean, entrepreneur de diligences, quai Turenne, 2 et 7, hab. à Rocheservière.
Porteau, Joseph, chemin du Port-Guichard.
Mlles Porteau, boulevard Delorme, 35.
Potel, Jean-Jacques, professeur, r. Harrouys, 24.
Potel, Louis, r. Mazagran, 7.
Potet, Pierre, sculpteur, rue de Paris, 89.
Pothier, aumônier des sœurs de l'Espérance, r. Sarrazin, 9-11.
Ve Potier, Félix, Potier Félix, fils, r. Copernic, 16.

Vᵉ Potier, Isidore, rue de la Poissonnerie, 12.
Vᵉ Potier, r. Rosière, 12.
Vᵉ Potier, François, r. des États, 7.
Mlle Potier de Mancourt, deuxième allée des Folies-Chaillou, 5.
Potin, Jules, teinturier, r. de l'Arche-Sèche, 4.
Potiron, Charles, mᵈ de tissus, rue Cacault, 2, hab. r. Mercœur, 18.
Potiron, Henri, mᵈ de tissus (associé), r. Cacault, 2.
Poton, Louis, vérificateur des Douanes, q. Duguay-Trouin, 12.
Potonnier, Émile, rue Deshoulières, 8.
Vᵉ Pottier, r. de Launay, 6.
Potier, représentant des droits d'auteur, r. des Arts, 27 bis.
Pottin, rentier, pl. Bretagne, 4.
Poubaud, Émile, cafetier, r. du Couëdic, 6.
Poudat, Louis, maréchal, passage Ste-Anne, 5.
Poujade, Pierre-Marie, mᵈ de bois de construction, armateur, quai Duguay-Trouin, 13.
Poujade, Émile, mᵈ de bois de construction et armateur, quai Duguay-Trouin, 13.
Poujade, François, directeur de l'École communale, r. des Coulées, 21.
Poulallieau, René, mᵈ de vins, rue Paré, 11-13 et 17.
Poulin, Louis, tonnelier, quai de la Fosse, 39, hab. rue Régnard, 1.
Poulain, Clément, fils, rue Saint-Léonard, 31.
Poulain de la Vincendière, Edmond, r. d'Aguesseau, 12.
Poulain, Étienne-Victor, mᵈ de vins en gros, q. de l'Hôpital, 11.
Poulain, Alfred-Étienne, mᵈ de vins (associé), q. de l'Hôpital, 11.

Poulain, professeur, rue Harrouys, 24.
Poulain, Louis, tonnelier, quai de la Fosse, 39, et r. de l'Héronnière, 9.
Poulain, Lucien, mᵈ d'épiceries et vins (associé), r. d'Orléans, 13, hab. petite rue Casserie, 4.
Poulain, négociant, (associé), rue Marceau, 7-9.
Mlle Poulain, r. Newton, 2.
Poulain, Clément, et Poulain, Georges, fils, passage Louis-Levesque.
Vᵉ Poulain, Jean-Baptiste, et Mlles Poulain, pl. du Commerce, 4.
Poulain, Hippolyte, rue de la Fosse, 5.
Poulet, Émile, mécanicien, rue de Vertais, 71.
Poulet, Félix, avocat, rue Crébillon, 18.
Poulin, employé des contributions indirectes, place de la Verrerie, 6.
Poulit, menuisier, rue du Calvaire, 26.
Poullain, Toussaint, menuisier, r. Saint-Laurent, 10.
Poupart, Eugène, mᵈ de vins en gros (associé), r. Dubois, 10.
Poupard, Frédéric, boulanger, pl. de la Petite-Hollande, 3.
Poupard, Louis, r. Talensac, 14.
Poupard, Eugène-Adolphe, mᵈ de vins, (associé), quai Duguay-Trouin, 7.
Poupard, Julien, prop., r. du Moulin, 14.
Poupart, Alphonse, quai Richebourg, 2.
Mme Poupart, r. Grétry, 1.
Poupart, Eugène-Adolphe, mᵈ de vins (associé), avenue de Launay, 1; hab. q. Duguay-Trouin.

Poupart, Henri, m^d d'épiceries (associé), r. d'Orléans, 13, hab. q. Brancas, 2.

Poupart, Alphonse, m^d d'épiceries (associé), rue d'Orléans, 13, hab. quai Richebourg, 2.

Ve Pouplard, Alexis, jardinière, r. du Jardin des plantes, 6.

Ve Pouplain, quai du Port-Maillard, 12.

Ve Pouponneau, r. d'Alger, 1.

Pouré, Louis-Edmond, quincaillier, r. de la Poissonnerie, 2.

Mme Pouret, Martial, m^{de} de modes (associée), q. d'Orléans, 1.

Poussard, Eugène, chapelier, hab. passage Pommeraye.

Poussin, Pierre, hongroyeur, rue Columelle.

Ve Poutier, Joseph, prop., r. St-André, 30.

Mlles Poutrelles, Élisa et Adèle, rent., r. St-Clément, 23.

Pouty, Louis, serrurier, r. de Launay, 5.

Mlle Pouvreau, Clémence, rue Cacault, 4.

Pouvreau, Auguste, r. J.-J. Rousseau, 15.

Pouvreau, Camille, r. J.-J. Rousseau, 15.

Pouvreau, Alexis, employé à la gare, r. Basse-du-Château, 11.

Pouvreau, Célestin, entrepreneur de travaux publics, rue de Vertais, 59.

Pouzin, Léon, rent., quai de la Fosse, 88.

Poydras, Joseph, employé au gaz, r. de Versailles, 27.

Ve Poydras de la Lande, Benjamin, r. d'Argentré, 2.

Poydras de la Lande, Julien, rue d'Argentré, 2.

Poyet-Gravier, Auguste, m^d de comestibles, r. du Calvaire, 10.

Pradal, Jérôme, ferronnier, quai Brancas, 3.

Ve Pradal, Émile, rue Gresset, 7.

Praud-Menuau, m^d de bois merrains, r. de Strasbourg, 2.

Praud, Pierre, prop., rue Voltaire, 3.

Ve Praud de la Nicollière, rue Racine, 3.

Praud, Auguste, fondeur, rue Daubenton, 2, habite à Plaisance.

Praud-Silardière, mégissier, rue Dos-d'âne, 26.

Ve Praud, Odic-Pierre, r. Félix, 7.

Préaubert, Louis, miroitier, r. J.-J. Rousseau, 8.

Prély-Hérisson, Claude, prop., quai de l'île Gloriette, 4.

Préservation (communauté des Dames de la), r. de Paris, 18-20.

Presse Financière (le comptoir de la), représentée par MM. Deluen et David, pl. Royale, 4.

Mlle Pressensé, Victorine, rue de la Commune, 28.

Pressensé, Gustave, m^d de vins, rue de la Commune, 28, hab. r. de la Fosse.

Pretceille, Victor, épicier, q. de la Fosse, 70.

Pretceille, Louis, père, quai de la Fosse, 72.

Pretceille, Victor, tonnelier, r. des Coulées, 7.

Pretceille, Louis, m^d de sacs de toile, q. de la Fosse, 79.

Prevel, Louis, architecte, quai Cassard, 1.

Mlle Prevel, Adèle, Prével François, q. Flesselles, 1.

Prevert, Leys, rue de la Verrerie, 7.

Prévost, Stanislas, prop., rue de Rennes, 80.

Ve Prévot, r. St-Similien, 42.

Prévôté (de la), Marcel, rue Malherbe, 14.

Prévoteau, Auguste-Louis, fondeur en cuivre, r. Menou, 8.

Prévy, Jacques, entrepreneur de maçonnerie, impasse Le Lorrain.

Prévoyance (la), Cie d'assurances maritimes, représentée par M. Guillon, pl. Lafayette, 1.

Priault, chef de station du chemin de fer, à la Bourse, quai de la Fosse, 56.

Princé, Stanislas, prop., rue Saint-Denis, 9.

Ve Prin, Adolphe, rue Sarrazin, 4.

Prin, Henri, conseiller de Cour d'Appel en retraite, pl. du Port-Maillard, 3.

Priou, Jean, q. Fosse, 96.

Mme Priou, chaus. Madeleine, 1.

Prochet, vins en gros, à Pont-Rousseau.

Proutier, boîtes à conserves, à la Musse.

Prou, Alexandre, instituteur, r. de Glisson, 4.

Proust, Théophile, droguiste, r. St-Léonard, 19.

Ve Proust, Hubert-Théodore, r. des Cadeniers, 5.

Proust de la Gironnière, fabt. de produits chimiques, rue Colbert, 11, usine rue Canclaux.

Proust, Louis, horloger, r. Contrescarpe, 11.

Proust, Pierre-Théophile, rue Dugommier, 7.

Proust, aîné, fabt. de chaussures, hab. r. des Arts, 27.

Proust, Henri, rue Saint-Similien, 10.

Proust, Jean, fabt. de chaussures, r. St-Similien, 10.

Proust, Jules, rue Saint-Similien, 10.

Providence (communauté de la grande), rue des Orphelins, 19.

Providence (la), Cie d'assurances contre l'incendie, représentée par M. Legrand, rue Royale, 8.

Provost, Émile, boulanger, rue du Roi Baco, 36.

Provost, Jean-Marie, serrurier, r. Pas-Périlleux, 10.

Provost, Louis, tourneur en bois, pont de l'Arche-Sèche, 2.

Provost, Frédéric, ancien professeur, r. Sarrazin, 18.

Prud'homme, François, rentier, r. du Marchix, 56.

Prud'homme, Pierre, rent., rue Perelle, 6.

Puget, Paul, et Puget-Laënnec, r. Bertrand-Geslin, 4.

Puget, Pierre, fabt. de savon, rue Richebourg, 4, hab. r. Bertrand-Geslin, 6.

Puibaraud, Eugène, deuxième allée des Folies-Chaillou, 10.

Ve Puibaraud, r. Mercœur, 1.

Mlle Puibaraud, r. Mercœur, 1.

Ve Puizot, Jacques, quai du Port-Maillard, 9.

Pujol, Gustave, peintre en bâtiments, r. de Bréa, 2.

Pusterle, Jean-Baptiste, rent., rue de Rennes, 80.

Pusterle de Cidrac, Auguste, professeur de musique, boulevard Delorme, 11.

Pusterle de Cidrac, Émile, commis principal des Douanes, rue Barillerie, 3.

Pusterle, René et Achille, r. Bonne-Louise, 5.

Pusterle, Benjamin, Pusterle Amédée, employé à la Mairie, rue St-Jean, 1.

Pusterle, Onésime, employé des Douanes, r. Rameau, 1.

Pusterle, rent., r. Boileau, 16.

Vᵉ Pusterle, Alfred, r. de Paris, 23.
Mlle Puybaraud, Berthe, mᵈᵉ de tissus, Puybaraud Achille, r. de Strasbourg, 26.
Mme Puygaudeau (du), Joséphine, chemin du Moulin-des-Poules, 6.

Q

Quatrou, Léon, menuisier, rue de Gigant, 13.
Vᵉ Quehan, Auguste, quai Jean-Bart, 1.
Quémet, Auguste, charcutier, pl. du Pilori, 9.
Quentin, rentier, rue de Versailles, 7.
Vᵉ Quéral (de), r. Colbert, 14.
Vᵉ Quéral (de), r. Royale, 16.
Quéral (de), place Notre-Dame, 2.
Mme Querbez, Raoul, r. des Cadeniers, 3.
Querné, François, restaurateur, r. de Guérande, 5.
Vᵉ Quesnaud, rue de la Verrerie, 10.
Quiniaud, r. de l'Héronnière, 1.
Quiquandon, Jules, rue des Pénitentes, 5.
Quirion, Jean, rue de Paris, 102.
Quirion, Louis, r. de Courson, 8.
Quirion, Pierre, menuisier, rue de Rennes.

R

Rabache, Victor, garde du génie, rue Félix, 2.
Rabault, Joseph-Honoré, rent., q. Fosse, 70.
Rabeau, Eugène, agent de change, rue Saint-Nicolas, 21, hab. rue Bonne-Louise, 2.
Rabier, Edouard, rue Bonne-Louise, 2.
Rabier, Pierre-Alphonse, prop., pl. Royale, 4.
Rabier du Villars, agent des postes, boulevard Saint-Aignan, 19.
Rabillé, Henri, rue Launay, 12.
Rabinot, fils, rue J.-J.-Rousseau, 3.
Rabitxo, Amédée, rue Deshoulières, 1.
Rabitxo, André, quai Fosse, 7.
Vᵉ Rabot, Alexandre, r. Gresset, 3.
Rabot, Alexandre-Jules, r. Saint-Nicolas, 30.
Raboteau, prop., rue Hôtel-de-Ville, 6.
Rabreau, Jean-Louis, prop., à la Greneraie.
Rabu, Pierre, r. J.-J.-Rousseau, 3.
Rabu, Jean, boulanger, rue Petite-Biesse, 14.
Mlle Rabuan, Zoé, fleuriste, r. Cacault, 10.
Racin, Eugène, r. de Strasbourg, 2.
Radigois, Pitre, commissionn. en papiers, rue de la Chalotais, 1.
Vᵉ Radigois, pl. du Pilori, 2.
Radigois, Gustave, mᵈ papetier, r. Saint-Nicolas, 10.
Mlle Radigois, Augustine, mᵈᵉ de fruits secs, rue Guépin, 2.
Radigois, Joseph, charron, rue de Vertais, 22.
Radigois, Pierre, mᵈ de grains, route de Clisson.
Rado du Matz, prop., rue Maurice-Duval, 4.
Radziwild (princesse de), rue des Cadeniers, 9.
Raffay, Pierre, répétiteur au Lycée, rue du Lycée, 1.
Raffé, employé de la comp. d'Orléans, rue Richebourg, 27.
Raffegeau, Jean, ferblantier-lampiste, rue Racine, 7.
Mme Raffenoux, Désiré, q. Moncousu, 2.

Raffin, François, cordier, rue Petite-Biesse, 20.
Vᵉ Ragot, Julien, chemin des Herses, 7.
Vᵉ Ragonnet, François, mᵈᵉ de meubles, rue Mercœur, 2.
Mme Ragot, sage-femme, rue Richebourg, 23.
Rahm, Jean, pelleteries, rue Boileau, 2.
Raiffort, Auguste, aven. Launay, 16.
Vᵉ Raiffort, Antoinette, Raiffort François, rue Verrerie, 1-3.
Raigade, Jules, prop., q. Barbin, 5.
Vᵉ Raimbaud, rue des Arts, 2.
Raimbaud, Aristide, charcutier, pl. Petite-Hollande, 1.
Raine, mécanicien, rue Richebourg, 35.
Raingeard, Henri, docteur-médecin, rue J.-J.-Rousseau, 8.
Raison, receveur de l'enregistrement, rue Colbert, 18.
Rallaud, Mathurin, mᵈ de bois de sciage, quai de la Madeleine.
Rambaud, René, sellier, chaussée Madeleine, 9.
Rambaud, Louis, r. Héronnière, 1.
Rame, Dominique, prop., rue du Bouffay, 3.
Ramé, Pierre-Marie, prop., rue de Coulmiers.
Rangot (de), prop., rue d'Aguesseau, 6.
Ranqué, Emile, rue Santeuil, 4.
Raoul, Stanislas, mᵈ de tissus, rue Dos-d'Ane, 2.
Rapin, Arthur, objets en caoutchouc (associé), place Graslin, 1, hab. rue Richer, 2 bis.
Rapin, Charles, prop., r. Bel-Air, 17.
Rassineux, Joseph, commission. en grains, place Petite-Hollande, 3.
Mlle Rasson, Constance, modist., r. Contrescarpe, 6.

Rateau, Prosper, commission. en marchandises, r. de la Fosse, 48.
Vᵉ Rateau, quai Fosse, 79.
Vᵉ Rathouys, Pierre, Rathouys Henri, avocat, q. Richebourg, 5.
Ratureau, Léon, pharmacien (associé), rue Saint-Pierre, 3, hab. Haute-Grand'Rue, 5.
Vᵉ Raux, Désiré, q. de l'Ile-Gloriette, 12.
Raux, Honoré, gréeur, chaussée Madeleine, 26.
Ravazé, Jacques, père, quai de la Fosse, 83-84.
Ravazé, Gustave, fils, q. Fosse 83-84, hab. rue Dobrée, 11.
Ravily, Hippolyte, armateur (associé), rue Chapeau-Rouge, 10, hab. à Chantenay.
Ravily, François, glacier-limonadier (associé), pl. Graslin, 2.
Vᵉ Ravon, Pierre, r. Calvaire, 26.
Ray, Joseph, mᵈ de faïence, rue Bon-Secours, 4.
Raymond du Doré, rue Suffren, 1.
Raynaud, Charles, pl. de la Monnaie, 4.
Réal, Louis, rentier, rue Arche-Sèche, 4.
Réal, Auguste, brossier, rue Contrescarpe, 10.
Rebelio, Joseph, employé des postes, rue Basse-du-Château, 2.
Rébéré, Louis-Joseph, sous-chef du secrétariat des Hospices, route de Paris.
Rébis, Joseph, professeur d'escrime, rue Haute-du-Château, 9.
Vᵉ Reby, rent., rue de Rennes, 20.
Rectz, Auguste, fils, mᵈ tailleur, r. Crébillon, 18.
Vᵉ Rectz-Jadin, Auguste, r. Crébillon, 18.
Redois, Jean, plâtrier, rue Kervégan, 9.

Vᵉ Redois, rue Belleville.
Redon, Pierre, ébéniste, rue Châteaubriant, 25.
Redor, bois, à la Grenouillère.
Redor, maréchal, Ville-en-Bois.
Vᵉ Redor, quai Fosse, 73.
Redor, Louis, coutelier, q. Fosse, 33.
Vᵉ Redor, René, quai Brancas, 3.
Redortel, Antoine, r. Talensac, 5.
Mlle Redureau, Françoise, rue S.-Clément, 40.
Reffé, François, maître-couvreur, rue de Vertais, 18.
Reffé, matériaux, à Pont-Rousseau.
Reffé, Alexandre, q. Cassard, 3.
Regain, Camille, représentant de commerce, chemin du Coudray.
Regaré, François, rue Contrescarpe, 1.
Régis, Auguste-Louis, assureur maritime, rue Frédureau, 8.
Régis, Louis-Valmont, rue Sarrazin, 9.
Régnault, Raoul, négociant (associé), place Lafayette, 2.
Régnault, Raoul, armateur (associé), rue J.-J.-Rousseau, 6. hab. place Lafayette.
Regnier, charpentier, r. Perrault, 5.
Reinhard, Adolphe, mécanicien, r. Beaumanoir, 9.
Reinhard, Pierre, r. Franklin, 9.
Reinold, Anatole, prop., quai Turenne, 6.
Relandeau, Isidore, grainetier, r. de l'Arche-Sèche, 5.
Mlles Reliquet, r. Ogée, 2.
Reliquet, caissier au Mont-de-Piété, quai des Tanneurs, 7.
Reliquet de Lépertière, Eugène, notaire, rue de l'Écluse, 4.
Reliet, Jules, mercier, quai de la Fosse, 79.

Vᵉ Rellion, fripière, rue Mercœur, 5.
Remault, François, menuisier, rue Perrault, 5.
Vᵉ Remignard Élie, et Remignard fils, r. Strasbourg, 7.
Réminiéras, Alexis, charpentier, impasse St-Vincent, 4.
Rémon, inspecteur de la Cⁱᵉ d'Orléans, q. de la Fosse, 36.
Vᵉ Remondière, Alfred, grilles de fourneaux, r. Beau-Séjour, 1.
Mlle Remy, Virginie, artiste-peintre, rue Basse-du-Château, 2.
Renac, François, pâtissier, rue de l'Hôtel-de-Ville, 9.
Renard, employé du télégraphe, r. d'Allonville, 24.
Renard, Alexis, mᵈ de bois feuillard, vieux chemin de Couëron, 14.
Renau, Eugène, maître couvreur, place Neptune, 2.
Renaud, Michel, horloger, rue des Carmes, 5.
Renaud, Paul, constructeur de machines, cale Malakoff.
Renaud, Louis, maître-maçon, q. Moncousu, 1.
Renaud, Hippolyte, employé des Ponts et chaussées, r. du Port-Communeau, 8.
Renaud, Auguste, prop., q. Duguay-Trouin, 15.
Mme Renaud, sage-femme, quai des Constructions, 8.
Mlles Renaud, Léonice et Delphine, r. de Rennes, 84.
Renaud, Pierre, au Mont-Goguet.
Vᵉ Renaud, Mathurin, malletier, r. Contrescarpe, 4.
Mme Renaud, Jean-Baptiste, r. du Calvaire, 1.
Renaud, Joseph, entrepreneur de maçonnerie, aux Bourdonnières.

Renaud, François, rent., r. Saint-Jacques, 44.

V⁰ Renaud, Louis, rue Barrière-de Couëron, 8.

Renaudin, Alexandre, pl. Dumoustier, 5.

Renaudin, Henri, peintre en décors, rue Saint-André, 9, hab. boul. Sébastopol.

Renault-Thubé, fils, percepteur, r. de Gigant, 38.

Renault, père, r. de Gigant, 38.

Render, Aloys, agent d'affaires, r. du Chapeau-Rouge, 6.

Reneaume, Octave-Paul, avocat, pl. Royale, 5, habite rue de Bréa.

Reneaume, Albert, avocat, rue Lafayette, 16.

Rengervais (de), Rolland, rue St-Pierre, 2.

V⁰ Renié, Marie, r. de Gigant, 30.

Mlle Renou, Émilie, r. de Feltre, 10.

Renou, Guillaume, prop., rue du Bouffay, 3.

Renou, Gustave, rue de la Bastille, 66.

Mlle Renou, rue Bertrand-Geslin, 2.

Mlle Renou, Angélique, prop., pl. St-Pierre. 8.

Renou, fabricant de billards, r. St-Léonard, 13.

Renoul, Eugène, place du Port-Maillard, 4.

V⁰ Renoul, Eugène, place du Port-Maillard, 4.

Renous, Thomas, menuisier, q. de l'Ile Gloriette, 8.

Reparon, Augustin, charpentier, r. des Olivettes, 7.

Ressigné, L., retraité, rue de Gigant, 22.

Retailleau, Jean, rent., bas chemin du Coudray, 12.

Réthoré, François, m^d tailleur, Haute-Grande-rue, 41-43.

Rethoré, Louis, corroyeur, rue de la Bourse, 2.

Rethoré, Bastien, m^d de chevaux, r. Sévigné, 7.

Retière, Pierre, curé de Saint-Clément, petite rue St-Clément, 9.

Retière, Louis, vicaire à Saint-Clément, petite rue St-Clément, 9.

Retière, Pierre, menuisier, rue d'Erdre, 50.

Retraite (couvent des dames de la), r. d'Aguesseau, 1.

Réunion (la), Cie d'assurances maritimes, représentée par M. Haas et de la Ganry, boulevard Delorme, 14.

Rew, Félix, prêtre, rue Saint-André, 96.

Reveault, receveur de l'Enregistrement, r. d'Erlon, 11.

Reveilleau, Antoine-Pierre, rue Mazagran, 7.

Reveilleau, François, cordier, ruelle des Grands-Jardins, 2.

Revérend, Jules, père, Revérend Jules, fils, chemin de la Contrie, 17.

Reverchon, Lucien, quai de la Fosse, 28.

Reverdy, Alexandre, papetier, rue Santeuil, 5.

Revial, commandant de gendarmerie, pl. Lafayette.

V⁰ Revial, Stéphane, rue du Guesclin, 1.

Rey, Alexandre, m^d de tissus, rue des Halles, 13.

Rey-Chovet, Jean-François, m^d passementier, rue des Halles, 22, habit. grande avenue des Folies-Chaillou.

Reynaud, Claude-Félix, maréchal-ferrant, r. Châteaubriant, 16.

Rhétière, Alfred, peintre en bâtiments, rue du Calvaire, 29.
Rhétoré, Louis, r. de la Fosse, 38.
Riallan, charpentier, r. de la Bastille, 15, habit. rue Barrière-de-Couëron, 6.
Riallan, Jules, pl. Delorme, 2.
Rialland, prêtre-professeur, r. St-Donatien, 22.
Rialland, François, magasinier, q. de la Fosse, 96.
Rialland, Pierre, m^d de bouchons, r. des Carmes, 1.
Rialland, aumônier de l'asile St-Anne, passage Russeil, 19.
Mlle Rialland, Élisa, quai des Tanneurs, 24.
Riardant, directeur du comptoir d'Escompte de Paris, place Royale, 6.
Ribard, Stéphane, docteur-médecin, quai Brancas.
Mme Ribard, Stéphane, docteur-médecin, quai Brancas.
Ribeau, vérificateur des Douanes, r. Deshoulières, 1.
Ribouleau, agent d'assurances, boul. Delorme, 8.
Ribout, Jean-Louis, rue Contrescarpe, 9.
Richard, Théophile, boulanger, pl. Saint-André, 4.
Richard, Mathurin, boulanger, rue Saint-André, 32.
Ve Richard, François, prop., r. St-Léonard, 29.
Richard, Antoine-Alexis, quai Turenne, 13.
Richard, Louis, cloutier, rue St-Clément, 81.
Richard, David, rent., rue Saint-Clément, 21.
Richard, Joseph, m^d de bois de construction, r. Latour d'Auvergne, hab. r. Racine, 7.
Ve Richard, r. St-Pierre, 1.
Richard, employé aux tabacs, rue d'Allonville.
Mlle Richard, Thérèse, corsetière, rue de la Fosse, 10.
Richard, Hippolyte-Jean, avenue Allard, 1.
Richard, Alexis-Louis, rue de Gigant, 29.
Richard, Alexandre, charpentier, r. Linnée, 1.
Richard, François, peintre-vernisseur en voitures, r. Rose, 3.
Richard, Elie, capitaine d'artillerie, rue de Strasbourg, 27.
Richard, Victor, agent-voyer, rue Dobrée, 11.
Richard, Louis, représentant de commerce, rue Voltaire, 30.
Richard, Joseph-Marie, rue Racine, 7.
Richard, Louis-Marie, horloger, r. Contrescarpe, 13.
Richard, Pierre, ancien agent d'affaires, rue Scribe, 5-7.
Richard, petite rue de Launay, 2.
Ve Richard, rue de Rennes, 58.
Ve Richard, Brutus, r. de l'Abreuvoir, 4.
Richard, officier d'administration, quai des Tanneurs, 24.
Richard, François, photographe, rue de Feltre, 19.
Richard, Siméon, m^d de couvertures, quai Cassard, 4.
Ve Richard, Alexis, m^{de} de meubles, rue de Gorges, 6.
Richard, Henri, m^d de vins en gros (associé), rue Porte-Neuve, 16.
Richard, commissionn. en grains (associé), rue Bléterie, 7, habit. rue Affre.
Mlle Richard, rent., rue du Bouffay, 2.
Richard, René, prêtre, rue Saint-Nicolas, 17.

Richard, tourneur, r. de Gigant, 10.

Richard, François, m^d boucher, r. Guépin, 4.

Mlle Richard, rue Fosse, 23.

Richard, Alexis, fripier, place Bretagne, 22.

Richard de la Vergne, Charles, q. Richebourg, 16.

Richardeau, plâtrier, r. Rameau, 2.

Richardeau, Jules, fils, m^d de bois à brûler, rue Haudaudine, 3.

Richardeau, Honoré, m^d de tissus, rue Grande-Biesse, 27.

Richardeau, Julien, prop., r. Haudaudine, 3.

Richardeau, afficheur, rue Rameau, 2.

Ve Richardson, rent., r. Cassini, 12.

Mlle Richardson, Fanny, rue de Gigant, 36.

Richardy, Armand, ferblantier-lampiste, Haute-Grand'Rue, 53.

Ve Richarme, Pierre, et Cie, m^{ds} de verre et cristaux, r. d'Alger, 7.

Richer, Pitre, boul. Delorme, 2.

Ve Richer, rue de Strasbourg.

Mlle Richer, rue de Gigant, 8.

Ve Richer, François, fripier, rue Cacault, 4.

Richer, Pitre, place Royale, 5.

Mme Richet, passage Louis-Levesque.

Richeux, vins en gros, à la Grenouillère.

Richeux, vinaigre., canal de Chantenay.

Richeux, Louis, prop., à la Tournerie.

Richeux, Jean, menuisier, rue Constantine, 3.

Richou, Anatole, mercier, rue du Cheval-Blanc, 10.

Ve Ricoleau, Angélique, modiste, rue Racine, 2.

Ricordeau, fils, boulanger, Ville-en-Bois.

Ve Ricordeau, Alexis, rue Mercœur, 1.

Mlle Ricordeau, Eugénie, r. Mercœur, 5.

Ricordeau, Félix-Louis, boulevard Sébastopol, 2.

Ricordeau, Alexis, père, propriétaire, Ricordeau Chrysostome, médecin, rue du Marchix, 14.

Ricou, Charles, rue Rubens, 12.

Ricouleau, Marie-Gilbert, prop., chaussée Madeleine, 61.

Ricouleau, Auguste, m^d de fourrages, rue des Olivettes, 23.

Ve Ricouleau, Alexandre, place du Bouffay, 4.

Ve Ricque, rent., rue Saint-Clément, 24.

Rideau, François, prop., rue de Rennes, 86.

Rideau, Alexandre, m^d de bois de sciage, rue de Rennes, 40.

Ridel, Ernest, capitaine au long cours, quai Fosse, 77.

Ridel-Perthuis, Julien-François, m^d de vins en gros, rue Moquechien, 10.

Rigaud, bourrelier, place Viarmes, 20.

Rigault, capitaine au long cours, rue Kervégan, 4.

Rigault, André, ancien employé des Douanes, chemin de Couëron, 1.

Rigault, vins en gros, à Pont-Rousseau.

Rigault, François, vicaire à Saint-Félix, rue du Ballet, 4.

Ve Rigola, Antoinette, Rigola Albert, Théophile et Louis, fumistes, rue Boileau, 4.

Ve Riguidel, Mathurin, quai Duguay-Trouin, 15.

Rimbert, Jean, boulanger, rue Scribe, 14.

Vᵉ Rimbert, quai Richebourg, 21.

Vᵉ Rinaud, François, rent., rue Crucy, 21.

Rincé, Louis, mᵈ d'engrais, au pont du Cens.

Rineau, Eugène, entrepreneur de maçonnerie (associé), quai de Versailles.

Rineau, Firmin, entrepreneur de maçonnerie, quai de Versailles.

Vᵉ Rineau, René-François, quai Duguay-Trouin, 14.

Riobé, Léon, prêtre professeur, rue Saint-Clément, 3.

Riols, Henri, commis principal des Douanes, rue Guépin, 6.

Vᵉ Riom, Jules, rue Lafayette, 18.

Riom, Alexandre-Eugène, boulevard Delorme, 35.

Riom, Jules-Edouard, avocat, rue Voltaire, 11.

Riom, Victor, rue Richer, 1.

Riom, Victor, avenue Launay, 17.

Riom, Edouard-Joseph, ferblantier, rue Richer, 2 bis, hab. boulevard Saint-Pern, 1.

Vᵉ Riom, Joseph-Benoît, rue Richer, 2 bis.

Riom, notaire aux Couëts, rue Rameau, 2.

Riom, Emile, notaire, rue Boileau, 12.

Riom, Alfred, mᵈ de métaux, rue Dubreil, 3.

Vᵉ Riou, rue Richebourg, 35.

Riou, Donatien, mᵈ de vins, rue de Paris, 100.

Mlle Riou, Pélagie, impasse Vignole, 5.

Ripaud, Mathurin, huissier, rue Boileau, 14.

Ripoche, Antoine, r. Verrerie, 1-3.

Vᵉ Ripoche, rent., rue Rosière, 1.

Vᵉ Ripoche, Haute-Grand'Rue, 32.

Ripoche, Alfred, mᵈ de papiers peints, quai d'Orléans, 2.

Ripoche, retraité des contributions indirectes, rue Soubzmain.

Rist, Jean, rent., quai Port-Maillard, 10.

Rival, rent., rue Bel-Air, 47.

Mlle Rivault, Zélie, r. de Gigant, 8.

Vᵉ Rivaux, Pierre, rue de la Bourse, 2.

Riveron-Picard, Jean-Baptiste, pl. Royale, 11.

Rivet, ex-entrepreneur, rue de Paris, 91.

Rivet, Louis et Léopold, mᵈˢ de vins en gros (associés), r. Porte-Neuve, 11.

Vᵉ Rivet, Charles, rue de Versailles, 22.

Rivet, Louis, entrepreneur de maçonnerie, quai des Tanneurs, 2.

Rivet, Édouard, fils, entrepreneur de maçonnerie, r. des Carmélites, 16.

Rivet, entrepreneur de bains publics, r. Voltaire, 19, hab. q. des Tanneurs, 2.

Rivet, Sébastien, rue Marivaux, 4.

Vᵉ Rivet de la Cholière, r. d'Aguesseau, 4.

Rivier-Fréjus, cordonnier, rue des Arts, 29.

Rivière, Jacques, huissier, place du Commerce, 3.

Rivière, Henri, r. Affre.

Rivière, Prosper, marbrier, rue Lafayette, 3.

Mlle Rivière-Deshéros, r. des Orphelins, 11.

Rivière-Deshéros, Alexandre, rue de la Bastille, 70.

Rivière-Deshéros, Alexandre, rue de Coutances, 3.

Vᵉ Rivron, Alexandre, aubergiste, pl. Viarmes, 13.

Rivron, François-Michel, fabricant de chaussures, rue de Rennes, 16 et 19.

Robas, Julien, pl. Royale, 6.

Robbe, Achille, m⁴ forain, route de Clisson.

Mlle Robert, Félicité, rue de la Bastille, 72.

Robert, Alexandre, commissionnaire, r. de la Fosse, 8.

Robert, Henri-Pierre, prop., quai Richebourg, 15 bis.

Robert, chef de gare, à la grande gare.

Robert, couvreur, à la Ville-en-Bois.

Mlle Robert, Ernestine, prop., rue Talensac, 18.

Robert, r. Harrouys, 24.

Mme Robert, Ferdinand, bijoutière, r. de la Barillerie, 13.

Robert, Charles, prop., r. de Bel-Air, 49.

Vᵉ Robert, Emmanuel, r. de Rennes, 2.

Robert, Julien, peintre, boulevard Delorme, 6.

Robert, Edouard, prop., rue Guépin, 2.

Robert, Charles, prop., r. de l'Hôtel-de-Ville, 7.

Robert, Édouard, mᵈ de tissus (associé), r. de la Commune, 1, habit. rue Basse-du-Château, 2 bis.

Robert, Étienne, pharmacien, rue Sully, 1.

Robert, directeur de la banque, r. Lafayette.

Robert, Édouard, r. Basse-du-Château, 2.

Robert, aîné, François, prêtre, pl. Louis XVI, 5.

Robert, Pierre, mᵈ de tissus, rue Ducouëdic, 10.

Robert, Louis, boitier, rue Santeuil, 1.

Robert de Lézardière des Châtaigniers, Marie, prop., rue Dubois, 1.

Robert-Massé, Baptiste, mᵈ de parapluies, rue d'Orléans, 16.

Mme Robert-Moreau, quai de l'Hôpital, 13.

Robert-Voruz, Alphonse, armateur et commissionnaire en grains, r. Racine, 9.

Roberteau, François, au Petit-Ermitage.

Vᵉ Roberti, r. Dubois, 10.

Robet, Joseph, rent., rue des États, 13.

Robillard, plâtrier, rue Haute-du-Château, 10.

Roblin, prop., r. St-Denis, 3.

Vᵉ Roblin, rentière, boul. Sébastopol, 3.

Roblin-Thébaud, Ferdinand, mᵈ de tissus, q. de la Fosse, 58.

Roblot, François, bijoutier, rue d'Erdre, 6.

Robin, Jules, menuisier, rue de Rennes, 59.

Robin, Pierre, entrepreneur de maçonnerie, rue du Pont-Sauvetout, 5.

Robin, Julien, prop., rue de Rennes, 52.

Robin, Firmin, rue Newton, 2.

Robin, Alexandre, cordonnier, Haute-Grand'rue, 61.

Robin, Jules, menuisier, rue de Rennes, 59.

Robin, Isidore, rue de la Bastille, 36.

Mme Robin, rent., r. du Bouffay, 3.

Robin, Alexandre, cordonnier, Haute-Grand'rue, 61.

Vᵉ Robin, Hippolyte, mᵈᵉ de musique, et Mlle Robin Émilie, rue de la Fosse, 21.

Robin, Lucien, prop., r. d'Allonville, 3 bis.

Robin, Victor, représentant de commerce, r. St-Denis, 9.

Vᵉ Robin-Demion, René, avenue de Launay, 24.

Mlle Robin du Parc, Émilie, rue Félix, 15.

Robineau, Maurice, quai de l'Ile Gloriette, 19.

Mme Robineau, q. de la Fosse, 88.

Robineau, Louis, mᵈ boucher, rue Lafayette, 2.

Robinet, Jean-Marie, mᵈ de vins en gros (associé), chaussée de la Madeleine, 1.

Robinet, Pierre, tailleur, rue Boileau, 12.

Robinet, François, mᵈ de tissus, petite rue Ste-Croix, 2.

Robinet, Armand, ancien notaire, r. Cassini, 1.

Robinot-Bertrand, Charles, avocat, r. Franklin, 18.

Roch, Gustave, avocat, place Royale, 6.

Rochais, Joseph, prop., à la Greneraie.

Rochard, Émile, pharmacien, r. de Strasbourg, 20.

Mlle Rochard, Reine, rue Guépin, 1.

Vᵉ Rochard, Jean, prop., rue de Paris, 26.

Rochard, Félix, horloger, Haute-Grand'rue, 38.

Rochard, Auguste, cirier, Basse-Grand'rue, 20.

Rochard, Auguste-Eugène, fabricant de bougies, r. Columelle, 10, habite Basse-Grand'r., 26.

Rochard, Jacques, prop., île Videment.

Vᵉ Rochard, q. Duguay-Trouin, 10.

Rochard-Lebreton, mᵈ de matériaux, q. de Versailles, 8.

Rochas, Jean, rue Saint-Léonard, 12.

Roche, François, corroyeur, rue Mercœur, 10.

Roche, professeur au Lycée, rue Chauvin, 1.

Roche, Xavier, mécanicien, r. de Clisson, 6.

Roche Saint-André (de la), rue Chauvin, 3.

Rochebrune (le baron de), Raoul, r. Royale, 13.

Rochefoucauld (de la), r. de Strasbourg, 24.

Mlle Rochefoucauld (de la), Juliette, r. Félix, 12.

Mlle Rochefoucauld (de la), Amélie, r. Félix, 14.

Mlle Rochefoucauld-Bayers (de la), r. de Paris, 77.

Rocher, Pierre, chaussée de la Madeleine, 28.

Rocher, Pierre, tripier, rue Moquechien, 15.

Vᵉ Rocher, rue Talensac, 10.

Mlle Rocher, Aglaé, rue Monthyon.

Vᵉ Rocher, Hippolyte, mᵈᵉ papetière, rue Jean-Jacques Rousseau, 4.

Rochereau, Hippolyte, couvreur, r. des Carmélites, 16.

Rochereau, Jean-Denis, mᵈ de tissus, r. du Calvaire, 4.

Rochereau, Henri, boucher, r. de la Boucherie, 24.

Rocheron, Baptiste, mᵈ chaudronnier, r. d'Erlon, 10.

Rochet, Ernest, capitaine au long cours, rue Basse-du-Château, 14.

Vᵉ Rochet, Adolphe, prop., quai Brancas, 8.

Mlle Rochet, Delphine, place La Moricière, 1.

Vᵉ Rocheteau, François, chaussée Madeleine, 9.

Mlle Rocour, mercière, quai Ile-Gloriette, 13.

Rocton, sous-chef des gares, rue d'Allonville, 15.

Roger, couvreur (associé), rue Richebourg, 20, hab. r. Carmes.

Roger, Théodore, professeur, rue Saint-Donatien, 24.

Roger, Louis, rue de la Piperie.

V° Roger, rue de la Commune, 19.

V° Roger, rue Crébillon, 18.

Roger, Théophile, armateur, rue des Cadeniers, 4.

Roger, Laurent, ingénieur civil, r. de Rennes, 126.

Roger, Jean et Emile, au Mont-Goguet.

Roger, Jean, employé au chemin de fer, ruelle Montfoulon, 2.

Roger, Jean, prop., rue du Moulin, 15.

Roi, Frédéric, représent. de commerce, quai Richebourg, 15.

Roideau, Pierre, bandagiste, Haute-Grand'Rue, 47.

Roilleau, Auguste, m^d de sabots, rue Bon-Secours, 7.

V° Roinard, avenue de Launay, 10.

Rolland, Henri, r. des Pénitentes, 1.

V° Rolland, Félix, r. de Rennes, 9.

Mme Romain (la comtesse de), rue Royale, 19.

Romanet, Auguste, place Pilori, 4.

V° Romanne, bains et douches, rue du Boccage, 2.

Rome, Alexandre, rent., à la Bérodière.

V° Romfort, rue Paré, 1.

Romfort, Léonce, Romfort Pierre-François, avocat, place de la Monnaie, 3.

V° Romfort, rent., rue Racine, 7.

Mlles Romké, Elisabeth et Sophie, rue Dugommier, 7.

V° Rondeau, rue Haute-du-Château, 10.

Rondeau, Jean, prop., chemin du Port-Guichard.

V° Rondeau Auguste, Rondeau Henri, Mlle Rondeau Gabriel, rue Arche-Sèche, 2.

V° Rondeau, Emile, rue Briord, 6.

V° Rondel, quai Fosse, 58.

Rondenet, conserves, à la Musse.

Rondenet, Aristide, rue Kervégan, 11.

Mlle Rondenet, Elisabeth, quai de la Fosse, 85.

Rondet, Aimé, papetier, place du Bon-Pasteur.

Rongère, Jacques, rent., rue du Calvaire, 32.

Rongère, Gilbert, forgeron, rue Latour-d'Auvergne.

Ronsain, François, prop., rue Richebourg, 30.

Ropart, Jean-Baptiste, rue du Calvaire, 20.

Ropart, Jean-Baptiste, prop., à la Greneraie.

Ropert, Didier, régisseur des droits de place, quai Maison-Rouge, 3.

Roques, Hippolyte, r. Voltaire, 14.

Roques, Narcisse, professeur au Lycée, rue de Rennes, 4.

V° Roques, rue Guépin, 6.

Roquette, Charles, docteur-médecin, quai Turenne, 10.

V° Rorthays (de), Laurent, rue Châteaubriant, 1.

Rorthais (de), Alphonse, rue Royale, 9.

Rose, Charles, fabt. de peignes, r. Jean-Jacques-Rousseau, 3.

Rosier, Jean-Baptiste, prop., rue Saint-Clément, 65-67.

Mlle Rosier, Félicité, quai d'Orléans, 3.

Vᵉ Rossignol, 2ᵉ allée des Folies-Chaillou, 13.

Rostaing-Derivas (de), Eugène, r. Crébillon, 22.

Rostembach, Albert, brasseur (associé), rue Grande-Biesse, 2, hab. rue Paré, 11.

Rotier, François, rue Bastille, 4.

Rouaud, commis à l'Hospice-Général, rue de Strasbourg, 3.

Rouaud (de), Evariste, r. Sully, 4.

Rouaud, employé au gaz, rue de Strasbourg.

Rouche, Hyacinthe, mᵈ d'engrais, quai Fosse, 53.

Rouché, Louis, mécanicien, quai Richebourg, 20.

Rouchy, J., jeune, grains en gros, quai de la Fosse, 10.

Rouennel, répétiteur au Lycée, rue du Lycée, 1.

Rouëssard, Julien, commissaire central, r. Port-Communeau, 23.

Rougé, Sulpice, quai d'Orléans, 5.

Rougé, Jules, maître-maçon, quai Turenne, 9.

Rougier-Laganne, Edouard, négociant, rue Bonne-Louise, 2.

Rougier-Laganne, Emile, r. Voltaire, 9.

Rougier-Laganne, Henri, rue du Calvaire, 24.

Mlles Rouillard, institutrices, quai Duguay-Trouin, 12.

Vᵉ Rouillé, Constant, rue des Arts, 18.

Rouillé, Joseph, chamoiseur, quai des Tanneurs, 14.

Rouillé, Jean-François, rue Saint-Jacques, 27.

Rouland, ancien notaire, quai Richebourg, 15.

Rouleau, Julien, mᵈ de graines, r. des Halles, 20.

Mlles Rouleau, prop., rue Saint-Clément, 19.

Mme Roulet, rue Lafontaine, 1.

Roulleau, rent., quai d'Orléans, 21.

Vᵉ Rouller, apprêteur de courroies, rue Bâclerie, 2.

Vᵉ Roullin, Pierre, Roullin Stanislas, mécanicien (associé), q. Magellan.

Rouscilles, Alfred, ferblantier-lampiste, rue du Marchix, 10.

Rouscilles, Henri, mᵈ tapissier, r. du Moulin, 2.

Rousse, Gaston, capitaine au long cours, rue Bon-Secours, 13.

Rousse, Joseph, licencié en droit, rue Lafayette, 11.

Rousseau, employé des postes, rue d'Erdre, 1.

Rousseau, René, chapelier, rue des Vieilles-Douves.

Rousseau, Etienne, aumônier, rue des Orphelins, 17.

Rousseau, Félix, ferblantier, rue du Marchix, 49.

Rousseau, rent., r. St-Clément, 15.

Rousseau, Henri, moutardier, rue Arche-Sèche, 19.

Rousseau, Jacques, directeur de l'école protestante, rue Dugommier, 4.

Rousseau, Charles, mᵈ de tissus, r. de Briord, 18.

Rousseau, Jean, fumiste, r. Lambert, 9.

Rousseau, Paul, rent., r. Voltaire, 5.

Rousseau, Julien, quai Fosse, 32.

Rousseau, gréeur, quai Fosse, 85, hab. quai Fosse, 59.

Vᵉ Rousseau, rent., rue Gresset, 1.

Rousseau, Jules, droguiste, r. d'Alger, 9, hab. même rue, 12.

Rousseau, Auguste, droguiste (associé), r. de Bréa, 5.

Rousseau, Frédéric, constructeur de canots, q. St-Louis, 1-2, hab. avenue Sainte-Anne, 18.

Mlle Rousseau, Émilie, rue Crébillon, 22.
Rousseau, ingénieur des Ponts et Chaussées, avenue de Launay, 20.
Rousseau, Auguste, place Notre-Dame, 2.
Rousseau, André, minotier, q. de l'Ile Gloriette, 13.
Rousseau, Joseph, constructeur de bateaux, q. de la Madeleine, hab. pl. Neptune.
Rousseau, Jean-Félix, côte Saint-Sébastien, 8.
Rousseau, Jean-Baptiste, r. petite Biesse, 16.
Rousseau, Jean, charpentier, rue Dos-d'âne, 53.
Rousseau, François, boulanger, chaussée Madeleine, 26.
Roussechaussée, René, fondeur en fer (associé), rue Latour d'Auvergne.
Roussel, commis d'administration des Hospices, quai de l'Ile Gloriette, 3.
Roussel, Henri, capitaine d'état-major régional, r. Saget, 1.
Vᵉ Roussel, passage Russeil, 18.
Rousselet, Jean, quai Moncousu, 4.
Rousselot, Auguste, banquier, rue du Chapeau-Rouge, habit. boul. Delorme, 20.
Rousselot, Jules, banquier, rue du Chapeau-Rouge, 6, hab. r. Deshoulières.
Rousselot aîné et fils, banquiers, rue Lafayette, 11.
Mlle Rousselot, pl. du Pilori, 3.
Rousselot, Baptiste, bandagiste, r. des Arts, 28.
Roussel, matériaux pour bâtir, canal de Chantenay.
Roussier, Jules-Guillaume, quai Cassard, 5.

Vᵉ Roussière (de la), rent., rue Félix, 4.
Roussin, Alfred, sous-commissaire de Marine, r. Voltaire, 5.
Rousteau, Henri, chanoine, r. St-André, 17.
Vᵉ Rousteau, Jean, Mlle Rousteau Berthe ; Rousteau Charles-Émile, quai Duguay-Trouin, 14.
Vᵉ Routier, rue Voltaire, 22.
Mme Rouvray, tenue Camus, 1.
Roux, Gustave, mercier, rue de la Fosse, 23.
Roux, receveur des contributions indirectes, r. Moquechien, 19.
Roux, Thomas, Julien, rue Cambronne, 2.
Roux, Gustave, facteur de pianos, r. Boileau.
Roux, François, professeur de belles-lettres, r. Richebourg, 52.
Rouxeau, Frédéric, fils, quai Turenne, 13.
Mlle Rouxeau, Joséphine, Vᵉ Rouxeau, r. du Prénian, 5.
Rouxeau, Charles, docteur-médecin, r. Paré, 1.
Mlles Rouxel, r. de Paris, 34.
Rouxel, Guillaume, teinturier, rue J.-J. Rousseau, 5.
Rouxel, Athanase-Eugène, commissaire de marine en retraite, r. des Salorges, 13.
Rouxel, Joseph, boulanger, rue Pérelle, 10.
Rouxière (de la), pl. Louis XVI, 1.
Rouzeau, Bernard, petite r. Saint-André, 5.
Rouziou, Joseph, maître-couvreur, r. de Gigant, 10.
Mlle Row, professeur, rue Châteaubriant, 23.
Roy, Alexandre, curé de St-Nicolas, r. Affre, 6.
Roy, Robert-Louis, rent., q. du Port-Maillard, 13.

Roy, Léon, capitaine de frégate en retraite, q. du Bouffay, 1.

Roy, Marcel, rue Cambronne, 2.

Roy, Gaston, dispatcher, rue de la Fosse, 34, habit. rue Guépin, 1.

Mlle Roy, Elisabeth, r. de Paris, 19.

Mlle Roy, Laure, r. J.-J. Rousseau, 17.

Roy, Urbain, r. Racine, 8.

Royer, Pierre, père, mesureur juré, q. Duguay-Trouin, 14.

Royer, Pierre, fils, mesureur juré (associé), quai Duguay-Trouin, 14, habit. quai des Tanneurs, 2.

Royer, Hippolyte, m^d de bois de sciage, q. Moncousu, 11, et rue Ste-Marie, 2.

Royer, Stéphane, m^d tailleur, rue Contrescarpe, 1, hab. rue Crébillon, 7.

Royer, Jean, prop., rue Fénelon, 2.

Rozier, Alexandre, rue de Versailles, 7.

Rozier, Pitre, commissionnaire en marchandises, r. Régnard, 1.

Rozier, capitaine au long cours, r. Bonne-Louise, 17.

Rozier, Epiphane, q. Turenne, 11.

Rozier, Jean-Baptiste, tonnelier, r. Richebourg, 7.

Mlle Ruaud, Rose, rent., q. Duguay-Trouin, 14.

Ruault, ingénieur, rue Boileau, 7.

Ruché, René, agent-voyer, rue du Muséum, 2.

Ve Rucher-Bazelais, Alfred, rue de Rennes.

Rudin, François-Hippolyte, employé de la marine, rue de Rennes, 9.

Rue du Can (de la), prêtre, place St-Pierre, 7.

Ruidiaz-Militon, Fernandez, r. du Calvaire, 25.

Ruidiaz (de), Henri, rue Paré, 11-13.

Ruilhier-Haon, Régis, m^d de dentelles, rue Paré, 7.

Ruillier de Beaucorps, prop., r. de la Commune, 28.

Rupli, m^d de fourrures, rue Crébillon, 2.

Russeil, Léon, m^d d'engrais, rue Voltaire, 1, hab. r. d'Alger, 8.

Russeil, Francis, laminerie et fonderie, rue Rollin, 1-3.

Russeil, Hilaire, voilier, q. de la Fosse, 24.

Russeil, Arthur, boulevard Delorme, 11.

Mlle Russeil, Angèle, prop., Mlle Russeil, Juliette, prop., r. Talensac, 18.

Ryo, employé à la manutention, r. de l'Hôtel-de-Ville, 7.

S

Sabattier, Jean, mercier, q. du Bouffay.

Mlle Sablé, Élisabeth, rent., r. de Rennes, 104.

Sablier, Gilles, m^d tailleur, r. d'Orléans, 13.

Mme Sabot, Jules, fabr. de brosses, r. d'Alger, 14.

Saboureau-Chabosseau, rent., rue du Calvaire, 10.

Sacré-Cœur (communauté des Dames du), r. de Paris, 25.

Saffré, Léon, employé des Douanes en retraite, r. Bel-Air, 47.

Ve Sageran, Joseph-Émile, r. de la Bastille, 68.

Sageran, Raymond, rue de la Bastille, 68.

Sagesse (communauté des sœurs de la), rue d'Allonville, 32.

Mlle Saget, Léocadie, rue Menou, 13.

Vᵉ Saget, Charles, armateur, rue Menou, 13.
Saget, Mathurin, pl. du Change, 7.
Mlle Saget, Charlotte, r. Menou, 13.
Saget, Théodore, fils, mᵈ bijoutier, Basse-Grand'rue, 28.
Vᵉ Saillant, Lucien, place de la Monnaie, 3.
Saint, frères, mᵈ de sacs, quai Duguay-Trouin, 16.
Saint-AngeGanaud, Émile, employé à la gare, r. St-Clément, 76.
Saint-Céran (de), Louis, rue de Briord, 14.
Mme Saint-Exupéry (de), rue Félix, 12.
Vᵉ Saint-Georges (de), r. Sully, 3.
Saint-Gervais (de), Auguste, rue Félix, 11.
Mlles Saint-Hubert (de), rue Sully, 7.
Saint-Joseph (communauté des sœur de), r. des Orphelins, 9-11.
Saint-Louis de Gonzague (pensionnat des frères de), r. de Hercé.
Vᵉ Saint-Marc, r. Gresset, 11.
Saint-Maxence (de), rent., r. Copernic, 6-8.
Mlle Saint-Pern (de), Berthe, rue Félix, 13.
Saint-Pern (de), Bertrand, place Launay, 1.
Saint-Pern (le comte de), Raoul, magasinier, r. Biaise, 9, hab. r. Malherbes, 9.
Mme Saint-Quentin (de), rue du Prénian, 2.
Saint-Quentin (de), Léon, employé des Douanes, ruelle des Grands-Jardins, 10.
Saint-Stanislas (pensionnat), rue des Jardins, 8-10.
Sainte-Marie, Alexandre, teinturier, r. des Vieilles-Douves, 11.
Vᵉ Saintes (de), rue Urvoy de St-

Salanche, Théodore, boulevard Delorme, 34.
Salaud, Pierre, boulanger, r. Colombel, 7.
Salé, Alphonse, agent d'assurances r. Esprit-des-Lois, 11.
Vᵉ Salé, r. Dobré, 14 bis.
Vᵉ Salètes (de), r. Paré, 1.
Salière, François, agent de librairie, r. Crébillon, 17.
Salle (le baron de la), capitaine au 25ᵉ dragons, rue Saint-Donatien, 16.
Salle (de la), Élisa, passage du Sanitat, 8.
Salé, Hyacinthe, ferblantier, place Louis XVI, 5.
Sallentin, Henri, r. de Bréa, 6.
Sallentin, rent., place du Sanitat, 3.
Sallentin, Hippolyte, rue des Cadeniers, 2.
Vᵉ Salmon, Michel, boucher, rue St-Jacques, 25.
Salmon, Julien, fabt de moutarde, q. Duguay-Trouin, 11.
Salmon, Isidore, mercier, rue Copernic, 4.
Vᵉ Salmon, Joseph, rue Cassini, 2.
Salmonière (de la), Antoinette, r. de la Seil, 1.
Vᵉ Salomon, r. Santeuil, 3.
Salomon, Frédéric, pharmacien, q. Richebourg, 1, et r. de la Seil.
Vᵉ Salou, r. de l'Héronnière, 3.
Vᵉ Samson, Mathurin, quai du Port-Maillard, 13.
Samson, Jean, fils, mᵈ de tissus (associé), rue du Moulin, 6.
Samson-Méry, mᵈ de tissus, r. du Moulin, 6.
Samson, Olivier, prop., r. du Moulin, 6.
Samson, Olivier-Jean, avocat, rue

Sarradin, Georges, parfumeur, rue de la Fosse, 7.

Sarradin, Émile, père, boulevard Delorme, 22.

Sarradin, Paul, parfumeur (associé), r. de la Fosse, 7, hab. boul. Delorme, 22.

Sarradin, Stanislas, rent., rue de Coutance, 24.

Sarradin, Eugène, confiseur, rue Lafayette, 1.

Vᵉ Sarraméa, Gustave, chapelière, r. du Calvaire, 23.

Sarrazin, Jean-Baptiste, rue de la Fosse, 30.

Sarrazin, Thomas-Charles, rue d'Alger, 15.

Sarrazin, Pierre, au Petit-Ermitage.

Sarret, mᵈ de parapluies, passage Pommeraye.

Vᵉ Sarrien, plombier-lampiste, rue Voltaire, 28.

Sarrien, Charles, fils, rue Voltaire, 20.

Satre, Théophile, armateur, rue Voltaire, 32.

Saucet, Théodore, employé à la Mairie, r. du Trépied, 3.

Saucet, Jules, cirier, rue Saint-Nicolas, 19.

Saulnier, Auguste, menuisier, rue Belleville, 5.

Saulnier, colonel en retraite, rue Urvoy de St-Bedan, 6.

Saulnier de la Pinelais, Louis, employé des Douanes, boulevard Delorme, 24.

Saumonier, Ernest, peintre, rue Kervégan, 22.

Saunier et Tessier, boites à conserves, montée St-Bernard.

Sauny, négociant (associé), rue Mercœur, 9.

Saupin, Raoul, r. Kervégan, 9.

Mme Saupin, François, rue de Rennes, 104.

Saupiquet, fabt de conserves alimentaires, r. Crucy, 19.

Saupiquet, négociant (associé), q. de la Fosse, 5.

Saupiquet, Jean, mᵈ de parapluies, Basse-Grand'rue, 18.

Saureau, Henri, professeur à St-Stanislas, r. des Jardins, 8-10.

Saureau, Abel, professeur à Saint-Stanislas, r. des Jardins, 8-10.

Sautejean, Henri, charpentier, boul. Sébastopol, 5.

Sautot, Anatole, fourreur, rue de Gorges, 7.

Sauvage, Mathurin, mᵈ de fer, boul. Sébastopol, 2, hab. rue Lapeyrouse, 1.

Mme Sauvage-Favreau, facteur de marchandises, q. Brancas, 8, hab. r. Lapeyrouse, 1.

Mme Sauvaget, rent., rue de Rennes.

Sauvaget, rent., pl. Neptune, 3.

Vᵉ Sauvaget, Louis, rue petite Biesse, 11.

Sauvaget, rentier, r. Gresset, 10.

Mlle Sauvaget, Léontine, q. de la Fosse, 88.

Sauvaget, Charles, ruelle Montfoulon, 8.

Vᵉ Sauvestre, Joseph, rue Saint-Jacques, 15.

Sauvestre, Emile, mᵈ d'engrais, place François II.

Sauvestre, Auguste fils, tapissier, rue J.-J.-Rousseau, 4.

Sauvestre, Auguste père, mᵈ tapissier, rue J.-J.-Rousseau, 2-4.

Sauviat, Hippolyte, contrôleur d'armes, place du Château, 4.

Sauvion, Jean, prop., rue de l'Echappé.

Sauvion, ancien boulanger, rue Châteaubriant, 23.

Sauvion, Jean-Marie, pâtissier, chaussée Madeleine, 11.

Sauvion, Baptiste, md boucher, r. Arche-Sèche, 4.

Sauvrezis, Antoine, expert visiteur de navires, rue Harrouys, 14.

Sauvrezis, Edouard, commission. en marchandises, rue Flandres, 9, hab. avenue Launay, 28.

Mme Savar, Adolphe, avenue Ste-Anne, 3.

Savariau, Jean-Marie, entrepren. de maçonnerie, rue Fouré.

Ve Savenay, rue Verrerie, 7.

Savenay, Joseph, vérificateur des Douanes, quai Fosse, 87.

Ve Saviot, Jean, r. du Boccage, 20.

Say, Edouard, rue Rosière, 15.

Say, Raoul, rue Dobrée, 5-7.

Say, Octave, rue Dobrée, 5-7.

Say, Achille, rue Rosière, 33.

Say, Gustave-Louis, rue Bonne-Louise, 9.

Scardin, Jean-François, entrepreneur d'omnibus, rue Baunier, 4, hab. rue de Cornulier.

Scarlac, Pierre, artiste peintre, rue des Arts, 16.

Schaeffer, Eugène, brasseur, rue Deurbroucq, 1.

Ve Schatz, Armand, Mlles Schatz, chemin du Coudray, 8.

Schaupp, représentant de commerce, rue de Versailles, 15.

Mlles Schippers, Marie, rue Colombel, 8.

Schlosser, Jules, linger, rue d'Orléans, 3.

Schlosser, Marcus, pédicure, rue Crébillon, 19.

Schmitt, Eugène, pharmacien, rue J.-J.-Rousseau, 2.

Schmitt, Joseph, rentier, q. Jean-Bart, 3.

Schmitt, Charles, employé de la comp. d'Orléans, pl. S.-Pierre, 5.

Mlle Schmitt, Mélanie, rue Saint-Clément, 41.

Schmitz, rentier, rue Kléber, 1.

Schneider, Jules, cordonnier, rue Saint-Jacques, 46.

Schneider, Jean-Baptiste, md cordonnier, rue du Calvaire, 5-7.

Schnit, aide-dentiste, rue Dugommier, 3.

Schranner, agent commercial de la comp. d'Orléans, rue Haute-du-Château, 5.

Schuller, Louis, contrôleur des Douanes, rue Fénelon, 1.

Schwartz, Michel, md de crépins, place Neptune, 7.

Schwartz, Léon, prop., quai Turenne, 4.

Mlle Schweighauser, Caroline, Mlle Schweighauser, Laure, rue des Coulées, 5.

Schwob, Georges, imprimeur typographe, rue Scribe, 6, hab. r. Héronnière, 6.

Sébille, Jean, lampiste, rue du Calvaire, 32.

Ve Sébilleau, Julien, md de vins en gros, Sébilleau, Jules fils, rue Arche-Sèche, 21.

Ve Sébilleau, Jean, Sébilleau, Henri, rue de la Seil.

Sébilleau, Eugène, r. Sarrazin, 4.

Ve Sébilleau, François, Sébilleau, François fils, md de vins en gros, chaussée Madeleine, 1.

Sébire, William, libraire, rue Crébillon, 14.

Ve Séché, rent., r. des Orphelins, 19.

Ve Séché, Jean, prop., rue Saint-Similien, 32.

Mlle Séché, Clarisse, Ve Séché Valentin, échelle St-Nicolas, 4.

Mlle Sécher, rue Sarrazin, 4.

Sécher, Pierre, cordonnier, rue Crébillon, 17.

Vᵉ Sécher-Robina, r. Rameau, 1.

Sécher, Félix, mᵈ de vins en gros, place de la Verrerie, 7.

Secher, Alexis, prop., rue Saint-Joseph, 4.

Séchez, Charles, mᵈ de nouveautés, rue de Feltre, 15.

Vᵉ Seckler, r. Chapeau-Rouge, 7.

Secretin, général, directeur du génie, rue Tournefort, 3.

Séguin, François, tonnelier, rue Grande-Biesse, 10.

Seguin, Adolphe, mᵈ de fleurs artificielles, rue Barillerie, 3-4.

Seguin, Alcide, peintre en décors, rue de l'Ecluse, 4.

Séguin, Léopold, mercier, rue Barillerie, 3.

Seguin, Calixte, pl. Monnaie, 5.

Seguineau, Honoré, capitaine au long cours, rue Cambronne, 4.

Seguineau-Leys, capitaine, rue de la Verrerie, 7.

Seidler, Charles, mᵈ de grains, q. Fosse, 72, hab. rue Dobrée, 13.

Seine (la), comp. d'assurances maritimes, représent. par M. Guillon, place Lafayette, 1.

Séjourné, épicier en détail, rue Franklin, 20.

Selain, Auguste, père, tailleur, rue Santeuil, 1.

Vᵉ Sellier, tenue Camus.

Vᵉ Sellier, Mlle Sellier, passage Louis-Levesque.

Vᵉ Semelin, Louis-François, quai Ile-Gloriette, 19.

Semeril, François, pharmacien (associé), place Royale, hab. rue de la Fosse, 23.

Sénard, Jean-Marie, brossier fabt., rue Moquechien, 4.

Vᵉ Sénéchal, rue Félix, 15.

Mlle Sénéchal, Alexandrine, rent., rue de Gigant, 24.

Senée, Edouard, chirurgien dentiste, rue du Calvaire, 22.

Senée, Principe, mᵈ tailleur, rue Vauban, 2.

Senez, Barthélemy, tailleur, rue de la Fosse, 2.

Sengstack, Gustave-Frédéric, rue Héronnière, 2.

Vᵉ Senot de la Londe (de), rue Félix, 12.

Septans, rent., rue de Rennes, 84.

Vᵉ Sérard, rue Colbert, 11.

Mlle Sérault, Léonie, r. Racine, 10.

Mme Serizay (de la), rue Haute-du-Château, 4.

Serpette, Charles, boulevard Delorme, 13.

Serpette, Henri, fabt. de savon, rue La Morlcière, 15 et 23.

Serru, Pierre, menuisier, rue des Halles, 21.

Vᵉ Sers, rent., Haute-Grand'Rue, 37.

Vᵉ Sesmaisons (de), Olivier, rue d'Aguesseau, 6.

Sevestre, Prosper, capitaine au long cours, rue Mondésir, 6.

Sevestre, fils, constructeur de navires, au Buzard de Chantenay.

Sexer, Aaron, mᵈ lunetier, passage Pommeraye.

Sibille, Maurice fils, avocat, rue Racine, 3.

Sibille, André-Amable, ancien avoué, r. Racine, 3.

Vᵉ Sicard, r. Châteaubriant, 23.

Sicher, Frédéric, quincaillier, pl. Royale, 5.

Sienicki, Jules, sculpteur, rue des Arts, 35.

Siffait-Cardon, Ernest, rue de Bréa, 5.

Sigas, contrôleur d'armes, r. Beaumanoir, 2.

Signeau, Julien, boucher, r. J.-J. Rousseau, 16.

Sistach, capitaine de gendarmerie, pl. Lafayette.

Simon, Jean, sabotier, q. Duguay-Trouin, 7.

Mlle Simon, r. Voltaire, 20.

V⁰ Simon, prop., r. de Briord, 18.

Simon, Jules, assureur maritime, r. Newton, 2.

Simon, Gustave, m^d tailleur, place Graslin, 3.

Simon, Émile, avoué honoraire, r. Paré, 1.

Simon, Jean, professeur, place St-Pierre, 5.

Simon, Évariste, architecte, r. Crébillon, 11.

Simon, Alfred-Etienne, r. Crébillon, 15.

Simon, Pierre, r. Marivaux, 2.

Simon, William, m^d de bois de construction, r. Dubreil, 6, hab. q. de la Fosse, 100.

Simon-Chéguillaume, Charles, r. Lafayette, 1.

Simoneau, Théodore, m^d cloutier, r. Dos-d'âne, 30.

Simonet, Adolphe, bijoutier, r. des Carmes, 5.

Simoneau, Aristide, r. des Hauts-Pavés, 11.

Simonneau, Henri, commissionnaire en marchandises, r. de l'Hérounière, 8, hab. r. de la Bastille, 7.

Sinan, Louis, magasinier, boulevard Sébastopol, 1 *bis* et 2.

Sinan, Alcime, magasinier (associé), boulevard Sébastopol, 2.

Sinan-Jollet, r. de Briord, 13.

V⁰ Singaraud Jean, Mlle Singaraud Mélanie, m^{des} de tissus, pl. Royale, 2.

Sioch'an de Kersabiec, Edouard, conseiller de Préfecture, r. St-Denis, 9.

V⁰ Sioch'an de Kersabiec, r. de la Commune, 8.

Mlle Sioch'an de Kersabiec, Mathilde, r. St-Clément, 24.

Sionnet, Pierre, rent., r. du Calvaire, 9.

Siou, Victor, r. Crébillon, 2.

Sirand, coiffeur, r Crébillon, 15.

Sirard, René, négociant, rue des Etats, hab. quai Duguay-Trouin, 12.

Sirard, Michel, prop., r. des Hauts-Pavés, 30.

Société Académique, r. Suffren, 1.

Société générale pour le développement du commerce et de l'industrie, rep. par M. Deverre, rue Racine, 11.

Solassier, Prudent, serrurier, rue Copernic, 12.

Soleil (le), Cie d'assurances contre l'incendie, représentée par M. Gleises, rue Jean-Jacques-Rousseau, 8.

V⁰ Soreau, Frédéric, rue Bonne-Louise, 8.

Soret, Gervais, capitaine d'artillerie en retraite, rue de Rennes, 23.

Sorin, Julien, chanoine, r. Saint-Clément, 9.

Sorin, Jean, menuisier, r. de Bouillé (la Carterie).

Sorin, Auguste, r. Fredureau, 5.

Sorin, Jean, m^d de nouveautés (associé), Basse-Grand'rue, 25.

V⁰ Sotta, Joachim, prop., r. Basse-du-Château, 11.

Sottin-Géraudière, Charles, rue Pont-Sauvetout, 1.

Souahault, François, cordonnier, pl. Delorme, 2.

Souchais (du), aumônier des Frères, r. du Ballet, 4.

Mlle Souchet, Marie, place Saint-Pierre, 2.

Souchet, Prosper, chapelier, rue petite Biesse, 4.
Souchet, Louis, m^d de bois de construction (associé), r. Bannier, 5, hab. Basse-Grand'rue, 7.
Soudée, Charles, imprimeur-lithographe, r. Paré, 7.
Ve Souët, Jean-Marie, r. J.-J. Rousseau, 1.
Soufflot, Louis, m^d de meubles, r. J.-J. Rousseau, 10.
Souffrant, Emile, fils, luthier, r. Lafayette, 10.
Mlle Soulard, r. de la Verrerie, 2.
Soulard, Paul, r. Piron, 2.
Soullier, r. Guépin, 5.
Mme Soult, Noémie, rent., Basse-Grand'rue, 28.
Sourds-Muets (établissement des), dirigé par le Frère Louis, r. de Vertou, 20.
Souriau, François, chef de bataillon du génie, boul. Delorme, 31.
Sourisse-Malnoë, Jules, place du Pilori, 5.
Sourisseau, m^d de fil de chanvre, chaussée Madeleine, 31.
Soussay (de), r. St-André, 17.
Ve Soussay (de), r. d'Aguesseau, 4.
Soussay (de), place de la Préfecture, 2.
Ve Soutif, r. de la Fosse, 44.
Souyeux, Victor, maréchal-ferrant, pl. La Moricière, 4.
Mlle Soyer, r. Royale, 4.
Spéciale (la), Cie d'assurances maritimes, représentée par M. Bourcard, H. U. r. Voltaire, 5.
Sphère (la), Cie d'assurances maritimes, représentée par M. Guillon, L., pl. Lafayette, 1.
Squiriou, François, m^d d'ardoises, r. de Gigant, 5.

Stable, Mathurin, représentant de commerce, chemin de Plaisance.
Mlle Steimer, r. Haute-du-Château, 7.
Stéphan, Léopold, commissaire de marine, r. Voltaire, 6.
Stern, Jean, plombier, r. des Carmélites, 27, hab. r. Beau-Soleil, 7.
Stockolm, Pierre, r. de Rennes, 112.
Ve Strasburger, Fritz, mercière, r. St-Similien, 1.
Strasker, capitaine anglais, r. de la Commune, 8.
Ve Studer, r. de Bréa, 3.
Mlle Sue, Mélanie, r. d'Aguesseau, 12.
Sue, Benoît, courtier de navires, q. de la Fosse, 49, hab. à Toutes-Aides (Doulon).
Suireau, r. Kléber, 12.
Supiot, Auguste, horloger, r. de Briord, 3.
Supiot, Prosper, m^d cordonnier, r. d'Orléans, 6.
Sureau, Georges, directeur des lignes télégraphiques, place Royale, 5.
Mlle Surgère (de), Julienne, r. St-Clément, 21.
Surgère (de), contrôleur de l'enregistrement, r. Basse-du-Château, 13.
Surin, Eugène, coiffeur, r. Crébillon, 20.
Ve Surin, Joachim, parfumeur, r. J.-J. Rousseau, 4.
Surineau (le marquis de), r. St-Laurent, 1.
Ve Surineau (de), Théodore, rue Royale, 10.
Susbielle, ferblantier, quai de la Fosse, 44.
Suser, Henri, chaussures et corroiries, r. de Versailles, 27.

Mlles Suser, Eulalie et Henriette, r. de Versailles, 27.

V° Suteau, Auguste, place Saint-Vincent, 3.

Suyrot (de), Charles, pl. de la Préfecture, 2.

Suyrot (de), Henri, r. Félix, 15.

Szczupak, Samuel, vêtements confectionnés, q. de la Fosse, 28.

T

Tabar, Joseph, charpentier, rue Crucy, 23, hab. chaussée Madeleine, 9.

Taché, Alexandre, rent., r. St-Nicolas, 19.

V° Taché, Constant, q. Turenne, 9.

Tagnard, maréchal-ferrant, rue Haute-du-Château, 13.

Tagot, employé à la C¹ᵉ des eaux, r. Châteaubriant, 13.

V° Tahé, Pierre, fripière, place Bretagne, 16.

V° Tahet, Tahet Jules, armateur, r. de Gigant, 44.

Tailtrou, Paul, pharmacien, r. des Arts, 16.

Tallonneau, Julien, instituteur communal, r. de la Faïencerie, 1.

Talbot, rent., passage du Sanitat, 8.

Talhouët (de), r. de l'Evêché, 2.

Talibon, Jean, tôlier, r. du Prénian, 5.

Tallecourt, receveur des contributions indirectes, r. Kervégan, 28.

Talonneau, Julien, professeur, r. Kervégan, 22.

V° Talvande, Félix, et Mlle Talvande Pauline, r. Gresset, 9.

Talvande, Henri, négociant (associé), r. du Chapeau-Rouge, 6, hab. r. Scribe, 4.

Talvande, Émile, négociant (associé), r. Gresset, 7.

Tandille, négociant, r. de la Bastille, 13.

Tapié, Lucien, professeur de mathématiques, r. Piron, 3.

Tardif, Alexandre, rent., r. de la Fosse, 5.

V° Tardiveau, Ferdinand, r. Voltaire, 17.

Tardiveau, Simon, r. d'Erdre, 1.

Taroux, Guillaume, directeur de l'Ecole communale, quai du Marais, 1.

Taroux, employé à la mairie, rue Voltaire, 14.

Tartoué, Henri, r. Dubois, 1.

Tascon, Louis, prop., Haute-Grand'rue, 16.

Tassain, Emile, pharmacien (associé), r. Lafayette, 4.

Mme Taste, Clodomir, prop., rue Vauban, 2.

Taulois, Henri, photographe, r. Clavurerie, 2.

V° Taulois Alphonse, et Taulois Alphonse, fils, fab. de filets, q. Flesselles, 2 bis.

Taupier, Wilfrid, négociant, r. de l'Arche-Sèche, 2.

Taupier, Louis, r. du Calvaire, 10.

Taupin, prêtre, r. de Rennes, 18.

Taupin, Charles, receveur des contributions indirectes, rue Dobrée, 14.

Mlle Tautain, institutrice, r. Suffren, 2.

Teillais, Auguste, médecin, place du Cirque, 1.

Teillais, Jean, pl. du Cirque, 3.

Tempier, Mathurin, doreur, rue Racine, 8.

V° Tenaisie, r. Sully, 4.

Tenaud, Jean-Marie, charron-forgeron, q. de la Fosse, 81.

Tenaud, Louis, teinturier, r. St-Jacques, 78.

Tendron, Louis, boulanger, r. du Marchix, 22.

Tendron, Léger, vicaire à Saint-Donatien, rue Guillet de la Brosse, 2.

Mlle Ternand, Eugénie, modiste, r. Crébillon, 4.

Terres, Louis, charpentier, chaussée Madeleine, 19.

Terres, dit Rabastein, charpentier, r. de Paris, 54.

Vᵉ Terrien de la Haye, r. Royale, 9.

Terrien, Théophile, instituteur communal, r. Noire.

Terrien, Pierre, école de natation, q. de l'Hôpital, hab. à Doulon.

Terrien, Pierre, mᵈ de tissus, quai Brancas, 8, hab. rue Lapeyrouse, 1.

Terrien, Ambroise, agent d'assurances, r. Rosière, 1.

Terrien, Louis-Maurice, ancien capitaine de navires, r. du Chêne-d'Aron, 2.

Tertrais, Georges, boucher, r. St-Clément, 58.

Vᵉ Tertrais, Prosper, rue Saint-Clément, 42.

Tertrais, Victor, conserves, à Beautour.

Mme Tertrou, Jean Baptiste, rent., q. de l'Ile Gloriette, 16.

Terves (de), Eugène, place Saint-Pierre, 3.

Terves (de), Ludovic, r. Sully, 5.

Tessier, constructeur de canots, à la Grenouillère.

Tessier, Charles, mᵈ cordonnier, r. de Feltre, 17.

Tessier, Jean-Michel, serrurier en voitures, r. Beaumanoir, 5.

Tessier, Jean-Baptiste, chaudronnier, r. des Olivettes, 33.

Tessier, Léon, employé aux Tabacs, boul. Sébastopol.

Testé, Joseph, professeur de musique, r. Voltaire, 8.

Testé, peintre, r. du Ballet, 2.

Texier, capitaine en retraite, quai d'Orléans, 19.

Texier, Adolphe, cordonnier, r. de Gigant, 22.

Texier, Jean-Julien, r. Boileau, 8.

Texier, Jules, boulanger, r. Crébillon, 4.

Texier, Baptiste-Auguste, r. des Arts, 10.

Texier, Jean-Charles, commissionnaire en grains, r. de la Poissonnerie, 11.

Textor de Ravisi, professeur de musique, passage Ste-Anne, 4.

Teyller, Émile, vins en gros, rue Montaudouine, 6, hab. Basse-Grand'rue, 6.

Tharreau, Félix-Savinien, r. de la Chalotais, 2.

Mlles Tharreau, Tellia et Félicie, r. Piron, 3.

Vᵉ Tharreau-Zoroustre, rent., r. Racine, 9.

Théard, François, mᵈ de sucres, q. Jean-Bart, 2.

Théau, Donatien, prop., r. de Coutances, 14.

Thébaud, Auguste, r. Mondésir, 12.

Thébaud-Porteau, engrais (guano), boul. Delorme, 40.

Vᵉ Thébaud, Emmanuel, rue Ducouédic, 1.

Thébaud, fils, r. Ducouédic, 1.

Thébaud, Prosper, biscuits pour la marine et farines étuvées, q. St-Louis, 3-4.

Thébaud, Hippolyte, r. de Bréa, 3.

Thébaud, Michel-Jean, r. Damrémont.

Thébaud, Edouard, cafetier, rue J.-J. Rousseau, 1.

Vᵉ Thébaud, Emmanuel, r. Lapeyrouse, 2.

Thébaud, Félix, vice-consul d'Espagne, r. Gresset, 3.

Mlle Thébaud, Émilie, r. Bonne-Louise, 2.

Thébaud, Émile, av. Launay, 17.

Vᵉ Thébaud, Auguste, q. du Port-Maillard, 10.

Vᵉ Thébaud, pl. de la Monnaie, 4.

Thébaud, rent., avenue Launay, 2.

Thébault, Jean-Baptiste, grains, rue de Paris, 65.

Mme Thenot, François, quai d'Orléans, 11.

Théobald, Jean-Louis, Basse-Grand'Rue, 26.

Thériots, Maurice, rue Racine, 6.

Thériton, Alexandre, rue du Lycée, 4.

Thevenin, Dominique, horloger, rue de la Fosse, 24.

Thibaud, Hippolyte, avocat, rue Jean-Jacques-Rousseau, 12.

Thibaud, Paul, avocat, rue Crébillon, 13 et rue des Arts, 22.

Thibaud, Jacques, carrossier, rue de Coutances, 1.

Thibaud, Eugène, fils, droguiste (associé), rue Saint-Léonard, 19, hab. rue Hôtel-de-Ville, 1.

Thibaud, Arthur, fabt. de chaudières, rue de Vertais, 68.

Vᵉ Thibaud, rue de Rennes, 54.

Thibaud, Jules, avenue Luzançay.

Thibaud, Ferdinand, employé au gaz, rue Basse-du-Château, 13.

Thibaud, professeur de musique, place Lafayette, 3-7.

Thibaudeau, brossier, rue de Gigant, 10.

Thibault, Eugène, docteur-médecin, rue de Paris, 69.

Thibault, François, rue des Orphelins, 20.

Thibault, Henri, fabt. de bougies, rue des Orphelins, 10.

Thibault, Théobald, docteur-médecin, rue des Halles, 22.

Mlle Thibault, Marie, rue des Orphelins, 20.

Mlle Thibault, Rose, rent., rue du Marchix, 16.

Vᵉ Thibault, Paul, rue Sarrazin, 8.

Vᵉ Thibault, rue Racine, 3.

Thiébault, Claude, cordonnier, pl. Bretagne, 5.

Thiberge, Eugène, r. de l'Ecluse, 4.

Thierry, Théophile, r. Faïencerie, 1.

Thirault, Victor, mᵈ de bois de sciage, rue Biaise, 7, hab. quai Fosse, 85.

Thobie, Pierre, sculpteur, q. Maison-Rouge, 7.

Thoinnet, Charles, docteur-médecin, rue Saint-Clément, 20.

Mlle Thomaray, Aimée, mercière, rue Jean-Jacques-Rousseau, 4.

Thomaré, François, couvreur, rue du Marchix, 41.

Thomas, Joseph, exploitant une carrière, à la Greneraie.

Thomas, Alexandre, fab. de ouate, rue des Hauts-Pavés, 101.

Thomas, Georges, courtier de marchandises, rue de Gigant, 33, cabinet, rue de la Fosse, 23.

Vᵉ Thomas, Joseph, q. Cassard, 7.

Thomas, Auguste, maître-tonnelier, rue Montaudouine.

Thomas, Louis, place de la Monnaie, 3.

Mlle Thomas, Jeanne, prop., rue Bléterie, 15.

Vᵉ Thomas, Jean, r. de Briord, 14.

Thomas, Auguste, tapissier, place Delorme, 2.

Mlle Thomas, boul. Delorme, 23.

Vᵉ Thomas-Merven, Amélie, boulevard Delorme, 31.

Vᵉ Thomas, rue Cassini, 5.
Thomas, Alcide, rue Copernic, 16.
Vᵉ Thomas, rent., r. S.-Nicolas, 15.
Vᵉ Thomère, Jean, rue Rameau, 3.
Thomine, Edouard, rue des Cadeniers, 2.
Thompson, Adolphe, rue de l'Evêché, 2.
Vᵉ Thoré, professeur, rue de Coutances, 8-10.
Thourel, Jean-Baptiste, serrurier, rue de la Verrerie, 10.
Thouvenin, Jules, mᵈ de fers, rue de l'Abreuvoir, 2.
Thouvenin, Louis-Etienne (le général), rue Félix, 13.
Thubé, rue de Gigant, 38.
Thuilerie (le marquis de la), rue d'Argentré, 4.
Thuilier, Jules, pharmacien, rue d'Orléans, 18.
Vᵉ Thuilier, Simon, avenue Launay, 14.
Tigé, Auguste-Alphonse, médecin, Mlle Tigé, Elisa, quai Fosse, 99.
Tiger, Jean, fils, boucher, r. Arche-Sèche, 10.
Tillaud, Henri, prop., à Sèvres.
Tillaud, Eugène, chaudronnier, chaussée Madeleine, 26.
Tillaud, Henri, mᵈ de tissus, rue du Moulin, 16.
Tilly, prop., ruelle Montfoulon.
Vᵉ Tinguy (de), Alphonse, rue Félix, 10.
Vᵉ Tinguy (de), Charles, rue Copernic, 3.
Vᵉ Tinguy (de), prop., r. de Rennes, 29.
Mlle Tinnier, Caroline, institutrice, rue Harrouys, 24.
Tireau, Henri, droguiste-herboriste, rue de la Fosse et rue du Puits-d'Argent, 2.

Tirlet, Edouard, fab. de billards, place Lafayette, 1.
Vᵉ Tiron née Pinguet, vieux chemin de Couëron.
Mlle Tirot, Louise, rue du Calvaire, 22.
Mlle Tirot, rent., avenue Allard, 1.
Tison, Auguste, prop., rue de Coutances, 5.
Tissot, Marcel, r. S.-Léonard, 35.
Tixier, Alexandre, perruquier, q. d'Orléans, 14.
Tobie, prop., rue Richebourg, 40.
Toché, Georges, armateur, rue du Chapeau-Rouge, 10, hab. Chantenay.
Toché, Henri, rue du Chapeau-Rouge, 6.
Toché, Félix, r. J.-J.-Rousseau, 9.
Toché, Emile-Henri, direct. d'assurances, rue de Bréa, 4.
Toché, Georges-Léon, assureur maritime, rue Gresset, 15, hab. à Chantenay.
Toché, Emile-François, père, rue Gresset, 15.
Toché, E. et J., et fils, guanos, canal de Chantenay.
Tocnaye (de la), Victor, rue d'Allonville.
Vᵉ Tollenare (de), Charles, rue de la Fosse, 14.
Tony, Charles, capitaine de navires, rue Contrescarpe, 15.
Vᵉ Top, Francine, épicière, rue de la Fosse, 42.
Tophanie, Louis, prop., rue de Rennes, 59.
Torion, Aristide, voilier, quai de la Fosse, 53.
Vᵉ Torion, Jean, bouchère, quai de la Fosse, 40.
Torté, Alexandre, employé du télégraphe, rue Guépin, 5.
Tortevoix, Gustave, charpentier, r. Bias, 2.

Tossaine, Yves, menuisier, rue de Bel-Air, 41.
Toublanc, Pierre-Auguste, rue Félix, 1.
V° Toublanc, Julien, boulangère, place du Commerce, 6.
Toublanc, Georges, m^d de tissus, Basse-Grand'Rue, 14.
V° Toublanc née Aguaisse, quai de la Fosse, 76.
Toublanc du Ponceau, Auguste, place de la Préfecture, 3.
V° Touchais, rue de Rennes, 58.
Touchais, Joseph, pl. Bretagne, 17.
Nme Touchais, René, r. de la Boucherie, 4.
Touchalaume, prop., rue de Strasbourg, 24.
Mlle Touche (de la), Marie, rue d'Aguesseau, 4.
Touche (de la), Hortense, rue S.-André, 13.
Touche (de la), Joseph, officier de santé, rue Grétry, 2.
Toucheronde-Lemerle, tonnelier, place Petite-Hollande, 3.
Touchet, Léon, bourrelier, rue S.-Clément, 42.
Touchy, Guillaume, architecte, q. Cassard, 8.
Mlle Touchy, Marie-Thérèse, quai Cassard, 8.
Toudy, capitaine en retraite, r. Boileau, 2.
Toulmouche, Auguste, peintre en miniature, rue de la Chalotais, 2.
V° Toulout, Charles, m^d bijoutier, r. de l'Échelle, 1.
Toupin, Pierre, avenue Sainte-Anne, 10.
Mlle Tour (de la), Marie, rue Royale, 14.
Tour du Doré (de la), r. des Pénitentes, 3.

Tour du Pin Chambly (de la), boul. Delorme, 26.
Toureau, instituteur, rue Dobrée, 14 bis.
Tournade, André, magasinier, q. de l'Ile Gloriette, 20.
Tournay, ex-chef de division à la Préfecture, r. du Marchix, 12.
Tourneux, Pierre, boucher, rue de l'Arche-Sèche, 5.
Tournier, Auguste, rue Crébillon, 9.
V° Toussaint, Jean, modiste, Haute-Grand'rue, 32.
Toussaint, Josias, officier supérieur en retraite, r. Mazagran, 5.
Toutain, Nicolas, peintre en bâtiments, r. Marceau, 14.
Touzard, Étienne, m^d parfumeur (associé), r. Crébillon, 14, hab. r. St-Léonard, 14.
Mlle Touzé, Marie-Anne, maîtresse de pension, r. Copernic, 18.
Touzeau, Louis, menuisier, r. des Hauts-Pavés, 29.
Touzeau, Étienne père, menuisier entrepreneur, r. Harrouys, 14.
V° Touzeau, Étienne, rue Harrouys, 14.
Trahan, Félix, m^d de métaux, avenue Launay, 6-8.
Mlle Tremblais, Augustine, r. Rosière, 18.
Tramways. — Directeur M. Canivet, boul. Sébastopol, 9.
V° Tranchevent, Eugène-Gaspard, r. Rosière, 35.
Trastour, Etienne-Louis, docteur-médecin, r. Lafayette, 18.
V° Travannion, Charles, prop., r. des Hauts-Pavés, 6.
Tréal, Pierre, rent., rue Saint-Pierre, 1.
V° Trébuchet, r. Royale, 12.
Trébuchet, Louis, père, serrurier-entrepreneur, r. Frédureau, 6.

Trébuchet, Jean, fabt. de chandelles, r. de la Bastille, 3.

Treille, Gustave, professeur au Lycée, r. St-André, 8.

Treillère, Joachim, couvreur, rue St-Vincent, 9.

Trémant, Édouard, chimiste-expert, r. du Chapeau-Rouge, 10.

Trémant, Jean-Marie, ancien notaire, r. du Calvaire, 28.

Trémant, Paul-François, rue du Calvaire, 20.

Tréméac (de), curé de Chantenay.

Trémont, Victor, m^d coutelier et bandagiste, r. Crébillon, 8.

Trémulot, Jean, couvreur, rue du Cheval-Blanc, 3.

Tremulot, Pierre, couvreur, r. Marmontel, 9.

Trémulot, Ernest, couvreur, r. du Chêne-d'Aron, 2.

Trémulot, Emile, couvreur, q. de la Fosse, 30.

Trenchevent, Eugène-Victor, armateur, r. Deshoulières, 2.

Trenchevent, Hilaire, rent., r. Rameau, 1.

Triballeau, Baptiste, tapissier, rue de l'Arche-Sèche, 6.

Ve Tribouille (de la), Amaury, r. Maurice-Duval, 3.

Tribouille (de la), Charles, docteur-médecin, chemin Morand.

Trillot, Augustin, armateur, r. Voltaire, 17.

Tripon, Jean-Baptiste, m^d papetier, q. d'Orléans, 9.

Triton (le), Cie d'assurances maritimes, représentée par Simon, Jules, r. Newton, 2.

Mme Trivière née Jeulin, rue d'Erdre, 11.

Mlle Trochon, Marie, rue d'Aguesseau, 12.

Ve Trochu, Marie, rue Duboccage, 18.

Trolley des Longchamps, Georges, pharmacien, r. d'Orléans, 12.

Ve Tronson, François, quai Brancas, 5.

Ve Trotreau, Louis, r. Piron, 3.

Trotreau, professeur d'anglais, rue de Gigant, 34.

Trottier, frères, imprimeurs sur métaux, r. Lavoisier, hab. à Angers, r. St-Maurille.

Trottier, Henri, ferblantier, avenue Launay, 21 bis.

Ve Trottier, Mathurin, pl. de la Petite-Hollande, 1.

Trouessart, avocat, pl. du Sanitat, 4.

Ve Trouillard, r. Ogée, 2.

Troussel des Groues, rue Gresset, 13.

Truber de la Chapelle, Eugène, agent d'affaires (associé), rue Crébillon, 15, hab. rue Duboccage, 4.

Trudeau, Émile, rent., r. Félix, 11.

Truen, Benjamin, ferblantier-lampiste, pl. Bretagne, 2.

Ve Truen, Benjamin, prop., r. de Rennes, 41.

Truhin, Louis, rue Conan-Mériadec.

Tschofen, Bernard, m^d cimentier, r. Cacault, 4.

Ve Tual, Joseph, r. Santeuil, 5.

Tuillard, inspecteur du chemin de fer, pl. St-Pierre, 2.

Tullaye (de la), pl. Dumoustier, 5, et au Plessis-Tison.

Mlle Turbé, Reine, quai de la Fosse, 71.

Ve Turbé, papiers, r. Boileau, 7.

Ve Turbel, Mathieu, m^d de meubles, pl. Bretagne, 17.

Tureau, Antoine, r. Crébillon, 15.

Turmeau de la Templerie, employé à la Mairie, r. d'Erdre, 1.

Vᵉ Turpin, Etienne, place de l'Ecluse, 1.

Mme Turpin (la marquise de), rue d'Argentré, 3.

Turpin, Jean, prop., rue Richebourg, 4.

Turpin, Auguste, horloger, rue de Feltre, 8.

Turpin, pharmacien, rue des Arts, 27 bis.

Turpin, docteur-médecin, rue de Gigant, 32.

Turquais, Jean-François, rue Molac, 7.

Vᵉ Turquetil, r. de la Commune, 3.

Tyrion, Joseph, secrétaire au Commissariat central, rue St-Nicolas, 2.

U

Underberg, Théodore, commissionnaire de transports par terre, (associé), à la gare des marchandises.

Union (l'), Cⁱᵉ d'assurances contre l'incendie, représentée par M. Dulac, r. Marceau, 3.

Union (l'), Cⁱᵉ d'assurances sur la vie, représentée par M. Terrien, r. Rosière, 1.

Union (cercle de l'), r. du Chêne-d'Aron, 2.

Union des Ports (l'), Cⁱᵉ d'assurances maritimes, représentée par M. Toché, Georges, rue Gresset, 15.

Urbaine (l'), Cⁱᵉ d'assurances contre l'incendie, représentée par MM. Bardoul et Sellier, rue du Chapeau-Rouge, 10.

Urien, Gustave, mᵈ de tissus, rue Bon-Secours, 13.

Ursulines (communauté des Dames), r. St-Clément, 33.

Utile, fils, r. Boileau, 5.

Vᵉ Utting, Thomas, rue Saint-Donatien, 2.

V

Vailland, aumônier des Dames de Chavagnes, r. Mondésir, 4.

Vairrux, Charles, quai de la Fosse, 9.

Vaisset, Dominique, à la Colinière.

Valade, Vincent, r. de la Boucherie, 14.

Valentin, Jean, caissier au chemin de fer, boulevard Sébastopol, 8 bis.

Valentin, Frédéric, r. Paré, 1.

Valentin, Jules, r. de Gigant, 38.

Valentin, ancien juge de paix, passage St-Yves, 5.

Valentin, docteur-médecin, rue de Gigant, 36.

Vᵉ Valentin, mᵈᵉ de tissus, r. Boileau, 12.

Mlle Valenton, Amélie, r. des Orphelins, 19.

Valin, Théophile, armateur, q. de la Fosse, 100.

Vᵉ Valiot, à la Ville-aux-Roses.

Valleau, Louis-Eugène, commission. en grains, q. de la Fosse, 86.

Vallée, Charles, mᵈ de fer, chaussée Madeleine, 7.

Vallée, Jean, armateur, chemin des Chapelières.

Mlle Vallée, Adèle, rue Saint-Nicolas, 9.

Vallée, prop., r. St-Nicolas, 21.

Vallée, Jules, officier de paix, Echelle St-Nicolas, 4.

Vallet, Maxime, cloutier, petite rue d'Erdre, 3.

Vᵉ Vallet, r. Menou, 9.

Vallet, Charles, fils, r. Menou, 9.

Vallet, Louis, arbitre de commerce, r. Menou, 9.

Vᵉ Vallin, Louis, rent., rue Guépin, 2.

Vallin, Alexandre, bourrelier, Vallin Jacques-Claude, r. St-Jacques, 17.

Vallin, carrossier, à la Ville-en-bois.

Vᵉ Vallin, Albertine, rue de Gigant, 54.

Vallois (de), Charles, pl. Dumoustier, 5.

Valois (de), prop., rue de Strasbourg.

Vᵉ Vanderhecht, Pierre, q. d'Orléans, 10.

Van der Smissen, E. (le baron), passage Félibien.

Van der Tack, commissionnaire en grains, r. Gresset, 15.

Vangelder, Georges, rue Lafontaine, 3.

Van Heddeghem-Goupilleau, ancien courtier de navires, r. de la Fosse, 23. — Levelling, succes., quai de la Fosse, 41.

Van Iseghem Aristide, Van Iseghem Henri, architectes, Van Iseghem Henri, avocat, rue de l'Hôtel-de-Ville, 1.

Van Neunen, Auguste, fabt de brosses, r. du Calvaire, 24, hab. r. Dugommier, 7.

Van Neunen, Eugène, fabt de brosses, r. du Calvaire, 23, hab. à Paris, q. Napoléon, 21.

Van Neunen, Pierre, boulevard Delorme, 1.

Vannier, Félix, menuisier-entrepreneur, r. Châteaubriant, 15.

Vᵉ Van Troyen, Édouard, rue des Neuf-Ponts.

Mlle Van Verstrand, Lina, professeur d'anglais, r. d'Alger, 12.

Varagne, Guillaume, mᵈ de parapluies, r. St-Léonard, 11.

Varanne, Louis-Pierre, r. de la Bastille, 39.

Varsavaux, Charles, rent., r. Crébillon, 24.

Varsavaux, César, rent., r. J.-J. Rousseau, 15.

Vasset, Edmond, mercier, r. St-Nicolas, 30.

Vᵉ Vasseur, q. de la Fosse, 87.

Vatier, professeur d'hydrographie, avenue de Launay, 6-8.

Vauchez, Louis, rent., place de l'Écluse, 1.

Vaugeois, Charles, pharmacien, pl. Neptune, 1.

Vaurigaud, ministre protestant, passage St-Yves, 2.

Vauvert, François-René, rent., rue de Rennes, 5-7.

Veille, Louis, instituteur, avenue Ste-Anne.

Veille, ingénieur, passage Leroy.

Veillechèze (de), Alfred, r. Colbert, 11.

Veillet, Pierre, mᵈ de tissus, q. du Port-Maillard, 13.

Veillon de la Garoulais, r. St-Clément, 47.

Vᵉ Velasque, Henri-Ignace, mᵈ tailleur, r. du Calvaire, 57.

Mme Veloppé, libraire, rue J.-J. Rousseau, 1.

Veloppé, Antoine, mᵈ de faïence, q. de la Fosse, 78.

Veloppé, pl. du Pilori, 11.

Veloppé, Antoine, père, q. de la Fosse, 78.

Vᵉ Vendangeon, Mathurin, rue Félix, 2.

Vendangeon, Mathurin, fils, rue Félix, 1.

Vᵉ Vénel, rent., r. des Arts, 12.

Verdavenne, ingénieur, r. de Launay, 6.

Verdier, Charles-Marie, cordonnier, pl. Bretagne, 21.

Verdier, Edouard, mᵈ d'eaux minérales, r. Deshoulières, 17.

Verdier, Joseph, chaudronnier, q. Cassard, 1.

Mlle Verdun, Rose, rue Sévigné, 5.
Verger, François-Constant, pl. de la Monnaie, 1.
Vᵉ Verger, rue de la Poissonnerie, 21.
Verger, Pierre-Armand, couvreur, Haute-Grand'rue, 38.
Verger, Alexis, couvreur, r. Guépin, 12.
Vᵉ Verger de la Roche, prop., rue des Arts, 13.
Vergereau, Gustave, fabt de chapeaux de feutre, place Neptune, 7.
Vᵉ Verjus, fleurs artificielles, r. St-Denis, 1.
Verne, Paul, agent de change, r. Crébillon, 16, hab. rue J.-J. Rousseau, 13.
Verne, Jules, homme de lettres, r. Suffren, 1.
Vernier, Jean-Baptiste, fourreur, r. Mercœur, 1.
Verre, Hippolyte, armateur, chemin du Ballet, 11.
Vᵉ Verrier-Naux, Victor, r. d'Erdre, 19.
Verrier, Victor, mᵈ de faïence, r. d'Erdre, 19.
Verrier, Ernest, mᵈ de faïence, (associé), r. d'Erdre, 19.
Verrier, Louis, père, q. Duguay-Trouin, 8.
Vᵉ Verrier, r. Beaumanoir, 1.
Verrier, Francis, peintre en voitures, r. Beaumanoir, 7.
Verset, Jean-Claude, r. des Carmélites, 22.
Verset, Arthur, épicier, rue Boileau, 14.
Vétil, Alfred, professeur de piano, r. Mercœur, 9.
Veyron-Lacroy, Prosper, receveur du Télégraphe, chemin de Couëron, 3.

Veyron-Lacroix, commissionnaire en marchandises, rue de la Verrerie, 14 bis, hab. pl. Notre-Dame, 1.
Vial, Prosper, mᵈ de métaux, hab. r. Rosière, 16, cabinet rue du Chapeau-Rouge, 4.
Viard, Emile, expertise des sucres, r. de la Fosse, 38.
Vᵉ Viau, Félix, rent., rue Basse-Casserie, 9.
Viau, tonnelier, petite r. de Launay, 11.
Viau, Louis, dit Jules, constructeur de canots, quai Piperie, 1 et 2.
Viaud, Henri, menuisier, place Royale, 4.
Vᵉ Viaud, Frédéric, prop., rue du Marchix, 44.
Viaud, Henri, r. Maurice-Duval, 6.
Mlle Viaud, Jeanne, r. Maurice-Duval, 6.
Viaud, Mathurin, prop., r. d'Allonville, 11.
Viaud, Alcide, peintre, r. de la Commune, 5.
Vᵉ Viaud, née Bouchaud, r. du Guesclin, 2.
Viaud-Grand-Marais, Ambroise, docteur-médecin, place Saint-Pierre, 4.
Viaud-Grand-Marais, André, notaire, pl Royale, 10.
Mlles Viaud-Grand-Marais, r. de l'Evêché, 4.
Vidal, Gustave, caissier de la Recette Générale, rue de Rennes, 3 bis.
Vidal, Antoine, raffineur, chaussée Madeleine, 32.
Vᵉ Vidal, r. Garde-Dieu, 14.
Vidal, Jules, prop., rue Saint-Léonard, 37.
Vidal, Jacques, commis des Douanes, r. des Perrières, 5.

Vidal, prêtre-professeur, r. Saint-Clément, 3.

Vidiani, Adolphe, mouleur en plâtre, r. Basse-du-Château, 11.

Vidie, prop., r. de Paris, 26.

Vidie, Auguste, prêtre, r. Saint-Clément, 5.

Vieau, Jean, ajusteur, r. Kervégan, 12.

Vieillescaze, retraité, r. Deshoulières, 10.

Vier, Toussaint, horloger, passage Pommeraye.

Vier, Jean-Baptiste, libraire, passage Pommeraye.

Vieuges, Louis, tailleur, r. J.-J. Rousseau, 1.

Vieuxville (de la), Timothée-Jacques, chemin de Clermont, 10.

Vigie (la), Cie d'assurances maritimes, représentée par M. Guillon, pl. Lafayette, 1.

Vignais, Anatole, rue de la Poissonnerie, 17.

Vignard, Charles, commissionnaire en marchandises, r. Urvoy St-Bedan, 6.

Vignard, Edmond, docteur-médecin, r. de l'Hôtel-de-Ville, 4.

Vignard, Auguste, m^d de tissus, r. des Carmes, 3.

Ve Vignard, Marie, rue Urvoy St-Bedan, 6.

Vigneron de la Jousselandière, Alfred, r. des Arts, 26.

Vigneron de la Jousselandière, r. des Pénitentes, 5.

Ve Vignole, impasse Saint-Clément, 3.

Vignon, François, r. de Châteaubriant, 3.

Vilain, employé des Ponts et chaussées, r. Barrière de Couëron, 1.

Vilain, rent., r. de Rennes, 57.

Vilaine, Augustin, boulanger, q. de la Fosse, 91.

Vilaine, Gustave, boulanger, rue Scribe, 1.

Vilaine, Benjamin, prop., place du Commerce, 12.

Villain, Henri-Auguste, commissaire priseur, r. Boileau, 11.

Villeblanche (de), retraité des Douanes, rue de l'Hôtel-de-Ville, 11.

Villeblanche (de), Ferdinand, rue Haute-du-Château, 19.

Villebois (le comte de), rue Félix, 14.

Mlles Villeroux (de la), r. Ogée, 2.

Villemain, receveur principal des Douanes, q. Fosse, 37.

Villeneuve, Paul, employé de la Banque, en retraite, Mlles Villeneuve, Marie et Aimé, r. Contrescarpe, 11.

Villers, Gaston, contrôleur des contributions directes, rue Rollin, 5.

Villers, Alfred, ancien percepteur, r. J.-J. Rousseau, 14.

Villiers, Pierre, mécanicien, Ile Videment.

Vincent, Henri, chanoine, impasse Vignolle, 1.

Vincent, Félix, receveur des Hospices, côte St-Sébastien.

Vincent, Joseph, prop., quai des Tanneurs, 10.

Vincent, Félix, tanneur (associé), q. des Tanneurs, 12.

Vincent, Paul-Emile, conseiller-général, r. Colbert, 15.

Vincent, Etienne, mercier, r. Voltaire, 10, hab. r. Gresset, 1.

Vincent, Gustave, rent., quai Turenne, 9.

Vincent, Louis, corroyeur, rue St-Léonard, 21.

Vincent, Jean, charcutier, r. Franklin, 20.

Ve Vincent, Prosper, m^{de} de porcelaines, r. de la Boucherie, 1.

Vincent, Alexandre, md de vins en gros (associé), quai Baco.

Mme Vincent, Clément, rue Deshoulières, 10.

Vincent, Edouard, imprimeur, rue de la Fosse, 34.

Vincent, Emile, mercier, rue Voltaire, 10, hab. rue Gresset, 1.

Vincent, Victor, armateur, quai de la Fosse, 50.

Ve Vincent-Noël, quai Fosse, 50.

Vinet, Maximin, petite rue Bon-Secours, 3.

Ve Vinson, Auguste, q. Cassard, 6.

Mlle Violain, Joséphine, r. de Coutances, 16.

Viot, Alexandre, armateur, boulevard Delorme, 9.

Viot, Albert, négociant, r. Piron, 3.

Visitation (communauté des Dames de la), rue S.-Clément, 8.

Visonneau, Alexandre, rue Chaptal, 3.

Ve Vissault, rue de Gigant, 38.

Vital, Pierre, rue Sarrazin, 9.

Vivant, Louis, épicier, quai Turenne, 3.

Vivant, Jacques, rentier, rue Richebourg, 35.

Vivès (de), capitaine de dragons, rue Félix, 12.

Viviant, fils, place du Sanitat, 2.

Viviant, Pierre, rue Mazagran, 5.

Vivien, Jean, garde-mines, quai Fosse, 78.

Ve Vivier, Michel, prop., rue des Arts, 20.

Vivier, Sosthènes, md d'engrais, rue Latour-d'Auvergne, hab. r. des Arts, 20.

Vivier, Pierre, linger, rue de l'Echelle, 3.

Ve Vizard, Jacques, dragueur, rue de Cornulier.

Vizzani, Louis, manége d'équitation et pension de chevaux, rue Lafayette, 10.

Voisin, Camille, négociant (associé), rue Franklin, 9.

Mme Voisin, quai Fosse, 23.

Voisin, Camille, md d'engrais (associé), place François II, habit. rue Franklin, 9.

Mlles Voisin, Clémentine et Pauline, rue Kervégan, 13.

Voisine, Pierre-Jules, restaurateur, rue Corneille, 3.

Ve Volant, Julien-Marie, épicière, rue Voltaire, 21.

Volant, Antoine, prop., rue d'Allonville, 15.

Volkowitz, Marcus et David, mds de tissus, r. Chapeau-Rouge, 4.

Voruz, Jean-Simon, constructeur de machines à vapeur et fonderie, rue Linnée, 4, et r. Lanoue-Bras-de-Fer.

Voruz, Fernand, r. des Coulées, 15.

Voruz, Antonin, r. de Gigant, 64.

Voruz, Albert, fils, pl. du Sanitat, 5.

Voyer, rent., boul. Delorme, 3.

Vrait-Meuret, Charles, r. Ogée, 10.

Vren, Leslie, rent., pl. St-Pierre, 4.

Mlle Vrignaud, r. St-Nicolas, 7.

Vuillet, Dominique, directeur de l'usine Godillot, r. Latour d'Auvergne.

W

Ve Wack, r. Franklin, 11.

Wagner, professeur de piano, rue des Arts, 3.

Walcyznski, Joseph, docteur-médecin, r. Bonne-Louise, 9.

Waldeck-Rousseau, René, père, avocat, r. Dugommier, 6.

Waldeck-Rousseau, Louis, fils, r. Dugommier, 5.

Mme Walsh de Géran, pl. de la Préfecture, 3.

Warneck, ancien capitaine au long cours, r. Lafontaine, 1.

Warren, prop., à Beaurepaire.

Wasier, Pierre-Joseph, rent., r. des Arts, 27.

Wattier, Pierre-Oscar, r. Régnard, 3.

Mlle Wattier, Rose, place Notre-Dame, 2.

V° Weeraat, chemin du Coudray, 16.

Wefstein, professeur d'escrime, r. Franklin, 7.

Mlle Weingaertner, Léocadie, institutrice, r. Cambronne, 2.

Weingaertner, Jean, coffretier-malletier, r. Boileau, 11.

Weingaertner, professeur de musique, r. Racine, 4.

Mlle Wehekind, rue Deshoulières, 15.

Wetzel, Camille, quai Duguay-Trouin, 12.

Wild, Charles, r. Mondésir, 9.

Willemin, contrôleur principal des contributions directes, rue Menou, 13.

William, prêtre, r. d'Orléans, 16.

Wismes (le baron de), r. Royale, 9.

Wismes (de), professeur, r. Saint-Donatien, 22.

Wisner, Adolphe, chirurgien-dentiste, r. du Calvaire, 10.

Wolf, Jean-Georges, rue Colombel, 6.

Wolski, ingénieur des mines, en retraite, q. des Constructions, 7.

Wouilt (de), r. de la Fosse, 14.

Y

Yvan, Eugène, contrôleur de la manufacture des Tabacs, r. St-André, 27.

Mlle Yvernogeau, Amélie, avenue de Launay, 6-8.

Yvon, lieutenant-colonel de gendarmerie, pl. Lafayette.

V° Yvon-Fouré, Pierre, quai Turenne, 7.

V° Yzard, petite rue Fénelon, 2.

Yzarn (le baron d'), place Louis XVI, 1.

Z

V° Zadunaisky, Vincent, passage Ste-Anne, 14.

V° Zebrowski, r. Marivaux, 4.

Zebrowski, r. des Perrières, 11.

Zelling, Erhard, m^d de grains, q. de la Fosse, 64.

V° Zoude, Louis, passage Louis-Levesque.

Zulinski, Edouard, employé de la Cie d'Orléans, rue Saint-Clément, 79.

www.ingramcontent.com/pod-product-compliance
Lightning Source LLC
Chambersburg PA
CBHW071946160426
43198CB00011B/1569